U0143079

"十四五"时期国家重点出版物出版专项规划项目

国家自然科学基金应急项目系列丛书

海南自由贸易港建设管理研究

郭　强　等／著

科学出版社

北　京

内 容 简 介

本书对海南自由贸易港建设的背景、优势、路径及政策取向展开理论联系实际的研究。对标国际自由贸易港发展的状况与趋势，以及国内自贸区建设和粤港澳大湾区等典型经验，对海南自由贸易港建设的管理问题展开系统梳理、细化分析和难点研判。主要研究内容包括制度集成创新、现代化产业体系发展模式、生态环境与经济协调发展、营商环境建设研究、重大风险识别与防控机制等，既有理论性探索，也有实证性分析，同时提出了一些政策措施和建议。

本书可供专业研究人员、政府工作人员、企事业单位工作人员及高等院校经济管理类学生阅读参考。

图书在版编目(CIP)数据

海南自由贸易港建设管理研究/郭强等著. —北京：科学出版社，2024.6
（国家自然科学基金应急项目系列丛书）
"十四五"时期国家重点出版物出版专项规划项目
ISBN 978-7-03-078619-7

Ⅰ.①海⋯　Ⅱ.①郭⋯　Ⅲ.①自由贸易区–经济建设–研究–海南
Ⅳ.①F752.866

中国国家版本馆 CIP 数据核字(2024)第 109197 号

责任编辑：陈会迎/责任校对：贾娜娜
责任印制：张　伟/封面设计：有道设计

科学出版社 出版
北京东黄城根北街 16 号
邮政编码：100717
http://www.sciencep.com
北京建宏印刷有限公司印刷
科学出版社发行　各地新华书店经销
＊
2024 年 6 月第 一 版　开本：720×1000　1/16
2024 年 6 月第一次印刷　印张：18
字数：360 000
定价：198.00 元

（如有印装质量问题，我社负责调换）

国家自然科学基金应急项目系列丛书编委会

主　编

　　丁烈云　教　授　国家自然科学基金委员会管理科学部

副主编

　　杨列勋　研究员　国家自然科学基金委员会管理科学部

　　刘作仪　研究员　国家自然科学基金委员会管理科学部

编　委（按姓氏汉语拼音排序）

　　程国强　研究员　同济大学

　　方　新　研究员　中国科学院

　　辜胜阻　教　授　中国民主建国会

　　黄季焜　研究员　北京大学

　　林毅夫　教　授　北京大学

　　刘元春　教　授　中国人民大学

　　汪寿阳　研究员　中国科学院数学与系统科学研究院

　　汪同三　研究员　中国社会科学院数量经济与技术经济研究所

　　王金南　研究员　生态环境部环境规划院

　　魏一鸣　教　授　北京理工大学

　　薛　澜　教　授　清华大学

　　赵昌文　研究员　国务院发展研究中心

本书课题组名单

（按照本书的目录排序）

课题总协调人：郭强

总课题：**海南自由贸易港建设管理总体研究**

承担单位：*海南大学*

课题主持人：*郭强 教授*

课题组成员：刘刚、张仙锋、周伟、康霖、林琛、张振晓、王嵊荃、赵鹏翡、程升彦

子课题一：**海南自由贸易港制度集成创新**

承担单位：*对外经济贸易大学*

课题主持人：*崔凡 教授*

课题组成员：洪晓东、林志刚、邓晓、王婧、武跃翔、苗翠芬、赵志浩

子课题一：**海南自由贸易港制度集成创新**

承担单位：*中山大学*

课题主持人：*史欣向 副教授*

课题组成员：李善民、刘恩专、彭曦、王珏、韦嘉嘉、陈子菁、刘淑慧、王杰、覃涵之

子课题三：**海南自由贸易港现代产业体系发展模式**

承担单位：*海南大学*

课题主持人：*李世杰 教授*

课题组成员：孙鹏、余升国、张晖、陈思樾、曾维君、姚丹、程雪琳、卢鑫然

子课题五：**海南自由贸易港生态环境与经济协调发展**

承担单位：*中山大学*

课题主持人：*李胜兰 教授*

课题组成员：麦景琦、黄晓光、张一帆

子课题六：**海南自由贸易港国际化、法治化、便利化营商环境建设**

承担单位：*中山大学*

课题主持人：*徐世长 助理教授*

课题组成员：周林彬、林江、程钰舒、黄抒田

子课题七：**海南自由贸易港建设的重大风险识别与防控机制**

承担单位：*中山大学*

课题主持人：*黄新飞 教授*

课题组成员：王飞、李腾、王升泉、李嘉杰、廉胜男、孙霄霓

总　序

　　为了对当前人们所关注的经济、科技和社会发展中出现的一些重大管理问题快速做出反应，为党和政府高层科学决策及时提供政策建议，国家自然科学基金委员会于 1997 年特别设立了管理科学部主任基金应急研究专款，主要资助开展关于国家宏观管理及发展战略中急需解决的重要的综合性问题的研究，以及与之相关的经济、科技和社会发展中的"热点"与"难点"问题的研究。

　　应急管理项目设立的目的是为党和政府高层科学决策及时提供政策建议，但并不是代替政府进行决策。根据管理科学部对于应急管理项目的一贯指导思想，应急研究应该从"探讨理论基础、评介国外经验、完善总体框架、分析实施难点"四个主要方面为政府决策提供支持。每项研究的成果都要有针对性，且满足及时性和可行性要求，所提出的政策建议应当技术上可能、经济上合理、法律上允许、操作上可执行、进度上可实现和政治上能为有关各方所接受，以尽量减少实施过程中的阻力。在研究方法上要求尽量采用定性与定量相结合、案例研究与理论探讨相结合、系统科学与行为科学相结合的综合集成研究方法。应急管理项目的承担者应当是在相应领域中已经具有深厚的学术成果积累，能够在短时间内（通常是 9~12 个月）取得具有实际应用价值成果的专家。

　　作为国家自然科学基金专项项目，管理科学部的应急管理项目已经逐步成为一个为党和政府宏观决策提供科学、及时的政策建议的项目类型。与国家自然科学基金资助的绝大部分（占预算经费的 97%以上）专注于对经济与管理活动中的基础科学问题开展理论方法研究的项目不同，应急管理项目面向国家重大战略需求中的科学问题，题目直接来源于实际需求并具有限定性，要求成果尽可能贴近实践应用。

　　应急管理项目要求承担课题的专家尽量采用定性与定量相结合的综合集成方法，为达到上述基本要求，保证能够在短时间内获得高水平的研究成果，项目的承担者在立项的研究领域应当具有较长期的学术积累和数据基础。

　　自 1997 年以来，管理科学部对经济、科技和社会发展中出现的一些重大管理问题做出了快速反应，至今已启动 101 个项目，共 833 个课题，出版相关专著57 部。已经完成的项目取得了不少有影响力的成果，服务于国家宏观管理和决策。

　　应急管理项目的选题由管理科学部根据国家社会经济发展的战略指导思想和方针，在广泛征询国家宏观管理部门实际需求和专家学者建议及讨论结果的基础上，形成课题指南，公开发布，面向全国管理科学家受理申请；通过评审会议的形式对项目申请进行遴选；组织中标研究者举行开题研讨会议，进一步明确项目的研究目的、内容、成果形式、进程、时间节点控制和管理要求，协调项目内各课题的研究内容；对每一个应急管理项目建立基于定期沟通、学术网站、中期检查、结题报告会等措施的协调机制以及总体学术协调人制度，强化对于各部分研究成果的整合凝练；逐步建立和完善多元的成果信息报送常规渠道，进一步提高决策支持的时效性；继续加强应急研究成果的管理工作，扩大公众对管理科学研究及其成果的社会认知，提高公众的管理科学素养。这种立项和研究的程序是与应急管理项目针对性和时效性强、理论积累要求高、立足发展改革应用的特点相称的。

为保证项目研究目标的实现，应急管理项目申报指南具有明显的针对性，从研究内容到研究方法，再到研究的成果形式，都具有明确的规定。管理科学部将应急管理项目的成果分为四种形式，即专著、政策建议、研究报告和科普文章，本丛书即应急管理项目的成果之一。

希望此套丛书的出版能够对我国管理科学政策研究起到促进作用，对政府有关决策部门发挥借鉴咨询作用，同时也能对广大民众有所启迪。

国家自然科学基金委员会管理科学部

2020 年 9 月

前　言

支持海南逐步探索、稳步推进中国特色自由贸易港建设，分步骤、分阶段建立自由贸易港政策和制度体系，是习近平总书记亲自谋划、亲自部署、亲自推动的改革开放重大举措，是党中央着眼国内国际两个大局，深入研究、统筹考虑、科学谋划作出的战略决策。海南自由贸易港建设致力于把海南打造成为国家面向太平洋和印度洋的重要开放门户、推动加强与共建"一带一路"国家合作的重要平台、向全世界提供中国方案和中国经验的重要窗口。2020 年 6 月 1 日，中共中央、国务院印发《海南自由贸易港建设总体方案》，将海南自由贸易港"总蓝图"变为"实景图"，海南自由贸易港建设正式启动。《海南自由贸易港建设总体方案》的主要内容可以概括为"6+1+4"。"6"，即贸易自由便利、投资自由便利、跨境资金流动自由便利、人员进出自由便利、运输来往自由便利、数据安全有序流动。"1"，即构建现代产业体系。特别强调要突出海南的优势和特色，大力发展旅游业、现代服务业和高新技术产业，不断夯实实体经济基础，增强产业竞争力。"4"，即加强税收、社会治理、法治、风险防控四个方面的制度建设①。

纵观全球自由贸易港建设历程，自由贸易港已由最初依靠港区优越的地理区位来从事转运业务和转口贸易等活动，转变为以出口加工区为主，在信息技术革命引领下其功能日益综合化，综合型的自由贸易港正式诞生。当前，全球公认的自由贸易港主要是新加坡、阿联酋迪拜、中国香港、韩国釜山等地区，其共同点在于发展定位准确，社会治理体系完善且高效可持续。得益于海南优越且独特的地理区位，海南自由贸易港是国家基于当前国内国际两个大局，立足自身经济发展战略要求，主动构建以中国为发展核心的区域价值链的重大探索，根本任务在于为中国打开一个对外开放的更高水平窗口，为"一带一路"建设提供战略支点，探索中国下一步开放路径。

海南地理区位独特，拥有全国最好的生态环境，具有成为全国改革开放试验田的独特优势，尤其是海南背靠庞大的十四亿多人口的消费市场，作为 21 世纪海上丝绸之路的战略支点和桥头堡，拥有打造面向两洋对外开放窗口的重要优势。在谋划未来发展过程中，为进一步面对逆全球化调整，应对贸易保护主义的浪潮，中国将主动加大对外开放的步伐，打造全球发展成本洼地、发展机遇高地。作为

---

① 《突出创新 体现特色 防控风险——解读 1〈海南自由贸易港建设总体方案〉》，https://www.gov.cn/zhengce/2020-06/09/content_5518115.htm[2020-06-09]。

负责任的大国，中国以开放、包容的姿态努力将自身的发展变成与世界各国共同进步的机遇，以习近平同志为核心的党中央以广阔的全球视野和卓越的战略布局谋划，赋予海南新的发展定位，致力于将海南自由贸易港打造为中国服务业对外开放的重要窗口。

鉴于中国特色自由贸易港建设是前所未有的伟大实践，如何在《海南自由贸易港建设总体方案》的指引下创造性开展工作，建成建好自由贸易港，亟须从理论层面到应用实践层面的研究链支撑。为此，2020年9月国家自然科学基金委员会管理科学部部署了2020年第2期应急管理项目"海南自由贸易港建设管理研究"的研究任务。经过科学论证、严格筛选，本书研究团队成功入选。在研究团队的共同努力下，历经了2021年4月召开的项目启动会，2021年10月召开的项目中期检查汇报会，2023年2月召开的项目结题评审会，项目研究任务圆满完成，顺利通过评审。此次应急管理项目的研究成果已通过不同渠道报送给了有关政府部门，一些成果还得到了中央领导的批示，为制定海南自由贸易港政策和制度体系提供了重要的参考依据，产生了良好的政策效果，圆满实现了应急课题的目标。为了更全面地反映项目研究的成果，我们在已有研究成果的基础上进一步进行整理汇总，梳理逻辑体系，最终形成本书。本书的主要研究内容如下。

第一章为总论：高质量高标准建设海南自由贸易港。主要介绍了高质量高标准建设海南自由贸易港的意义和优势、海南自由贸易港制度集成创新的原理以及高质量高标准建设海南自由贸易港的原则和政策。

第二章为对标国际高标准经贸规则，推动海南自由贸易港制度集成创新。针对《全面与进步跨太平洋伙伴关系协定》高标准经贸规则体系，结合《区域全面经济伙伴关系协定》《美国-墨西哥-加拿大协定》《中欧全面投资协定》等经贸协议，从货物贸易、服务贸易和投资、知识产权等角度，分析目前我国在高水平开放方面面临的困难和挑战，探讨相关规则同国内现行管理体制及法律法规方面存在的差距及调整的余地和可能，讨论适合在海南先行先试的有关内容，以此丰富海南自由贸易港制度集成创新的内容。

第三章为海南自由贸易港制度集成创新。习近平对海南自由贸易港建设作出重要指示，"高质量高标准建设自由贸易港""要把制度集成创新摆在突出位置"[①]。自由贸易港本质是政策与制度体系安排。作为全球最高水平的开放形态，自由贸易港的政策体系和制度安排必须是整体性领先和系统性开放的统一。因而，不管从理论还是实践来看，推动制度集成创新，都是高质量高标准建设自由贸易港的题中应有之义。该章从宏观、中观、微观三个层面来论述海南自由贸易港建

---

① 《习近平对海南自由贸易港建设作出重要指示》，https://www.gov.cn/xinwen/2020-06/01/content_5516550.htm[2020-06-01]。

设中的制度集成创新问题，涵盖了生产要素、管理体制、资金配给及配套改革等多个方面的创新思路及对策。

第四章为海南自由贸易港现代化产业体系发展模式。以旅游业、现代服务业、高新技术产业、热带特色高效农业为主导的现代化产业体系是海南自由贸易港建设的重要载体，也是推动海南经济高质量发展、实现"建成具有较强国际影响力的高水平自由贸易港"目标的重要支撑和关键所在。该章分析了海南产业发展现状，明确指出海南自由贸易港现代化产业体系高质量发展需要解决的"三个问题"；着眼于自由贸易港现代化产业体系构建与发展的总体思考，提出自由贸易港现代化产业体系高质量发展的"两条路径"以及若干具体对策建议。特别地，该章还专篇讨论贸易开放、产业结构变迁与海南经济增长的关系，构建海南现代化产业体系发展指标体系，实证检验海南贸易开放与现代化产业体系发展的关联关系；进一步明确推进高水平开放、建立开放型经济新体制对海南经济高质量发展的重要推动作用。

第五章为海南自由贸易港生态环境与经济协调发展。首先从自由贸易港自然资源产权制度及有偿使用制度、自由贸易港生态产品价值实现机制和海南热带雨林国家森林公园管理体制三个维度对海南自由贸易港生态环境与经济协调发展的内在逻辑、影响机制和实现路径进行分析。其次在对国内外环境治理和经济协调发展经验归纳总结的基础上，提出建立多元主体环境治理的体制和机制。最后为丰富环境治理的理论体系、坚持可持续发展、正确引导海南自由贸易港在建设过程中协调生态环境和经济发展的关系提出有价值的、可操作的政策建议。

第六章为海南自由贸易港国际化、法治化、便利化营商环境建设研究。培育和创建国际一流营商环境是高质量高标准建设中国特色（海南）自由贸易港的目标要求和关键抓手，是扩大高水平对外开放、推动高质量发展、提振经营主体信心的关键举措，集中体现了我国社会主义制度的优越性和对接国际市场经贸规则的战略稳定性。在理论创新层面，营商环境的建设要与城市治理、政务效率、企业经营绩效密切联系，指标体系以及测度方案需要更加体现中国特色，坚持问题导向与实践导向，强化"以人为本"的改革创新体系，重点解决政策供给"最后一公里"落地的问题。

第七章为海南自由贸易港建设的重大风险识别与防控机制。全面剖析海南自由贸易港建设中的关键风险及其防控策略，首先探讨了资本账户开放对海南金融稳定性的影响，并从微观视角出发，运用神经网络和传染病模型等方法，揭示了上市企业间金融风险的传播机制，其次从省级层面分析了省际金融风险的相互影响，为区域金融稳定提供了新的研究视角，最后聚焦于海南自由贸易港的应急管理体系，提出了系列切实可行的优化建议。

在本书即将付梓之际，我们特别感谢国家自然科学基金委员会管理科学部对此次应急管理项目研究的高度重视和给予的大力支持。

尽管我们抱着科学的态度、高度负责的精神来完成此次应急管理项目，但是由于时间相对紧迫，书中难免有不足之处，恳请读者批评指正。

最后，感谢科学出版社编辑为本书出版提供的帮助和支持。在此，向他们表示诚挚的谢意。

目　录

第一章　总论：高质量高标准建设海南自由贸易港

第一节　高质量高标准建设海南自由贸易港的意义和优势

海南地理区位独特，是拥有最好生态环境的地区之一，具有成为全国改革开放试验田的独特优势，尤其是海南背靠庞大的十四亿多人口的消费市场，拥有打造面向两洋对外开放窗口的重要优势。在谋划未来发展的过程中，为进一步面对逆全球化挑战，应对贸易保护主义的浪潮，中国将主动加大对外开放的步伐，打造全球发展成本洼地、发展机遇高地。作为负责任的大国，中国以开放、包容的姿态努力将自身的发展变成与世界各国共同进步的机遇，以习近平同志为核心的党中央以广阔的全球视野和卓越的战略布局谋划，赋予海南新的发展定位，致力于将海南自由贸易港打造为中国服务业对外开放的重要窗口。

一、高质量高标准建设海南自由贸易港的重要意义

高质量高标准建设中国特色自由贸易港的首要前提是深刻认识在海南建设自由贸易港的重要意义。支持海南逐步探索、稳步推进中国特色自由贸易港建设，分步骤、分阶段建立自由贸易港政策和制度体系，是习近平总书记亲自谋划、亲自部署、亲自推动的改革开放重大举措，是党中央着眼国内国际两个大局，深入研究、统筹考虑、科学谋划作出的战略决策[①]。对习近平系列重要讲话、重要指示批示精神以及中央相关政策文件要求进行认真学习和深入研究，可将其总结归纳为以下几点。

（一）海南自由贸易港是为国家探索更高水平开放形态的改革范式

中国改革已进入深水区和攻坚区，面对诡谲多变的国际竞争环境和地缘政治影响，我国需要更加开放、更加融合、更加包容、更具创新的体制机制和制度体系，以提升我国参与世界经济贸易竞争的制度优势，以大国姿态和使命担当促成国际合作共赢局面。海关合作理事会签署的《京都公约》定义自由贸易区为在领土内免除惯常海关监督制度，实施同境外相同的关税及其他各种税收制度，是国家实施多双边合作战略的重要手段。1547 年，意大利的热那亚湾设立了世界第一

---

① 《中共中央 国务院印发〈海南自由贸易港建设总体方案〉》，https://www.gov.cn/gongbao/content/2020/content_5519942.htm[2020-06-01]。

个自由贸易港。第二次世界大战后，各国(地区)为了顺应世界经济发展潮流陆续设立自由贸易区(港)。阿联酋迪拜港自由港区、德国汉堡港自由港区、美国纽约港自由贸易区、荷兰阿姆斯特丹港自由贸易区、新加坡自由贸易港、中国香港自由贸易港等已经是十分成熟的自由贸易区（港），不仅促进了当地经济的发展，也加速了国际交流合作(孟广文，2021)。

我国建设自由贸易港是以开放促进改革发展，以贸易投资为重要抓手建设开放型经济的重大举措，彰显了我国按照既定目标持续推进高水平对外开放的决心和力度。虽然现阶段我国共有 21 个自由贸易试验区(港)，并且在政府职能调整、外商投资管理制度改革、贸易发展等多方面取得了重要的改革进展，但是距离党的二十大报告中要求的"推动建设开放型世界经济""营造市场化、法治化、国际化一流营商环境""扩大面向全球的高标准自由贸易区网络"[①]还有差距。因此，建设具有中国特色的世界先进自由贸易港，是为我国全面深化改革开放、打造对外开放新高地而探索的新的发展思路、新的改革模式、新的建设路径。

(二)自由贸易港为海南建设更高质量的现代化开放型经济体系

习近平在2018年4月13日庆祝海南建省办经济特区30周年大会上明确指出："海南要坚决贯彻新发展理念，建设现代化经济体系，在推动经济高质量发展方面走在全国前列。"[②]中共中央、国务院印发的《海南自由贸易港建设总体方案》也对高质量高标准建设海南自由贸易港提出了明确要求和任务部署。高质量发展是建设美好新海南的必由路径，也是建设中国特色自由贸易港的内在要求。

建设海南自由贸易港是党中央发展海南的重要部署，是海南又一次腾飞的发展契机。海南经济体量较小，产业基础薄弱，经贸开放度和外向度均不高。这是由于海南的社会经济发展起步较晚，1950 年设立行政区时，工业基础薄弱、农业结构单一，直到 1978 年改革开放，特别是建省办经济特区以后，海南经济才改变了社会发展长期落后的被动局面(中共海南省委宣传部和求是杂志社政治编辑部联合调研组，2008)。但是由于经济发展较缓、基础建设状况不佳，海南在建设自由贸易港时处于追赶起步的阶段，与其他已经成熟的自由贸易港、自由贸易区相比竞争力还不强。所以，海南要紧紧抓住当前的政策窗口期、发展机遇期、改革攻坚期，按照中央决策部署，主动对标国际先进经贸规则，加快高质量海南自由贸易港现代化开放型经济体系建设。

---

① 《习近平：决胜全面建成小康社会 夺取新时代中国特色社会主义伟大胜利——在中国共产党第十九次全国代表大会上的报告》，https://www.gov.cn/zhuanti/2017-10/27/content_5234876.htm[2017-10-27]。

② 《习近平：在庆祝海南建省办经济特区 30 周年大会上的讲话》，https://www.gov.cn/xinwen/2018-04/13/content_5282321.htm[2018-04-13]。

（三）海南自由贸易港以人民为中心发展更适宜居住的生活环境

建设海南自由贸易港不仅是国家重要战略部署，也是人民群众追求美好生活的迫切愿望。中国共产党始终坚持以人民为中心、为人民服务。为了满足人民日益增长的美好生活需要，《中共中央关于制定国民经济和社会发展第十四个五年规划和二〇三五年远景目标的建议》中提到："始终做到发展为了人民、发展依靠人民、发展成果由人民共享，维护人民根本利益，激发全体人民积极性、主动性、创造性，促进社会公平，增进民生福祉，不断实现人民对美好生活的向往。"[①]人民的迫切需要主要体现在国家富强安定、经济发展有序、社会治理有效、社会法制健全、文化生活丰富、民生保障有力等诸多方面。

建设海南自由贸易港不仅是为了满足当地人民群众对高质量生活品质的需要，也是通过探索自由贸易港这一发展新模式，实现贸易自由便利、投资自由便利、跨境资金流动自由便利、人员进出自由便利、运输来往自由便利以及数据安全有序流动，从而显著提升经济社会发展质量和美好生活品质，为全国各地探索优化营商环境、提升社会治理、建设幸福家园而打造新的改革"试验田"。

（四）海南自由贸易港为促进全球贸易自由化与世界和平发展贡献中国智慧、中国方案和中国力量

中国经历几代人的艰苦奋斗、改革创新，已经成为促进世界和平发展的重要参与者、建设者、贡献者，有责任有权利也有义务为全球贸易自由化、世界和平与发展贡献中国智慧、中国方案和中国力量。海南是我国南海的一颗明珠，以其独有的地理位置、特殊的气候优势、美丽的生态环境著称。海南是中国的，也是世界的，建设海南自由贸易港不仅要守好祖国的南大门，更要打开面向东南亚的开放门户；不仅要成为南海地区的安全港，更要打造太平洋和印度洋的连接纽带；不仅要成为货物往来的中转港，更要承担"一带一路"建设的重要任务。海南不能重走老路、重弹老调、重拾旧法，必须要以勇于自我革命的改革魄力，推动"内地—海南—全球"市场更加深度融合，既要发挥背靠内地超大规模市场的区位优势，又要释放面向东南亚、连接两大洋的辐射效应，提升"以国内大循环为主体、国内国际双循环相互促进的新发展格局"的资源配置和产业整合能力。所以，建设中国特色的海南自由贸易港是推动中国主动参与和促进经济全球化的重要战略举措。

---

① 《中共中央关于制定国民经济和社会发展第十四个五年规划和二〇三五年远景目标的建议》，https://www.gov.cn/zhengce/2020-11/03/content_5556991.htm[2020-11-03]。

二、中国特色是高质量高标准建设海南自由贸易港的根本优势

建设中国特色的海南自由贸易港，既是对世界先进自由贸易港的学习借鉴，也是我国改革开放 40 多年经验做法的集中体现；既是新中国成立以来践行中国特色社会主义的经验呈现，也是改革开放经典理论的再一次高效率的生动实践。以下从道路、理论、制度和文化四个方面论述建设自由贸易港的优势所在。

（一）中国特色自由贸易港建设的道路优势

党的十八大报告深化了对中国特色社会主义的认识，科学阐述了中国特色社会主义道路、中国特色社会主义理论体系、中国特色社会主义制度的内涵及其相互关系[①]，可以看出：中国特色社会主义道路首先是要坚持党的领导，其次要立足我国国情，目的仍然是经济建设和社会发展。新中国 70 多年的发展历程就是科学社会主义与中国情境不断融合、相互交融而最终达到契合以服务中国经济发展的历史（祝黄河，2019）。历史证明，只有社会主义才能救中国，只有中国特色社会主义才能发展中国，只有坚持和发展中国特色社会主义才能实现中华民族伟大复兴[②]。

海南自由贸易港是中国共产党领导下的自由贸易港，是中国特色社会主义制度下的自由贸易港。一方面，党的统一领导为自由贸易港建设的行稳致远提供了根本保证。中国特色自由贸易港的建设是我国的首次尝试，而对标最新国际经贸规则的自由贸易港建设经验能否成功落地中国也充满着风险挑战。另一方面，中国共产党是以马克思主义为立党之本，以实现共产主义为最高理想，以全心全意为人民服务为根本宗旨。显然中国特色自由贸易港的建设就是要为人民谋幸福、为民族谋复兴、为世界谋大同。这与祝黄河（2019）提到的道路自信的基础价值观吻合，体现了中国人民对中国道路真理性与价值性的双重精神追求，也展现了中国特色自由贸易港与世界其他自由贸易港在建设初衷和目的上的根本区别。所以海南自由贸易港建设在改革开放的攻坚区、无人区、深水区，需要进一步解放思想、敢闯敢试、大胆创新，而其中坚持中国特色社会主义道路、坚持中国共产党的集中统一领导的根本原则，确保了海南自由贸易港建设的正确发展方向。

---

① 《马克思主义纲领性文献——党的十八大报告在理论创新上的贡献》，http://dangjian.people.com.cn/n/2012/1128/c117092-19725243.html[2012-11-28]。

②《中国特色社会主义是实现中华民族伟大复兴的必由之路（人民观点）——更加坚定走"必由之路"的自信》，http://dangshi.people.com.cn/n1/2022/0316/c436975-32375753.html[2022-03-16]。

（二）中国特色自由贸易港建设的理论优势

中国共产党领导的中国特色社会主义事业是前无古人的开创性事业[①]，是科学社会主义在中国的成功实践和创新发展。中国特色社会主义制度和国家治理体系是以马克思主义为指导、植根中国大地、具有深厚中华文化根基、深得人民拥护的制度和治理体系[②]。理论自信来源于中国特色社会主义的成功经验，从"一五"计划到"十四五"规划，中国稳步成为全球第二大经济体，在改革开放以来围绕什么是社会主义、建设什么样的社会主义等问题进行不断探索，中国共产党已发展出具有科学性、人民性、开放性的中国特色社会主义理论（陈江生，2017）。

第一，实践是检验真理的唯一标准，中国特色社会主义理论是经过实践不断补充修正，得到实际验证的理论（韩喜平，2019）。与世界其他自由贸易港相比，我国虽然是第一次尝试在省级单位建设自由贸易港，但是21个自由贸易试验区的改革开放创新案例均为此次探索实践提供了可借鉴的经验基础。第二，马建堂（2019）总结习近平新时代中国特色社会主义经济思想的主体论为以人民为中心。立党为公，执政为民，是中国共产党同一切剥削阶级政党的根本区别，也是中国特色自由贸易港和世界上其他自由贸易港在建设宗旨上的根本不同。而以人民为中心的政治经济社会发展秩序，才是为国家、为海南建设人民需要的自由贸易港的基石，是检验中国特色自由贸易港的标准。第三，开放性的中国特色社会主义理论要求海南自由贸易港建设不仅要关切中国人民对美好生活的需求，也需要契合世界各国人民对发展、合作、和平的时代需求，建设推动国际和平发展的平台，共享发展机会和发展成果。

（三）中国特色自由贸易港建设的制度优势

中国特色社会主义制度是我国经济繁荣的精神支柱和制度根基，是由中华民族自有智慧创造的独特却适宜中国发展的制度体系（林尚立，2016）。中国特色社会主义制度是涵盖人民生活、国家安定、治党治国治军各方各面的系统化、体系化制度整体，制度之间相互作用互为补充，并且更大的制度优势体现在其未穷尽的不断发展特征（商志晓，2020）。区别于西方三权分立等制度特征，中国特色社会主义制度的自主性、民主性、有效性在建设海南自由贸易港中的重要体现之一就是以制度集成创新为推手，集中力量办大事的顶层设计和制度安排。

[①] 《中国共产党是完善和发展中国特色社会主义制度的核心力量》，http://theory.people.com.cn/n1/2017/0810/c40531-29462129.html[2017-08-10]。

[②] 《中共中央关于坚持和完善中国特色社会主义制度 推进国家治理体系和治理能力现代化若干重大问题的决定》，https://www.gov.cn/zhengce/2019-11/05/content_5449023.htm?eqid=883fa9c7000455120000006645e38df[2019-11-05]。

一方面，中国特色社会主义制度是科学的、开放的、进步的，是充满生机和活力的。"明者因时而变，知者随事而制"，中国特色社会主义制度与理想社会主义的区别在于制度成熟稳定是一个动态过程。制度集成创新就是一个动态追寻改革开放，系统性、整体性、协同性、穿透性地实施制度创新的过程。另一方面，海南自由贸易港的建设是行稳致远，久久为功的，"举全国之力、聚四方之才"建设自由贸易港，突显了中国特色社会主义制度的优势。党的十九届四中全会通过的《中共中央关于坚持和完善中国特色社会主义制度 推进国家治理体系和治理能力现代化若干重大问题的决定》指出"坚持全国一盘棋，调动各方面积极性，集中力量办大事的显著优势"[1]。在海南自由贸易港建设过程中，中国特色社会主义制度为其激发各方面积极性、主动性和创造性，最大限度利用全国优势资源提供了保障。所以在中国特色社会主义制度优势的作用下，深化改革、集成创新，海南定能高质量高标准完成建设中国特色自由贸易港的任务，打造良好的营商环境和社会治理体系。

（四）中国特色自由贸易港建设的文化优势

文化自信之魂在于坚持社会主义核心价值观的培育践行。2022 年 5 月 27 日，习近平在中央政治局第三十九次集体学习时强调："中华优秀传统文化是中华文明的智慧结晶和精华所在，是中华民族的根和魂，是我们在世界文化激荡中站稳脚跟的根基。"[2]社会主义核心价值观是新时代背景下中国的理想、信念、取向、态度，是中华民族基于历史文化背景和新发展理念而形成的统一人生观、世界观、价值观体系（董朝霞，2017）。"富强、民主、文明、和谐、自由、平等、公正、法治、爱国、敬业、诚信、友善"是高质量高标准建设中国特色自由贸易港的重要评价指标和衡量标准。

一方面，社会主义核心价值仍然强调以人为本的基本内核（田心铭，2011）。高质量发展是能够很好满足人民日益增长的美好生活需要的发展[3]，建设自由贸易港更是国家为了人民的福祉、为了高质量建设发展而作出的重大战略决策和改革实践。所以，海南自由贸易港的建设和发展要始终以人民利益为核心，以人民赞成不赞成、满意不满意、幸福不幸福为重要衡量标准。另一方面，与世界其他自由贸易港相比，中国特色自由贸易港是深入践行社会主义核心价值观的自由贸

---

[1] 《中共中央关于坚持和完善中国特色社会主义制度 推进国家治理体系和治理能力现代化若干重大问题的决定》，https://www.gov.cn/zhengce/2019-11/05/content_5449023.htm?eqid=a6d684030001a8170000000564868296 [2019-11-05]。

[2] 《习近平在中共中央政治局第三十九次集体学习时强调 把中国文明历史研究引向深入 推动增强历史自觉坚定文化自信》，http://jhsjk.people.cn/article/32432940[2022-05-29]。

[3] 《我国高质量发展的目标要求和重点》，http://theory.people.cn/GB/n1/2018/1229/c40531-30494750.html [2018-12-29]。

易港。高度开放的自由贸易港势必会通中西，在先进技术、人才、资本要素等进入海南的同时，有可能会有毒害人民思想的"有毒物质"越过国门。社会主义核心价值观明确了建设中国特色自由贸易港赞成什么、反对什么，弘扬什么、摒弃什么，这为坚决防范海南自由贸易港建设中的"文化糟粕"输入和意识形态风险构筑起了严密的保护罩、防火墙、隔离带。

高质量高标准建设中国特色的海南自由贸易港，要以质量追赶、结构升级、创新驱动、共同富裕和绿色发展为目标，围绕创新、协调、绿色、开放、共享的新发展理念，充分发挥海南自由贸易港全面深化改革和试验最高水平开放政策优势。

第二节　海南自由贸易港制度集成创新的原理

自改革开放以来，营商环境和社会治理领域的制度创新对推动经济高质量发展效果显著。在经济"新常态"下，自由贸易试验区建设是中国新一轮开放和制度创新试验的前沿，其根本任务是以开放倒逼改革，形成可复制、可推广的新制度，以推动发展方式的根本转变(殷华和高维和，2017)。在各地自由贸易试验区相继建立的背景下，制度改革创新的速度和质量不断提高，从产业、税收、贸易等政策突破到投资自由便利、跨境资金自由便利、人员自由进出等规则制定，区域间的竞争也日趋升级。然而改革只有进行时，没有完成时，面对复杂多变的国际形势，我国加快构建以国内大循环为主体、国内国际双循环相互促进的新发展格局，这需要更高水平的开放程度和更加成熟有效的制度体系。

海南由于独特的地理位置和经济特区自带的改革基因成为建设自由贸易港的首选之地。自由贸易港是依据特定法律在一国(地区)内设立的特殊经济功能区，实行允许商品、服务、资本、人员等要素跨境自由流动的制度和政策，具有全球最高水平的开放程度(赵晋平，2020)。海南省位居南海要地，背靠粤港澳大湾区，东临东南亚，面向太平洋和印度洋，是海上丝绸之路的重要节点，是联络东盟国家的关键据点。同时从1988年成立海南经济特区开始，海南敢为人先，推出多项"全国率先"的改革政策，并坚持生态立省的原则，科学发展，逐步形成具有海南特色、拥有较大增长潜力的现代产业体系。所以海南是深化改革、试验制度创新、推动"双循环"格局、建设自由贸易港的理想之地。

在建设对标国际一流自由贸易港时，海南的体制机制和制度障碍较为明显。一方面，海南经济发展水平、基础设施建设、社会治理等方面虽然从建设经济特区以来进步良多，但仍然无法满足建设高水平自由贸易港的市场、人才、制度、法治环境、营商环境的发展需要。制度体系是各种生产要素聚集并实现良好流动的重要基础，所以下好建设海南自由贸易港的"先手棋"就是要完善体制机制等制度体系。另一方面，建设中国特色自由贸易港是新时代的一项重要战略任务，但经验方法还不多，基础积累还不足，我国40多年的改革开放经验和自由贸易试验区发展经验均未在建设如此高水平开放程度的自由贸易港中进行实践检验。因此，海南自由贸易港的制度体系建设任重道远，需要在投资、贸易、金融、税收、人才、数据、运输来往、社会治理、法治保障和风险防控体系等多方面进行制度完善。

一、海南自由贸易港制度集成创新的状况与问题

（一）海南自由贸易港制度集成创新状况

制度集成创新推动了"试验性经验"向"法定性经验"的转变，实现了"小微创新"向"体系创新"的升华，是一场从个人到社会、从政府到市场、从规则到法律的"脱胎换骨"式的根本性变革。本节将现阶段海南制度集成创新状况整体总结为图1-1。为打造有国际竞争力、影响力、发展力的高水平中国特色自由贸易港，海南已经围绕贸易自由便利、投资自由便利、跨境资金流动自由便利、人员进出自由便利、运输来往自由便利和数据安全有序流动等方面制度集成创新制定行动方案和任务清单，省内各部门、各市县、各单位结合本地发展实际，前瞻谋划、积极作为，以满足社会、群众和市场主体需求为目的，从市场环境、法治环境、政务环境、社会治理环境等方面实施制度集成创新。具体可从国家战略层面、省级部署层面和基层实施层面概述现阶段海南自由贸易港制度集成创新的建设状况。

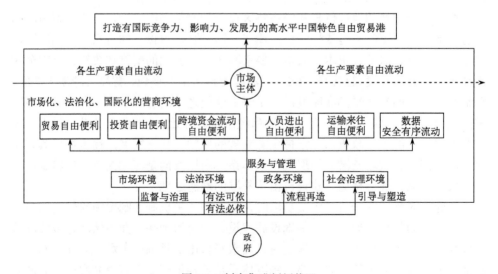

图 1-1　制度集成创新状况

　　制度集成创新作为海南成功建设自由贸易港的改革重点，中共中央、国务院给予高度重视和政策支持。首先，国务院印发的《中国（海南）自由贸易试验区总体方案》和中共中央、国务院《海南自由贸易港建设总体方案》明确海南政府职能转变和建设制度体系的重要性。一方面提出深化机构和行政体制改革、打造国际一流营商环境、深入推进行政管理职能与流程优化、全面推行"互联网+政务服务"模式、完善知识产权保护和运用体系、提高外国人才工作便利度等方面的具体制度创新政府职能要求；另一方面将制度设计具体分为贸易自由便利、投资自由便利、跨境资金流动自由便利、人员进出自由便利、运输来往自由便利和数据安全有序流动，以及现代产业体系、税收、社会治理、法治、风险防控等制度体系。其次，中共中央、国务院及中央相关部门通过将部分含金量较高的中央事权下放，支持海南自由贸易港开展更大力度的制度集成创新。国家发展和改革委员会、商务部、财政部、国家税务总局、交通运输部、农业农村部、住房和城乡建设部、海关总署、国家市场监督管理总局、国家知识产权局、中国民用航空局等围绕贸易、投资、跨境资金流动、人才引进、运输来往、数据安全、离岛免税、营商环境等方面出台了一系列重要政策文件，有力支持了海南自由贸易港高质量高标准建设。

　　海南省委、省政府高度重视、坚决贯彻中共中央、国务院决策部署，在中央各部委的支持和指导下，统筹推进海南自由贸易港制度集成创新工作。2020年6月11日，海南省委发布《中共海南省委关于贯彻落实〈海南自由贸易港建设总体方案〉的决定》，坚持把制度集成创新摆在突出位置，破除体制机制障碍，从机构和部门设置、法律制度、贸易投资自由化便利化、深化"多规合一""极简审批"改革、把握好"一线"放开和"二线"管住的关系、促进生产要素自由便利流动、创新抓落实的体制机制、防范化解系统性风险等方面，进行制度集成创新，并先后印发《海南自由贸易港博鳌乐城国际医疗旅游先行区制度集成创新改革方案》和《海南自由贸易港制度集成创新行动方案（2020—2022年）》及任务清单，将中央政策指示和目标要求细化成18个领域60项重点改革任务，明确责任领导、责任部门、参与部门和完成时限，统筹全省围绕"全方位、大力度、高层次"的制度集成创新目标和"问题导向、示范引领、真抓实干、破立结合、协同创新"的基本原则，部署各部门高质量高标准完成具体制度集成创新任务。

　　海南省各省直部门、市县及中央驻琼单位以及重点园区按照省委、省政府统一部署，制定实施制度集成创新具体方案，积极谋划、大胆创新，推动形成了一大批质量较高的制度集成创新案例。中共海南省委全面深化改革委员会、中共海南省委自由贸易港工作委员会会议审议通过，截至2021年2月，正式对外发布了11批111项海南自由贸易港制度创新案例，其中45项为跨部门、跨地区的多单位联合申报。发布的111项制度创新案例中，涵盖贸易、投资、金融、人才引进、运输来往、教育改革、社会治理、进口药械监督管理、植物检疫和湿地保护等生态环境建设、商用信用体系构建等海南自由贸易港建设的重点领域。通过以制度集成创新助推改革、力促发展、狠抓落实，海南自由贸易港建设取得了显著治理成效。2020 年海南省新增市场主体同比增长 30.86%，实际利用外资增长 100.5%，新设外资企业增长 197.34%，2020 年第三、第四季度引进各类人才同比增长1730%，增速均位居全国第一。

(二)现阶段海南自由贸易港制度集成创新存在的问题与原因

通过以上分析可以发现海南以制度集成创新推进自由贸易港建设取得了显著成效，但现阶段海南自由贸易港制度集成创新仍然面临不少改革难点，其存在的问题和内在原因主要有以下几个方面。

1. 从深度上看，"真刀真枪、刀刃向内"突破体制机制障碍、实施系统性重大集成创新的成果还不多

从整体环境上看，一些创新主体表现为不会改、不敢改、害怕改，求稳怕变、小富即安、小成即满；从具体案例来看，制度创新存在浅尝辄止、蜻蜓点水，皮毛功夫的多、伤筋动骨的少等问题；从基层实践来看，存在"造盆景"的现象，在体制机制上真正打破常规、突破障碍的重大制度集成创新成果还不多。

通过对创新政策的整理和实地调研走访发现，部分地区和部门对制度集成创新的认识不深、理解不透，解放思想、大胆创新不够，存在畏难情绪、积极性不高。虽然海南已设立全国制度创新领域唯一的省部级奖项"海南省改革和制度创新奖"，但外部激励和个体内生动力的传导机制不够，对创新实施主体的考核激励、评优评先、职务晋升、容错纠错等保障机制不足，基层单位和创新个体的内生动力的调动明显不够，整体上制度集成创新氛围仍然是上热下冷，基层单位主动参与制度集成创新的积极性还不高。

2. 从宽度上看，制度集成创新存在碎片化、条块化、单一化问题，整体性、协同性和联动性制度集成创新还不足

截至 2021 年 2 月，已发布的 111 项制度创新案例中有 66 项为单个部门或地区申报，存在单打独斗、零敲碎打制度创新的现象。将 111 项案例按照《海南自由贸易港制度集成创新行动方案(2020—2022 年)》中的制度集成创新任务进行归类，发现服务于同一目标的制度之间相关性不强，并不能形成系统性相互支持的化学反应。

究其原因，单一的直线职能型组织结构不足以支持跨领域、跨部门、跨地区的联动集成创新。现阶段制度集成创新案例无法体现出整体性、协调性和系统性的原因之一是跨部门、跨地区、跨领域的合作不到位。直线职能型组织结构的上下级的领导关系在跨部门合作时容易发生不配合、相互推诿等问题。同时当部门内关于该项制度集成创新政策对接的人员有调动时，对接速度、对接质量均会受到影响。再者制度集成创新的主体单位、主推人员的权力配比直接影响到集成创新速度、集成创新质量和集成创新的效果，故而权责错位易产生集成性较差、单打独斗、零敲碎打的制度创新。

3. 从广度上看，制度集成创新的实施主体分布不均、差异较大，基层单位的制度集成创新能力亟待提升

截至 2021 年 2 月，从已发布的制度创新案例来看，共涉及相关部门、市县和单位共 62 个，其中省直部门 40 个；市县单位有海口市（10 项）、三亚市（10 项）、文昌市（1 项）、澄迈县（1 项）、陵水县（1 项）和白沙县（1 项）；园区有三亚中科遥感信息产业园（1 项）、洋浦经济开发区（4 项）、海南陵水黎安国际教育创新试验区（1 项）和三亚崖州湾科技城（1 项）。省部单位多，而市县单位少，2/3 的市县尚未发布制度创新案例。同时园区制度集成创新的示范性不高，其中 7 个重点园区未有案例实施，全省 11 个重点园区的制度集成创新的改革示范性有待提升。

究其原因，一是省直部门对基层市县和重点园区的授权不够、"放管服"不足，导致基层单位制度集成创新"心有余而力不足"。二是省直部门借助于职能优势，对基层单位的制度创新存在垄断和虹吸效应。现阶段由于省直部门职责范围大，大多数制度集成创新都是由省直部门主导，再加上地方单位职能部门少，一些县级单位没有设立推进制度集成创新的岗位和人员，从而推行制度集成创新速度慢、质量差。三是省直部门和基层单位之间制度集成创新的竞争意识过强，而合作意识较弱，为了在创新成果竞争中拔得头筹，有时存在信息保密、不愿协同创新的现象。

4. 从效度上看，制度集成创新过程缺乏对社会和市场需求的精准把握，过于重视"首创性""创新性"，而忽略对"集成性""成果性"的考核

制度集成创新的状况是：一方面，创新结果和市场需求错位，导致创新结果不是企业想要的以及企业想要的制度创新又无法支持错位；另一方面，创新结果和总体要求错位，有时由于基层单位忽略全省制度集成创新的目标规划和统筹，基层制度创新单位无法深刻理解自有制度创新的目标与总目标间的关系，缺乏对创新制度间关联性的认识，更谈不上创新制度间的相互协调、协同合作。

导致这类问题的一个主要原因是信息不充分。一方面，对外沟通不畅，主要是指制度集成创新实施主体对市场信息、企业信息的把握不准确，无法了解社会和市场所需，缺乏市场与管理双向沟通的渠道，导致创新制度落地性不强，对企业的吸引力不高。另一方面，组织内部沟通不便。组织沟通是组织成员通过交换信息、沟通感情从而为共同目标和利益团结合作的过程（Kernan and Hanges，2002），纵向信息的流畅性和横向信息的整体性均会影响组织沟通的结果。另一个原因是过于重视"首创性""创新性"，而忽略"集成性""成果性"的制度集成创新考核制度，变相引导创新主体过分用力于制度创新的与众不同，而忽略其制度创新的集成性体现和实施效果。

二、制度集成创新定义与成功因素解析

制度集成创新是自由贸易港建设的核心任务，引领海南自由贸易港的建设方向。然而通过对海南制度集成创新发展现状、问题的分析，发现其制度集成创新效果不佳、力度不深、示范性不强的深层次原因是参与制度集成创新的主体对制度集成创新的理解认识有偏差。因此，本节基于我国改革开放制度创新的经验总结和理论梳理，确定了现阶段制度集成创新的定义、动因、内涵和成功因素，逐步梳理形成了有逻辑、有方法、有实践支撑的制度集成创新理论。

（一）制度集成创新的定义

从字面来看，制度集成创新可拆解为制度、制度创新、集成创新三个概念。西方对"制度"这一术语的解读，一般分为旧制度经济学派和新制度经济学派。旧制度经济学派对制度的解读，强调社会属性和思想属性，以凡勃伦（1964）为代表，"制度"被定义为"个人或社会对有关的某些关系或某些作用的一般思想习惯"。John（1934）进一步点明制度中集体的重要位置，将制度归纳为"控制个人行为的集体行为"。新制度经济学派则是从行为的角度理解"制度"，基于对科斯提出的影响经济绩效的重要概念——交易成本的思考，认为制度是为了降低交易中的费用而产生的产权、契约、法律等（Coase，1960；Loch and Gregg，2018；Fan et al.，2019）。

制度变迁理论解释了制度到制度创新的外部动因和内部动因。从外部动因看，是人类理性有限性和制度供给的稀缺性，当经济环境、政治环境甚至自然环境发生变化时，制度供给的不匹配将会导致制度变迁和创新（Krasner，1988；de Leeuw and Gössling，2016）。内在动因在于制度经济学中提到的"交易成本"概念，当制度变迁所花费的交易成本远远小于其带来的预期经济收益时，主动制度创新便会产生（Lieberman，2002；Venugopal and Viswanathan，2019）。但是当局部目标和整体目标收益不一致时，对"交易成本"的判断便也有所不同，

故而会出现整体利益的变革最优不一定为局部利益的最优，使得制度创新达不到最优效果。

中国语境对制度创新的理解是有特殊之处的。中国制度创新过程是政府选择外部规则变革和社会成员选择内部规则变革的过程，并且两者之间的冲突与协调贯穿整个制度变迁过程（周业安，2000）。现阶段对于中国特色制度创新理论的研究大多集中于实践层面，主要从金融、贸易、组织结构、法制等方面就自由贸易试验区、自由贸易港发展现状提出创新建议。臧志彭（2015）通过对上海自由贸易试验区企业的调查发现，法治政府和服务型政府建设都对自由贸易试验区制度创新产生显著的正向促进效应，其中法治政府影响力更强。吴弘（2016）分析了上海国际金融中心制度创新的可行路径，认为多元立法和分层监管是保障金融创新、追求金融市场整体效率、协同非官方监管的重要方法。李猛（2018）从开放性政策和市场监管两个维度总结出国际先进自由贸易港的政策创新主要集中在离岸业务、贸易通关、外汇管制、税收优惠等方面，并建议采取事后监督搭配事前开放的政策统筹创新。尹晨等（2019）总结了制度性开放视角下上海自由贸易试验区的制度创新，并在投资、贸易、法制和营商环境上提到制度性公共产品的创新。

制度创新被认为是实体创新的前提条件（郭锐和樊杰，2020），然而新中国成立至今，实体改革开放创新实践多年，我国经济发展水平和社会治理程度已然不再是当年"穷生变"的被动改革倒逼制度创新状态，以典型改革案例安徽小岗村、深圳经济特区、浦东新区和雄安新区为例，可总结制度创新成功的异同。

制度创新产生的动因和目标是一致的，是在满足群众、社会和市场主体的需求。例如，安徽小岗村的制度改革是为了增大产量，满足人民生活需求；深圳的行政审批改革，是为了满足引进企业顺利落地、办企需求；浦东新区的外商投资负面清单、国际贸易"单一窗口"、自由贸易账户（free trade account，FT）、证照分离等一批基础性的核心制度创新，均是为系统性满足外商在上海经营的营商环境需求；雄安将企业投资核准类建设项目审批时限压缩至22个工作日，以加快推进雄安新区建设进度。

但是随着经济发展，制度创新的不同之处在于自下而上被动革新到自上而下统一设计的改变。1978年安徽小岗村的改革是在"文化大革命"之后，经济萧条和严重灾害加剧了农民的生活困难，所以只能穷则思变，穷则思改，为了解决生存问题，安徽小岗村才不得不包产到户。为突破经济发展瓶颈，推动经济体制改革，深圳引进外资与技术、促进出口，成为改革开放的"试验田"，在政府体制、商业审批、招商引资、金融市场等多方面进行前所未有的制度创新，而这些创新一些成为全国典范，还有一些最终束之高阁。然而新经济背景下的浦东新区和雄安新区建设是与之截然不同的建设趋势，是党中央全面高度分析国际国内形势，统筹把握改革发展大局，作出的重大决策和战略部署。故而现阶段我国的制度创新更多的是在研究判断国内外环境形势之后，人民需求和发展需要促使的主动变革创新。

根据国内成功改革和制度创新经验，一方面，海南自由贸易港在建设中可向深圳、浦东以及各个成熟自由贸易试验区借鉴的制度创新案例众多，但是如何成功落地海南、满足海南需求且消化吸收的创新制度之间能否相辅相成是需要探讨的问题。另一方面，时至今日的中国已经不能再"摸着石头过河"，内因推动的制度创新要求：海南自由贸易港建设中的制度集成创新需要吸取已有的制度创新经验和教训，配合顶层设计、总体规划、协同完成总体目标，平衡把握群众、社会和市场主体需求导向与顶层设计导向之间的关系。

集成创新概念的提出是对熊彼特的创新理论的进一步发展。创新理论认为一种新的生产要素和生产条件"新结合"形成的生产体系可以促进公司效益提高。企业的生产要素远远不止一种，所以要求这些"新结合"的效果不应当是相互抵消，而是协同促进（Adams et al.，2006）。1998年，哈佛大学教授马尔科·扬西蒂（Marco Iansiti）首次提出"技术集成创新"的概念，而后 Hardaker（1998）将"技术集成创新"概念扩展到管理领域。之后在国内外学者的讨论和分析中，集成创新的内涵在市场需求、技术发展和国际环境不断变化的背景下逐步宽泛，内容逐步扩展到战略集成、技术集成、知识集成、资源和能力集成、组织集成与时间集成（孙金梅和黄清，2006；王国红等，2012；Hernandez-Vivanco et al.，2018；Deng et al.，2019）。但是集成创新的内核和动因之一仍然是把握社会与市场需求（Staudenmayer and Cusumano，1998），方法是借鉴系统工程理论（刘长虹，2006），通过创新行为主体的优化、选择、搭配创新要素而形成系统有机主体的主动创新（李文博和郑文哲，2005）。

通过以上分析，集成创新的内核和动因恰好弥补海南制度创新现状缺乏对"群众、社会和市场主体需求"的思考的不足，同时集成创新方法增加了对创新制度间的系统性安排和有机协同效果的考虑，弥补了制度创新的不足。结合制度创新和集成创新提出建设海南自由贸易港的制度集成创新的定义为：是以问题、需求、结果、质效为工作导向，聚焦最突出、最重要、最紧迫的群众、社会和市场主体需求，注重顶层制度设计，整合优势资源要素，突破体制机制障碍，实施跨领域、跨行业、跨部门、跨地区的系统性、整体性、协同性、穿透性制度创新的过程。

对于该定义可以从以下几方面进行解析。

1. 制度集成创新内涵是跨领域、跨行业、跨部门、跨地区的涉及体制机制的制度体系创新

区别制度创新和制度集成创新的关键在于：第一，是否存在跨领域、跨行业、跨部门、跨地区的合作形成制度集成创新协同效应；第二，创新制度之间是否具有关联性、联动性、集成性并形成制度体系。碎片化、单一零散的制度创新不是制度集成创新，而不同制度创新的拼凑组合也不属于制度集成创新，制度集成创新必须满足将不同制度创新进行系统集成后形成"1+1>2"的效果。

2. 制度集成创新的动力来源是群众、社会和市场主体需求，既需要自上而下的顶层设计，也有赖于自下而上的基层实践

制度集成创新的动力来源体现了中国特色社会主义制度的优势，也是我国改革开放 40 多年来的经验积累。通过顶层设计推动制度集成创新，体现了现阶段中国改革的自主性；而群众、社会和市场主体需求拉动的制度集成创新，是以人民为中心的服务型政府职能的集中表现。

3. 制度集成创新的本质是集成思维下的制度创新方法的改革

制度创新已在全国范围推行多年，成果丰硕，尤其是在自由贸易试验区中效果显著，已经形成很多全国性的推广案例，而制度集成创新重要理念的提出本质上是制度创新借鉴集成创新思维后，在改革方法上的创新和提升，是一种思想理念和发展方法。因此，制度集成创新归根到底是一种方法论。

4. 制度集成创新的特征是上下联动的系统性、左右协同的整体性、制度之间的协同性和结果质效的穿透性

系统性、整体性是制度集成创新有别于制度创新方法的特征，而协同性可以破解制度创新过程中潜在的职能冲突和资源分散，穿透性体现了制度集成创新是一种以结果质效为评价标准的方法。

5. 制度集成创新的评价标准是完成顶层设计任务的结果及真正解决群众、社会和市场主体面临问题的质效

一方面，制度集成创新的动因是顶层设计以及群众、社会和市场的需求，故而其评价标准不能只着眼于机械的、形式上的制度首创；另一方面，通过制度集成创新的内涵可以看出，对现行制度的重新组合或者对其他领域的制度创新形成的借鉴、吸收、消化、提升同样也可属于制度集成创新范畴。因此，是否满足群

众需要、是否符合市场主体需求、是否能够真正解决改革发展进程中的难题，成为衡量评价制度集成创新质效的重要标准。

（二）制度集成创新的运作原理与成功因素

制度集成创新操作层面的难度较高，需要借鉴现有管理理论厘清其运作的原理和成功因素。

政府流程再造是针对传统官僚制公共部门的弊端而言的公共管理变革理论的重要内容（Chen，2016；Kasemsap，2020）。基本内涵强调公共部门的顾客导向和成本效益观念，重视选择和竞争，倡导分权与创新，重塑国家与社会以及公共部门与市场、居民、企业的诸多关系，涉及公共部门内外部关系及运作程序（咸辉，2008）。政府流程再造的目的是提升公共部门的社会竞争力（Esbenshade et al.，2016；Guntur et al.，2018）。

何精华和徐晓林（2002）第一次在中文期刊中提到政府流程再造的概念，但仍然是沿用西方效率管理思维并应用于电子政务领域。由于中国特殊国情和政府"为人民服务"的特殊属性，王学东等（2008）强调中国政府流程再造更为广义的概念是以公众为中心，以社会需求为导向，在重新考量审批流程之间的逻辑关系以及服务事项跨部门审批、受理、办理等环节的基础上对组织的业务流程进行思考和重建。伍俊斌（2015）在政府流程再造中提到公民参与政治的力量，公民导向是现代公共治理的重要价值取向，流程再造有效吸纳民众的政治参与，逐步实现广泛监督下的行政问责和全程可追踪式的信息管理。熊光清和刘高林（2020）认为流程再造的核心是社会需求，所以应当采用申请者至上和"信任优先"，必须贯彻"善治"的价值理念，没有"人"的参与，再多的规制法律法规、组织形式的变革都是没有意义的虚假变革。

我国政府流程再造与制度集成创新在目标上均秉承以人为本、为民服务、提高效率的思维，在范围上均强调跨部门的系统性协作，在实施手段上均注重现代信息技术的使用，唯有在实施高度和力度上，制度集成创新比政府流程再造更加强调制度性的改变，也因而更具有顶层设计的高度和法治化、制度化的效果。本书借鉴政府流程再造的思维，融合制度性变革的顶层设计理念，对制度集成创新进行全面分析和思考，总结其成功关键因素，绘制了制度集成创新成功因素鱼骨图（图1-2）。

第一层是思想层面，包括核心思想指引和舆论氛围土壤，以习近平新时代中国特色社会主义思想为指引，将改革舆论氛围营造为制度集成创新的土壤。一方面，在核心思想的指引下，一是形成共同梦想意识，明确全民同梦，中国梦是每

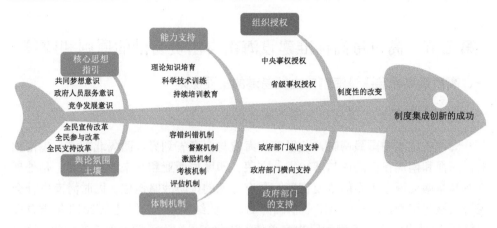

图 1-2 制度集成创新成功因素鱼骨图

个个体自己的梦，将个人理想与国家理想高度契合，在坚实的理论和实践的支撑下将愿景量化成为可实现、可衡量、可预期的现实愿望。二是引导提升政府人员服务意识，打造"以人民为中心"的服务型团队，为服务型政府的形成创造思想基础。三是明确并平衡上下级部门、同层级部门间的业务指导、协同配合、竞争发展意识，在合作中创新、协同中改革、竞争中提升。另一方面，在社会层面加强舆论宣传引导，形成全民支持改革、全民参与改革、全民宣传改革的良好社会氛围，实现群众拥护、企业获利、社会进步。

第二层是能力支持与体制机制层面。人才的创新能力是确保制度集成创新取得实效的重要基础。改革创新者的专业、能力、视野来源于理论知识培育、科学技术训练和持续培训教育。体制机制是确保制度集成创新顺利实施的重要保障，主要包括评估机制、考核机制、激励机制、督察机制和容错纠错机制。

第三层是组织支持层面，包括组织授权和政府部门的支持。一方面，制度集成创新既需要自上而下的顶层设计，又需要自下而上的基层实践，两者缺一不可、相互促进。中国已进入法治社会，每一项重大改革创新都需要明确的法律依据，并得到上级部门的信任和授权。组织授权分为中央事权授权和省级事权授权。另一方面，制度集成创新的关键是系统集成，需要跨地区、跨部门、跨行业、跨领域的穿透式改革创新。政府各部门的支持包括政府部门纵向支持和政府部门横向支持。上下层级之间、横向部门之间需要充分交流与沟通，在问题的识别与认识、创新的路径与模式、目标的确认与实现方面，需要在统一愿景基础上得到认同与支持，确保制度集成创新的最终成功。

第三节　高质量高标准建设海南自由贸易港的原则和政策

一、高质量高标准建设海南自由贸易港的主要原则

（一）把握好地方特色和全国影响的关系

海南省位于中国最南端，北以琼州海峡与广东省划界，西隔北部湾与越南相对，东面和南面在南海中与菲律宾、文莱、印度尼西亚和马来西亚为邻，是处理南海和东南亚国家关系的重要窗口，具有特殊的国防战略地位。同时海南省社会经济发展起步晚，建省初期工业基础薄弱、农业结构单一，但是在 2018 年省办经济特区 30 周年之际，海南地区生产总值、产业布局发生了翻天覆地的变化，这离不开国家的支持和海南人民的努力奋斗。

在中国特色自由贸易港建设之际，海南独特的地理优势、政策优势以及旅游服务产业优势在建设全面深化改革开放试验区、国家生态文明试验区、国际旅游消费中心、国家重大战略服务保障区方面都具有其独特性。基于上述特征所实施的制度集成创新案例和经验如何形成全国影响力，丰富和扩充我国深度改革开放经验并推广至全国，完成顶层制度设计中"有利于探索可复制可推广的经验"的任务是海南自由贸易港制度创新设计者、实施者、参与者共同思考的课题。

（二）把握好上下联动和左右协同的关系

制度集成创新的特征在于整体性、系统性和集成性，体现在顶层设计的整体战略布局，参与部门的内部积极合作、参与部门间的及时有效沟通，所以在制度集成创新中处理好上下联动机制和左右协同关系尤为重要。制度集成创新能否取得实效是与中央相关部门的大力支持密不可分的。就涉及中央事权的制度集成创新事项，应加强与中央部门的密切沟通、寻求支持、争取突破。同时，打破各市县、各部门、各单位之间的界限和壁垒，系统集成、高效协同推进创新。

集成创新过程是基于中央部署、部省联动、市县（区）执行而完成的。所以在流程中保证思想不变味、内涵不曲解、目标不偏移、效果不打折是制度集成创新成功的关键，也是上下联动的核心思想。从流程设计到过程管理，上级指导和控制以及下级反馈和修正做到及时、有效、通畅、实时的同步共建十分重要。

制度集成创新的核心在于集成性，因此各项创新任务之间是关联的、整体的，所以推动不同部门和地区之间的左右协同尤为关键。清晰的职责边界是左右协同的关键，如果每个部门和地区推行的制度集成创新缺乏清晰明确的职能边界，则在制度集成创新过程中左右协同就有可能出现阻滞，甚至会出现政出多门、

九龙治水，导致制度集成创新陷入目标不清、责任不明、反复扯皮的消极怠工和混乱中。

（三）把握好一枝独秀和百花齐放的关系

海南自由贸易港建设是一项重大的系统工程，可以说整体就是一项制度集成创新。高起点、高质量、高标准建设海南自由贸易港，既需要有单个部门、单个地区、单个领域的"小而美"的"微创新"，也需要系统集成的制度创新。海南自由贸易港建设既需要积极鼓励敢于闯、敢于试、自主改的一枝独秀"独奏曲"，也需要跨部门、跨地区、跨行业、跨领域统筹推进"交响乐"式的制度集成创新。

制度集成创新的中国特色在于整体性、全局性、长远性、重大性目标的顶层设计。顶层设计是根据人民需要、现实需要、实践需要，将社会经济发展规律和社会主义奋斗目标阶段性统一，形成有理可循、有据可依的统筹计划。海南自由贸易港建设在《海南自由贸易港建设总体方案》通盘设计和统筹部署下，将制度集成创新目标和任务细化为《海南自由贸易港制度集成创新行动方案（2020—2022年）》便是极具中国特色的顶层架构设计。

（四）把握好小步快跑和稳扎稳打的关系

建设海南自由贸易港不仅是一项重大国家战略，也是重要地缘政治考量，每一项制度集成创新都有改革的机遇期、窗口期、发展期，海南自由贸易港建设应紧紧抓住每一个发展机遇，在确保"管得住"的前提下迅速往前推进。同时，从世界自由贸易港发展经验来看，自由贸易港建设是循序渐进的。当前，中央要求海南分2025年、2035年、21世纪中叶三个时间节点分步骤、分阶段建立自由贸易港，因此，海南自由贸易港建设不可能一蹴而就，不能要求海南在一两年内就有翻天覆地的变化，海南自由贸易港建设必须是稳扎稳打、行稳致远。

纵观历史，比较成功的世界自由贸易港案例，如鹿特丹港的运输产业繁荣是1600年就开始积累的贸易业务，2010年才提出：加强港口工业职能，以大规模的港口工业带动港口物流的发展，促进新经济增长下的港口物流进一步繁荣。20多年前，迪拜向商业贸易活动开放，基于其特殊的融合阿拉伯、西方和南亚的文化，以及与波斯湾沿岸、亚欧非三大洲交汇点的优越地理条件，至今才发展成为著名的国际商业中心。甚至新加坡的发展历史也可追溯到1969年新加坡在裕廊工业区的码头内划设的第一个自由贸易区。可见海南在本身基础设施建设条件不完善、资源结构单一的情况下还需要更多的时间来发展，而由于优越的地理位置、政策支持和建设自由贸易试验区的成功经验，海南稳扎稳打地按照既定节奏就能实现后来居上、弯道超车。

（五）把握好先行先试和风险防控的关系

制度集成创新，贵在敢为人先、先行先试。海南自由贸易港建设需要把握好改革的窗口期、发展的机遇期，紧紧聚焦贸易自由便利、投资自由便利、跨境资金流动自由便利、人员进出自由便利、运输来往自由便利和数据安全有序流动等方面的制度集成创新，对标世界最高开放形态和国际最新经贸规则，推动形成科学有效、高度开放、充满活力的制度安排。

每一项制度集成创新既会带来显著的改革成效，也伴随着潜在风险。制度越是开放，对"管得住"的要求越高，要确保"管得住才能放得开"的原则，对各类潜在的风险要做到精准识别、提前防控，坚决防范各类系统性和颠覆性风险。同时，制度集成创新在某种程度上也意味着"试错"，即使是局部的、偶发的、可控的风险，也应提高对风险的容忍度、包容度、适应度，对制度集成创新过程中因为改革经验不足而出现的无心之错，可采取容错纠错的方式予以包容，从而为真心实意的改革者撑腰，让实干者免除后顾之忧。

二、高质量高标准建设海南自由贸易港的主要改革要求

高质量高标准建设中国特色的海南自由贸易港，要以质量追赶、结构升级、创新驱动、共同富裕和绿色发展为目标，围绕创新、协调、绿色、开放、共享的新发展理念，充分发挥海南自由贸易港全面深化改革和试验最高水平开放政策优势。

一是在建设路径方面，以制度集成创新作为自由贸易港建设的重中之重释放改革活力、力促改革推进、狠抓改革落实。高质量高标准建设海南自由贸易港，要把制度集成创新摆在突出位置，聚焦当前最重要、最紧迫、最突出的改革难题，以满足群众、社会和市场主体需求为目的，注重顶层制度设计，整合优势资源要素，突破体制机制障碍，实施跨领域、跨行业、跨部门、跨地区的系统性、整体性、协同性、穿透性的改革创新。要始终把制度集成创新作为推进海南全面深化改革开放、加快自由贸易港建设的核心任务、重要抓手，推动行政审批事项改革，促进政府职能转变，推动贸易、投资、跨境资金流动、人员进出、运输来往的自由便利，加快实现数据安全有序流动，不断提升海南自由贸易港的营商环境和社会治理水平。

二是在行政管理体制改革方面，打造适合自由贸易港需要的行政管理体制机制架构。推进海南行政区划改革创新，优化行政区划设置和行政区划结构体系，是推动海南自由贸易港建设顺利推进的重要保障。海南现行市县数量多而"小散弱"，规划能力、管理能力、发展能力与海南自由贸易港经济社会发展要求不相适应，难以达到"全省一盘棋、全岛同城化"的要求，这也在一定程度上给海南

"多规合一"改革的落地和持续生效带来挑战。建议按照"一类事情由一个部门负责"的原则，加快推进省直部门和市县机构改革，构建适合海南自由贸易港发展需要的行政管理体制机制架构。宜探索科学统筹规划，通过"撤销一批、合并一批、壮大一批"，对海南现有的市县进行优化调整，从而整合区域建设资源、调动基层干部积极性、形成全省发展合力，推动海南自由贸易港更好、更快发展。

三是在产业培育方面，海南需要整合优质资源统一谋划产业布局，积极招商引资，充分利用政策优势。首先，海南基础薄弱、资源有限，不宜分散式发展，宜压强式聚焦、先点后面实现突破。我国改革开放取得成功的重要方法是"先局部试点，后全国推广"，上海改革开放取得成功的因素之一是"紧紧聚焦于浦东新区发展"，打造浦东发展样板后再向全市推广；深圳是以蛇口为重点开放区域而后逐步扩展布局才形成今天的成熟经济市场的。这些改革方法经验表明，海南自由贸易港建设不宜分散式发展，也不能均衡用力、撒胡椒面式地投入，宜将有限的宝贵资源集聚于一个点位或两个点位，在一个或两个点位上取得重大突破、形成发展模式和经验后再向全省复制推广。其次，结合国情省情民情及特色政策制定重点产业规划，实行省领导挂帅的"链长制"，分门别类组建招商"小分队"实行全球招商。海南宜结合自由贸易港政策制定重点产业规划，集聚优势资源打造高附加值、高含金量的特色产业链。宜根据重点产业领域，创建省领导担任链长的产业链发展机制。同时，根据不同的产业链，杜绝"坐等上门"的等、靠、要消极被动思想，应积极主动出门招商、上门服务，对鼓励类产业的头部企业、"独角兽"企业、细分领域"隐形冠军"设定企业名录，组建专班进行"抢逼围"、靶向精准招商。

四是在立法保障方面，加快构建自由贸易港法规体系。从国际自由贸易港发展经验来看，要使海南自由贸易港行稳致远、取得成功，立法是根本保障。要深刻领会和准确把握中央对海南自由贸易港总体布局，围绕《海南自由贸易港建设总体方案》和"三区一中心"（全面深化改革开放试验区、国家生态文明试验区、国家重大战略服务保障区、国际旅游消费中心）的战略定位，充分反映世界自由贸易港和国际经贸规则的规律、趋势、演变，充分发挥《中华人民共和国海南自由贸易港法》在自由贸易港建设中的引领、推动、规范和保障作用，形成海南全面深化改革开放的法律依据和法治保障，奠定海南自由贸易港建设高质量发展的基石。

五是在人才培育方面，打造自由贸易港建设人才培养培训基地，形成专业化、结构化、可持续的人才梯队建设体系。当前省内外缺乏权威、专业、系统、可持续化的自由贸易港人才培养培训基地，这将严重阻碍下一步自由贸易港的人才梯队建设。为此，海南可创建中国自由贸易港大学，推动形成一批水平高、专业强、影响力大的自由贸易港研究机构和智库中心。可通过对海南省内现有教育机构进行整合改造、与国内知名高校进行联合组建等多种方式设立海南自由贸易港培养培训教育基地。宜结合海南自由贸易港建设需要，创新教学管理模式，打破现有的大学办学和培养模式，采取合作办学、定向培养、订单式培养等多种方式，尽快形成培养中国特色自由贸易港合格建设者的重要基地，弥补自由贸易港建设专业人才缺失的短板，加速形成海南自由贸易港建设人才集聚高地。

六是在考核评价机制方面，打造项目化、定量化、清单化海南自由贸易港建设绩效考核评价体系。要提升海南自由贸易港建设质量，关键是要确保各项政策真正落地、落实、落好。宜按照中央事权、省级事权、市县事权分类，尽快对当前自由贸易港政策出台情况、落地情况和实施效果进行清单化跟踪管理，对于尚未落地的政策进行重难点突破、权责明晰等条目化梳理，定期呈报中央相关部门掌握并积极寻求进一步支持。对海南自由贸易港重点任务，明确责任领导、责任部门、责任人员、时间节点，实行倒排工期、挂图作战，对高质量完成任务的"戴红花"重奖，对拖沓推诿、落实不力的予以相应惩戒，甚至调整工作岗位。海南自由贸易港考核评价体系应根据不同的难易系数实施项目化的量化考核，在适当范围内公开考核结果，对排名前列的进行奖励，对排名靠后的进行诫勉谈话，实行末位淘汰调整机制。

七是在实干氛围营造方面，打造自由贸易港"解放思想、敢闯敢试、大胆创新"的改革精神。创新的舆论氛围对于推进建设海南自由贸易港十分重要，现阶段建设海南自由贸易港的气氛"上热下冷"的主要原因是基层政府机关、当地居民的参与度不高，建设自由贸易港的宣传氛围有待加强。对标国内其他地区来看，上海在开发浦东新区时提出的"一年一个样、三年大变样"标语，深圳建设初期提出的"时间就是金钱、效率就是生命"口号，鼓舞了千千万万特区建设者挥洒汗水、奋斗拼搏。所以海南自由贸易港建设可以参考借鉴成功经验，提出能够振奋人心、朗朗上口、鲜明易记的，具有自由贸易港特色、具有结果导向和目标导向的口号，鼓舞全省广大干部群众保持"闯"的精神、"创"的拼劲、"干"的作风，充分展现中国特色自由贸易港的精神面貌和改革激情。

三、高质量高标准建设海南自由贸易港的主要政策建议

为了持续推进高质量高标准建设海南自由贸易港，要不断创新和完善对外宣传、吸引外国人才、跨境文物艺术品产业、旅游业发展等政策，创造有利于推动海南自由贸易港高质量发展的政策环境。

(一)海南自由贸易港对外宣传的政策建议

建设海南自由贸易港是着眼"国内国际两个大局"的重大战略部署，是为推动中国特色社会主义创新发展作出的重大战略决策，展现了中国开放大门只会越

开越大的坚定决心和信心。当前，海南自由贸易港处于初期建设阶段，加强人才引进和外资引入，极大程度依赖于海南自由贸易港新政策、新制度、新发展的对外宣传。经与国外企业家、教育家和政府官员交流发现，一方面，大多数国外人士对于海南自由贸易港政策的了解程度较低，这严重阻碍了对外招商引资和人才引进；另一方面，被访者却对"封关运作"表现出极大的兴趣，这说明国外人士对政策不了解的原因在于外宣不通畅。关键之年必须要有关键作为，非常之时必须要有非常之举，建议多管齐下加强海南自由贸易港对外宣传工作。

1. 打造标准版本的外宣材料，通过制度集成创新形成合力，推动高质量外宣

外宣工作涉及宣传、招商、人才等多个部门的相互协作，提升外宣成效的首要任务是要通过制度集成创新，集中整合省内优势资源，推进多个相关部门的协作能力建设，形成标准版本的多语言外宣材料，做到"一个声音，一个标准"。首先，外宣材料的内容编制需要各个部门的相互配合，但要形成统一外宣口径。例如，目前已发布的140多条相关政策中，有不少存在交集，且由于是不同的部门牵头，存在口径不一致的问题，降低了政策的可读性。其次，外宣材料要有常见问题解答(frequently asked questions，FAQ)部分，且这部分内容的编制要基于国外受众，通过对国外企业和人才等潜在对象的访问，丰富充实FAQ部分内容并定期更新，做到"问有所答，惑有所解"。最后，将标准版本的多语言外宣材料发送给各个外宣部门、Facebook、Twitter等，充分利用有影响力的平台和媒体渠道，分步骤、有重点地对外宣传。并且今后每推出一个海南自由贸易港的新政策或制度，就由牵头部门负责及时更新标准化的外宣材料。

2. 选择专业化、高水平的国际宣传团队，加大与国际上其他自由贸易港的国际宣传合作，提高外宣的效率效果

海南自由贸易港建设处于初级阶段，可以借鉴迪拜等先进自贸区的外宣经验，招聘专业化的国际宣传团队外包维护Facebook、海南自贸港招商引才网等主流媒体网站上关于海南自由贸易港的官方账号，建立海外传播媒体矩阵，积极与国内外相关部门对接合作。通过外包的国际宣传团队在新加坡、迪拜、纽约、伦敦等地设立联络点、办事处，实时、规范、快捷、准确地捕捉商业信息和国际经贸动态，准确把握世界经贸发展脉搏，作为海南自由贸易港对外沟通联络、信息搜集、合作洽谈、招商驻点、形象展示的重要平台。借助入驻当地的外媒平台和智库资源，通过定期开展国际论坛交流、实地考察等活动，充分发挥各类涉外行业的外宣功能，不仅可以为当前海南自由贸易港的外宣提供可以借鉴的成熟经验，而且有助于形成和完善一整套具有海南特色的、有利于自由贸易港发展的外宣创新方案。

3. 积极、主动对接利用中央部委和国内自贸区信息，寻找潜在目标受众，形成口碑推动效应，推动外宣合作和制度创新合作

根据海南的产业政策和发展方向，积极与商务部、国家外国专家局等招商引资、智力引进部委相对接，掌握在华外资企业和国外人才的联系方式等信息，精准投放和沟通海南自由贸易港制度政策体系，让外资机构和外国人才成为宣传海南自由贸易港的受众和二次传播的驱动器。与国内其他二十个自贸区加强信息联系，让海南自由贸易港的潜在目标企业与人才充分知晓信息，催化产业合理转移，尤其是强化与粤港澳大湾区的合作，积极引进生态友好型的制造业和高新技术企业，通过面向实际问题，形成海南自由贸易港制度创新与各自贸区之间制度合作良性互动的局面。

4. 强化自由贸易港招商引才主力网站的功能，汇集高端受众，形成潜在要素信息的集聚性流动

强化"海南国际投资单一窗口""海南招商引才网"等主力网络平台功能，打造多语种的跨文化沟通平台，以图文、视频、互动 H5（第 5 代超文本标记语言）等表现形式，实现海南自由贸易港的重要新闻、建设成果、美食美景、人文故事、投资机会等信息的精准、全方位推送。利用大数据技术在全球范围内精准搜寻潜在目标受众，将自由贸易港的标准版多语言外宣材料和已经取得的成果分类别、有侧重地进行精准投放，准确了解对方的需求和疑问，自动聚类常见问题，实时作出有效反馈并持续跟进，提高交流对接的效率。利用人工智能（artificial intelligence，AI）技术智能匹配并双向推荐潜在的投资者和各行业人才，构建海南自由贸易港兴趣者的网上社区，形成要素信息的提前线上集结，解决长期困扰海南经济发展的市场主体和人才"先有鸡还是先有蛋"的问题。

5. 充分利用海南籍华人华侨、商务人士、国际友好人士帮助海南对外宣传

海外海南籍华人华侨和港澳同胞有 500 多万，社团近 300 个，是海南自由贸易港的忠实"粉丝"。外宣工作可以充分利用海南籍华侨资源优势，一方面鼓励华侨归国投资建设，带动更多的商务人士、国际友好人士参与到海南自由贸易港的建设热潮中；另一方面借助华侨的商会、联合会、俱乐部等侨联组织，以点带面，共同设计、创新和完善海南自由贸易港的对外宣传形象，进一步提高海南自由贸易港政策信息在海外宣传的力度和效度。需要注意的是，由于部分海外华人经过历史变迁后其社会生活已有很大变化，海南籍组织侨领在中国的影响力可能仅限于特定群体，影响力较弱，要扩大范围，可以选择亲中国、了解中国，以及

在中国有一定社会影响力的华人华侨企业家或华人领袖，这样定能提高海南自由贸易港的口碑效应。此外还可以利用在海南留学的国外留学生群体，将政府奖学金与留学生对海南自由贸易港政策的熟悉程度和对外宣传绩效相挂钩，对积极宣传海南自由贸易港的国外人士，可授予其"海南自由贸易港国际宣传大使"称号，以鼓励更多人参与海外宣传。

6. 充分利用博鳌亚洲论坛、中国国际消费品博览会、离岛退税等形成的海南优质游客基础，开展自由贸易港政策的文旅宣传

海南拥有较好的旅游客户群，即使在 2020 年新冠疫情期间，全年也接待过国内过夜游客 5435.02 万人次，人均单次消费达 1330 元；入境过夜游客 22.40 万人次，人均单次消费达 3400 元；离岛免税购买人数为 448.4 万人次，人均购物花费高达 6128.3 元；而全年全国游客人均单次出行消费不到 800 元。可以看出近期海南游客已经相对高端化，再加上博鳌亚洲论坛年会和中国国际消费品博览会等聚集起来的高端会展业客户群体，可以通过"旅游推广+政策宣传"的模式，带动招商引才的信息传播。通过各种扫码系统、旅行社电子行程单、免税购物、各大节庆活动、大型会议等收集到的游客微信、邮箱等联系方式，通过微信、公众号、电子邮件或旅游指南等方式，将关于海南自由贸易港的标准版多语言外宣材料广泛传播，充分发挥优质游客群体的对外传播功能。

(二)海南自由贸易港吸引外国人才的政策建议

海南自由贸易港的建设与发展，急需大量高端人才。习近平在庆祝海南建省办经济特区 30 周年大会上明确指出"支持海南探索建立吸引外国高技术人才的管理制度"①。海南省委、省政府也多次强调引进外国人才的重要性。但应该看到，虽然海南在吸引外国人才方面有一定的工作成效，但并不显著。"2021 中国城市人才吸引力排名"显示，海南省只有三亚市入榜 100 强，位列第 63 名，人才吸引指数是 28.7。尽管海南省拥有区位和政策优势，但相比其他国际自由贸易港和相关发达国家，吸引外国人才政策仍略有不足。海南自由贸易港作为全国目前唯一的中国特色自由贸易港，应大胆制定更长远、更开放的海外引才政策。

1. 发放海南自由贸易港特别居留准证和特别永久居留证

省政府应给予经认证的外籍高层次人才 5～10 年的居留许可，取消停留期限，并允许其在准证有效期内可无限次自由出入海南自由贸易港。此外，省政府可按

---

① 《习近平：在庆祝海南建省办经济特区 30 周年大会上的讲话》，https://www.gov.cn/xinwen/2018-04/13/content_5282321.htm[2018-04-13]。

创业人员投资成效给予不同的居留许可期限。同时，省政府还应进一步对海南自由贸易港所需的高级专业人才、有特殊贡献的人才及投资移民，优先核发永久居留卡。凡在海南自由贸易港进行创新创业活动的创业人士，只要其公司注册资本达到一定的数额，便可享有有效期长达十年的签证，签证到期后可续签，对于持证人的逗留时限无要求，期间可无限次自由出入境，入境海南自由贸易港不再需要办理签证。在海南的国际机场设立专门商务通道，持证人只需刷卡即可通过，无须在机场办理繁杂冗长的通关手续。其配偶和未成年子女亦可连带享有相同期限的免签政策。持证人 21 岁以下的子女可在海南省国际学校就读，无须每年申请学生签证。年满 60 岁以上的父母亦可申请探访准证随行。此政策将为直接入境海南自由贸易港的人才提供强大的流动吸引力。在考虑国家政治与安全的情况下，此类准证持有者的入境活动范围仅限于海南自由贸易港。

2. 设计多元化的人才入境签证制度

省政府可鉴于不同类型的海外专才，依其受聘职位月薪和工作性质的不同，设置更加灵活多元及更具功能性的签证。例如，为创业人士提供免签服务，持证者可在没有时间和次数限制下仅持个人护照便可自由出入境，但其入境范围仅限于海南自由贸易港；外籍企业家只要能出示其创业投资证明，即可向海南省政府申请免签。另外，可借鉴新加坡为海外人才提供自由转换雇主的个人化就业准证。此准证的核发对象为拥有固定月收入的外籍人才，持有此证者不受制于特定雇主，在离职后允许继续在海南省居留数月，以便寻找新的就业机会，无须因聘雇终止而被迫离境。此外，省政府可锁定海外优秀年轻的准毕业生，向其核发实习训练签证，以此项措施吸引海外年轻人到海南省的企业实习半年，借此发掘或筛选适合的人才并加以留用，提高揽才留才的机会。

3. 打造国际人才村

发挥海南省宜居宜业宜游优势。由于短时间内将海南省提升为国际化城市的可能性不大，故建议省政府从建设国际化小区开始。在国际化小区内打造融居住和服务于一体的海外高端人才公寓。建立完善的海外人才小区管理体系，确保人才安居工作有序运作，优先保障高层次人才居住房源的调配。加强海南省环境与设施的建设，如小区周边交通的便利性，路牌和公共设施标识国际化等。在区域范围内配备国际医疗及教育机构，建立完善的医疗绿色通道和 24 小时应急保障制度，为高端人才和其配偶家属自来琼发展建立电子医疗档案。将博鳌乐城国际医疗旅游先行区的部分政策在国际化小区推行。在国际化小区中推动国际学校的建设，为高端人才的子女提供优质就学资源；提高国际小区的开放度，如网络开放度等。通过设立国际小区，为海外人才提供与其相近的母语环境，减少异国交流的语言障碍，相近的文化习俗和社会生活环境也能缓解文化冲突。

4. 善用国际职场社交平台，开设海外招聘模块

海南省政府和企业应增设国际化的引才平台与招聘网页，并且引才资讯网页应采用多国语言服务。全球化求职招聘平台如今已是海外人才首选的求职渠道，其国际化优势和广阔的全球人才网络，充分贴近海外人才的求职需求，也有着更高的信任感。在此建议海南省政府与时并进，通过亚太区领军职业网（Job Street）、领英（LinkedIn）等国际职场社交平台发布企业招聘、人才求职等信息。海南省政府还可选择使用海外用户众多的 Facebook、Twitter 等社交媒体，提高海南省引才信息的曝光率。宣传海南省引才政策、地区历史，以及创新创业的生活环境、人文精神、企业条件、地区发展的长期规划，将海南省的资源优势整合起来，让海南走入国际视野。

5. 锁定东南亚华人为重点引才对象

海南目前各方面国际化程度不高，其环境设施与当地文化短期内无法多元化，因此可以把当前的引才重点设定为语言文化习惯相近的海外华人。东南亚是华人最多的地区，也是海南籍华侨最多的地区，其中马来西亚和新加坡又是华人人口比例最高的国家。马来西亚的中文教育是除了中国以外唯一拥有小学、中学、大专完整中文教育体系的国家，马来西亚华人普遍拥有较高的中文水平，第二次世界大战以后，马来西亚是英国、美国的重要人才供应国之一；新加坡独立之后，马来西亚更是其最大的人才供应国，因此海南省政府应将其视为招收国际学生的重点地区。同时，由于众多海外华人随历史变迁在各自原生国的社会生活已有所不同，海南籍组织的侨领在原生国的影响力可能仅限于特定群体，影响力较弱，因此海南省政府应改变以海外海南籍乡团等组织的侨领为单一的对外沟通窗口和信息传播渠道的情况，加大力度发展那些了解中国国情，以及在原生国有一定社会影响力的华人华侨企业家或华人领袖，以此来更有效地传达信息。通过各种项目如技术培训咨询、子女夏令营、寻根旅行团、游学计划、参观访问等方式创造机会让东南亚国家潜在人才供应方和海南省的需求方直接见面，建立好供需网络。

6. 高等教育生源国际化、融合化

充分利用海南国际教育岛的政策优势，提高海南省高等院校的国际竞争力，借海外合作院校的知名度，提高海南省高等院校的曝光率与知名度，吸引海外留

学生；积极与海外高中和高等院校联合举办国际游学项目，举办"体验海南"的活动，游学期间为参与者提供免费住宿和交通，安排海外学生与海南自由贸易港企业领袖见面，安排海外学生拜访海南自由贸易港重点机构、设施与潜在雇主，安排海外学生体验海南省的生活。海南省高等院校可积极聘请海外专家来琼任职，海外教职人员比例的提升将使高等教育迈向国际化，增加海外留学生到海南省高等院校留学的信心；鼓励海南省高等院校积极与世界各国签订学历学位互认协议，确保海南省高等院校的文凭受到世界多数国家的认可，以此吸引海外留学生到海南留学。允许海外留学生在学习过程中享有合法兼职打工的权利。海南自由贸易港可制定国际学生兼职指南，规定兼职准入工作领域和工作时间限制等。

7. 推行外国学生来琼工作假期计划

海南自由贸易港可实行工作假期计划，为国内外优质高等院校学生及准毕业生提供为期最长可达 6 个月的短期工作和生活机会。海南省政府可向此计划的参与者核发旅游工作准证，并尽量对其所从事工作的性质进行较少限制。推行工作假期计划除了可让海外潜在人才亲身感受海南自由贸易港的工作文化，同时也为企业提供发掘及培育潜力人才的机会；海南省高等院校可借鉴新加坡国立大学举办的短期交流项目，吸引海外学生到海南自由贸易港公立大学和当地大型企业进行企业实训，近距离感受海南省企业的企业文化与氛围，体验海南省市民生活和公共设施的便利。在假期开展各种国际创新创业大赛、技术竞赛、科研训练等活动，聚集海外高层次创新创业人才，保持与外界高层次创新创业人才的互动和交流。

8. 面向全球提供奖学金，精准获取青年才俊

推出海南自由贸易港特别奖学金，公开给予全球学生申请，主要提供给被世界排名前 50 的大学（依据 QS[①]世界大学排名）所录取的理工农医类和国际金融、法律类优秀学生。学生无须偿还学费，但唯一条件是毕业后首五年需到海南自由贸易港工作。即使留学生最终选择回国发展也会积极宣传海南自由贸易港，让海南走入国际视野。另外，可成立专门对接小组，与获得奖学金的学生保持联系，相互交流，向留学生重点介绍海南自由贸易港的发展可能性，鼓励留学生选择在海南发展。

---

① QS（Quacquarelli Symonds，夸夸雷利·西蒙兹）是英国一家专门负责教育及升学就业的国际高等教育咨询公司。

(三)海南自由贸易港跨境文物艺术品产业的政策建议

在 2022 年全国两会上，全国政协委员万捷建议全面减免回流文物进口(境)税收，让各界高度关注跨境文物艺术品产业发展。尽管自 2020 年初以来，新冠疫情肆虐全球，但国际文物艺术品交易量仍然逆势上扬。然而，以国内买家为主力的文物艺术品交易市场实际上并不在中国。根据我国现行税率及税制，国内艺术品爱好者在国际上拍得的文物艺术品，如果要运回境内，按照现行关税规定入境时要缴纳 3%左右的关税、13%的进口增值税，再加上行邮税等其他税费，复合税费率实际高达 20%以上，导致境内企业开展跨境文物艺术品业务成本高企。海南即将在 2025 年前实现全岛封关，充分利用自由贸易港先行先试的政策优势，精准制定出台相关法规措施，快速实现文化产业要素集聚，将有效推动海南成为国际文物艺术品交易中心。

1. 借力税收政策，打造回流文物"海南通道"

根据《海南自由贸易港建设总体方案》，全岛封关运作前，海南自由贸易港对企业进口自用的生产设备、营运用的交通工具及游艇、原辅料、岛内居民消费的进境商品免征进口关税、进口环节增值税和消费税。推动回流文物以增设的方式进入"一负三正"[①]零关税清单涵盖类目，将回流文物在海南交易后用于展览的视作会展"原辅料"，优先实施免税政策，逐渐将海南培育成回流文物入境中国的特殊通道，在封关前实行文物艺术品入岛参展免税，对于在海南本岛内举办的国际知名艺术品博览会，给予入境展品进口关税等税费全免的优惠政策(国内案例：中国国际进口博览会期间交易实现 5 件艺术品免税入关参展；中国国际消费品博览会期间部分游艇等商品免税入关参展。国际案例：荷兰马斯特里赫特欧洲艺术与古董博览会商品免税入关参展等)。根据艺术品入境时申报的不同用途，采取分类管理、更加弹性灵活的税收政策。例如，某藏家收藏了吴冠中先生作于 1997年的《香港》——藏家从境外拍卖行拍得，作品计划只做收藏和展览，采用登记制免缴增值税，一旦艺术品发生交易，再收取增值税。以此大力促进海外文物和艺术品回流，提高中国在国际艺术品市场上的话语权。

---

① "一负三正"指一个负面清单和三个正面清单。制定一个负面清单就是对企业进口自用设备制定零关税负面清单管理，负面清单之外的商品全部免税；制定三个正面清单，就是对进口运营用的交通工具，对进口用于生产自用或者两头在外模式进行生产加工活动所消耗的原辅料，以及岛内居民消费的进境商品，三个正面清单之内的全部免税。见 https://www.hainan.gov.cn/hainan/zmgfafbh/zmgfafbh.shtml?ddtab=true。

2. 创新管理政策, 打造文物艺术品的"海南监管"模式

提升服务软环境, 优化营商环境, 降低市场准入门槛, 探索取消或简化省级拍卖资格审核许可, 简化文物艺术品进出境审批, 提高文物拍卖、文物商店、文物修复、文物鉴定等市场主体的审批行政效率。简化拍卖标的拍前审核和拍后备案程序, 推广拍卖前承诺制等制度创新, 加强事中事后监管, 建设文物艺术品全过程线上报批审核系统。基于自由贸易港"一线管住, 二线放开"的原则, 对于从境外进入海南的保税艺术品, 除可在海南本岛内自由交易、展览之外, 还可免担保(保证金、保函、关税保证保险)出岛进行国内展览。创新监管方式: 规定艺术品需要附着含有可追踪定位芯片的海关监管标签; 规定艺术品在一年之内必须回到海南本岛; 规定符合监管要求的平台进行进出口流程的管理。

3. 创新服务领域, 打造文物艺术品的"海南托管"模式

相比上海自由贸易试验区等国内其他的狭小保税区域, 海南自由贸易港将在封关后全岛范围实施零关税, 因此文物艺术品可在海南全岛任何地方免税存放。海南三亚等地是高净值人群的房产聚集地, 封关前可以通过创新型专业托管机构负责将高净值人群所拥有的文物艺术品在海南保税区高质量地集中或分散式托管, 在确保安全和专业保存不变质的前提下, 提供运输参展或提供全清晰、全角度的实时视频信号线上参展, 满足异地异国主人随时欣赏与委托保管的需要。在发生交易时, 也能实现产权过户和托管服务的无缝衔接, 促进交易。封关后则可以随时根据业主要求将文物艺术品送至其居室、展会或自由贸易港任何地点, 促进全球文物艺术品在海南的集聚。

4. 打造闭环产业链, "产教联盟、学证结合"打造文物艺术品产业人才输出高地

完善配套设施, 建设完善覆盖行政审批、展览展示、拍卖洽购、保税仓储、评估鉴定、外汇结算、财税申报、物流运输等综合性、一站式的服务场所。支持引进全球知名鉴定评估机构落户海南, 为国内外艺术品机构和个人提供专业化的鉴定评估服务, 推动艺术品评估鉴定标准体系建设。加强人才培养, 将与文物艺术品交易领域相关的专业资格, 纳入海南自由贸易港认可境外职业资格目录清单以及对境外人员开放职业资格考试目录清单。通过产教联盟、联合办学, 在"双一流"大学对应开设学分制课程, 学生修满学分即可获得政府主管部门、权威机构及行业协会颁发的文物艺术品行业专业人才证书。通过高层次人才引进等方式, 招揽和导引文物鉴定、修复等专业人才, 打造一支对标国际水准的专业化产业队伍。

5. 文旅融合发展，打造自由贸易港文物艺术品永不落幕的"海南展会"

结合国际旅游消费中心建设战略，建立"艺术+旅游"品牌，打造集艺术创作(画家村)、画廊集群、拍卖中心、艺术博览会、博物馆(美术馆)集群、艺术教育、爱国主义基地等于一体的艺术旅游产业综合体，为文物艺术品市场夯实基础。海南岛冬天气候宜人，大量游客入岛，给文物艺术品"冬拍"带来了天然的引流。瞄准顶级拍卖行，加大招商引资力度，积极对接保利、嘉得、苏富比、佳士得等头部拍卖行共同赋能"春拍"品牌。充分利用"59国免签"政策便利优势，吸引国际艺术品爱好者和游客，逐步形成国际化艺术品交易聚集地。鼓励举办开展各类国际艺术品展，借力中国国际消费品博览会等大型展会，通过"自主办展+借展搭台"，打造自由贸易港文物艺术品永不落幕的"海南展会"。

6. 重视区块链等新技术新手段，推动建设"数字艺术品+数字人民币"应用场景

在产品包装上，大力推广文创产品复刻、3D工艺、工业制造4.0等新技术。在交易方式上，可以使用更加便捷的网络拍卖等。在展览环节上，可以运用直播逛展、云逛展等。在宣传推广上，可以充分运用大数据分析、精准推流等。同时，重视区块链、人工智能、增强现实、虚拟现实(virtual reality)等技术发展，探索关注数字艺术品、元宇宙等的新发展动向、新发展趋势，打造文物艺术品产业的"自由贸易港样板"。推动"数字艺术品+数字人民币"场景应用，推动数字人民币进入数字艺术品领域，拓展通道，便捷支付，互相赋能，扛起深化改革开放"试验田"的使命担当。

(四)海南自由贸易港旅游业发展的政策建议

旅游业作为海南自由贸易港建设三大主导产业之一，发展备受各方关注。在高质量高标准建设海南自由贸易港背景下，深入研究国内外游客消费需求，着力打造文旅休闲体验、消费新平台，积极探索服务旅游消费新思路、新模式和新路径，以文旅融合助推旅游业高质量发展。

1. 构建文化旅游品牌体系，提高文旅品牌竞争力

围绕海洋文化、特色民族文化和华侨血脉文化等海南主要热点文化，基于我国"一带一路"建设、海洋强国建设以及海南自由贸易港和国际旅游消费中心建设等重大发展背景，在构建文化旅游品牌时，深挖国家战略内涵，与海南特色文化旅游资源相衔接，即提炼主文化——开拓包容的中国特色海洋文化，并以主文化为原则和方向，打造海上商贸文化、海洋渔盐文化、黎苗回特色民俗文化、华侨血脉文化等特色子文化，构建丰富立体的文化旅游品牌体系。

探索采用"以政府为主导，企业和社会各界共同参与"的品牌发展模式，从品牌规划设计到运营管理等全方位策划，打造海南官方文化旅游品牌。政府统筹开展文化旅游品牌体系建设。在品牌规划方面，以开拓包容的中国特色海洋文化为主导，结合延伸的子文化充分挖掘海南文化资源和文化内涵，同时立足市场需求，规划确立海南文化旅游品牌形象定位和核心价值等。在品牌设计方面，结合海洋文化内涵和子文化特色，设计生动形象、识别度高的品牌标识和吉祥物，设计制作品牌宣传广告、动画、影音等。在品牌宣传方面，政府主导运用官媒和新兴自媒体平台，联合企业和社会各界知名人士，共同宣传推广。在品牌管理方面，主品牌由官方运营管理，并积极推动海洋文化旅游品牌与产业衔接；对子品牌进行公开招标，企业授权经营，通过市场参与和企业竞争，将海洋文化旅游品牌融入影视、演艺、展览、动漫、电子竞技等行业中，激发品牌活力，形成品牌竞争力。

2. 深化产品与文化主题融合，提升文旅品质与内涵

加大文化和旅游资源的挖掘与整合，以创新和创意推动旅游产品与文化主题的深度融合，提升旅游产品文化内涵。从文创产品到旅游目的地、节庆活动、旅游线路和研学旅游产品等多方位丰富文化旅游产品供给体系，系统提升旅游的文化内涵与魅力。

一是结合海上商贸文化、海洋渔盐文化、黎苗回特色民俗文化、华侨血脉文化等，从产品外观、内涵寓意、用途等多方面创新设计具有丰富文化内涵的文创产品和旅游纪念品。二是结合特色鲜明的文化主题打造特色文化旅游目的地，开发具备观光游览、休闲度假、文化深度体验等多元功能的文化旅游度假区；结合骑楼街区和南洋美食文化、海上商贸文化、黎苗回特色民俗文化等打造主题鲜明的特色休闲文化旅游街区。三是开发具有特色主题和丰富内容的文化节庆活动，在现有的海洋文化节、黎苗"三月三"、冼夫人文化节、文昌公期等文化节庆活动的基础上，加大活动策划和宣传力度，创新丰富节庆活动形式、内容和文化内涵，提升文化节庆活动的知名度和吸引力。四是策划诸如以海上商贸文化、血脉寻根文化、海洋渔盐文化、黎苗非物质文化、东坡文化等为专题的文化旅游线路和研学旅游项目，在开发文化旅游产品的同时，推动文化传承与创新。例如，策划东坡文化古迹研学旅游项目，打造海南特色的东坡文化研学旅游品牌，以苏东坡在海南的生活轨迹为线索，串联起琼山、澄迈、临高、儋州和昌江五个地区，

通过定点直播、专家讲解及开展丰富有趣的文化体验活动等方式，让游客感受东坡文化在海南本土的深耕与发展。

3. 打造文化地标，推进文化与旅游业态融合

积极打造海南特色文化地标，实施"文化+""旅游+"战略，推动文化、旅游及相关产业的融合发展。一是系统整合展览馆、博物馆、图书馆等展馆资源，打造多元主题的展示型文化地标。例如，以海南省博物馆为统领，围绕海洋文明，整合中国(海南)南海博物馆、西沙海洋博物馆等，充分展示海上丝绸之路商贸文化和南海渔盐文化；围绕民族特色文化，整合保亭黎族苗族自治县民族博物馆、乐东"白沙河谷"博物馆、乐东西黎民族文化展示馆等，充分展示黎苗回特色民俗文化等。二是开发利用现存的古村、古镇等，打造遗址遗迹型特色文化旅游地标。儋州中和故城、文昌铺前镇、洋浦古盐村、崖州古城、五指山番茅黎寨等古村镇有着上千年的历史和深厚的文化积淀，可对其进行充分保护与挖掘，围绕其历史文化、渔盐文化、南洋遗韵、黎族民风民俗等打造独特的遗址遗迹型旅游地标。三是选点布局，因地制宜谋划文旅新业态，打造文化产业园、主题公园、特色小镇、文化旅游度假区等，构建文化旅游产业链。例如，在文昌清澜港、琼海潭门港、陵水新村港等特色鲜明的渔港渔村选点布局，依托渔民耕海捕鱼、造船航海、煮海晒盐等技艺和衣食住行风俗民情等打造集游览、休闲、娱乐、住宿、美食等多元体验于一体的渔业文化小镇。

4. 运用科技手段，构建高质量、数字化的文旅产业体系

一是以科技驱动文化和旅游基础设施数字化建设，构建海南省文化旅游智慧服务体系和应用体系。以技术产业和人才为支撑加快智慧化文化和旅游服务平台建设；同时强化政府部门数字化建设，实现互联网云办公和大数据智慧化管理，更加科学高效地服务产业、监管市场。二是以科技促进文化的活化利用，助推文旅产品创新。通过技术运用深挖文化内涵，创新设计文化和旅游产品；建设完善云旅游、电子图书馆、数字博物馆等；运用人工智能、虚拟现实技术、全息投影、声光电等技术，提升文化遗址遗迹和非物质文化遗产的可展性、可观性和可感性，为游客打造深度文化旅游体验。三是围绕产业培育、业态创新和产业链延伸等，用科技推动文化和旅游产业体系融合创新。鼓励文化产业园区和文化旅游企业开展技术创新，大力支持创意孵化基地建设，推动科技创新市场化和文化创意落地；树立数字化、智慧化、融合发展思维，通过文化+旅游+科技培育和发展文化旅游新业态，如助推三亚深海科技城与旅游企业合作，打造独特的深海旅游体验；以数字网络技术衔接文化旅游和动漫、影视、演艺、游戏、文学、娱乐综艺等产业，丰富文旅产业体系。

5. 强化顶层设计，充分发挥政府职能

推进海南文旅融合发展顶层设计，明确产业发展目标和方向，科学编制文旅融合发展规划，在立足海南产业发展实际和总结现有经验的基础上，创新融合发展思路，完善文化和旅游融合发展制度、法规及针对性发展政策；建立政府各部门间的统筹协调工作机制，围绕文旅融合发展细化责任分工，并强化部门间的配合与协作，以充分履行各部门职责，形成合力，推进文旅融合各项政策和任务的贯彻与落实。

同时充分发挥政府各项职能，加大文旅融合发展的财政和金融支持力度，鼓励文化事业机构、文化企业和旅游企业开展交流与合作，围绕海南开放包容的海洋文化和各子文化重点培育具有较强竞争力和文化特色的文旅企业，带动文旅行业整体发展。加强文旅融合人才队伍打造，鼓励支持专家学者对海南历史文化进行深入研究与挖掘，积极培育文化资源开发和文旅产业融合所需的专业型人才。健全文化和旅游公共服务体系，协同推进文化和旅游公共服务基础设施建设，通过服务融合为文旅融合发展提供基础保障。完善市场综合监管机制，建立完善社会信用体系，结合文化和旅游产业融合发展动态更新监管理念，整合组建承担旅游行政执法的文化市场综合执法队伍，定期开展各类专项整治活动，形成良好的市场环境。

(五)我国游艇业高质量发展的政策建议

游艇是一种健康有氧的海洋生活方式，不仅能满足人民日益增长的美好生活需要，也能提升整个城市的经济活力，被誉为"漂浮在黄金水道上的巨大商机"。本书研究团队通过实地调研我国上海、福建、广东、海南、香港、澳门的产业发展现状，梳理出制约我国游艇业高质量发展的六个"限制性"瓶颈：国产游艇品牌溢价能力弱、整船核心零部件严重依赖进口、公共基础设施的短缺限制游艇消费大众化、游艇用海海域的不足降低游艇体验感、游艇"非营利化"的概念限制游艇消费大众化发展、海洋文化的不足和游艇消费观念的误解限制游艇消费。这六个"限制性"瓶颈不仅阻碍了我国游艇生产制造产业的健康发展，也阻碍了海洋旅游业的健康发展，不利于我国海洋强国战略的实施。鉴于此，特提出如下政策建议。

1. 设计融入中国传统元素的游艇

鉴于古丝绸之路中式帆船的发展早于欧美游艇，原产于中国的中大型游艇也逐渐得到欧美和中东国家消费者的认可，将"中国风"融入中大型定制游艇的设计，如餐厅圆桌、自动麻将机等，推广中国游艇品牌形象。为国内消费者设计空

间大、舒适感更强的双体船艇，纠正国内消费者唯"欧美风"的错误理念。

2. 研发并推广风、光、电一体化的多能源混动推进系统

我国的风、光和电科技已经处于全球领先水平，引导国内发动机头部企业研发风、光、电一体化混合动力系统(液体燃料和电动的内燃机)。借鉴新能源国产车的成功经验，首先在国内大范围推广风、光、电一体化的多能源混动推进系统，然后有步骤推向全球市场，以实际行动减少游艇碳排放，发展绿色智能游艇，弯道超车，打破欧美长期垄断的局面。

3. 规划并建设具备文旅功能的公共游艇码头

由央企主导成立合资公司，码头所在城市的国企参股，并引入社会资本参与运营管理，建设服务型公共游艇码头，除提供传统的停泊、下水坡道、救助、补给、维修功能，也配套具备新能源游艇充电服务和休闲娱乐功能的陆地商业街，打造具备文旅功能的公共游艇码头。选址应靠近交通枢纽、文化旅游资源，优先考虑市区需要改造的老旧码头(上海、舟山、福州、厦门、深圳、海口、琼海、三亚可作为首批试点)。这样不仅可以弥补国内公共游艇码头的不足，大力提高当地就业和旅游经济收益，也为发展游艇自驾游提供必要的基础设施。

4. 借鉴海南游艇租赁合法化经验，推动全国租赁合法化，有力促进游艇旅游内循环

海南省自2019年游艇租赁合法化后，其游艇旅游快速发展，2021年游艇接待游客数量超过113万人次，三亚港经常出现"堵船"现象，海南省游艇旅游市场规模近几年稳居全国首位。建议在全国范围内放开游艇旅游管制，从顶层设计上促进游艇旅游内循环。

5. 借鉴海南"外籍游艇"游玩水域"正面清单"经验，推动各沿海城市划定游艇游玩水域"负面清单"

借鉴外籍游艇临时进入海南环岛八个活动海域游玩的经验，海域行政管理部门对环中国海的军事管理区、海洋自然生态保护区、海上工程作业区等航行禁区进行精准标识，设立游艇航行及游玩海域的"负面清单"，在各地政府公共平台长期公示，推动游艇沿着中国海岸线"游起来"。

6. 宣传海洋文化和海洋运动，重罚海洋污染

借鉴足球教育进校园的成功经验，鼓励有条件的区域从小学开始开展游泳培训，并将游泳纳入升学考试。每年定期组织省级和国家级青少年帆船赛，培育航海教育土壤。线上多平台、多渠道正面宣传海洋生活方式和海洋环保，通过举办各种水上运动赛事和游艇展，引导大众参与海洋运动和海洋保护，让游艇生活方式逐渐走向大众化。

（六）海南国际旅游消费中心建设改革创新的对策建议

海南打造国际旅游消费中心的关键在于立足自身发展实际，对标学习和吸收世界知名旅游目的地典型经验，着力打破观念、体制、机制束缚和障碍，重点探索政策和制度体系的重大突破，形成具有示范意义和标杆引领作用的国际旅游消费中心特色建设之路。因此，遴选迪拜、曼谷、新加坡、巴黎等作为对标地区，梳理总结国际典型经验对海南打造国际旅游消费中心的重要启示，进而提出海南国际旅游消费中心建设改革创新的对策建议。

1. 创新创造世界领先的核心吸引

1）国际典型经验

一是高度重视打造全球性、引领性的核心吸引物，特别侧重创建全球、亚洲、区域或地区"BEST"标志性旅游目的地品牌，譬如新加坡拥有"全球最佳机场"排名多次居第一的樟宜机场，亚洲最极致的度假胜地——圣淘沙，世界最大的海洋馆——S.E.A.海洋馆，东南亚第一家也是唯一一家环球影城主题公园——新加坡环球影城，新加坡最大的水疗胜地——ESPA。二是极致凸显在地文化特色，打造全球独特的目的地旅游消费，如曼谷作为亚洲最受欢迎的旅游城市之一，不仅拥有数不清的佛教寺庙建筑，保留了极具地域风情的各式文化形态，还聚集了全国美食精粹，被誉为"美食天堂"，泰餐已成为亚洲三大美食之一，2017 年公布的亚洲 50 最佳餐厅榜单中，曼谷有 9 家餐厅上榜，其中 5 家连续几年榜上有名。三是持续强劲地创新创造，保持国际旅游消费热度和强度，如迪拜以世界上最大购物中心及其世界上最大室内滑雪场等为吸引打造"购物天堂"，以世界第一家七星级酒店为卖点打造"休闲胜地"，世界最高摩天大楼哈利法塔、世界最大天然花卉园迪拜奇迹花园等不断刷新着国际游客认知，使其始终维持着超高的人气。

2）主要启示建议

一是世界级的旅游消费胜地必须要有全球领先的核心吸引力，2019 年仅海棠湾免税城销售额就高达 80 亿元，上半年亚特兰蒂斯总收入突破 6 亿元，在传统景区式微的背景下蜈支洲岛景区 2018 年实现了 12 亿元的收入，已有实践也说明海南未来必须"集中力量办大事"，省域统筹规划建设百亿元级以上世界或亚洲第一的综合性或专业性品牌旅游吸引物。二是以本土文化特色为基因，从吃住行游娱购康养学闲情奇中遴选确定一到两个方面作为关键突破，打造最海南的地域风情展示载体和最独特的旅游消费存在形态，建议围绕"中国南海""中国特色自由港""中国最大热带海岛"等做大做强国际旅游消费文章。三是必须跳出跟风模仿或建设打造的传统套路，强化自主创新、原生创造为游客提供见所未见、闻所未闻的旅游消费产品及服务，不断推陈出新、快速迭代，始终保持国际旅游消费的活力和热度。

2. 官方主导不遗余力的境外推广

1）国际典型经验

一是旅游管理部门的工作重心就是旅游国际营销推广，并在重点客源市场设立专门的驻外办事机构，专注提升旅游目的地的知名度和影响力。例如，迪拜旅游与商业推广局负责迪拜旅游业的规划、监管、开发和拓展，在世界各地设有 20 家办事处；新加坡旅游局将巩固新加坡在亚洲作为重要会议及大型展览国家的地位、成为亚洲领先的休闲度假旅游目的地、建立亚洲的服务中心等三个重点领域作为工作核心，积极设立海外区域办事处和市场营销代理商；巴黎会议和旅游局旨在积极向旅游经营者和媒体宣传巴黎是休闲和商务旅游的目的地。

二是主办、承办世界顶级、全球重要或领域最大规模等商务会奖活动等，专门举行营销计划报告会，积极与客源地明星企业或机构合作开展精准营销活动。例如，新加坡首次承接了举世瞩目的全球最大在线内容创作者大会、德勤全体大会、国际商标大会第 142 届年度会议等，举办规模最大的（两万多人）协会大会国际狮子会 2020 年年会、领域规模最大的国际医学图像和计算机辅助干预协会会议（2000 人，2022 年）、第 25 届世界皮肤病大会（1.5 万人，2025 年）等，并携手支付宝实现中国游客无现金游新加坡；泰国国家旅游局每年都会举办促进旅游业持续发展的营销计划报告会，对外积极吸引新的目标群体来泰旅游。

三是重点打造高辨识度的形象品牌，不断丰富品牌内涵并提升游客体验水平。例如，2017 年新加坡旅游局和新加坡经济发展局合作推出首个联合形象品牌"心想狮城"，利用不同领域新加坡人的故事来展现新加坡的精神和态度，从而引起游客的共鸣，通过情感联系提升游客对新加坡的好感，并吸引他们去体验当地的菜市场、书店、咖啡厅、古董店、酒吧街等活动场所。

2）主要启示建议

一是不断强化与完善省文化和旅游厅的境外推广营销职能，加快设立专门的海南旅游境外推广机构，专司负责境外旅游推广工作，并自主或与重点客源地旅行商合作成立驻外办事处，推动建立国际市场营销代理商合作机制。二是积极争取主办、承办世界顶级、全球知名、领域最大影响力等的商务会奖活动，借助博鳌亚洲论坛等组织举办年度性的国际旅游消费专题营销推广会、进出口博览会或主题研讨会等，大力支持开展与主要客源市场明星企业或机构的精准营销合作。三是必须加快推出海南整体目的地形象品牌，并紧扣该品牌形象，以为游客提供极致体验为导向，深度融合古今中外各式各样来琼的人物故事为灵感主线，创设一批辨识度强、好感度高、精气神足的国际旅游消费场所、业态或产品等。

3. 国际一流开放高效的营商环境

1) 国际典型经验

一是持续完善营商法规并切实保障其执行度，重点在企业开办、施工许可、电力获得、财产登记、信贷融资、纳税、少数投资者保护、跨境贸易、合约执行及破产办理等方面改善营商环境，如新加坡通过政府多年强有力的规划和调控，实施极具竞争力的税率和税法，简化金融科技市场准入标准，出台各种措施专门扶持创新型企业在当地发展，对于知识密集型产业推出健全的知识产权制度，不断丰富人才储备，提供全球领先的法律仲裁、国际金融、贸易融资、海事金融、保险、财务运作等，着力打造成为亚太地区重要的国际航运枢纽、金融中心和全球最大的外汇交易中心。

二是实施商业优先战略，不断强化自由港建设，建立了成熟、完善且能够促进商业发展的监管和立法政策生态系统，构建了高效、安全、面向未来的网络生态系统，譬如迪拜在政府主导和积极引领下，大力培育本土企业深度参与国际竞争，制定了完善有效的外资吸引政策，取消了 102 项行政类收费，降低了劳工 145 项服务费用，国际金融中心开放更多的金融许可并削减费用，还创立了自由经济区，提供 100% 的外资所有权、免税政策、利润全额汇回、低成本开业和可更新建筑等优惠条件，设立适合细分产业并满足其特别需求的专属区域，迪拜多种商品交易中心 (Dubai Multi Commodities Centre，DMCC) 创纪录地连续四年被《金融时报》评为"全球年度最佳自由区奖"，并依托主要增长领域专项投资和智慧城市开发项目，打造世界公认的在全球伊斯兰经济体系中占据主导地位的旅游、金融、贸易和物流中心。

2) 主要启示建议

一是以自由贸易港法治体系、政策和制度体系为基础，实施极具全球竞争力的税率和税法，切实提高政府窗口部门人员国际素养，重点扶持旅游业、现代服务业、高新技术产业等在海南创新创业，强化出入境管理、福利保障、企业开办、施工许可、财产登记、信贷融资、投资者保护、知识产权保护、跨境贸易、合约执行及破产办理等法规政策的执行落实；二是全面实施旅游优先战略，支持本土涉旅企业积极参与国际竞争，建立健全促进旅游业发展的监管和立法政策生态系统，加快推动高效、安全、国际领先的智慧旅游网络建设，探索在海南自由贸易港创立旅游服务贸易自由区等专属区域，分阶段实现创建世界一流国际旅游消费中心、世界第一的综合性或专业性国际旅游消费胜地的目标；三是商业运作准则必须与国际通行规则、惯例相适应，外资与内资逐步实现无差别待遇，尤其是要高度重视旅游服务贸易的发展，积极拓展国际服务贸易空间，壮大旅游服务贸易市场规模，全面提高经济自由度水平。

4. 便捷先进主客共享的公共服务

1) 国际典型经验

一是内外部交通通达性强、进入性好、互动性强，通往主要客源市场均有直航航线且班次相对较多，内部公共交通几乎可以实现主要目的地全覆盖。例如，巴黎拥有世界领先的公共交通系统，提供地铁（二环内）和 RER（Réseau Express Régional，区域特快铁路），另外巴黎还有 400 多条公交线路。在新加坡购买易通卡乘搭地铁和公交车基本可以到达所有景点。在迪拜，购买不同的公交卡可以享受轻轨、公交车和水上巴士等多样化的旅游交通方式。

二是旅游信息咨询服务内容丰富、形式多样、贴近市场且智慧旅游服务能力强，譬如对标地区均非常重视官方旅游信息咨询服务平台建设，所提供的内容更新及时，展现的形式非常多样，迎合了国际游客的实际需求，能够极大提高游客的出游意愿，同时这些地区非常善于和知名平台企业及机构等互动合作，为游客提供全方位、无死角的信息咨询服务，迪拜仅旅游官网就提供了 18 种语言服务，新加坡通过一站式注册服务、智能化数字服务系统、无处不在的移动旅游服务和交互式智能营销平台提供智慧旅游服务。

三是旅游便民惠民服务非常到位，城市公共服务设施景观化、旅游化程度高，譬如对标地区的公园、博物馆、纪念馆甚至地标性的景区等免费开放，同时针对游客提供落地签、出入境快速通道、城市候机楼等服务。

2) 主要启示建议

一是持续提高内外部交通的通达性、进入性，特别是要提高交通的互动性，促进不同交通方式的衔接性，建议由政府主导统筹，同时提高公共交通的服务品质，特别是改善公交车的卫生状况、通勤频次和文化氛围等。二是尽可能减少官方实体化的咨询服务中心、站点的布局，鼓励和引导涉旅企业主动为游客提供旅游咨询服务，同时针对不同客源市场建设内容生动、形式鲜活、贴近需求的多语种官网或官方平台，加强与境内外知名企业、平台、机构和媒体的合作，渗透性地为境外游客提供海南旅游信息，并提升旅游咨询服务的智慧化水平。三是加快完善旅游便民惠民服务政策法规体系，加大旅游基础设施、功能服务设施和便民惠民举措等的宣传推广，通过打造文明旅游、旅游志愿服务、便民惠民等典型，吸引本地居民和游客共享便民惠民服务，凸显海南旅游的友好度和包容度。

5. 积极创设体验友好的消费场景

1) 国际典型经验

一是高度关注整个旅游市场综合收益，精准识别游客出游的关键影响因素，逐项消除游客疑虑并提高其出游意愿，提高游客"性价比""美誉度""满意度""认同度"。例如，虽然对标地区旅游消费水平存在较大差距，但均能获得相应市场、层次游客的认同，采取了较为相似的策略，均在保障在地收入和消费水平的前提下为游客搭建交通生活成本低、其他消费高、总体性价比高的整体消费空间，内外部成本相对于其主要客源群体偏低，且在地消费中游览、住宿、餐饮、娱乐、购物、康养等有所区别，除了曼谷总体消费水平较低外，其他几个对标地区的餐饮、住宿、娱乐、康养消费水平相对较高，购物商品相对国内具有一定价格优势。

二是在出游前、中、后为游客创设高品质的国际游客消费场景，降低对交通、游览支出敏感度的前提下，突出强化创设符合国际游客诉求的餐饮、购物两大消费场景，精准分类，针对特定群体创设娱乐、住宿、康养、深度体验等消费场景。譬如对标地区均为国际游客创设了餐饮和购物两大消费场景，超过六成的国际游客都处于被带入"吃吃吃"和"买买买"的消费场景中，曼谷、巴黎重点在娱乐、康养方面为游客提供消费场景，新加坡、迪拜更侧重深度体验的场景创设。

三是侧重整体文化场景搭建，突出不同文化相同价值情感伦理的共通共融，为国际游客创设满足不同需求层次的多样化、多元性的文化消费场景体验。比如，对标地区均非常重视自身文化的挖掘和呈现，新加坡突出多元文化，尤其是中国文化和伊斯兰文化烙印，迪拜突出传统与现代的共生文化，巴黎更加凸显西方文明，泰国更为侧重佛教文化，同时各地区在均注重强化在地文化特色的前提下，从宗教、生命、命运、爱情、喜悦、哀伤、猎奇、刺激、欲望、本能、价值、自我实现等方面创设以产业融合为基础的文化消费场景。

2) 主要启示建议

一是必须立足海南自由贸易港全局，基于国际旅游消费综合收益统筹考量和有效中和均衡涉旅行业领域的利益分配，对主要客源市场游客来琼旅游意愿关键影响因素进行科学研判，精准对标消除游客存在的群体性顾虑，采取有效措施降低外部交通成本，建议重点创设高品质高消费的餐饮、购物、娱乐三大场景，改善和提升住宿、游览、康养等消费体验，拓展国际游客消费空间，提高国际游客消费体验。二是精准发布游前攻略信息，加大游中特色消费信息提示。建立游后反馈奖励、返利机制，有效降低国际游客对交通、游览消费敏感度，创设迎合国际游客的特色餐饮、品质购物和激情娱乐消费场景，针对特定群体创设住宿、康养、深度体验等消费场景。三是重视和支持整体文化场景搭建，以人类文化命运共同体的理念为指引，基于"旅游+""+旅游"产业融合发展，为国际游客创设以宗教、生命、命运、爱情、喜悦、哀伤、猎奇、刺激、欲望、本能、价值、自我实现等体验为主的文化消费场景。

(七)进一步推进博鳌乐城国际医疗旅游先行区发展的政策建议

海南凭借得天独厚的地理条件和康养资源优势大力发展医疗旅游产业，2013年国务院同意设立博鳌乐城国际医疗旅游先行区并给予乐城先行区九项先行先试政策，推进了医疗旅游产业的快速发展。目前乐城先行区已取得了多项重大突破，但在政策落地和产业要素流动过程中仍存在"痛点""堵点""难点"，限制了先行区的进一步发展。经过实地调研与资料查阅、分析，总结出博鳌乐城国际医疗旅游先行区的掣肘因素并提出相应的发展举措，以促进先行区产业高质量发展。

1. 落实落细园区医疗旅游政策

一是落实细化园区政策，创新招商模式。例如，出台园区《特许药械贸易自由实施细则》《真实世界药械注册准则》《综合监管实施细则》，构建"招商机构+对口厅局+行业协会+园区+产业链头部企业"模式，统筹开展专题招商和点对点招商行动。二是制定园区医疗旅游产业发展规划。依据《海南自由贸易港博鳌乐城国际医疗旅游先行区条例》和《海南自由贸易港博鳌乐城国际医疗旅游先行区制度集成创新改革方案》，制定医疗旅游产业"短期发展计划"和"长期发展规划"。三是建立自由贸易港特色的医疗责任保险体系。厘清基本医疗保险责任边界，搭建医疗保障信息与商业健康保险信息共享平台，鼓励金融机构、商业保险机构针对园区开发与基本医疗保险相衔接的商业健康金融及保险产品，实现园区金融保险定制化。四是搭建医疗旅游风险预警系统，制定一套完整的医疗旅游风险应对策略，确保医疗旅游风险发生时，将社会影响和各项损失降到最低。

2. 构建医疗旅游产业生态圈

一是建立医疗旅游产业基础数据库。成立专项小组，对产业中的医疗机构、旅游中介机构、餐饮、酒店、景区等链上要素以及建筑、交通、园林、金融、保险等链接要素的基本情况进行调研。二是构建"政府引导、市场主导、多方参与"的"多主体、多层次"的医疗旅游产业生态圈。通过大数据构建整个医疗旅游产业数据库，精准对接消费群体，对园区内的医疗服务主体进行价值变现。三是建立园区医疗旅游产业公共服务联盟。搭建合作平台，广泛吸纳企业、行业协会、中介组织、融资担保机构、高校与智库机构等多元社会主体参与，为产业生态圈提供政策服务、资金服务、人力服务、信息服务、技术服务、中介服务等。四是引入社会资本盘活存量资源，重点发展大众化的养老服务和"医+食住行游购娱"一体化医疗旅游服务。

3. 促进境外消费和国内岛外消费回流

一是开设线上预约诊疗系统。依托"乐城先行区管理局发布"公众号或开发相应 APP（application，应用）及小程序，链接先行区内所有营运机构的预约诊疗平台，形成园区医疗机构总预约平台入口，定期更新医疗机构的动态、服务特色及就诊程序，以方便国内及国际消费者预约诊疗。二是推出医疗转运一体化服务。加强与国际、国内医院合作交流，建设医疗转运联动平台；与专业的医疗转运机构合作，推出重症转运、转运伴行、偏远地区转运、国际医疗转运等全种类转运服务。三是依托乐城先行区特殊政策，为国内医疗消费者提供种类更多、价格更低、品质更优的国际化医疗服务，吸引国人出境消费回流。例如，进一步进行医疗旅游宣传推介和市场营销，引进国内外优质医疗资源，打造融入新发展格局的医疗旅游样板工程。四是实行离岛免税、建设国际教育创新岛以及国际旅游消费中心的政策联动，在吸引境外高端商品消费和境外教育消费回流的同时，促进医疗旅游消费回流。

4. 培育构建"智汇乐城"人才生态

一是开发"智汇乐城"云平台，提供人才政策咨询以及"一人一方案"等引进人才"一站式"服务，优化设置"揭榜挂帅"功能，搭建企智对接的良好平台。二是打造乐城"医疗人才公园"项目。实行人才元素与公园体系相互交融，为人才提供"引育管培用"服务，吸引更多人才聚集。三是设立先行区专业人才培训基金。每年分批、分类为先行区培养高级技术人员及技术骨干。四是创新"人才+金融"产品。联合各大银行在乐城先行区内开创"人才贷"等金融产品，减轻引进人才收入顾虑及生活压力。

参 考 文 献

陈江生. 2017. 中国特色社会主义理论自信的三大支撑. 人民论坛，(16)：104-106.

董涛，郭强，仲为国，等. 2021. 制度集成创新的原理与应用：来自海南自由贸易港的建设实践. 管理世界，37(5)：5，16-18，60-70.

董朝霞. 2017. 文化自信的根本在于核心价值观自信. 北京师范大学学报(社会科学版)，(5)：131-135.

凡勃伦. 1964. 有闲阶级论. 蔡受百，译. 北京：商务印书馆.

郭锐，樊杰. 2020. 创新空间认知的前置条件、响应过程与核心要素. 城市发展研究，27(3)：

109-116.

韩喜平. 2019. 论中国特色社会主义理论自信的生成逻辑. 学术论坛, 42(4): 7-13.

何精华, 徐晓林. 2002. 信息化与公共管理的变革与创新. 中国行政管理, (10): 7-9.

胡锦涛. 2012. 坚定不移沿着中国特色社会主义道路前进 为全面建成小康社会而奋斗: 在中国 共产党第十八次全国代表大会上的报告. 求是, (22): 3-25.

李猛. 2018. 新时代中国特色自由贸易港建设中的政策创新. 经济学家, (6): 38-47.

李文博, 郑文哲. 2005. 现代企业的集成创新及其综合评价研究. 科技进步与对策, (4): 66-68.

林尚立. 2016. 制度与发展: 中国制度自信的政治逻辑. 中共中央党校学报, 20(2): 61-69.

刘长虹. 2006. 广东集成创新能力现状和提升对策. 科技管理研究, (7): 14-15, 21.

马建堂. 2019. 伟大的实践 深邃的理论: 学习习近平新时代中国特色社会主义经济思想的体会. 管理世界, 35(1): 1-12.

孟广文. 2021. 国际经验对海南自由贸易港规划建设的启示. 资源科学, (2): 217-228.

商志晓. 2020. 中国特色社会主义制度优势及其深厚基础. 当代世界与社会主义, (1): 11-18.

孙金梅, 黄清. 2006. 企业集成创新要素及评价指标体系. 东北林业大学学报, (3): 97-99.

田心铭. 2011. 中国社会主义核心价值观: 以人为本, 实事求是, 独立自主. 马克思主义研究, (11): 35-42.

王国红, 邢蕊, 唐丽艳. 2012. 区域产业集成创新系统的协同演化研究. 科学学与科学技术管理, 33(2): 74-81.

王学东, 赵文军, 叶婷. 2008. 基于知识管理的政务流程再造研究. 情报科学, (3): 337-340, 480.

吴弘. 2016. 上海国际金融中心建设的制度创新. 法学, (9): 76-81.

伍俊斌. 2015. 网络政治参与的实现路径分析. 理论与现代化, (2): 15-22.

习近平. 2016-02-24. 坚持以创新、协调、绿色、开放、共享的发展理念为引领促进中国特色新 型城镇化持续健康发展. 人民日报, (1).

习近平. 2020-08-26. 以辩证思维看待新发展阶段的新机遇新挑战: 论学习贯彻习近平总书记在 经济社会领域专家座谈会上重要讲话. 人民日报, (1).

咸辉. 2008. 电子政务与政府业务流程再造. 西北师大学报(社会科学版), (6): 112-114.

熊光清, 刘高林. 2020. 互联网时代行政审批的流程再造: 以广东省佛山市禅城区"一门式"政 务服务改革为例. 江苏行政学院学报, (1): 104-110.

殷华, 高维和. 2017. 自由贸易试验区产生了"制度红利"效应吗? ——来自上海自贸区的证 据. 财经研究, (2): 48-59.

尹晨, 周思力, 王祎馨. 2019. 论制度型开放视野下的上海自贸区制度创新. 复旦学报(社会科 学版), 61(5): 175-180.

臧志彭. 2015. 法治政府、服务型政府建设与上海自贸区制度创新感知效能. 经济体制改革, (3): 27-37.

赵付科, 孙道壮. 2016. 习近平文化自信观论析. 社会主义研究, (5): 9-15.

赵晋平. 2019-08-19. 把自由贸易试验区建设成新时代对外开放新高地. 中国经济时报, (5).

赵晋平. 2020. 试论海南自由贸易港. 海口: 海南出版社.

中共海南省委宣传部, 求是杂志社政治编辑部联合调研组. 2008. 改革开放是发展中国特色社会主义的必由之路: 海南经济特区 20 年的成功实践. 求是, (9): 23-26.

中共中央文献研究室. 2014. 十八大以来重要文献选编 (上). 北京: 中央文献出版社.

周业安. 2000. 中国制度变迁的演进论解释. 经济研究, (5): 3-11, 79.

祝黄河. 2019. 中国特色社会主义道路自信的内在逻辑. 马克思主义与现实, (6): 7-13.

Adams R, Bessant J, Phelps R. 2006. Innovation management measurement: a review. International Journal of Management Reviews, 8(1): 21-47.

Chen Z J, Vogel D, Wang Z H. 2016. How to satisfy citizens? Using mobile government to reengineer fair government processes. Decision Support Systems, 82: 47-57.

Coase R H. 1960. The problem of social cost. The Journal of Law and Economics, 3: 1-44.

de Leeuw T, Gössling T. 2016. Theorizing change revisited: an amended process model of institutional innovations and changes in institutional fields. Journal of Cleaner Production, 135: 435-448.

Deng Y, Li C D, Wang D. 2019. An integrated approach for knowledge management in the context of product innovation. Cluster Computing, 22: 9385-9396.

Esbenshade J, Vidal M, Fascilla G, et al. 2016. Customer-driven management models for choiceless clientele? Business process reengineering in a California welfare agency. Work, Employment and Society, 30: 77-96.

Fan S Y, Yang J F, Liu W W, et al. 2019. Institutional credibility measurement based on structure of transaction costs: a case study of Ongniud banner in the Inner Mongolia autonomous region. Ecological Economics, 159: 212-225.

Guntur M, Purwandari B, Raharjo T, et al. 2018. Critical success factors for information systems development: a case study in e-government. Barcelona: Proceedings of the 2nd International Conference on Business and Information Management.

Hardaker G. 1998. An integrated approach towards product innovation in international manufacturing organisations. European Journal of Innovation Management, 1(2): 67-73.

Hernandez-Vivanco A, Cruz-Cázares C, Bernardo M. 2018. Openness and management systems integration: pursuing innovation benefits. Journal of Engineering and Technology Management, 49: 76-90.

John R C. 1934. Institutional Economics. New York: Macmillan.

Kasemsap K. 2020. The roles of business process modeling and business process reengineering in e-government//Caceres R A, Royds K. Information Resources Management Associatio. Open Government: Concepts, Methodologies, Tools, and Applications. Hershey: IGI Global: 2236-2267.

Kernan M C, Hanges P J. 2002. Survivor reactions to reorganization: antecedents and consequences of procedural interpersonal, and informational justice. The Journal of Applied Psychology, 87(5): 916-928.

Krasner S D. 1988. Sovereignty: an institutional perspective. Comparative Political Studies, 21(1): 66-94.

Lieberman R C. 2002. Ideas, institutions, and political order: explaining political change. American Political Science Review, 96(4): 697-712.

Loch A, Gregg D. 2018. Salinity management in the Murray-Darling basin: a transaction cost study. Water Resources Research, 54: 8813-8827.

Lukesch R, Ludvig A, Slee B, et al. 2020. Social innovation, societal change, and the role of policies. Sustainability, 12: 7407.

Staudenmayer N A, Cusumano M A. 1998. Alternative designs for product component integration. The International Center for Research on the Management of Technology, 1-27.

Venugopal S, Viswanathan M. 2019. Implementation of social innovations in subsistence marketplaces: a facilitated institutional change process model. Journal of Product Innovation Management, 36: 800-823.

本章系总课题"海南自由贸易港建设管理总体研究"的研究成果，课题主持人是海南大学旅游学院院长郭强教授，课题组成员有刘刚、张仙锋、周伟、康霖、林琛、张振晓、王塘荃、赵鹏翡、程升彦。

本章总执笔人：郭强。其中第三节第三部分"六、海南国际旅游消费中心建设改革创新的对策建议"执笔人：刘刚、汪超、耿松涛、陈靖尧。第三节第三部分"七、进一步推进博鳌乐城国际医疗陪旅游先行区发展的政策建议"执笔人：耿松涛。

第二章 对标国际高标准经贸规则，推动海南自由贸易港制度集成创新

第一节 研究背景与目的

中共中央、国务院2020年6月印发的《海南自由贸易港建设总体方案》中提出，"加强改革系统集成，注重协调推进，使各方面创新举措相互配合、相得益彰，提高改革创新的整体效益"。制度集成创新是高质量高标准建设海南自由贸易港的必然要求，是海南自由贸易港政策制度体系的鲜明特点，也是全力打造对外开放新高地的重要支撑，研究如何抓好制度集成创新这一关键点具有重要的意义。

从海南自由贸易港本身来说，只有探索建立与高水平自由贸易港相适应的制度集成创新体系，才能充分激发市场活力，从而加快生产要素流动与集聚，率先形成高效、便捷、市场化、法治化、国际化的营商环境，加快创建更加公平公正、更具活力的体制机制新优势，高质量高标准建设海南自由贸易港。

一、制度集成创新的内涵

（一）海南自由贸易港制度集成创新的定位和意义

制度集成创新可以有效推动营商环境的改善。张兴祥和王艺明（2020）指出自由贸易试验区改革的目标之一就是要在全国范围内率先形成法治化、国际化和便利化的营商环境。而将营商环境竞争力转化为国际竞争力，我们才能尽快形成全方位、多层次、多元化的开放合作格局（周人杰，2020）。余淼杰（2020）也指出，改善营商环境推进投资便利化是做好中国经济内循环的方法之一。海南日报评论员（2020）指出，只有紧抓制度集成创新这个关键，才能系统性解决当前营商环境存在的最突出问题，打造营商环境的"海南样板"。此外，要进一步深化改革，就要依靠制度集成创新来驱动，制度集成创新是改革的红利之源（成思危，2014；陈恒和颜维琦，2014）。

自贸区不仅是经济先行区，也是制度创新的探路者（Peng and Fei，2017）。黄晓慧（2020）认为在当前世界经济深度衰退、逆全球化背景下，"单兵突进""微创新"已很难满足高水平对外开放的要求，而海南是一块能发挥改革系统集成作用的重要试验田，海南自由贸易港的更深层次改革可以为加快完善社会主义市场经济体制探索新路径、积累新经验。董涛（2020）也指出，建设海南自由贸易港是

国家发展战略的重要"先手棋"，意在打造当今世界最高水平的开放形态，为新时代全面深化改革开放提供海南方案、贡献海南智慧，而只有牢牢抓住制度集成创新这个"牛鼻子"，把制度集成创新作为突破体制机制障碍的"爆破手"，才能推动海南自由贸易港建设攻坚克难、行稳致远。

（二）次优理论与制度集成创新

特定的政策会产生什么样的影响？针对特定政策目标应该使用什么样的政策工具？在撤除一系列的政策壁垒时应该采取怎样的改革路径？针对这些问题，次优理论是最成熟也最常见的理论。这一理论由Lipsey和Lancaster（1956）提出，此后一些学者对其做了进一步的发展。

次优理论可以简单表述如下：如果在一般均衡体系中存在的某些情况使得帕累托最优的某个条件遭到破坏，那么即使其他所有帕累托最优条件得到满足，结果也未见得是令人相对满意的次优状态。换句话说，假设在一个经济体中，没有任何经济扭曲是最优状态，经济扭曲少的状态并不必然优于经济扭曲多的状态。如果经济扭曲的作用方向不一致，有的经济扭曲的作用可能会相互抵消。

在通过制度创新进行改革以消除经济扭曲的时候，有的情况下，通过单项制度的改革可以提高经济效率。但是有的时候，通过某项改革撤除了某个经济扭曲，反而可能使得与这项经济扭曲相互抵消的另一项经济扭曲的作用失去制衡，这个经济体的效率和福利反而可能下降。在这种情况下，我们需要整体把握经济体的状态，系统了解众多经济扭曲的作用，将互相影响的不同经济扭曲通过系统的解决方案一揽子消除。这时，制度的集成创新就成为必要。

（三）制度集成创新内涵

党的十九大把"着力增强改革系统性、整体性、协同性"[①]作为全面深化改革取得重大突破的一项重要经验。把"更加注重改革的系统性、整体性、协同性"[②]写入党章，对今后一个时期全面建设社会主义现代化国家、全面深化改革作出了新的部署。《海南自由贸易港建设总体方案》指出，"加强改革系统集成，注重协调推进，使各方面创新举措相互配合、相得益彰，提高改革创新的整体效益"。

对于改革的系统性、整体性、协同性的解读，罗湖平（2014）强调，增强改革的系统性、整体性、协同性的四个着力点是深化思想认识、加强顶层设计、注意

---

① 《习近平：决胜全面建成小康社会 夺取新时代中国特色社会主义伟大胜利——在中国共产党第十九次全国代表大会上的报告》，https://www.gov.cn/zhuanti/2017-10/27/content_5234876.htm[2017-10-27]。

② 《中国共产党章程》，https://www.12371.cn/2022/10/26/ARTI1666788342244946.shtml[2022-10-26]。

重点突破和促进"五位一体"。郭庆松(2019)认为,系统性关注的是改革基本要素之间的有机衔接、相互依存的关系;整体性考察的是改革诸多方面的整体性谋划和推进;协同性侧重的是改革方案、改革落实和改革效果之间的相互配合、相互促进。董涛等(2021)进一步认为,制度集成创新的特征是上下联动的系统性、左右协同的整体性、制度之间的协同性和结果质效的穿透性。

(四)海南制度集成创新实践

制度集成创新已成为高质量高标准建设海南自由贸易港的重要支撑。田原(2020)认为加强制度集成创新应把握好几个关键点:一是用系统化思维谋划顶层设计,关注整体效益;二是夯实制度集成创新的基础性工作,切实落实各项任务和举措;三是以协同理念推进系统集成,加强纵向联动、横向协同。从制度集成创新的角度看,对于局部的、偶发性的风险,要提高容忍度、辩证对待,在推进改革、释放风险、完善制度、提升治理中实现良性循环(董涛,2020)。需要强调的是,坚持党的领导,保证人民当家作主,以最广大人民的根本利益作为制度设计的出发点,从而实现民主与民生的良性互动,是中国制度活力的重要源泉。坚持以实践基础上的理论创新推动制度创新,是中国制度创新的内在逻辑(孙来斌,2016)。

海南自由贸易港首个园区制度集成创新改革方案《海南自由贸易港博鳌乐城国际医疗旅游先行区制度集成创新改革方案》于2020年9月1日正式印发,方案提出要"在全面推行'极简审批'改革、特许药械贸易自由便利、投资自由便利、跨境资金流动便利和加强风险防范等方面推进制度集成创新改革","实现医疗技术、装备、药品与国际先进水平'三同步'",部分举措已经落地生效并且取得了良好的效果。该方案把制度集成创新摆在突出位置,围绕博鳌乐城先行区的特色与定位,对标国际先进标准,为高质量高标准建设海南自由贸易港提供了可复制、可推广的制度集成创新经验。同时,商事登记"全省通办"制度、"旺工淡学"人才培养项目、国际投资"单一窗口"、国土空间用途审批"多审合一"、游艇等船舶证书"多证合一"、临床真实世界数据药品和医疗器械注册应用等85项涉及"放管服"改革、人才引进、金融产业等多个领域的制度创新案例的发布以及作为全国改革和制度创新领域唯一一个由中央批准设立的省部级评选表彰奖项——"海南省改革和制度创新奖"的设立等,都是不断推动海南自由贸易港制度集成创新的重要举措。此外,《海南省人民政府推进制度创新十一条措施》《制度创新成果考核评估办法》要求各市县和省政府直属各单位通过制度创新解决工作中的实际问题,并且制度创新工作与绩效考核挂钩,并将其作为评价人才、使用人才的重要参考。海南省委办公厅和省政府办公厅印发的《海南自由贸易港制度集成创新行动方案(2020—2022年)》规划了落实《海南自由贸易港总体建设方案》的过程中的制度集成创新举措，且取得了一定的效果。这些都说明海南自由贸易港建设的制度集成创新工作正在全面开展，但同时也应注意的是，目前制度集成创新在实践中仍存在"三多三少"问题，即单项制度集成创新多、系统制度集成创新少，一般性制度改进多、突破性创新少，部门零打碎敲的创新多、整体协同推进的创新少（刘允明，2020）。

二、国际高标准经贸规则的主要特点

海南自由贸易港政策体系和《全面与进步跨太平洋伙伴关系协定》（Comprehensive and Progressive Agreement for Trans-Pacific Partnership，CPTPP）、《区域全面经济伙伴关系协定》（Regional Comprehensive Economic Partnership，RCEP）等国际经贸协定有一个共同的特点，就是它们都包含有一整套贸易投资自由化便利化的制度和规则，涉及面非常广。但是二者又是有区别的。海南自由贸易港作为高水平自主开放平台，其开放是面向全世界的。《全面与进步跨太平洋伙伴关系协定》《区域全面经济伙伴关系协定》政策体系主要是面向协定成员的。这些协定包含了一系列的国际高标准经贸规则，对研究海南自由贸易港政策体系都有重要的参考价值。

1995 年 WTO 成立以后，WTO 各成员提出了一系列新的议题，如"新加坡议题"包括政府采购规则多边化、贸易与投资、竞争政策、贸易便利化等。这些议题除了贸易便利化之外，其他议题在之后的谈判中均被放弃。2008 年以后，美国发起《跨太平洋伙伴关系协定》（Trans-Pacific Partnership Agreement，TPP）、美欧双边《跨大西洋贸易与投资伙伴关系协定》（Transatlantic Trade and Investment Partnership，TTIP）以及多边《服务贸易协定》（Trade in Service Agreement，TISA），在相关的新闻中，这些协定被称为高水平贸易与投资协定（high-standard trade and investment agreements）。除了在暂停 22 个条款效力之后已经转化为《全面与进步跨太平洋伙伴关系协定》的《跨太平洋伙伴关系协定》之外，另外两个协定目前均没有完成。美国目前对重返《全面与进步跨太平洋伙伴关系协定》的态度不明，但对其主导达成的《美国-墨西哥-加拿大协定》（United States-Mexico-Canada Agreement, USMCA）倍加推崇，认为这是理想的国际规则模板。

人们在谈到国际高标准经贸规则时，很多情况下是与 WTO 相对而言的，即其水平高于 WTO 规则，因此，高水平规则往往是在区域贸易协定（优惠贸易协定）中出现的。为了进一步界定高水平，相关学者在研究区域贸易协定中引入了"深度"的概念。高水平的协定也被称为"深"（deep）的协定，世界银行对现有区域贸易协定的深度进行了研究，并编辑形成了数据库①。与此同时，亚太经济合作

---

① 参见 https://datacatalog.worldbank.org/dataset/content-deep-trade-agreements[2024-01-31]。

组织(Asia-Pacific Economic Cooperation，APEC)提出了下一代贸易与投资规则或21世纪贸易与投资规则的概念。

(一)高水平规则的要点

综合以上信息，我们来讨论国际高标准经贸规则的要点。

1. 现有规则基础上更高的标准

例如，在WTO规则基础上更高的标准。这一类规则被称为"WTO加"规则，即"WTO-plus"或"WTO+"规则。也就是说，WTO有相关规则，但是高水平规则比WTO设定的标准更高。最典型的是更低的约束关税水平，更长的知识产权保护年限等。版权保护从作者死后加50年变为加70年，这就是一个"WTO+"规则。另外，在现有投资规则基础上更高的标准也属于这个情况。虽然学术界意见并不一致，大部分学者认为负面清单方式比正面清单方式更容易推动投资开放，因此负面清单方式被称为高水平投资开放模式。

2. 在现有规则之外更多的新规则

对于WTO而言，这一类规则被称为WTO外，即WTO-extra(WTO-x)规则。也就是说，WTO原来没有的规则，目前形成新的规则，以应对新的问题。在一个区域贸易协定中，如果存在较多的WTO外规则，即存在新议题规则，往往其可能被认为是一个高水平协定。亚太经济合作组织提出的下一代贸易与投资议题基本上属于WTO-extra议题，包括全球供应链便利化、中小企业在全球生产链中的参与度、有效的非歧视的市场导向创新政策、区域(自由)贸易协定的透明度、供应链/价值链中与制造业有关的服务、性别问题与企业社会责任、数字贸易、环境问题、劳工问题、食品安全与粮食安全、贸易便利化、知识产权、竞争政策、政府采购及反腐败。在以上议题中，贸易便利化议题已经在WTO中形成多边规则，知识产权议题本来就涵盖在WTO中，但是在地理标志、基因资源贸易、数据知识产权、虚拟资产、医药、传统知识、民间艺术等领域，仍然存在规则不完善或者缺乏规则的问题。当前高水平协定中就新议题建立新规则的一个重要特点是更加强调边境后规则。高水平规则不仅仅是更低的关税、更少的服务贸易准入限制和投资的股权限制，而且要求更加公平的边境后规则。这里的公平，既包括不能对进口商品、进口服务和外资树立高于国内货物服务与资本的国内监管标准，也包括不能以低环境标准和低劳工标准来吸引投资。因此，高水平规则带来的开放是深层次的开放。如果说边境措施层次的开放对应流动型开放，边境后规则层次的开放必然需要实行制度型开放。

3. 更加具有约束性和可执行性的规则

这也就是说相关规则要可以提交争端解决，可执行，而不是"尽最大努力"之类的缺乏约束的规则。世界银行的相关研究中特别强调这一点。

(二)辩证看待国际高标准经贸规则

应该说，接受、实施并积极参与制定国际高标准经贸规则，就国际高标准经贸规则在国内进行试点，对于推动我国对外开放和改革的深化是有积极意义的。但是，我们同时也要看到国际经贸规则谈判的复杂性，全面认识国际高标准经贸规则。

首先，目前国际上讨论的高水平或者高标准具有多个维度，有的会降低贸易成本，有的会增加贸易成本。高水平有时体现为降低商品和要素流动的壁垒，如降低关税和投资准入限制。有时体现为提高知识产权、劳工、环境等的保护程度。特别是对于后者，过高的标准可能会损害发展中国家的利益，甚至可能被一些国家滥用并成为保护主义手段。

其次，当前国际上被称为高水平的某些协议实际上隐含了贸易保护主义措施。例如，《美国-墨西哥-加拿大协定》中的原产地规则，实际上相对原有的《北美自由贸易协定》更具有了保护色彩。《美国-墨西哥-加拿大协定》中的毒丸条款更是具有严重的歧视性。

最后，近年来有些国家针对高水平新规则的一些讨论，具有针对中国的倾向。

面对这些问题，我们不是要否定国际高标准经贸规则，而是要更加积极主动地参与国际高标准经贸规则的讨论和制定。在对一个一个具体议题进行研究的基础上，逐渐形成我们对国际高标准经贸规则的认识，提出我们的主张，从而促进全球商品和要素流动更加顺畅、世界经济发展更加可持续、多边贸易体制发展更加健康稳定。

三、研究目的

2021 年 9 月，中国正式提出申请加入《全面与进步跨太平洋伙伴关系协定》。《全面与进步跨太平洋伙伴关系协定》的规则体系应该说是当前国际上几个大规模自贸协定中标准最高、难度最大、系统性最强的一套标准体系，需要我们认真地去对标对表。

面对当前复杂的国际形势以及国际贸易规则重塑的关键时刻，我国只有继续坚持推进高水平开放，在规则和管理体制方面加快同国际规则与标准的对接，才能使我们在国际竞争中赢得主动。海南自由贸易港建设承担着我国高水平开放试验田的重要任务。从我国的国情考虑，有些重大的改革举措，有必要在海南进行先行先试，在取得成功经验的基础上，才可以在全国推广。所以海南的高水平开放应进一步加快速度，从而探索我国高水平开放的有效经验。

2023 年 6 月，《国务院印发关于在有条件的自由贸易试验区和自由贸易港试点对接国际高标准 推进制度型开放若干措施的通知》（国发〔2023〕9 号），提出"在有条件的自由贸易试验区和自由贸易港聚焦若干重点领域试点对接国际高标准经贸规则，统筹开放和安全，构建与高水平制度型开放相衔接的制度体系和监管模式"[①]。

本章主要针对《全面与进步跨太平洋伙伴关系协定》高标准规则体系，结合《区域全面经济伙伴关系协定》《美国-墨西哥-加拿大协定》《中欧全面投资协定》等经贸协议，分析目前我国在高水平开放方面面临的困难和挑战，探讨国内现行管理体制及法律法规同相关规则存在的差距及调整的余地和可能，讨论适合在海南先行先试的有关内容，以此丰富海南自由贸易港制度集成创新的内容。

第二节　货　物　贸　易

一、货物贸易市场准入

（一）进口关税

《全面与进步跨太平洋伙伴关系协定》第 2 章第 2.4 条规定："缔约国应依照附件 2-D（关税承诺）中减让表，逐步取消对原产货物的关税。"缔约国最终实现零关税的税目数和贸易额占比接近 100%，且立即实现零关税的税目数占比达 85% 以上，排除在零关税之外的高度敏感产品极少，主要集中在农产品和水产品领域。

《区域全面经济伙伴关系协定》的关税减让条款是在第二章的第四条。《区域全面经济伙伴关系协定》对中国来说，最大的亮点是首次将中国和日本纳入自贸协定体系。中国对日本开放了 86% 的协调税则税目。日本对中国开放了 88% 的税目。

在《区域全面经济伙伴关系协定》已经生效和我国积极申请加入《全面与进步跨太平洋伙伴关系协定》的背景下，海南的进口关税应当做相应考虑。但是，海南作为一个自由贸易港，其关税安排主要还是应该根据当地的产业情况以及海关监管制度特别是二线海关监管制度的完善情况来决定。

在全岛封关运作之后，"海南自由贸易港进口征税商品目录"应该非常简短。零关税范围应该大于我国正在进行的加入《全面与进步跨太平洋伙伴关系协定》

---

① 《国务院印发关于在有条件的自由贸易试验区和自由贸易港试点对接国际高标准 推进制度型开放若干措施的通知》，http://fgw.zhuzhou.gov.cn/c14784/20230630/i2062327.html[2023-06-30]。

谈判的出价清单。目前香港应课税品包含四类：酒精浓度高于 30% 的酒、烟草、碳氢油类、甲醇。海南制定征税目录可以在此基础上进行增加。

（二）货物出境修理与改造

《全面与进步跨太平洋伙伴关系协定》第 2 章第 2.6 条规定："任何缔约方不得对从其领土临时出口至另一缔约方领土进行修理或改造后重新进入其领土的货物征收关税，无论其原产地为何地，无论此种修理或改造是否本可在该出口缔约方的领土内进行，或是否已使货物增值。"

《中华人民共和国进出口关税条例》第二十五条规定："运往境外修理的机械器具、运输工具或者其他货物，出境时已向海关报明并在海关规定的期限内复运进境的，应当以境外修理费和料件费审查确定完税价格。"这一点与《全面与进步跨太平洋伙伴关系协定》存在差距。

建议海南对于现有自用设备零关税政策和交通运输工具零关税政策覆盖的设备与交通运输工具实行出境维修再进口免税政策。

（三）出口税费

《全面与进步跨太平洋伙伴关系协定》第 2 章第 2.15 条规定："除非附件 2-C（出口税、国内税或其他费用）中另有规定，否则任何缔约方不得对向另一缔约方领土出口的任何货物采取或维持任何关税、国内税或其他费用，除非在该货物供国内消费时采取或维持此种关税、国内税或费用。"这一规定与第 2.10 条"进口和出口限制"一起，就缔约国对资源类和原材料类产品的出口管制形成约束。

根据《中华人民共和国海南自由贸易港法》第二十八条规定："对由海南自由贸易港离境的出口应税商品，征收出口关税。"

目前，根据 2024 年进出口关税税则，我国有 102 项（八位税则号）商品列入了出口征税清单，但其中有 44 项商品（或者该项下细分品类）的暂定税率为零。上述 102 项商品包括鳗鱼苗、骨、部分矿产品以及部分粗加工金属制品，暂定税率为零的商品主要是一些粗加工金属制品。这些商品大多为国内较为短缺，出于保护资源以及掌握定价权的目的，设有出口关税。根据《中华人民共和国海南自由贸易港法》第十四条，自由贸易港封关运作后，货物、物品以及运输工具由内地进入海南自由贸易港，按国内流通规定管理。如果海南出口税也实施零关税，有出口税的产品必然会借由海南避开出口税，导致全国出口税制度落空。因此《中华人民共和国海南自由贸易港法》第二十八条规定"对由海南自由贸易港离境的出口应税商品，征收出口关税"。该领域的改革宜由中央结合矿产资源税费改革统筹进行。不建议海南实行单独的特殊政策。

（四）关税配额

《全面与进步跨太平洋伙伴关系协定》第 2 章 D 节对关税配额的分配、配额的返还和重新分配、分配机制透明度等作出严格规定，目前日本、越南等四个缔约国保留了关税配额。

中国目前适用关税配额的产品全部为农产品或农用物资，具体包括小麦、玉米、稻谷和大米、糖、羊毛、毛条、棉花和三类化肥（尿素、复合肥、磷酸氢铵）等，配额内适用低至 1% 的税率，配额外适用高至 65% 的最惠国税率。中国曾两次因关税配额的管理在 WTO 中被诉，即"美国诉中国农产品关税配额案"和"巴西诉中国食糖进口管理措施案"。商务部于 2019 年对《农产品进口关税配额管理暂行办法》进行了大幅度修订，并于 2021 年再次进行修订，调整了国营贸易配额分配、未利用配额再分配等操作办法。

中国对农产品进口关税配额为全球配额。小麦、玉米、大米、棉花进口关税配额由国家发展和改革委员会核发，食糖、羊毛、毛条、化肥进口关税配额由商务部核发。小麦、玉米、大米、棉花、食糖进口关税配额分为国营贸易配额和非国营贸易配额，国营贸易配额须通过国营贸易企业进口，非国营贸易配额通过有贸易权的企业进口，有贸易权的最终用户也可以自行进口。从近几年国家发展和改革委员会与商务部公布的数据来看，农产品配额总量保持稳定，玉米、棉花和食糖三类农产品实际进口量大大超过配额上限。

根据《商务部等 20 部门关于推进海南自由贸易港贸易自由化便利化若干措施的通知》（商自贸发〔2021〕58 号），"在洋浦保税港区内先行试点经'一线'进口食糖不纳入关税配额总量管理，进出'二线'按现行规定管理。从境外进入海南自由贸易港的上述商品由海南省商务厅在年底前向商务部报备"。

《全面与进步跨太平洋伙伴关系协定》中虽然仍有四个成员国保留有关税配额，我国一旦加入，必然会面临其他国家要求我国取消或者部分取消关税配额限制的压力。因此，我们建议就此在海南逐步试点。研究探索将洋浦先行试点一线进口食糖不纳入关税配额管理的政策推广到其他关税配额产品，当海南自由贸易港全岛封关运作时，将上述政策扩大到海南自由贸易港全岛。

（五）进出口数量限制

《全面与进步跨太平洋伙伴关系协定》第 2 章的第 2.10 条"进口和出口限制"对应《1994 年关税与贸易总协定》第 11 条"普遍取消数量限制"，都是在原则上禁止进出口数量限制，第 2.12 条和第 2.13 条则规定了对进出口许可程序方面的要求。海南自由贸易港封关运作之后，有关部门将制定禁止与限制进出口的货物与物品目录。

在进口方面，我国目前没有进口数量配额，只有进口关税配额。2021年，自动进口许可管理的商品有37种，限制进口的许可证管理商品有13种旧机电商品；在出口方面，实行出口配额管理的商品有17种。另外，我国有13种产品纳入国营贸易管理。

在许可证管理方面，目前我国一般的综保区、保税港区包括洋浦保税港区与境外之间的进出口在原则上都不实行许可证件管理，法律法规有规定的除外。许可证件管理在全岛封关运作后的实施范围将由禁止与限制进出口的货物和物品目录予以明确。

目前，在洋浦保税港区内已经先行试点经"一线"进出口原油和成品油，不实行企业资格和数量管理①，进出"二线"按进出口规定管理。建议允许洋浦保税港区将这一政策扩大到其他产品。另外，对于原油和成品油目前在洋浦的试点放开政策，在总结试点经验和问题之后，可以在封关运作之后扩大到全岛。相应地，不含税油（包括保税油和适用出口退税政策的本地生产燃油）以及保税航油政策也应随之进行调整，扩大适用范围。

（六）再制造

《全面与进步跨太平洋伙伴关系协定》第2章第2.11条（再制造货物）规定，"1.为进一步明确，第2.10.1条（进口和出口限制）应适用于对再制造货物进口的禁止和限制"和"如一缔约方采取或维持措施禁止或限制旧货的进口，则该缔约方不得将这些措施适用于再制造货物"。《全面与进步跨太平洋伙伴关系协定》第3章第3.4条（对再制造货物生产中所用回收材料的处理）还规定"每一缔约方应规定，对于在一个或多个缔约方领土内产生的回收材料，如其用于再制造货物的生产并构成其一部分，则应被视为原产货物"。

海南目前已经有通用电气等知名跨国公司尝试建设再制造中心。再制造的发展有利于循环经济的发展，但是目前遇到诸多阻碍，进口回收材料如果管理不当，容易产生洋垃圾造成污染；再制造还面临着技术与人才缺乏、行业标准化程度有待提高等问题。海南发展再制造业应该综合考虑对环境的影响。与此同时，对于再制造货物的进口，在设计进口禁限目录的时候，可以不把再制造货物作为旧货加以限制，但需要对再制造货物的标准进行严格把控。

---

① 目前，原油成品油进出口纳入国营贸易管理，实施自动进口许可制度，除了润滑油、润滑脂、润滑油基础油之外，均实施出口配额管理。

二、货物贸易便利化与其他规定

（一）原产地规定

《区域全面经济伙伴关系协定》第三章和《全面与进步跨太平洋伙伴关系协定》第 3 章都涉及原产地规则和原产地程序。两个协议中的部分内容都涉及较高的标准。

《区域全面经济伙伴关系协定》第三章第十六条规定，中国应当在本协定对其生效之日起10年内允许出口商或生产商出具原产地声明。一缔约方可以通报货物委员会，以延长实施出口商或生产商原产地声明的期限，该期限最长不超过10年。《区域全面经济伙伴关系协定》第三章第十六条还规定："缔约方应当在本协定对所有签署国生效后，开展对本条的审议。该审议将考虑引入进口商出具的原产地声明作为原产地证明。"需要指出的是，《区域全面经济伙伴关系协定》生效后，各成员海关应该立刻允许经认证的出口商出具原产地声明。上面指出的规定是指将允许的范围从经认证的出口商扩大到其他出口商、生产商，甚至进口商。

《区域全面经济伙伴关系协定》第三章第四条累积条款规定："缔约方应当自本协定对所有签署国生效之日起审议本条。本项审议将考虑将第一款中累积的适用范围扩大到各缔约方内的所有生产和货物增值。除缔约方另有共识外，缔约方应当自开始之日起五年内结束审议。"这一条的内容实际上是表示《区域全面经济伙伴关系协定》今后有可能实行完全累积制度。《全面与进步跨太平洋伙伴关系协定》第 3 章第 3.10 条同样规定了累积制度，其中第 3 款规定："每一缔约方应规定，为确定一货物的原产地，在一个或多个缔约方领土内由一个或多个生产商使用一非原产材料所从事的生产活动可计入该货物的原产成分，无论该生产活动是否足以赋予该材料本身原产地位。"这也就是说，《全面与进步跨太平洋伙伴关系协定》实行的是完全累积制度。

《区域全面经济伙伴关系协定》以上的原产地规则与程序要求都是准备在今后某个时期引入实施的，规定了一定的过渡期或者待审议。对此，我们可以开展专门研究，为海南今后实施这些规则做准备。在短期内，先全面落实允许经认证的出口商出具原产地声明的制度。在条件成熟的情况下，通过实行承诺加备案制，允许其他出口商和生产商出具原产地声明作为原产地证明。相关声明应该提交一份副本给海关备案，同时声明人应该承诺按照相关规则出具原产地声明。对于完全累积制度，还需进一步研究。

《区域全面经济伙伴关系协定》与《全面与进步跨太平洋伙伴关系协定》的原产地规则都是优惠原产地规则，但其对非优惠原产地的确定有借鉴意义。经认证的出口商、其他出口商、生产商，甚至可以尝试将进口商可以出具原产地声明的规定应用于非优惠原产地的确定。海南自由贸易港封关运作之后，从征税的角度看，需要明确原产地的情形将大为减少。

《区域全面经济伙伴关系协定》生效之后，可能出现的一个问题是，如果从《区域全面经济伙伴关系协定》其他贸易伙伴进口的产品，在海南加工。假如相关产品使用原产地区域增值40%标准，其中所含的其他贸易伙伴原产品达到了35%的价值比例，在海南又增值了15%，这时进入内地，可能既享受不到《区域全面经济伙伴关系协定》的关税优惠，也享受不到本地增值30%免关税进入内地的好处。由于海南本地增值30%零关税进入内地的政策所使用的计算公式与《区域全面经济伙伴关系协定》原产地计算公式的分母不同，两者的政策意图差别较大，不好衔接。在这种情况下，我们建议对于从《区域全面经济伙伴关系协定》国家进口的料件，在海南当地加工以后再进入内地，我国政府可以将在海南的增值与《区域全面经济伙伴关系协定》进口成分累积，使用《区域全面经济伙伴关系协定》原产价值累加法或扣减法公式，只要海南增值和进口自《区域全面经济伙伴关系协定》其他国家的原产材料的价值合计超过海南卖往内地的货物的成交价格的40%，即可享受《区域全面经济伙伴关系协定》优惠关税。

(二)海关管理与贸易便利化

该项是对应《区域全面经济伙伴关系协定》第四章和《全面与进步跨太平洋伙伴关系协定》第5章。总的来说，国内现行制度与《区域全面经济伙伴关系协定》和《全面与进步跨太平洋伙伴关系协定》的差距较小。

《全面与进步跨太平洋伙伴关系协定》第5章第5.2条涉及海关合作，规定："每一缔约方应依照其法律通过信息共享和其他适当行动与其他缔约方开展合作"，"缔约方应努力建立或设立海关合作的联系渠道，包括建立联络点"。海关合作应该是成员国层面的合作。但是，由于海南自由贸易港的关税以及其他海关政策与内地将有很大不同，《全面与进步跨太平洋伙伴关系协定》或《区域全面经济伙伴关系协定》其他成员以及其他贸易伙伴，都可能对海南的相关政策感兴趣。建议海关总署可以在海南专门设立一个联络点，以海关总署的名义与其他国家或地区海关开展合作，可以考虑建立海关总署海南分署，机构设置参照海关总署广东分署。

《全面与进步跨太平洋伙伴关系协定》第5章第5.3条以及《区域全面经济伙伴关系协定》第四章第十条涉及预裁定的规定。我国在2018年颁布了《中华人民共和国海关预裁定管理暂行办法》。相比而言，我国现行规定与《全面与进步跨太平洋伙伴关系协定》和《区域全面经济伙伴关系协定》有下面几点差异。

第一，《区域全面经济伙伴关系协定》规定的预裁定申请主体范围更广泛。

我国目前规定"预裁定的申请人应当是与实际进出口活动有关，并且在海关备案的对外贸易经营者"。实践中，申请人是进口货物收货人或出口货物发货人，不包括其他缔约方的经营者。《区域全面经济伙伴关系协定》规定申请主体是"出口商、进口商或具有合理理由的任何人或其代表"，"一缔约方可要求一申请人在该缔约方内拥有法人代表或进行注册"。《全面与进步跨太平洋伙伴关系协定》规定的申请主体是"其领土内一进口商或另一缔约方领土内的出口商或生产商"，"为进一步明确，进口商、出口商或生产商可通过正式授权的代表提出预裁定请求"。《全面与进步跨太平洋伙伴关系协定》没有规定注册要求。

第二，《中华人民共和国海关预裁定管理暂行办法》第十一条第一款规定，"海关应当自受理之日起 60 日内制发《预裁定决定书》"；第二款规定，"《预裁定决定书》应当送达申请人，并且自送达之日起生效"；第三款规定，"需要通过化验、检测、鉴定、专家论证或者其他方式确定有关情况的，所需时间不计入本条第一款规定的期限内"。《区域全面经济伙伴关系协定》规定是"预裁定应当在收到所有必要信息后，以合理的、规定的方式在规定期限内，并且尽可能在 90 天内向申请人作出"，同时规定可能有合理的延期。《全面与进步跨太平洋伙伴关系协定》的规定是："每一缔约方应尽快并应在任何情况下不迟于收到请求后 150 天作出预裁定，只要请求人已提交接收缔约方作出预裁定所要求的所有信息。如接收缔约方请求，则其中可包括申请人寻求的预裁定所针对货物的样品。"《区域全面经济伙伴关系协定》的 90 天和《全面与进步跨太平洋伙伴关系协定》的 150 天实际上都是包括了根据样品做化验监测等的时间。《区域全面经济伙伴关系协定》的 90 天时限是非约束性的，《全面与进步跨太平洋伙伴关系协定》的 150 天时限是有约束性的。《区域全面经济伙伴关系协定》规定了可以合理延期，《全面与进步跨太平洋伙伴关系协定》没有延期规定。所以，虽然我国现有规定的 60 天看似时间短，但《全面与进步跨太平洋伙伴关系协定》的 150 天的要求实际上更为严格。

第三，我国现行规定以及《区域全面经济伙伴关系协定》和《全面与进步跨太平洋伙伴关系协定》对预裁定的有效期规定都是三年。但是，《中华人民共和国海关预裁定管理暂行办法》规定："预裁定决定所依据的法律、行政法规、海关规章以及海关总署公告相关规定发生变化，影响其效力的，预裁定决定自动失效。"《区域全面经济伙伴关系协定》和《全面与进步跨太平洋伙伴关系协定》都规定，在上述情况下，预裁定不是自动失效，而是应该撤销或者修改，并且应该向申请人发出通知。

第四，《全面与进步跨太平洋伙伴关系协定》规定了一个展期的规定，只要预裁定依据的法律、事实等没有发生变化，在预裁定到期日之前可以延长期限。对此，我国现行制度和《区域全面经济伙伴关系协定》都没有相关规定。

我们认为，对海南来说，短期内在预裁定方面可以先按照全国统一部署落实《区域全面经济伙伴关系协定》的规则。在封关运行之后，由于普遍实行零关税，一线面临的预裁定要求可能较少，可以逐步对标《全面与进步跨太平洋伙伴关系协定》规则先行先试，如取消对申请人的注册规定，严格要求预裁定在150天内必须作出，实施预裁定有效期的展期规定。

在通关时间上，《区域全面经济伙伴关系协定》与《全面与进步跨太平洋伙伴关系协定》有类似的规定，如《区域全面经济伙伴关系协定》第四章第十一条规定"尽可能在货物抵达后和提交所有海关通关所需信息后48小时内放行"；对于易腐货物，"通常情况下，在尽可能短的时间内放行，并且在可能的范围内，在货物抵达后和提交放行所要求的信息后六小时内放行"。上述协定都不要求"一缔约方放行尚未满足放行要求的一货物"（见《全面与进步跨太平洋伙伴关系协定》第5.10条）。目前海南的主要任务是在现有的海关特殊监管区先行试点除国际公约、条约、协定或涉及安全准入管理要求外的，以及不涉及口岸检疫、检验、必须核验许可证件的货物，"一线"进出无须申报，海关径予放行。封关运作之后，"一线"范围扩大，也要实现原则上径予放行。目前，我国海关通关时间绝大部分情况下都能符合相关时限要求。全岛封关运作之前，可以鼓励现有海关特殊监管区之外的口岸努力对标《区域全面经济伙伴关系协定》和《全面与进步跨太平洋伙伴关系协定》，全面符合48小时和6小时的通关时限要求。

（三）SPS 与 TBT

SPS（sanitary and phytosanitary measures，动植物检疫措施）方面的规定对应《区域全面经济伙伴关系协定》第五章和《全面与进步跨太平洋伙伴关系协定》第7章。TBT（technical barriers to trade，与贸易有关的技术壁垒）方面的规定对应《区域全面经济伙伴关系协定》第六章和《全面与进步跨太平洋伙伴关系协定》第8章。在这两个领域，WTO 都有相应的协定，但《区域全面经济伙伴关系协定》和《全面与进步跨太平洋伙伴关系协定》的规则都更加具体严格。

1. 透明度要求

《区域全面经济伙伴关系协定》和《全面与进步跨太平洋伙伴关系协定》的SPS 规则在透明度方面相比 WTO 的《SPS 协定》要求更严。

在TBT领域，WTO的《TBT协定》的第2.9条和第5.6条也有类似于《SPS协定》附件B的要求。《全面与进步跨太平洋伙伴关系协定》第8.7条的第9款规定，"每一缔约方应将关于符合相关国际标准、指南或建议（如有）中的技术内容且可能对贸易产生重大影响的新技术法规和合格评定程序的提案按照根据《TBT协定》第2.9条或第5.6条设立的程序作出通知"。这里也将通报范围扩大到了"符合相关国际标准、指南或建议"的情况。

在WTO的TBT透明度规则中，其他缔约方被赋予了对进口方国内法规等的评论权，而《全面与进步跨太平洋伙伴关系协定》的规则把相关权力不仅赋予了其他缔约方，而且赋予了其他缔约方的个人与企业，甚至规定了国民待遇权利，这体现在《全面与进步跨太平洋伙伴关系协定》第8.7条第1款中："每一缔约方应允许其他缔约方的人，以不低于其给予本国人的条件，参与其中央政府机构的技术法规、标准和合格评定程序的制定"。

相关通报要求的执行者一般应该是中央政府层面的机构。《全面与进步跨太平洋伙伴关系协定》中虽然规定了对地方政府法规标准的一些高标准要求，但有的要求是非强制性的。但是，海南作为世界上最大的自由贸易港，其他国家对海南SPS与TBT标准的关注可能会高于对一般地方政府法规和标准的关注。考虑到海南特殊的海关监管制度、地理环境和生态保护要求，如果海南在SPS和TBT领域包括环境保护标准领域需要有专门的规定，应该通过中央部委和海南省政府的协商，建立一套适应海南自由贸易港建设要求的通报和透明度机制。

2. 取消对检验检测和认证机构的本地存在要求

《全面与进步跨太平洋伙伴关系协定》第8.6条第2款规定，"在《TBT协定》第6.4条基础上，如一缔约方维持第1款中所列程序、标准或其他条件并要求检测结果、认证或检验作为一产品符合一标准或技术法规的明确保证，则该缔约方：(a)不得要求检测或认证该产品的合格评定机构或进行检验的合格评定机构位于自己领土内；(b)不得对位于其领土之外的合格评定机构强加要求，实际上会要求这些合格评定机构在该缔约方的领土内开设办公室；以及(c)应允许在其他缔约方领土内的合格评定机构向该缔约方提出申请，以确定这些机构符合该缔约方用以判断这些机构具备资质或以其他方式批准这些机构从事产品测试或认证或进行检验所要求的任何程序、标准和其他条件"。

上述规定与我国现行的《中华人民共和国认证认可条例》存在差异。《中华人民共和国认证认可条例》的第十条规定："取得认证机构资质，应当符合下列条件：(一)取得法人资格；(二)有固定的场所和必要的设施……"实际上该条要求认证机构有中国法人资格，其固定的场所和必要的设施也是指在中国境内的场所和设施。海南作为自由贸易港，可以尝试突破先行先试，允许在境内没有商业存在的境外认证机构取得中国的认证机构资质并提供认证服务。即使在中国境内没有当地存在，这些认证机构仍然需要向中国政府申请资质，中国有关部门仍然对其具有监管权，总体风险可防可控。

3. 进口后粘贴标签

在《全面与进步跨太平洋伙伴关系协定》第8章附件8-A的第5款规定："如一缔约方要求供应商在蒸馏酒标签上标示信息，则该缔约方应允许供应商在蒸馏酒容器粘贴的副标签上标示该信息。每一缔约方应允许供应商在进口之后、但在该产品在该缔约方领土内许诺销售之前，在进口蒸馏酒容器上粘贴副标签，并可要求供应商在海关放行之前粘贴副标签。为进一步明确，一缔约方可要求副标签上标示的信息符合第4款中的要求"。另外，《全面与进步跨太平洋伙伴关系协定》对葡萄酒、化妆品、医疗器械也有类似规定。

根据我国《中华人民共和国产品质量法》《中华人民共和国食品安全法》《关于调整进出口食品、化妆品标签审核制度的公告》《医疗器械监督管理条例》等规定，我国进口的食品、化妆品及医疗器械的标签必须符合相关规定和标准。标签的制作与粘贴是生产过程的一部分，应该纳入生产质量管理体系。与此同时，我们看到在实际贸易活动中，贸易商确实有在进口后再粘贴标签或者副标签的实际需求。

为了既有利于促进贸易便利，又保证使用和运输安全，对于食品和化妆品的进口后再粘贴标签或者副标签的问题，海关部门实际上已经提供了某种形式的便利化措施。进口预包装食品和化妆品检验检疫不合格的，只要不是涉及安全、健康、环境保护项目的，在海关监督下经过技术处理，合格之后可以销售使用。例如，《进出口化妆品检验检疫监督管理办法》第十五条第二款规定："进口化妆品经检验检疫不合格，涉及安全、健康、环境保护项目的，由海关责令当事人销毁，或者出具退货处理通知单，由当事人办理退运手续。其他项目不合格的，可以在海关的监督下进行技术处理，经重新检验检疫合格后，方可销售、使用。"《进出口预包装食品标签检验监督管理规定》第十条规定："进口预包装食品标签检验不合格的，检验检疫机构一次性告知进口商或者其代理人不符合项的全部内容。涉及安全、健康、环境保护项目不合格的，由检验检疫机构责令进口商或者其代理人销毁，或者出具退货处理通知单，由进口商或者其代理人办理退运手续。其他项目不合格的，进口商或者其代理人可以在检验检疫机构的监督下进行技术处理。不能进行技术处理或者技术处理后重新检验仍不合格的，检验检疫机构应当责令进口商或者其代理人退货或者销毁。"

对于医疗器械，《进口医疗器械检验监督管理办法》于2007年5月30日经国家质量监督检验检疫总局局务会议审议通过，自2007年12月1日起施行。该管理办法第二十五条第二款对进口医疗器械也有类似于预包装食品、化妆品的规定："经检验发现不合格的，检验检疫机构应当出具《检验检疫处理通知书》，需要索赔的应当出具检验证书。涉及人身安全、健康、环境保护项目不合格的，或者可以技术处理的项目经技术处理后经检验仍不合格的，由检验检疫机构责令当事人销毁，或者退货并书面告知海关，并上报国家质检总局。"由此可见，按照该管理办法，检验不合格也有允许进行技术处理的可能性。不过在2007年12月1日该管理办法施行前一天，国家质量监督检验检疫总局发布2007年第172号公告，宣布暂缓施行该管理办法。此后，我们注意到该管理办法实际上并没有施行。在其他法律法规规章和规范性文件中，我们没有发现允许在进口医疗器械检验不合格的情况下可以进行技术处理的依据。

其实，即使是在预包装食品和化妆品检验不合格的情况下允许技术处理的规定，和《全面与进步跨太平洋伙伴关系协定》允许进口之后再粘贴合格标签的规定，仍然还是有一点差距的。对于进口医疗器械，和《全面与进步跨太平洋伙伴关系协定》规定的差距更大。我们认为海南可以对《全面与进步跨太平洋伙伴关系协定》的要求先行先试。

4. 进口创新医疗器械的批准程序

《全面与进步跨太平洋伙伴关系协定》附件8-E第15款规定："任何缔约方不得将一医疗器械获得制造国中一监管机构的销售许可作为该医疗器械获得该缔约方销售许可的条件。"[①]

我国2000年1月4日公布的并于2000年4月1日起实施的《医疗器械监督管理条例》第十一条规定，"首次进口的医疗器械，进口单位应当提供该医疗器械的说明书、质量标准、检验方法等有关资料和样品以及出口国(地区)批准生产、销售的证明文件"。2014年2月12日修订通过并于2014年6月1日起施行的《医疗器械监督管理条例》第十条规定，"向我国境内出口第一类医疗器械的境外生产企业，由其在我国境内设立的代表机构或者指定我国境内的企业法人作为代理人，向国务院食品药品监督管理部门提交备案资料和备案人所在国(地区)主管部门准许该医疗器械上市销售的证明文件"；第十一条规定，"向我国境内出口第二类、第三类医疗器械的境外生产企业，应当由其在我国境内设立的代表机构或者指定我国境内的企业法人作为代理人，向国务院食品药品监督管理部门提交注册申请资料和注册申请人所在国(地区)主管部门准许该医疗器械上市销售的证明文件"。也就是说，无论是要求备案或者注册的医疗器械，其提交资料都需要包括备案人或者注册申请人"所在国(地区)主管部门准许该医疗器械上市销售的证明文

---

① 目前公开的《全面与进步跨太平洋伙伴关系协定》的中文版本是商务部翻译的。这个版本把"medical device"翻译为医疗设备。我国现行《医疗器械监督管理条例》第一百零三条对"医疗器械"的定义是按照有关专业国际组织的定义要求(https://www.imdrf.org/sites/default/files/docs/ghtf/final/sg1/technical-docs/ghtf-sg1-n071-2012-definition-of-terms-120516.pdf)作出的。对比可以看出"device"是器械，"apparatus"是设备，器械包括设备。因此这里将"medical device"翻译为医疗器械。

件"。这里的一个困难是，如果是在境外生产的但是尚未在境外生产商所在国(地区)上市的，则无法提供相应的证明文件，因此无法在中国申请备案或者注册。

2020年12月21日修订并于2021年6月1日起实施的《医疗器械监督管理条例》对上述规定进行了修改，规定：未在境外上市的创新医疗器械，可以不提交备案人(或注册申请人)所在国(地区)主管部门准许该医疗器械上市销售的证明文件。

上述修改虽然与《全面与进步跨太平洋伙伴关系协定》的规定靠拢了，但是没有完全解决问题。例如，如果医疗器械生产商首先在第三国上市，但不是在生产国上市，则仍然无法满足在中国备案和注册的要求。

《全面与进步跨太平洋伙伴关系协定》附件8-E第16款规定：为进一步明确，一缔约方可接受另一监管主管机构先前颁发的销售许可作为一医疗设备可能符合其要求的证据。从这个规定我们可以看出，《全面与进步跨太平洋伙伴关系协定》不是把境外上市销售许可作为缔约方上市销售许可的先决必要条件，但是允许把境外销售许可作为申请人符合要求的证据。

2018年4月，《国务院关于在海南博鳌乐城国际医疗旅游先行区暂停实施〈医疗器械监督管理条例〉有关规定的决定》(国发〔2018〕10号)指出："国务院决定在海南博鳌乐城国际医疗旅游先行区暂停实施《医疗器械监督管理条例》第十一条第二款的规定，对先行区内医疗机构临床急需且在我国尚无同品种产品获准注册的医疗器械，由海南省人民政府实施进口批准，在指定医疗机构使用。"这一文件下放了注册审批权限，在第二类和第三类医疗器械上也同时免除了提交境外生产国销售许可的证明文件的要求。但是，在之后颁布的《海南博鳌乐城国际医疗旅游先行区临床急需进口医疗器械管理暂行规定》(2018年)和《海南自由贸易港博鳌乐城国际医疗旅游先行区临床急需进口医疗器械管理规定》(2020年)对"临床急需进口医疗器械"都规定为已在境外批准上市的医疗器械。上述规定废止后于2023年5月1日起施行的《海南自由贸易港博鳌乐城国际医疗旅游先行区临床急需进口药品医疗器械管理规定》仍然要求"临床急需进口医疗器械"需要"已在境外批准上市"。这一规定不仅不符合《全面与进步跨太平洋伙伴关系协定》附件8-E第15款的要求，相对于2020年12月21日修订并于2021年6月1日起实施的《医疗器械监督管理条例》都显得有些滞后了。

因此，我们建议适时修改《海南自由贸易港博鳌乐城国际医疗旅游先行区临床急需进口药品医疗器械管理规定》，将临床急需进口医疗器械的范围扩大到在境外没有上市的医疗器械，并且研究使相关规定符合《全面与进步跨太平洋伙伴关系协定》的要求，同时需要严格审批标准。在条件成熟的情况下，向全岛推开试点。

　　（四）贸易救济

　　《全面与进步跨太平洋伙伴关系协定》第 6 章和《区域全面经济伙伴关系协定》第七章都规定了贸易救济的内容。两个协议的结构和内容都很相似，都包括三个组成部分：第一节保障措施，第二节反倾销和反补贴税，以及附件中的有关反倾销、反补贴调查的做法。

　　两个协议都规定了过渡性保障措施，同时不排除各方按照WTO《保障措施协定》以及《1994年关税与贸易总协定》（General Agreement on Tariffs and Trade 1994，GATT 1994）第19条实施全球性保障措施。过渡性保障措施都只能采取提高关税的形式，不能使用关税配额和数量限制。过渡性保障措施可以针对一个或者多个缔约方，因此可以是歧视性的。《区域全面经济伙伴关系协定》的过渡性保障期是自协定生效之日起至一缔约方根据其在附件一（关税承诺表）中的关税承诺表取消或削减该货物的关税完成后8年。《全面与进步跨太平洋伙伴关系协定》的过渡性保障期为协定生效之日开始的3年期限，但产品关税取消发生在一更长时限内的情况除外，在这种情况下过渡期应为该产品关税逐步取消的期限。

　　两个协定在反倾销和反补贴方面都强调不影响WTO下的相关义务，并在透明度和程序上做了细化规定。《区域全面经济伙伴关系协定》在反倾销方面作出了禁止归零的规定。

　　根据《区域全面经济伙伴关系协定》和《全面与进步跨太平洋伙伴关系协定》的贸易救济相关规则，海南在下列三个方面应该开展进一步研究，以建立适合自由贸易港的贸易救济规则体系。

　　首先，应考虑建立海南自由贸易港过渡性保障措施。海南自由贸易港全岛封关运作实施零关税之后，有可能出现特定产品进口激增冲击海南产业的情况。可以考虑在某个时期内建立一个保障措施机制，避免相关产业受到冲击。这一保障措施机制不涉及数量限制，仅采用提高关税的形式，关税的提高上限不能超过最惠国关税水平。与《区域全面经济伙伴关系协定》和《全面与进步跨太平洋伙伴关系协定》不同，海南自由贸易港建设属于自主开放措施，因此不能和自贸协定一样对自贸协定成员实施歧视性关税，需要对特定产品的所有进口征税。方案的设计需要明确过渡保障期、过渡保障措施可以实施的时间长度、发起和调查机制等。

　　其次，可以将海南自由贸易港视为一个单独市场实施反倾销和反补贴措施。海南自由贸易港不是一个单独关税领土，但是它封关运作之后，由于二线关的存在，海南市场与内地市场可能存在一定的价格差异，有可能出现海南当地产业受到冲击而内地产业不受影响的情况。WTO《反倾销协定》第4条第1款（b）项以及《补贴与反补贴措施协定》第16条第2款都规定，在某些特殊情况下，成员境内的有关生产被划为两个或者两个以上的竞争市场，每个市场的生产者可以视为一个单独的产业。但是，这种单独市场的界定条件比较苛刻，该单独市场的生产者需要几乎将所有产品在该市场销售，该单独市场的需求实质程度上不是由该成员其他地区的生产者来满足。总的来说，是否应该建立单独的对海南的反倾销和反补贴机制，需要进一步研究或者在封关运作后再做进一步观察。

最后，全国性的反倾销、反补贴和保障措施(统称"两反一保"措施)如何在海南自由贸易港实施。海南自由贸易港作为一个海关监管特殊区域，是否比照目前的海关特殊监管区域如综合保税区，在二线关外对进口产品不收取"两反一保"税金或者保证金？进口产品或者含有进口原料的加工产品进入内地时如何征收"两反一保"税金或保证金？如果有关产品从海南自由贸易港进入内地实施选择性征税，贸易商可以申请选择按照原料或者实际报验状态选择性征收关税，在原料或者成品涉及"两反一保"措施的时候，应该分别如何征收"两反一保"税金或保证金？这些问题都需要进一步厘清。

三、政策建议

第一，结合《区域全面经济伙伴关系协定》的实施以及《全面与进步跨太平洋伙伴关系协定》准备谈判的工作考虑海南自由贸易港封关运作之后的征税目录制定。原则上海南征税目录的产品范围应该小于今后《全面与进步跨太平洋伙伴关系协定》的例外产品和部分降税产品范围。

第二，海南全岛封关运作之前，结合《区域全面经济伙伴关系协定》实施与《全面与进步跨太平洋伙伴关系协定》准备谈判的工作，适当增加"一负两正"清单(企业进口自用的生产设备零关税负面清单、营运用交通工具及游艇零关税正面清单、生产原辅料零关税正面清单)零关税产品的范围。

第三，对于许可证与配额管理，封关运作以前在洋浦保税港区等海关特殊监管区先行先试，免于许可证与配额管理，封关运作后推广到全岛。对于大米、小麦与玉米的关税配额管理是否在封关运作后进入一线免于管理，需要做进一步研究。

第四，不建议海南在出口税征收方面实行单独特殊政策。

第五，建议海南就发展再制造产业结合《全面与进步跨太平洋伙伴关系协定》相关规则开展进一步研究，在确保环境生态安全的同时促进循环经济发展。

第六，建议海南短期内全面落实允许经认证的出口商出具原产地声明的制度。在条件成熟的情况下，通过实行承诺加备案制，允许其他出口商和生产商出具原产地声明作为原产地证明。

第七，建议海南对使用原产于《区域全面经济伙伴关系协定》缔约方的材料加工生产的产品，实行原产地累积制度，除中国以外的其他《区域全面经济伙伴关系协定》缔约方成分加上海南当地成分总计达到《区域全面经济伙伴关系协定》实质性加工标准，产品进入内地可以免关税。

第八，建议海南短期内在预裁定方面可以先按照全国统一部署落实《区域全面经济伙伴关系协定》的规则。在封关运行之后，逐步开始对《全面与进步跨太平洋伙伴关系协定》规则先行先试，如取消对申请人的注册规定，严格要求必须在150天内作出预裁定，实施预裁定有效期的展期规定。

第九，建议海南与中央部委合作以中央部委派出机构的方式设立联络点和查询点，就海南的TBT、SPS等措施提高透明度，便于社会各界及时了解海南的相关政策。

第十，建议海南先行先试，探索允许在境内没有商业存在的境外认证机构取得中国的认证机构资质并在海南自由贸易港内提供认证服务。

第十一，建议海南先行先试，允许蒸馏酒、葡萄酒、化妆品、医疗器械等允许先进口再通过在销售或使用前粘贴标签或者副标签的方式满足进口产品标签要求。

第十二，建议海南研究修改《海南自由贸易港博鳌乐城国际医疗旅游先行区临床急需进口药品医疗器械管理规定》，将临床急需进口医疗器械的范围扩大到在境外没有上市的医疗器械，并且研究使相关规定符合《全面与进步跨太平洋伙伴关系协定》的要求。在条件成熟的情况下，向全岛推开试点。

第十三，建议海南进一步研究《全面与进步跨太平洋伙伴关系协定》关于商用密码产品进出口限制与技术标准的规则，探索在海南先行先试的可能性。

第十四，建议海南进一步研究并建立适应海南自由贸易港建设要求的贸易救济制度体系。

第三节　服务贸易和投资

一、跨境服务贸易

跨境服务贸易涵盖《服务贸易总协定》(General Agreement on Trade in Service，GATS)四种服务提供模式中的三种，即模式1(跨境提供)、模式2(境外消费)和模式4(自然人流动)，但不包括模式3[商业存在，涵盖在《全面与进步跨太平洋伙伴关系协定》第9章（投资）中]。跨境服务贸易是中小微企业参与全球价值链分工的重要途径，也是跨国企业对通过设立商业存在提供服务的重要补充。

(一)《全面与进步跨太平洋伙伴关系协定》核心义务

《全面与进步跨太平洋伙伴关系协定》核心义务包括非歧视待遇、市场准入和禁止当地存在要求。相较于《服务贸易总协定》而言，禁止当地存在要求是一项新的义务。

1. 禁止当地存在要求

在现代信息通信技术和电子商务、数字贸易迅速发展的环境下，禁止当地存在要求对确保跨境服务贸易自由化起着重要作用。

《全面与进步跨太平洋伙伴关系协定》的第 10 章（跨境服务贸易）中的第 10.6 条（当地存在）规定，"任何缔约方不得要求另一缔约方的服务提供者在其领土内设立或维持代表处或任何形式的企业或成为居民，作为跨境提供服务的条件"。

当地存在和商业存在是有区别的。商业存在是指一成员为提供服务而在另一成员领土内建立、收购或维持一个法人实体，包括但不仅限于独资子公司、合资公司、分公司，为后者境内的服务消费者提供服务。例如，一成员的银行或保险公司到另一成员境内开设分行或者分公司，提供银行和保险服务。当提及商业存在时，近似于服务领域投资的概念。因此，《全面与进步跨太平洋伙伴关系协定》中的投资和服务的商业存在的不符措施保留在一个负面清单当中。

而当地存在（又称当地存在要求），通常是指一成员要求另一成员的服务提供者在其境内建立一个商业存在或者成为当地居民来作为跨境提供服务的前提条件。它的范围要比商业存在更宽，不仅包括商业存在的各种形式，还包括办事处和居民。值得注意的是，当地存在用在跨境提供服务（模式 1、模式 2 或模式 4）时，经常指"当地存在要求"。

举例说明，一家外国的律师事务所想到 A 国提供法律服务，如果 A 国不允许跨境提供服务，只允许设立"商业存在"提供法律服务，那么它只能在 A 国设立律师事务所或分所来提供服务。

如果 A 国对跨境提供服务（模式 1）没有任何限制，则外国律师事务所可以随意通过跨境方式提供法律服务。

如果 A 国对模式 1 规定了"当地存在要求"，那么在境外的母所，可以先在 A 国设立或维持一个办事处或一个分所，或派一名律师成为居民（不一定要有国籍），作为跨境提供服务的条件。满足上述条件后，母所就可以通过跨境方式向 A 国提供服务了。

一般认为，"当地存在要求"是为了本国的监管机构在监管跨境提供服务时，能够在当地找到负责人或者联系人。

2. 负面清单列表方式

《全面与进步跨太平洋伙伴关系协定》采用负面清单列表模式，缔约方服务市场原则上向其他缔约方的服务和服务提供者开放，除非通过协定附件的不符措施列表(也称负面清单)方式予以排除。在负面清单以外的所有跨境服务提供，缔约方均须符合国民待遇、最惠国待遇、市场准入，并取消当地存在要求。

3. 服务贸易的国内规制

《服务贸易总协定》承认政府对服务贸易的管理措施(即管理的权力)，缔约方通过各类国内规制来实施对服务业的监管和服务市场的开放。国内规制和监管作为服务贸易领域的核心纪律，主要在于确保缔约方监管服务业的各类国内措施公平、合理和透明、不对服务贸易造成不必要的障碍或存在武断的歧视。

《全面与进步跨太平洋伙伴关系协定》总体遵循了《服务贸易总协定》国内规制的基本框架并调整深化，主要反映在监管透明度提升和行政程序优化等方面，包括强调政策的透明度、严格工作程序时限、支持资格互认、鼓励政策交流及能力建设等。首先，《全面与进步跨太平洋伙伴关系协定》细分并强化了程序和透明度义务的要求。其次，《全面与进步跨太平洋伙伴关系协定》继承了《服务贸易总协定》对服务贸易国内规制的界定，即"资格要求和程序、技术标准和许可要求"。此外，《全面与进步跨太平洋伙伴关系协定》以《服务贸易总协定》第7条为基础对互认作出专门规定，但更具操作性的纪律则主要体现在对专业服务的章节中。

在透明度方面，《全面与进步跨太平洋伙伴关系协定》要求缔约方确保跨境服务贸易的规制透明化，要求成员在通过或采纳相关法规前，应提供事先通知及反映意见的机会。在法规公布和生效之日间应有合理期间，从而使企业有机会调整和准备。另外，要求缔约方在可行范围内对此类申请程序建立指示性的框架，通知申请人其申请状态，如果拒绝申请则应提供原因或理由。主管机构审核资格证照申请时，应在合理时间内完成，并给予申请资料不完整的补正机会、受理申请进度的查询，确保收取合理的处理费用等。如果经考试才能获得许可或资质要求，则缔约方应确保考试存在合理的间隔时间，为利害关系人提交申请提供合理的时间等。

(二)《区域全面经济伙伴关系协定》关于服务贸易的主要内容

《区域全面经济伙伴关系协定》中的国内规制要求与《全面与进步跨太平洋伙伴关系协定》很相似，但《全面与进步跨太平洋伙伴关系协定》中是强制义务，而在《区域全面经济伙伴关系协定》中是"最佳努力条款"。另外《区域全面经济伙伴关系协定》还涉及负面清单开放、金融服务、专业服务等内容。

二、电信服务

（一）《全面与进步跨太平洋伙伴关系协定》电信服务章的主要内容

（1）《全面与进步跨太平洋伙伴关系协定》第 13 章就电信服务进行了专章规定，包括 26 个条款，主要确立缔约方政府在电信服务监管方面的保证义务，特别是确保本国存在公平竞争有序的电信服务市场以及允许其他缔约方电信企业进入本国电信服务市场提供服务等。总体上，《全面与进步跨太平洋伙伴关系协定》电信服务章节相较于《服务贸易总协定》规定了更高的标准和更具体的义务，旨在确保包括有关获得和使用电信服务、竞争性保障、电信网络互连、电信监管机构、国内电信纠纷的解决和透明度等方面的关键义务，在深度和广度上均对我国的电信服务规则提出了新要求。

（2）透明度要求。以《全面与进步跨太平洋伙伴关系协定》电信章节要求法律事先征求意见的义务为例，电信监管部门就一项法规提案征求意见时，应将该提案公开，包含对提案目的和理由的说明，并充分公开告知利害关系人评议（反映意见）的权利及合理机会等。根据我国《中华人民共和国立法法》第六十七条，行政法规在起草过程中，应当广泛听取有关机关、组织、人民代表大会代表和社会公众的意见。听取意见可以采取座谈会、论证会、听证会等多种形式。行政法规草案应当向社会公布，征求意见，但是经国务院决定不公布的除外。因此，对于电信监管部门即工业和信息化部所涉立法层级的部门规章、部门规范性文件，我国并没有法律基础要求必须公开征求意见，也缺乏利害关系人评议（反映意见）的相关程序性规定等。在加入《全面与进步跨太平洋伙伴关系协定》谈判时，应注意这一问题并进行适当的调整。

（3）关于电信的转售服务。《全面与进步跨太平洋伙伴关系协定》第 13.9 条规定，任何缔约方不得禁止转售任何公共电信服务。每一缔约方应保证其领土内一主要供应商不对这些服务转售施加不合理或歧视性条件或限制。

（二）《区域全面经济伙伴关系协定》中关于电信服务的鼓励性义务条款

《区域全面经济伙伴关系协定》规定，"每一缔约方应当保证，在技术和经济可行的范围内，在其领土内的一公共电信服务提供者及时地、以合理的和非歧视的条款和条件提供移动服务的号码携带"，"如因技术原因或空间限制而无法实现物理共址，每一缔约方应当努力保证其领土内的主要提供者根据合理的、非歧视的以及透明的条款、条件以及费率，及时地提供替代解决方案"。《区域全面经济伙伴关系协定》还规定了一系列其他鼓励性义务。

三、商务人员的临时进入

《全面与进步跨太平洋伙伴关系协定》第 12 章的内容主要在于规范缔约方商务临时访客的入境申请、信息公开以及允许或拒绝入境的条件，总体上集中于提高一般性政策机制及商务访客申请入境方面的透明度，以及鼓励缔约方在该领域的合作，给予商务人员出入境方面的便利。

第 12 章包括正文和缔约方基于第 12.4 条准许临时入境作出的商务人员临时入境承诺表。该章定义的商务人员较广泛，即"从事货物贸易、服务提供或开展投资活动的"人员，不仅包括商务访客，也包括其他类型的从事直接销售或提供货物或服务的自然人。临时入境指无意永久居留的另一缔约方的一商务人员进入一缔约方领土的行为。

第 12 章适用于影响一缔约方商务人员临时进入另一缔约方境内的措施，第 12 章（第 12.4 条）对临时入境的审批要求应列明对各类商务人员入境和临时停留的条件和限制，包括停留时间长短等。

《全面与进步跨太平洋伙伴关系协定》要求每一缔约方应在附件 12-A 中列出其对商务人员临时入境所作承诺，其中应规定该缔约方所列每一类商务人员入境和临时停留的条件和限制，包括停留时间等。这些承诺涉及一般商务访问、提供设备安装及售后服务、公司内部人员调派、独立高管、承包商、投资者、专业人员甚至实习生等方面人员，可能还包括随行家属。

四、投资

（一）对《全面与进步跨太平洋伙伴关系协定》投资规则的总体评价

《全面与进步跨太平洋伙伴关系协定》第 9 章投资章共 30 条，投资规则主要有以下特点。

在目标定位上，《全面与进步跨太平洋伙伴关系协定》着力于扩大投资自由化和仲裁形式的投资保护，旨在为缔约国主体进行海外投资建立一个稳定、透明、可预见和非歧视的保护框架。在涵盖内容上，《全面与进步跨太平洋伙伴关系协定》投资章的各项条款齐备、内容全面具体，部分条款（如业绩要求、负面清单以及投资者与国家间争端解决机制的设置）规定非常详细。在可持续发展方面，《全面与进步跨太平洋伙伴关系协定》投资章通过纳入国内环境保护和公共健康等公共政策因素、澄清"公平与公正待遇"的内涵、纳入企业社会责任条款、改善 ISDS（investor-state dispute settlement，投资者–国家争端解决）机制、明晰"间接征收"的具体范围等方式，展现了新一代经贸协定对可持续发展的高度关注。

（二）《全面与进步跨太平洋伙伴关系协定》投资章的重要条款与我国现行管理措施

1. 投资定义

《全面与进步跨太平洋伙伴关系协定》第9章（投资）对投资的界定十分宽泛。第9.1条规定，投资指一投资者直接或间接拥有或控制的具有投资特征的各种资产，此类特征包括资本或其他资源的投入、获得收入或利润的预期或风险的承担等。投资可采取的形式有八类：①一企业；②一企业中的股份、股票和其他形式的参股；③债券、无担保债券、其他债务工具和贷款；④期货、期权和其他衍生品；⑤交钥匙、建设、管理、生产、特许权、收入分成及其他类似合同；⑥知识产权；⑦根据该缔约方法律授予的批准、授权、许可和其他类似权利；⑧其他有形或无形财产、动产或不动产及相关财产权利，如租赁、抵押、留置和质押。

相比之下，《中华人民共和国外商投资法》第二条规定的投资定义较为简略，范围相对狭窄。虽同样包含了直接投资和间接投资，但未要求"具有投资特征"及列举其诸要素，仅列举了"外国投资者单独或者与其他投资者共同在中国境内设立外商投资企业"、"外国投资者取得中国境内企业的股份、股权、财产份额或者其他类似权益"、"外国投资者单独或者与其他投资者共同在中国境内投资新建项目"和兜底条款"法律、行政法规或者国务院规定的其他方式的投资"四类，缺乏对知识产权、债务和金融工具以及其他财产权利的列举，也未涵盖对既存项目的追加投资。

2. 国民待遇和最惠国待遇

《全面与进步跨太平洋伙伴关系协定》第9.4条规定，"每一缔约方在设立、获得、扩大、管理、经营、运营、出售或以其他方式处置在其领土内的投资方面给予另一缔约方投资者的待遇不得低于在相似情况下该缔约方给予本国投资者的待遇"，"每一缔约方在设立、获得、扩大、管理、经营、运营、出售或以其他方式处置投资方面给予涵盖投资的待遇不得低于在相似情况下该缔约方给予本国投资者在其领土内投资的待遇"。第9.5条规定，"每一缔约方在设立、获得、扩大、管理、经营、运营、出售或以其他方式处置在其领土内投资方面给予另一缔约方的投资者的待遇不得低于在相似情况下该缔约方给予任何其他缔约方或任何非缔约方的投资者的待遇"，"每一缔约方在设立、获得、扩大、管理、经营、运营、出售或以其他方式处置投资方面给予涵盖投资的待遇不得低于在相似情况下该缔约方给予任何其他缔约方或任何非缔约方的投资者在其领土内投资的待遇"。第9.5条第3款明确了"为进一步明确，本条中所指的待遇不包括国际争端解决程序或机制"。

《中华人民共和国外商投资法》第四条规定，国家对外商投资实行准入前国民待遇加负面清单管理制度。这与《全面与进步跨太平洋伙伴关系协定》投资规则基本一致。《中华人民共和国外商投资法》未就最惠国待遇作出规定，但我国批准的《区域全面经济伙伴关系协定》最惠国待遇条款与《全面与进步跨太平洋伙伴关系协定》类似。

3. 征收和补偿

《全面与进步跨太平洋伙伴关系协定》第9.8条第1款规定，"任何缔约方对一涵盖投资不得直接征收或实行国有化，或通过等同于征收和实行国有化（征收）的措施间接征收或实行国有化，除非符合下列条件：(a)为公共目的；(b)以非歧视的方式进行；(c)依照第2款、第3款和第4款支付及时、充分和有效的补偿；以及(d)根据正当法律程序进行"。该条第2款规定，"补偿应：(a)无迟延支付；(b)等同于紧接征收发生前（征收之日）被征收投资的公平市场价值；(c)不反映因征收意图提前公开而发生的任何价值变化；以及(d)可全部变现并可自由转移"。

《中华人民共和国外商投资法》第二十条规定：国家对外国投资者的投资不实行征收。在特殊情况下，国家为了公共利益的需要，可以依照法律规定对外国投资者的投资实行征收或者征用。征收、征用应当依照法定程序进行，并及时给予公平、合理的补偿。《中华人民共和国外商投资法实施条例》进一步补充了合法征收需满足的非歧视要件，同时明确了按照被征收投资的市场价值及时给予补偿。两相对比，在征收及其补偿问题上，整体上我国规定与《全面与进步跨太平洋伙伴关系协定》差距已不明显。

4. 业绩要求

《全面与进步跨太平洋伙伴关系协定》第9章（投资）有全面禁止业绩要求。第9.10条第1款规定，"任何缔约方对于一缔约方或一非缔约方的投资者在其领土内的投资的设立、获得、扩大、管理、经营、运营、出售或其他处置方面，不得施加或强制执行任何要求，或强制要求作出任何承诺或保证"，包括该款(a)项到(i)项所列举的九类具体类型的业绩要求。第2款规定，不得将遵守(a)项到(d)项所列举的四类业绩要求作为获得或继续获得某一优惠的条件。

中国《中华人民共和国外商投资法》未就业绩要求进行专门规定，仅有第二十二条不得强制转让技术条款与《全面与进步跨太平洋伙伴关系协定》第9.10条第1款(f)项相当。就中国已签订的双边投资协定或自贸协定中的业绩要求条款而言，大多也与《全面与进步跨太平洋伙伴关系协定》相去甚远，如《中华人民共和国政府和智利共和国政府贸易协定》《中华人民共和国政府和大韩民国政府自由贸易协定》仅直接引用《与贸易有关的投资措施协议》中的业绩要求条款。

5. 可持续发展

《全面与进步跨太平洋伙伴关系协定》第 9.16 条（投资与环境、卫生和其他监管目标）规定，"本章中任何内容不得解释为阻止一缔约方采取、维持或执行在其他方面符合本章且该缔约方认为对保证在其领土内的投资活动以积极考虑环境、卫生或其他监管目标的方式开展所适当的任何措施"。第 9.17 条（企业社会责任）规定，"缔约方重申每一缔约方鼓励在其领土内经营或受其管辖的企业自愿将该缔约方赞同或支持的企业社会责任的国际公认标准、指南和原则纳入其内部政策的重要性"。

我国《中华人民共和国外商投资法》未提及"投资与环境、卫生和其他监管目标"和"企业社会责任"。就所签署的国际投资协定而言，仅有少量略有涉及，如中韩自由贸易协定对投资与环境、健康做了原则性描述，《中华人民共和国政府和坦桑尼亚联合共和国政府关于促进和相互保护投资协定》提及投资者社会责任。与中国签订的其他协定不同的是，2020 年底完成谈判的《中欧全面投资协定》将各方约束在以可持续发展为原则的基于价值的投资关系中；在劳工和环境领域，中国承诺不降低保护标准以吸引投资，不将劳工和环境标准用于保护主义目的，尊重其在有关条约中的国际义务；中国也将支持企业履行社会责任，包括有效实施《巴黎协定》的承诺。

五、政策建议

（一）对海南服务贸易对外开放的建议

1. 制定"海南自由贸易港跨境服务贸易促进工作条例"，为跨境服务贸易发展提供必要的法治环境

随着新技术的不断发展和国际交往及人员流动的大幅增加，跨境服务贸易在海南国际服务贸易中将占据越来越重要的地位。根据统筹国内法治和涉外法治的大局需要，在国内自贸区先行先试基础上，推动制定"海南自由贸易港跨境服务贸易促进工作条例"。

一是为海南的跨境服务贸易提供必要的法治发展环境，重点是为跨境服务贸易的模式 1、模式 2、模式 4 制定法规层面的制度规范。

二是在跨境服务贸易的监管方面，可以在条例中明确通过服务贸易发展省内各委办的联席会议制度的方式，加强跨境服务贸易统筹管理及监管部门之间的信息交换和合作。

三是建立海南跨部门的跨境服务贸易统计制度。

四是认真落实意识形态工作责任制，实施跨境数据安全流动、出版物、广播影视作品等意识形态风险防控措施，有效预防和化解国家安全风险。

2. 完善《海南自由贸易港跨境服务贸易特别管理措施(负面清单)(2021 年版)》，大幅削减当地存在要求，提升跨境服务贸易监管能力

目前，《海南自由贸易港跨境服务贸易特别管理措施(负面清单)(2021 年版)》已经公布。清单涉及了当地存在要求。禁止当地存在要求适用于跨境服务贸易的三种模式，即跨境提供、境外消费和自然人移动。在网络信息技术迅速发展的背景下，该规则降低了服务提供者(特别是中小微企业)通过网络等跨境方式提供服务的固定成本，对于电子商务和数字贸易的发展、跨境服务贸易的自由化具有重要的促进意义。

除了禁止当地设立机构要求，"禁止成为居民要求"是"禁存义务"的另一体现。根据 WTO 服务贸易委员会的解释，"成为居民要求"涉及对外国服务提供者的居住要求，如对特定服务的从业者施加的居住要求；对当地存在所雇佣的高管、董事会成员、专业技术人员等特定人员施加的居住要求；提供特定服务的企业由当地居民管理的要求等。"成为居民要求"同样加大了外国服务提供者的成本负担。应注意的是，对公司董事会、高管人员等的特定国籍要求不属于"成为居民要求"类的当地存在要求，在负面清单中涉及不同义务，应予以分别列明。

例如，2017 年，国家互联网信息办公室《互联网新闻信息服务管理规定》第六条第二款要求"主要负责人、总编辑是中国公民"即属于对特定人员的国籍要求，而非要求当地存在或当地居住。另外，《全面与进步跨太平洋伙伴关系协定》附件一注解第 3 条规定，当地存在要求和国民待遇条款是两个不同的纪律，只与当地存在要求条款不一致的措施不需要对国民待遇条款作出保留。

我国目前在电信、空运服务的销售和营销等服务中规定了当地存在要求。例如，在《服务贸易总协定》承诺表中，我国对基础电信、增值电信、移动话音和数据服务、国内服务的模式 1 所做的承诺为"见模式 3"，实际上要求服务提供者如果通过跨境提供模式向我国消费者提供电信服务，须以在我国设立商业存在为前提。这是较为典型的当地存在要求。再如，根据 2016 年《外国航空运输企业在中国境内指定的销售代理直接进入和使用外国计算机订座系统许可管理暂行规定》第六条，外国航空公司在中国境内指定的销售代理虽可直接进入和使用外国计算机订座系统，但该外航需"依法在中国境内设立办事机构"，且该销售代理须"在中国境内依法设立，取得中华人民共和国企业法人资格"。

关于禁止当地存在要求的建议如下。

(1)详细梳理涉及当地存在要求的法律法规及部门规章,尽可能削减当地存在要求适用的领域和范围。对少数确需保留的当地存在要求,争取通过与其他缔约方的谈判列入《海南自由贸易港跨境服务贸易特别管理措施(负面清单)》。

(2)"禁存规则"对海南服务业的监管能力提出了新挑战,应加强海南对跨境服务贸易的监管能力建设。2020年3月1日起实施的《海南经济特区外国企业从事服务贸易经营活动登记管理暂行规定》对外国企业在海南设立没有法人资格的机构从事服务贸易经营提供了管理依据,但尚未为没有"当地存在"的跨境服务贸易提供者提供管理依据。在这方面,还需进一步探索管理思路和办法。可以借鉴我国已经在外国投资领域对外国投资者采取的投资促进和投资便利化措施,在跨境服务贸易中引入信用承诺、备案制等监管手段,降低外国服务提供者的合规负担。

(3)海南还可以加强服务跨境提供的国际监管合作,通过谈判达成相互认证协议,允许符合相关资质要求的外国服务提供者通过跨境方式为消费者提供服务,与缔约方就特定服务的跨境提供及数据跨境流动建立适当的信任机制等。

3. 建立海南省统一四种服务提供模式的负面清单

海南可在出台国内首张跨境服务贸易负面清单的基础上,对标《全面与进步跨太平洋伙伴关系协定》最高标准减让承诺动态调整清单,进一步将服务贸易四种业态的"不符措施"合并为一张清单。中国在《区域全面经济伙伴关系协定》中的服务贸易开放承诺将于协定生效后6年内转化为负面清单。在《区域全面经济伙伴关系协定》中,日本、韩国、澳大利亚、新加坡、文莱、马来西亚6个国家的服务贸易和投资统一为一张负面清单,印度尼西亚是为服务业和非服务业投资分别制定负面清单。《全面与进步跨太平洋伙伴关系协定》则是全面采用负面清单模式,要求各缔约方除了"不符措施"中保留自由裁量权的部门和政策外,市场向《全面与进步跨太平洋伙伴关系协定》其他缔约方服务提供者完全开放,在负面清单以外的所有跨境服务,都须符合国民待遇、最惠国待遇和市场准入。

《海南自由贸易港跨境服务贸易特别管理措施(负面清单)(2021年版)》是中国首张跨境服务贸易负面清单。2020年自贸港版外商投资准入负面清单在全国版和自贸区版的基础上进一步压缩(当前为27条),这两张清单包含了服务贸易的跨境交付、跨境消费、自然人移动和商业存在四类形态。如果能对标《全面与进步跨太平洋伙伴关系协定》《美国-墨西哥-加拿大协定》《区域全面经济伙伴关系协定》中服务业开放程度较大的日本、韩国等国,在医疗、金融、电信等个别领域进一步给予海南先行先试的政策,进一步压缩负面清单的长度,将两张负面清单合并,将实现全国首张全面的服务贸易和投资合二为一的负面清单。此举可以为中国在6年内按《区域全面经济伙伴关系协定》的承诺将服务贸易开放正面清单转化为负面清单提供压力测试，也能为开展《全面与进步跨太平洋伙伴关系协定》的服务贸易投资负面清单谈判提供压力测试，预计这也将成为国内服务领域开放制度集成创新的重要案例。

4. 按《区域全面经济伙伴关系协定》和《全面与进步跨太平洋伙伴关系协定》的要求在海南加强行政许可的透明度和程序的简化与合理，优化服务贸易营商环境

未来支持海南推行"一枚印章管审批"等制度，建议结合《区域全面经济伙伴关系协定》和《全面与进步跨太平洋伙伴关系协定》关于国内规制的要求，提高服务许可的透明度和批准效率。

5. 对接国际化产业标准，探索实行直接资格认证

《全面与进步跨太平洋伙伴关系协定》第 10.9 条规定了承认条款，附件10-A（专业服务）鼓励各缔约方进行专业资格的互认安排，通过缔约方之间签署协定或安排的方式互相承认服务提供者的教育和工作经验、许可证或职业资格。

《全面与进步跨太平洋伙伴关系协定》鼓励指定的监管机构与其对应机构合作，相互承认教育、经验和资质，通过协调或相互承认协议获得在另一方管辖区内的许可证或证书。我国目前的职业资格和标准体系与《全面与进步跨太平洋伙伴关系协定》缔约方存在较大差距。

海南服务贸易要逐步打造高端服务，提升新型国际贸易服务、高端金融服务、高端航运服务及科技服务能力，加快发展离岸贸易、数字贸易和高端服务贸易，提高对国际航线、货物资源的集聚和配置能力等，需要进一步减少受限制的服务部门数量并降低市场准入限制门槛，在试点基础上扩大所涉及的行业，增加资格认证的程序，进一步推动行业标准和资格认证的国际化。这样一方面有利于吸引国际高端人才；另一方面也有利于进一步扩大服务业开放，推动服务贸易提质增效。

（二）根据《全面与进步跨太平洋伙伴关系协定》和《区域全面经济伙伴关系协定》对海南扩大电信服务开放的建议

1. 关于电信公司的中方控股比例要求

《全面与进步跨太平洋伙伴关系协定》第 10.5 条（市场准入）规定，任何缔约方不得在其一地区或在其全部领土内"限制或要求服务提供者通过特定类型法律实体或合营企业提供服务"。

根据国家发展和改革委员会、商务部发布的《外商投资准入特别管理措施（负

面清单)(2020 年版)》规定，"电信公司：限于中国入世承诺开放的电信业务，增值电信业务的外资股比不超过 50%(电子商务、国内多方通信、存储转发类、呼叫中心除外)，基础电信业务须由中方控股"。在电信行业外资的市场准入方面仍有严格的股权比例限制，外商企业分支机构、代表处等模式被禁止从事电信服务。我国关于外资准入的负面清单、《外商投资电信企业管理规定》(2022 年修订)第六条和《中华人民共和国电信条例》(2016 年修订)第 10 条仍维持了市场准入限制。

关于电信服务的开放建议如下。

通过应用大数据、云计算、物联网、区块链等技术，实施智慧监管、精准监管，提升监管效能，更好地推动服务早期安排政策有效实施，通过科技赋能实现低干预、高效能的精准监管。为此，建议进一步扩大增值电信和云服务。在允许实体注册地以及服务设施均在海南自由贸易港内的企业面向自由贸易港全域及面向国际开展互联网数据中心、内容分发网络等业务的基础上，探索允许其面向内地提供相应服务。

2. 关于电信服务的转售与基础电信经营许可绑定要求

根据 2020 年 10 月 15 日印发的《工业和信息化部关于加强外商投资电信企业事中事后监管的通知》，不再核发《外商投资经营电信业务审定意见书》，相应外资审查工作纳入电信业务经营许可审批环节。但该通知明确，对于外资股比限制等准入政策和要求，仍按照《外商投资电信企业管理规定》《中华人民共和国电信条例》《外商投资准入特别管理措施(负面清单)》等相关规定执行。根据《外商投资电信企业管理规定》第五条，经营全国的或者跨省、自治区、直辖市范围的基础电信业务的，其注册资本最低限额为 10 亿元人民币；经营增值电信业务的，其注册资本最低限额为 1000 万元人民币。这些资金要求对外资或中资企业相同，所以并未违反国民待遇。但如果缔约方电信服务提供者想通过转售形式租用其他运营商的基础设施，则需获得提供基础电信服务的牌照。

因为获得基础电信营运牌照需巨额注册资金，使得通过转售形式的实际作用落空，对外国电信提供者可能造成准入不准营的困境，从而外国电信服务提供者实际上难以真正进入我国市场提供服务。因此，我国关于电信服务转售的规定与基础电信业务许可严格绑定，限制了转售服务的发展。

建议在海南先行先试，对于提供转售的服务商，取消按基础电信服务要求的高额资本金要求。

(三)就商业人员临时进入对海南的建议

我国目前可以在国内的自由贸易试验区对外籍人才实施更加开放便利的政策

措施，如建立外国人在自贸区内的工作许可制度和人才签证制度，其在境外的从业经历可视为境内从业经历，允许境外人士申请参加我国相关职业资格考试等。在取得成功经验后向更多地区进行复制和推广等。对这些经验，建议海南参考吸收。

海南已经开始拓展外国人免签入境事由范围及渠道，开展国际人才服务管理改革试点。出台《海南自由贸易港高层次人才分类标准(2020)》及认定办法，发布境外人才执业管理办法，截止到 2022 年 1 月，海南已经对境外人员开放职业资格考试 38 项，单项认可境外职业资格 219 项。

在具体实践中，许多企业对引进外籍人才的流程不了解，企业现实工作中存在诸多堵点。建议有关部门进行协调，打通堵点，编发申请指南，协助企业合规管理外籍人才。

(四)对标《全面与进步跨太平洋伙伴关系协定》投资规则对海南的具体建议

我国目前的外商投资管理体制已经基本符合当前国际投资协定的发展趋势，但在投资保护范围、负面清单、业绩要求等方面仍与《全面与进步跨太平洋伙伴关系协定》高水平规则存在一定差距。对标《全面与进步跨太平洋伙伴关系协定》规则，海南不仅需要更大幅度提高投资自由化和保护水平，逐步实现规则层面的接轨，更要注重建立有效的规则执行机制，为外资提供公平竞争的营商环境。具体建议如下。

1. 扩大投资的定义，做好内外衔接

"投资"定义直接决定投资协定的适用范围。我国《中华人民共和国外商投资法》采取了非穷尽式列举加兜底条款的混合式投资定义，但存在列举范围过于狭窄、未借助"具有投资特征"这一标准适当限制间接投资范围等不足。

建议海南制定的外资管理地方性法规的外资定义条款保护在海南省内的间接投资活动，同时鉴于此类资产与直接投资之间存在明显的目的与性质差异，且涉及金融市场安全稳定，有必要从平衡投资者保护和国内公共利益的角度作进一步考虑，建议参考《全面与进步跨太平洋伙伴关系协定》模式，借助"具有投资特征"这一标准予以适当限制。

2. 进一步压缩和改进负面清单

《全面与进步跨太平洋伙伴关系协定》第 9 章投资规定了针对四项核心义务(国民待遇、最惠国待遇、业绩要求、高管和董事会成员)的不符措施，还规定了不符措施的行政级别、冻结条款及争端磋商机制，并设立附件1现有不符措施保留清单（棘轮承诺）和附件 2 未来不符措施保留清单（成员国具有完全自由裁量权），对缔约国各自的敏感部门予以具体列举。除列入两附件的不符措施之外，缔约国的国内市场应对外资完全给予国民待遇或者不实施市场准入限制。附件 1、附件 2 详细列举了各项不符措施所涉部门、义务类型、行政级别、法律依据及具体描述。

在我国，与不符措施对应的术语是"负面清单"。已颁布《外商投资准入特别管理措施（负面清单）》，2020 年版准入限制为 33 条；针对各自贸区颁布了《自由贸易试验区外商投资准入特别管理措施（负面清单）》，2020 年版准入限制为 30 条；2020 年 12 月 31 日，国家发展和改革委员会与商务部又发布了《海南自由贸易港外商投资准入特别管理措施（负面清单）（2020 年版）》，准入限制为 27 条。

负面清单采取棘轮机制，即原则上只能缩短，不能增加，但未区分现有不符和未来不符，未根据义务类型进行列表，且未披露措施细节，在透明度和确定性方面与《全面与进步跨太平洋伙伴关系协定》存在差距，需要改进。建议海南进一步缩短负面清单、提升可操作性和透明度的同时，应把改革重点放在提高规则执行力和降低制度性交易成本上，缩短"证照分离"改革后获得许可资质的审批周期，提升投资者的实际获得感。

3. 清理和取消各类业绩要求，提升外资营商环境

尽管《中华人民共和国外商投资法》在业绩要求方面与《全面与进步跨太平洋伙伴关系协定》存在较大差距，但值得注意的是，2020 年底完成谈判的《中欧全面投资协定》已就禁止业绩要求范围进行了很大的扩展。除 WTO 列举的禁止当地成分要求、贸易平衡要求外，还包括禁止技术转让要求、总部设置要求、研发要求、优先使用某些技术要求等。事实上，更加广泛地禁止业绩要求符合贸易投资自由化、便利化的国际趋势。

全面禁止各类业绩要求，能够为内外资营造更加公平的竞争环境。在提升产业竞争力的同时，清理和取消各类业绩要求有利于深化改革扩大开放。建议海南尽快清理现有法律法规中与《全面与进步跨太平洋伙伴关系协定》规则不一致的各类业绩要求，并拿出一个较快取消各类业绩要求的时间表。

值得注意的是，为保护合法公共福利和实现可持续发展目标而设置的业绩要求不违反《全面与进步跨太平洋伙伴关系协定》，但这些要求不得以任意或不合理的方式实施，且不能构成对国际贸易或投资变相限制。

4. 重视可持续发展，注重高质量引资

尽管《全面与进步跨太平洋伙伴关系协定》第 9 章（投资）在可持续发展方

面的条款仅仅停留在软性义务层面，但考虑到《全面与进步跨太平洋伙伴关系协定》另有单独的环境、劳工、发展章节且其效力优于投资章，加之当前国际社会在该议题上的重视程度，可持续发展议题尤须引起我国重视。需要注意的是，除《全面与进步跨太平洋伙伴关系协定》之外，《中欧全面投资协定》也设立了专门的可持续发展章节。建议海南在引进外资方面应接轨新一代国际经贸规则，进一步突出可持续发展导向，强调不以牺牲国内环境和劳工标准为引资代价，同时考虑加大自贸协定相关条款的引入力度，并在条款结构及表述设计上逐步形成相对统一的缔约范本。

5. 参照《区域全面经济伙伴关系协定》第 9 章（投资），落实投资相关最佳努力条款

(1)尽可能保护已提供的任何保密信息不受任何可能损害投资者或涵盖投资的合法商业利益或竞争地位的披露的影响。

(2)鼓励缔约方间的投资，鼓励在两个或多个缔约方之间组织联合投资促进活动。

(3)鼓励促进商业配对活动,鼓励举办与投资机会以及投资法律法规和政策相关的各种介绍会与研讨会，鼓励就与投资促进有关的其他共同关心的问题进行信息交流。

(4)在遵守法律法规前提下，努力为各种形式的投资创造必要的环境，努力简化其投资申请及批准程序，设立或维持联络点、一站式投资中心、联络中心或其他实体，向投资者提供帮助和咨询服务，包括提供经营执照和许可方面的便利。

第四节　知 识 产 权

一、知识产权领域国际经贸新规则

(一)植物新品种与遗传资源

1. 植物新品种保护依据《全面与进步跨太平洋伙伴关系协定》第 18.7 条第 2 款，我国需要加入 UPOV1991

我国目前已加入 UPOV1978（International Union for the Protection of New Varieties of Plants 1978,《国际植物新品种保护公约 1978》），UPOV1991 保护水平比 UPOV1978 更高，较 UPOV1978 主要区别包括：①明确了"品种"的定义；②允许专门法和专利法"双重保护"；③扩大保护范围逐渐至所有植物种属；④延长品种权的保护期限；⑤收获材料与繁殖材料享受相同保护；⑥派生品种商

业开发需要品种权人授权;⑦农民特权属于非强制性例外;⑧临时性保护强制性规定等。

加入 UPOV1991 可能带来的机遇:UPOV1991 更好地融合了国际育种方面的协议,带给育种者更多的利益;扩大了品种权的保护范围,加大了对原始育种人的保护力度,补偿了原始育种人承担的风险和投资,同时也保证了其他育种人的派生育种自由;能够促进企业创新,提高育种产业能力;保护期限的延长,有利于品种权市场化发展;吸引外国在我国申请品种权保护,引进新的品种资源,扩大基因库,提升国外投资者的信心;消除国际贸易壁垒,加快国际技术转移,充分利用种质资源等。海南拥有国家南繁科研育种基地,正在建设全球热带农业中心和全球动植物种质资源引进中转基地。与 UPOV1991 新品种保护水平接轨,有利于相关产业发展。

加入 UPOV1991 面临的挑战:UPOV1991 弱化了农民权利,增加了农民成本,不适用于我国以一家一户为主的农业生产模式;派生品种制度限制了原始创新的技术扩散和溢出效应,不利于我国育种科技发展,面对发达国家的强劲竞争,有可能会使我国短时间内陷入被动;保护期限的延长加大了我国利用国外品种的成本;其严格的要求也对我国执法监管体系提出了严峻的考验。

2. 与遗传资源有关的传统知识的保护

根据《全面与进步跨太平洋伙伴关系协定》第 18.16 条,"缔约方认识到,知识产权制度和遗传资源相关传统知识两者之间的相关性,在该传统知识与知识产权制度相关联的情况下","缔约方应通过各自负责知识产权的机构或其他相关机构努力开展合作,以增进对与遗传资源相关的传统知识问题和遗传资源的理解。"(《区域全面经济伙伴关系协定》第十一章第五十三条的鼓励类条款内容与第 18.16 条基本一致)。《中华人民共和国专利法》第五条第二款规定:对违反法律、行政法规的规定获取或者利用遗传资源,并依赖该遗传资源完成的发明创造,不授予专利权。第二十六条第 5 款规定:依赖遗传资源完成的发明创造,申请人应当在专利申请文件中说明该遗传资源的直接来源和原始来源;申请人无法说明原始来源的,应当陈述理由。上述规定体现了对遗传资源的保护。但总体而言,我国相关法律仍存在体系不健全、缺乏整体性和系统性的缺陷。

与遗传资源有关的传统知识在农业、医药方面具有突出作用。"热带特色高效农业"是海南省"3+1+1"[①]产业之一,而种业又是重点领域,此外,2020 年

---

① 根据《海南自由贸易港投资新政三年行动方案(2021—2023 年)》,海南自由贸易港在发展旅游业、现代服务业和高新技术产业三大主导产业的基础上,将热带特色高效农业和制造业纳入鼓励发展的范畴,从而构建"3+1+1"现代化产业体系。

11 月《中共海南省委 海南省人民政府关于促进中医药在海南自由贸易港传承创新发展的实施意见》发布，明确了"争取中医药事业在海南自由贸易港建设中实现早期收获""开放创新发展中医药服务贸易"。我国有大量与遗传资源有关的传统知识，对上述资源保护有利于海南相关产业的发展。

（二）商标与地理标志

1. 气味申请商标注册

根据《全面与进步跨太平洋伙伴关系协定》第 18.18 条，"任何缔约方不得作为注册的条件而要求标记可被视觉感知，也不得仅以该标记由声音组成为由拒绝注册一商标。此外，每一缔约方应尽最大努力注册气味商标"。根据《中华人民共和国商标法》第八条，任何能够将自然人、法人或者其他组织的商品与他人的商品区别开的标志，包括文字、图形、字母、数字、三维标志、颜色组合和声音等，以及上述要素的组合，均可以作为商标申请注册。我国立法区别在于气味尚未纳入可注册商标的范畴。注册气味商标有助于保护有独特气味的产品。

但《全面与进步跨太平洋伙伴关系协定》中注册气味商标并非强制性条款，并且考虑到注册气味商标存在一定实施难度，美国等国家虽已引入气味商标立法数十年，但实际成功注册数量较少。因此建议海南可先行探索引进对气味商标的认定技术。

2. 驰名商标跨类保护

根据《全面与进步跨太平洋伙伴关系协定》第 18.22 条第 2 款，"《巴黎公约》第 6 条之二在细节上作必要修改后应适用于与以一驰名商标标识的货物或服务不相同或不相似的货物或服务，无论是否注册，只要对这些货物或服务使用该商标会表明这些货物或服务与商标所有权人之间存在联系，且该商标所有权人的利益有可能因此种使用而受到损害"。《中华人民共和国商标法》第十三条规定，"就不相同或者不相类似商品申请注册的商标是复制、摹仿或者翻译他人已经在中国注册的驰名商标，误导公众，致使该驰名商标注册人的利益可能受到损害的，不予注册并禁止使用"。我国立法与《全面与进步跨太平洋伙伴关系协定》第 18.22 条第 2 款的区别在于，实施驰名商标跨类保护保护首先必须满足注册的条件，保护程度低于《全面与进步跨太平洋伙伴关系协定》要求。

商标未注册原因可能是外国商标权人在中国大陆注册时忽视对应中文翻译的注册，如"苏富比""拉菲"等，从而导致了对驰名商标的侵权行为（王太平，2021）。对海南而言，加强对未注册驰名商标的保护，有利于吸引拥有驰名商标的跨国公司集聚。建议海南充分运用立法权，制定对未注册的驰名商标提供跨类保护的政策。

3. 地理标志保护和认定的行政程序

依据《全面与进步跨太平洋伙伴关系协定》第 18.31 条，"如一缔约方规定保护或承认地理标志的行政程序，无论通过商标还是通过专门制度，则对于该保护的申请或承认的请求，该缔约方应：(a)接受申请或请求而不要求一缔约方代表其国民介入"。

如果要与《全面与进步跨太平洋伙伴关系协定》标准一致，我国立法方面需要：①修改《地理标志产品保护办法》第九条，取消"地理标志产品保护申请，由提出产地范围的县级以上人民政府或者其指定的具有代表性的社会团体、保护申请机构(以下简称申请人)提出"的规定；②修改《国外地理标志产品保护办法》第七条、第十条，对国外地理标志产品在我国的保护，取消"经原产国或地区地理标志主管部门推荐"的要求；③同理修改《农产品地理标志管理办法》第八条、《集体商标、证明商标注册和管理办法》第六条的相应规定。修改上述立法后将会降低我国地理标志保护和认定的门槛，但对海南的具体影响还需进一步研究。

4. 地理标志的保护或承认异议和撤销的事由

根据《全面与进步跨太平洋伙伴关系协定》第 18.32 条第 1 款、第 2 款、第 5 款。

(1)如一缔约方通过第 18.31 条(保护或承认地理标志的行政程序)中所指的程序对地理标志进行保护或承认，则该缔约方应规定允许利害关系人对一地理标志的保护或承认提出异议的程序，并规定至少根据下列理由允许拒绝或不给予任何此种保护或承认的程序：(a)该地理标志有可能与属在该缔约方领土内待审查的在先善意申请或注册的客体的一商标产生混淆；(b)该地理标志有可能与依照该缔约方法律已获权利的在先商标产生混淆；以及(c)该地理标志是以通用语言中的惯用名称表示的该缔约方领土内相关货物的通用名称。

(2)如一缔约方通过第 18.31 条(保护或承认地理标志的行政程序)中所指的程序已经对地理标志进行保护或承认，则该缔约方应规定允许利害关系人寻求注销该地理标志的程序，并规定至少根据第 1 款中所列理由允许注销该保护或承认的程序。一缔约方可规定，第 1 款中所列理由应于在其领土内提交保护或承认地理标志的请求时即适用。

(3)如一缔约方规定通过第 18.31 条(保护或承认地理标志的行政程序)中所指的程序对一地理标志的意译或字译提供对该地理标志的保护或承认，则该缔约方应对该意译或字译提供与第 1 款和第 2 款中所指的等同的程序和相同的理由。

如果要与《全面与进步跨太平洋伙伴关系协定》标准一致，我国立法方面需要作以下调整：《地理标志产品保护规定》将《全面与进步跨太平洋伙伴关系协定》第 18.32 条第 1 款中的三项事由作为提出异议和拒绝保护或认可地理标志的事由；修改《地理标志产品保护规定》第二条，明确对于地理标志的保护包括对其翻译或音译的保护；修改《地理标志产品保护规定》第二十三条，将《全面与进步跨太平洋伙伴关系协定》第 18.32 条第 1 款中的三项事由增加为撤销的事由；修改《国外地理标志产品保护办法》《农产品地理标志管理办法》的相应规定；修改《集体商标、证明商标注册和管理办法》，对以地理标志注册的集体商标的翻译或音译提供保护。上述修改会加大地理标志产品保护力度，但短期内对海南造成的影响可能不大，建议进行进一步研究。

（三）专利与研发数据保护

1. 专利申请新颖性宽限期

《全面与进步跨太平洋伙伴关系协定》第 18.38 条规定，"每一缔约方在确定一发明是否具有新颖性或是否包含创造性步骤时，至少应忽略公开披露中所含信息，如此种公开披露：(a) 由专利申请人所为或自专利申请人处直接或间接获得信息的人所为；及 (b) 发生在该缔约方领土内提交申请之日前 12 个月内"。

宽松的宽限期制度一方面可以为申请人提供较灵活自由的创新环境，有利于学术交流，同时降低发明信息被泄露或窃取带来的损失，但另一方面也会导致公众即使通过正常途径得知发明创造的内容，也无法确切知道可予以应用的范围，从而提高了专利制度对第三人法律的不确定性，无形中要求第三人提高义务，造成了社会资源浪费。对海南而言，制定与《全面与进步跨太平洋伙伴关系协定》接轨的宽限期规定可能不会立即产生显著积极意义，建议还需进一步研究。

2. 专利的撤销

根据《全面与进步跨太平洋伙伴关系协定》第 18.39 条第 1 款，"每一缔约方应规定，只能以可证明拒绝授予专利属合理的理由，方可注销、撤销专利或宣告专利无效。一缔约方也可规定，欺诈、虚假陈述或不公正行为可以成为注销、撤销专利或宣告专利无效或不能执行的根据"。第 2 款规定，"尽管有第 1 款，但是一缔约方可规定专利可以撤销，只要以与《巴黎公约》第 5A 条和《TRIPS 协定》相一致的方式进行"。

我国《中华人民共和国专利法》第四十五条，自国务院专利行政部门公告授予专利权之日起,任何单位或者个人认为该专利权的授予不符合本法有关规定的,可以请求国务院专利行政部门宣告该专利权无效。

《全面与进步跨太平洋伙伴关系协定》中与中国《中华人民共和国专利法》第

四十五条相关的制度是禁反悔原则，该原则是指专利申请人、专利权人在专利授权或者无效宣告程序中，专利申请人、专利权人为了获得授权或维持专利权有效性而放弃或限制部分权利要求、说明书中的技术方案后，不得再行主张已经放弃或限制的内容。

我国专利法律体系没有规定禁反悔原则，而《最高人民法院关于审理侵犯专利权纠纷案件应用法律若干问题的解释》第六条规定：专利申请人、专利权人在专利授权或者无效宣告程序中，通过对权利要求、说明书的修改或者意见陈述而放弃的技术方案，权利人在侵犯专利权纠纷案件中又将其纳入专利权保护范围的，人民法院不予支持。

《全面与进步跨太平洋伙伴关系协定》中的关于欺诈等导致专利无效规则并非强制性规则，中国法虽未明确规定欺诈、虚假陈述或不公正行为可以导致专利无效，但是《中华人民共和国专利法》中有诚实信用原则，今后也许会有修法空间，可以进一步明确相关规定，提高专利质量。

3. 专利相关信息的公布

根据《全面与进步跨太平洋伙伴关系协定》第 18.45 条，"对于已公布的专利申请和已授予的专利，依照该缔约方处理此类申请和专利的要求，每一缔约方应使公众可获得至少下列信息，只要此类信息由主管机关拥有且在本协定对该缔约方生效之日或之后产生：(a)检索和审查结果，包括与相关现有技术的检索有关的细节或信息；(b)如适当，来自申请人的非保密通信；以及(c)申请人和相关第三方提交的与专利和非专利相关的文献引文"。我国《中华人民共和国专利法》第二十一条第二款规定：国务院专利行政部门应当加强专利信息公共服务体系建设，完整、准确、及时发布专利信息，提供专利基础数据，定期出版专利公报，促进专利信息传播与利用。与我国规定相比，《全面与进步跨太平洋伙伴关系协定》中的相关条款规定了更为详细具体的公开信息，有利于技术信息的传播，防止重复研发和申请，但为专利审查部门设立了更繁重的任务。我国专利信息公开是由国家知识产权局发布，海南自身不具有改革空间，但是经过研究之后可以向有关部门提出建议。

4. 对农用化学品未披露试验数据或其他数据的保护

《全面与进步跨太平洋伙伴关系协定》第 18.47 条第 1～3 款对农用化学品未披露试验数据或其他数据的保护作出了规定。

在我国相关立法方面，《中华人民共和国农药管理条例》《农药登记管理办法》《中华人民共和国兽药管理条例》中规定，未披露试验数据和其他数据的保护期为 6 年，保护水平(期限)低于《全面与进步跨太平洋伙伴关系协定》10 年的规定。提高农化产品数据保护有利于我国与《全面与进步跨太平洋伙伴关系协定》标准接轨，利于农化企业的利益，吸引农化企业集聚。但考虑到海南国家生态文明试验区的定位，海南需要评估农化行业在海南发展的意义。此外，我国涉及农化产品数据保护的立法众多，修改这些法律也存在挑战。

5. 药品监管审查例外

《全面与进步跨太平洋伙伴关系协定》第18.49条规定，"在不损害第18.40条（例外）①的范围并与该条相一致的情况下，每一缔约方应对药品采取或维持监管审查例外"。药品监管审查例外的典型是美国的"Bolar例外"条款，该条款基本含义是，为了对药品和医疗器械进行临床试验和申报注册的目的而实施相关专利的行为，不视为侵犯专利权，给予侵权豁免。我国体现在《中华人民共和国专利法》第七十五条第五款，"为提供行政审批所需的信息，制造、使用、进口专利药品或者专利医疗器械的，以及专门为其制造、进口专利药品或者专利医疗器械的"不视为侵犯专利权。然而我国药品监管审查例外与美国、德国、日本等国家的规定相比存在条款的适用问题以及配套制度的缺失等问题（陈家宏和杨思佳，2018）。

对海南而言，完善监管审查例外条款为仿制药发展将提供机遇，当然，药品专利权人就该项专利药品独占市场期间所应享有的利益将相应受损。考虑到目前我国是仿制药大国，上市的新药绝大多数为仿制药产品（江惠等，2020），完善监管审查例外条款给我国医药行业带来的机遇大于挑战。美国、欧洲、日本"Bolar例外"条款有多年的司法实践，他们的经验值得海南借鉴。

6. 药品专利链接

《全面与进步跨太平洋伙伴关系协定》第18.53条涉及"药品专利链接"制度，即将仿制药上市批准与创新药品专利期满相"链接"，仿制药申请注册应考虑一上市药品的专利情况，避免潜在侵权，从而保护专利持有人的利益。《全面与进步跨太平洋伙伴关系协定》提供两种保护模式，包括第18.53条第1款的提供信息的通知义务和第2款的行政审批制度。其中，第2款对专利药品相关信息的保护和药品的数据保护类似，审查机构应当对提交的与专利相关的信息进行审查，不得对第三人利用先前专利持有人提交的与专利相关的信息申请销售许可的行为作出批准，相较于第1款更加严格。

---

① 《全面与进步跨太平洋伙伴关系协定》第18.40条规定，一缔约方可对专利所授予的专有权规定有限例外，只要此类例外不会与专利的正常利用发生不合理抵触，也不会不合理损害专利所有人的合法利益，同时考虑第三方的合法利益。

在我国立法方面，2020 年《药品专利纠纷早期解决机制实施办法(试行)(征求意见稿)》探索了建立药品专利链接制度。2020 年，《中华人民共和国专利法》明确了药品上市审批过程中专利纠纷的司法救济问题，为药品专利纠纷早期解决机制提供了必要的法律依据。现阶段我国专利链接制度的整体框架已经形成，但未来仍需要细化各项具体规定。

总体而言，药品专利链接制度倾向于保障专利权人的利益，保护创新，这也是我国药品专利制度的实践方向。建议海南在制定专利链接相关规定时考虑与药品监管审查例外是否冲突。

7. 药品保护期变更

《全面与进步跨太平洋伙伴关系协定》第18.54条是专利保护期的程序性规定，规定了某一产品在缔约国受专利保护，又同时可以受第18.47条(对农用化学品未披露试验数据或其他数据的保护)、第18.50条(保护未披露试验数据或其他数据)、第 18.51 条(生物制剂)对于数据保护的规定时，如果专利保护期限先行届满，则缔约方不得再按照第18.47条、第 18.50 条或第 18.51 条的保护期限进行保护。第18.54 条防止了受专利保护的产品在届满时又以《全面与进步跨太平洋伙伴关系协定》的数据保护条款为由请求延长保护，避免了专利产品以数据的形式进行重复保护，防止了专利产品保护期的不正当延长。

我国《药品试验数据保护实施办法(暂行)(征求意见稿)》没有类似规定，建议海南在完善未披露试验和其他数据保护制度的基础上，可先行试点该政策。其实施意义在于防止专利过度保护，避免社会资源浪费。

(四)版权与相关权利

1. 复制权

《全面与进步跨太平洋伙伴关系协定》第18.58 条规定，"每一缔约方应给予作者、表演者和录音制品制作者授权或禁止对其作品、表演和录音制品以任何方式或形式进行的所有复制的专有权，包括电子形式"。《中华人民共和国著作权法》第十条第五款规定"复制权，即以印刷、复印、拓印、录音、录像、翻录、翻拍、数字化等方式将作品制作一份或者多份的权利"。《全面与进步跨太平洋伙伴关系协定》第 18.58 条中"复制权"的复制形式更为宽泛，如果加入《全面与进步跨太平洋伙伴关系协定》，我们可能需要修改《中华人民共和国著作权法》第十条第五款。

复制权中的"临时复制"值得关注。临时复制是指，包括网页浏览器在内的软件在计算机中运行时，软件本身和通过软件进行传输、存储器中缓存、驻留的情形。由于内存的物理特性与计算机架构限制，通过临时复制的复制件只短暂存储在内存中，若用户退出软件或关闭电源，则这些复制件会自动消失。发达国家中著作权侵权案例较多，故此他们多数赞同将临时复制纳入复制权中。发展中国家则恰恰相反，这些国家比较反对将临时复制纳入复制权。

《跨太平洋伙伴关系协定》协议文本中删除了美国《跨太平洋伙伴关系协定》提案[①]中的"永久或临时复制"的表述，《全面与进步跨太平洋伙伴关系协定》也保持一致，但《全面与进步跨太平洋伙伴关系协定》并未明确复制形式是否包含临时复制。美国、欧盟、加拿大等对临时复制持肯定态度。不过，即便承认临时复制是复制，也不会对我们构成实质挑战。因为合理使用或默示许可制度还有很大的适用空间，可以用来支持某些临时复制行为。因此，有必要研究未来如何在立法和司法中合理地解释临时复制行为的法律性质，如何界定限制与例外。

2. 作品固定

根据《全面与进步跨太平洋伙伴关系协定》第 18.58 条的脚注，"为进一步明确，缔约方理解，应由每一缔约方的法律规定，一般作品、表演或录音制品或任何特定类别的作品、表演和录音制品不受版权或相关权保护，除非作品、表演或录音制品已经以某种物质形式加以固定"。

《中华人民共和国著作权法》第三条规定，"本法所称的作品，是指文学、艺术和科学领域内具有独创性并能以一定形式表现的智力成果"。因此，保护的作品并未要求"已经固定"。如果将"固定"作为作品受保护的前提可能会将口述作品排除在保护范围之外。此外，即使是美国这样将"固定"作为作品受立法条例保护前提的国家，实质上仍然是将口述作品这类没有固定的作品用各州的普通法进行保护，联邦法并不进行统一的规定。因此，暂时不建议修改我国相关法规。

3. 表演者和录音制品作者的相关权

《全面与进步跨太平洋伙伴关系协定》第 18.62 条围绕表演者和录音制品制作者的相关权，从授予相关权的条件、表演者的专有权、录音制品制作者的专有权几个方面进行了细致规定。我国立法可借鉴相关规定。

第一，《全面与进步跨太平洋伙伴关系协定》为缔约国提供了同时出版标准以供参考，即"如表演或录音制品在其最初发表后 30 天内在一缔约方领土内发表，则该表演或录音制品应被视为在该缔约方领土内首次发表"。我国可以借鉴

---

① 美国《跨太平洋伙伴关系协定》提案中的相关表述可以参见 Flynn 等（2012）。

《全面与进步跨太平洋伙伴关系协定》的同时出版标准，完善现行立法中对表演者和录音制品作者获得保护资格的规定，与国际条约保持相同的保护水平，在国际版权和相关权领域更好地保护相关权人，促进优秀文化的传播和交流。第二，由于我国对《世界知识产权组织表演和录音制品条约》（WIPO Performances and Phonograms Treaty，WPPT）第15条声明了保留，目前《中华人民共和国著作权法》没有给予表演者和录音制作者广播和向公众传播由其表演的录音制品获得报酬的权利。对比国外立法，很多国家都在国内法中肯定了获得报酬的权利。建议我国增加对相关权人的获酬权保护并建立表演者集体管理组织（《区域全面经济伙伴关系协定》第十一章第十三条的鼓励条款[①]）以保障其获酬权，取消对《世界知识产权组织表演和录音制品条约》第15条的保留。上述改进措施有利于保护表演者和录音制品者的权利，建议海南可以先行试点，这一方面有利于促进海南文化产业发展，另一方面可以为我国未来完善相关制度提供经验。

4.　推定有效

《全面与进步跨太平洋伙伴关系协定》第18.72第2款规定，"对于涉及一已经其主管机关实质性审查的注册商标的民事、行政或刑事执行程序的启动，每一缔约方应规定该商标被视为初步有效"。

《中华人民共和国刑法》中关于侵犯商标权犯罪的程序规定，均限于已注册的商标，而本款要求在启动相关执法程序时，将已实质性审查的商标推定为"注册商标"，因此，《中华人民共和国刑法》第二百一十三条至第二百一十五条需要修改。关于民事程序，需修改《中华人民共和国商标法》，新增已实质性审查的注册商标在程序中被视为初步有效的规定，《中华人民共和国专利法》同样需要新增类似推定有效的规定。

在一般情况下，发达国家对知识产权的保护力度更大，发展中国家的保护力度较弱。但是我国近年来申请的《专利合作条约》（Patent Cooperation Treaty，PCT）国际专利和马德里商标（即根据《商标国际注册马德里协定》注册的商标）总数位居世界前列，因此，我国企业可能是知识产权的权利人，而非被控侵权人。此外，即使我国专利或商标最终在缔约国被认定无效，在被认定无效之前《全面与进步跨太平洋伙伴关系协定》依旧呈现未倾向保护专利权人或者商标权人的特点。所以修改上述法律可能使我国企业处于得利者的位置。海南目前申请PCT国际专利

---

① 《区域全面经济伙伴关系协定》第十一章第十三条第一款规定，每一缔约方应当致力于促进建立适当的组织对著作权及相关权进行集体管理。每一缔约方应当鼓励此类组织以公平、高效、公开透明和对其成员负责的方式运作，包括公开和透明地记录许可使用费的收取和分配。《区域全面经济伙伴关系协定》第十一章第十三条第二款规定，缔约方认识到促进各自集体管理组织间合作的重要性，以相互确保缔约方之间更容易地许可内容，并鼓励相互转让使用另一缔约方国民的作品或其他受著作权保护的主体的许可使用费。

和马德里商标的数量较少，短期影响有限，但海南要发展高新技术产业，推定有效有利于未来强化高新技术产业保护。对标《全面与进步跨太平洋伙伴关系协定》第 18.72 条第 2 款的规定，涉及《中华人民共和国刑法》的修改，难度较大。但海南可以在自主立法权限的范围内制定相关政策并先行试点，为我国未来政策出台提供借鉴经验。

二、政策建议

（一）加强植物新品种保护

依据《全面与进步跨太平洋伙伴关系协定》第 18.7 条第 2 款，建议海南加强植物新品种保护：第一，充分利用自主立法权，对标 UPOV1991，制定"海南自由贸易港知识产权保护条例""海南自由贸易港种业管理若干规定""海南自由贸易港植物新品种保护管理办法"，争取在内地发生涉及海南植物新品种侵权行为时，由海南自由贸易港知识产权法院专属管辖。第二，加强技术准备，完善植物新品种保护技术支撑体系。目前我国采取的植物新品种的审查方式以书面考察为主，但书面审查需要植物新品种已知数据库作为平台。因此建议加快植物新品种已知数据库的建设。第三，借鉴《生物多样性公约》原则，落实农民对遗传资源利用的惠益分享权，抵消"农民特权"弱化对我国农民的负面影响。第四，培育种业企业集团，提高种业企业自主创新能力。

（二）加强专利审查中对遗传资源有关的传统知识保护

依据《全面与进步跨太平洋伙伴关系协定》第 18.16 条第 3 款，建议海南制定专利审查中对遗传资源有关的传统知识保护的政策，具体包括：第一，在确定现有技术时，可考虑遗传资源相关传统知识的可公开获得的相关文献信息；第二，给予第三方机会，允许其以书面形式向主管审查机关引用可能影响专利性的现有技术披露，包括引用涉及与遗传资源相关的传统知识的现有技术披露；第三，如果适用且适当，使用包含遗传资源相关传统知识的数据库或数字图书馆；第四，开展国际合作，培训审查涉及遗传资源相关传统知识的专利申请的专利审查员。

（三）探索引进对气味商标的认定技术

根据《全面与进步跨太平洋伙伴关系协定》第 18.18 条，建议海南探索引进气味商标的认定技术。目前，美国、澳大利亚、欧盟以及中国香港和中国台湾地区有对气味商标注册申请的规定，并且已经有成功注册的气味商标。我国立法和实践过程可以借鉴相关经验。但是考虑到气味商标申请注册和保护仍存在诸多难点，如权利范围的确定、气味的保存、气味相同近似的判定等（池欣欣，2018）。

海南需进一步研究探索建立适合我国国情的气味商标的认定技术，至少包括气味商标实质性审查标准的确立；气味商标程序性审查标准的确立以及气味商标配套制度的构建等。

（四）制定未注册驰名商标的跨类保护政策

依据《全面与进步跨太平洋伙伴关系协定》第 18.22 条第 2 款，建议海南制定未注册驰名商标的跨类保护政策。我国《中华人民共和国商标法》第十三条规定"就不相同或者不相类似商品申请注册的商标是复制、摹仿或者翻译他人已经在中国注册的驰名商标，误导公众，致使该驰名商标注册人的利益可能受到损害的，不予注册并禁止使用"，也就是说，对驰名商标的跨类保护需要满足注册前提，对海南而言实现未注册驰名商标的跨类保护的建议有两个思路：第一，利用自主立法权，增加对未注册的驰名商标实现跨类保护的规定；第二，在不违反驰名商标实现跨类保护需要注册条件的前提下，要求驰名商标所有人提起保护请求时进行注册申请。

（五）完善专利链接制度

国家药品监督管理局和国家知识产权局组织制定的《药品专利纠纷早期解决机制实施办法（试行）》已于 2021 年 7 月 4 日施行。依据《全面与进步跨太平洋伙伴关系协定》第 18.53 条，建议海南在研究我国《药品专利纠纷早期解决机制实施办法（试行）》制度的基础上制定更加具体的专利链接规定，尽量满足《全面与进步跨太平洋伙伴关系协定》第 18.53 条的要求，配合推动药品专利链接相关制度在实践中的不断补充和细化；配合相关部门指导药企有效运用药品专利链接制度。与此同时，制定专利链接相关规定时应考虑与《全面与进步跨太平洋伙伴关系协定》第 18.49 条，以及"Bolar 例外"这样的药品监管审查例外是否冲突。

（六）制定药品保护期变更政策

依据《全面与进步跨太平洋伙伴关系协定》第 18.54 条，建议海南在研究我国《中华人民共和国药品管理法》《中华人民共和国药品管理法实施条例》《药品注册管理办法》《药品试验数据保护实施办法（暂行）（征求意见稿）》的基础上制定并试点药品保护期变更政策，该政策的核心要义是如果专利保护期限先行届满，则缔约方不得再改变其对应的未披露的试验和其他数据的保护期限，从而避免专利产品以数据的形式进行重复保护，防止专利产品保护期的不正当延长。

（七）加强表演者和录音制品制作者的相关权的保护

依据《全面与进步跨太平洋伙伴关系协定》第 18.62 条以及《区域全面经济

伙伴关系协定》第十一章第十三条，建议海南研究制定以下条款以加强表演者和录音制品制作者的相关权的保护。

第一，如果表演或录音制品在其首次出版后 30 天内在海南出版，则该表演或录音制品被视为在海南首次出版。第二，建立适当的组织对著作权及相关权利进行集体管理。要求此类组织以公平、高效、公开透明和对其成员负责的方式运作，包括公开和透明地记录许可使用费的收取与分配。第三，促进集体管理组织合作，鼓励相互转让使用另一缔约方作品的许可使用费。

(八)制定推定有效政策

依据《全面与进步跨太平洋伙伴关系协定》第 18.72 条，建议海南在结合我国《中华人民共和国商标法》《中华人民共和国专利法》《中华人民共和国民事诉讼法》《中华人民共和国行政诉讼法》的基础上，研究制定以下政策。

第一，对于涉及一已经其主管机关实质性审查的注册商标的民事、行政或刑事执行程序的启动，规定该商标被视为初步有效。第二，对于涉及一已经其主管机关实质性审查并已被授予专利权的专利的民事或行政执行程序的启动，规定专利中的每项权利要求均被视为初步满足我国适用要求的可专利性标准。

参 考 文 献

陈恒, 颜维琦. 2014-10-23. 制度创新带来红利. 光明日报, (13).

陈家宏, 杨思佳. 2018. 我国"Bolar 例外"条款困境与出路分析. 中国发明与专利, 15(10): 62-69.

成思危. 2014. 深化改革要靠制度创新驱动. 中国软科学, (1): 1-5.

池欣欣. 2018. 气味商标申请注册的要件和难点探析. 中华商标, (3): 49-53.

崔凡, 李淼, 吴嵩博. 2018. 论中国自由贸易港的战略意义与功能定位. 国际贸易, (4): 13-15.

董涛. 2020-06-24. 科学把握制度集成创新的方法和规律. 海南日报, (A6).

董涛, 郭强, 仲为国, 等. 2021. 制度集成创新的原理与应用: 来自海南自由贸易港的建设实践. 管理世界, 37(5): 5, 16-18, 60-70.

郭庆松. 2019. 机构改革的系统性整体性协同性考量. 中共中央党校(国家行政学院)学报, 23(1): 21-29.

海南日报评论员. 2020-09-04. 大力推进制度集成创新: 创一流营商环境系列评论③. 海南日报, (A3).

胡枚玲, 张军旗. 2019. 论 CPTPP 规制合作的新范式及中国应对. 国际贸易, (10): 35-41.

黄晓慧. 2020-06-11. 海南自贸港, 制度创新"试验田". 人民日报, (5).

江惠, 王丽洁, 郭晓迪. 2020. 中国化学仿制药全球注册申报的现状和趋势. 中国医药工业杂志, 51(12): 1594-1601.

刘允明. 2020-06-25. 制度集成创新: 内涵、特征及动力来源. 海南日报, (A5).

罗湖平. 2014-09-17. 增强改革系统性整体性协同性的四个着力点. 光明日报, (13).

孙来斌. 2016-01-15. 中国制度永葆活力之道. 人民日报, (7).

田原. 2020-06-18. 把握好制度集成创新的关键点. 经济日报, (11).

王丹. 2017. 全球自贸协定中的"监管一致性原则"与中国的因应. 河北法学, (5): 76-86.

王太平. 2021. 论我国未注册驰名商标的反淡化保护. 法学, (5): 132-145.

余淼杰. 2020. "大变局"与中国经济"双循环"发展新格局. 上海对外经贸大学学报, 27(6): 19-28.

张兴祥, 王艺明. 2020. "双循环"格局下的自贸试验区. 人民论坛, (27): 34-37.

周人杰. 2020-09-23. "放管服"改革助力开好顶风船. 人民日报, (5).

Bansal D. 2004. Foreign direct investment and performance requirements: new evidence from selected countries. Finance India, 18(2): 998.

Flynn S M, Baker B K, Kaminski M E, et al. 2012. U.S. proposal for an intellectual property chapter in the trans-pacific partnership agreement. The American University International Law Review, 28: 125.

Lipsey R G, Lancaster K. 1956. The general theory of second best. The Review of Economic Studies, 24(1): 11-32.

Peng D L, Fei X Y. 2017. China's free trade zones: regulatory innovation, legal assessment and economic implication. The Chinese Economy, 50(4): 238-248.

　　本章系子课题一"海南自由贸易港制度集成创新"的研究成果，课题主持人是对外经济贸易大学崔凡教授，课题组成员有洪晓东、林志刚、邓晓、王婧、武跃翔、苗翠芬、赵志浩。

本章执笔人：崔凡、洪晓东、苗翠芬、赵志浩。

第三章　海南自由贸易港制度集成创新

第一节　建立中国特色自由贸易港政策和制度
体系的必要性

一、习近平对自由贸易试验区、自由贸易港的系列指示

支持海南逐步探索、稳步推进中国特色自由贸易港建设，分步骤、分阶段建立自由贸易港政策和制度体系，是习近平总书记亲自谋划、亲自部署、亲自推动的改革开放重大举措[①]。但是，自由贸易港并非一蹴而就的，其发展需经历从自由贸易试验区到自由贸易港的探索实践。自由贸易试验区是新时代改革开放的新高地，是全面深化改革和提高对外开放水平的试验田。2017 年，党的十九大报告提出，要"赋予自由贸易试验区更大改革自主权，探索建设自由贸易港"[②]。2018 年，习近平在庆祝海南建省办经济特区 30 周年大会上宣布，"党中央决定支持海南全岛建设自由贸易试验区"[③]；同年，习近平还强调，"真正把自贸试验区建设成为全面深化改革开放的新高地"[④]；2018 年，国务院印发了《中国(海南)自由贸易试验区总体方案》，将 2020 年定为海南自贸区建设收官和自由贸易港建设开局的一年。一方面，自由贸易试验区承担着为深化改革开放先行先试、探索路径的重要使命，是制度创新试验区，是"制度创新的高地"，是深化改革的重要试点；另一方面，自由贸易试验区要对接、适应国际经贸规则，主动应对国际经济新挑战，在我国对外开放体制中占据重要位置(李光辉和高丹，2019)。2022 年，党的二十大报告提出，"加快建设海南自由贸易港，实施自由贸易试验区提升战略，扩大面向全球的高标准自由贸易区网络"。

---

① 《中共中央 国务院印发〈海南自由贸易港建设总体方案〉》，https://www.gov.cn/gongbao/content/2020/content_5519942.htm[2020-06-01]。

② 《习近平：决胜全面建成小康社会 夺取新时代中国特色社会主义伟大胜利——在中国共产党第十九次全国代表大会上的报告》，https://www.gov.cn/zhuanti/2017-10/27/content_5234876.htm[2017-10-27]。

③ 《习近平：在庆祝海南建省办经济特区 30 周年大会上的讲话》，https://www.gov.cn/xinwen/2018-04/13/content_5282321.htm [2018-04-13]。

④ 《国务院关于印发中国(海南)自由贸易试验区总体方案的通知》，https://www.gov.cn/zhengce/content/2018-10/16/content_5331180.htm[2018-10-16]。

自由贸易港是我国对外开放新高地,是下一步对外开放最重要的平台和抓手。2018 年 4 月 13 日,习近平在庆祝海南建省办经济特区 30 周年大会上指出,"支持海南逐步探索、稳步推进中国特色自由贸易港建设,分步骤、分阶段建立自由贸易港政策和制度体系"①。2019 年,在第二届中国国际进口博览会开幕式上,习近平进一步提出,"中国对外开放是全方位、全领域的,正在加快推动形成全面开放新格局。中国将继续鼓励自由贸易试验区大胆试、大胆闯,加快推进海南自由贸易港建设,打造开放新高地"②。2020 年,《海南自由贸易港建设总体方案》颁布,欲将海南自由贸易港建设成为中国"开放型经济新高地"。自由贸易港将对标更高水平国际规则打造开放高地,这是自由贸易试验区开放创新的进一步深化,有利于提高各生产要素便利自由化水平(赵晋平,2019),使自由贸易港成为连接国内国际两个市场的关键枢纽(李善民和史欣向,2020),为下一步更高水平的对外开放奠基。

回顾习近平在自由贸易试验区和自由贸易港方面的系列指示,可发现,自由贸易试验区与自由贸易港两者在职能定位、目标和政策制度上虽然存在些许差异,但总体比较而言,自由贸易港开放水平和程度更高,对推动政府职能转变,提升贸易、投资、资金、运输、人员流动自由便利化程度等方面具有更重要的作用。换言之,建设中国特色自由贸易港,相当于中国在对外开放领域将构建全新的政策和制度体系(朱奕名,2019),将带来经济、行政、监管、社会治理等多方面的根本性变革。目前,国际知名自由贸易港大部分是资本主义治理体系,建立中国特色自由贸易港政策和制度体系,是新时代我国建设更高水平、更高标准的开放型经济体制的一项重要探索,具有里程碑式的意义(夏锋,2020)。

二、"十四五"规划中关于自由贸易试验区、自由贸易港的顶层设计

2021 年 3 月,《中华人民共和国国民经济和社会发展第十四个五年规划和 2035 年远景目标纲要》发布,对自由贸易试验区、自由贸易港在未来"十四五"时期的发展提出了新的规划。对于自由贸易试验区,《中华人民共和国国民经济和社会发展第十四个五年规划和 2035 年远景目标纲要》提出要"统筹推进各类开放平台建设,打造开放层次更高、营商环境更优、辐射作用更强的开放新高地。完善自由贸易试验区布局,赋予其更大改革自主权,深化首创性、集成化、差别化改革探索,积极复制推广制度创新成果",这些目标规划除了体现出坚持为全面深化改革和扩大开放探索新路径、积累新经验的定位外,还体现出更高标准要求、

---

① 《习近平出席庆祝海南建省办经济特区 30 周年大会并发表重要讲话》,https://www.gov.cn/xinwen/2018-04/13/content_5282295.htm[2018-04-13]。

② 《习近平在第二届中国国际进口博览会开幕式上的主旨演讲(全文)》,https://www.gov.cn/xinwen/2019-11/05/content_5448851.htm[2019-11-05].

进一步对接国际规则、开放程度持续加大等特征。

自由贸易试验区在"十四五"期间将持续强化引领性开放功能，这得益于不断强化的首位度、指向清晰的顶层部署和自由贸易试验区高水平的基层实践。自由贸易试验区未来发展趋势与建立我国未来开放新经济体制有重要联系。一是，自由贸易试验区数量增加和规模扩大：中国改革开放模式具有渐进性与边际性，要对试点优秀成果进行积极复制推广，同时不断进行扩区从而完善自由贸易试验区布局。二是，自由贸易试验区改革自主权更大和系统性、集成性更强：随着改革的不断深化，改革事项碎片化、借鉴式的情况愈发明显，这与改革事项愈发触及中央事权有关；加大改革自主权，有利于自由贸易试验区出现重大突破性改革和独创引领性改革。三是，改革力度和开放程度加大："十四五"时期，我国进入第二个百年奋斗目标新征程，将构建国内国际双循环新发展格局，为此必须进一步深化改革，探索高水平对外开放国际合作和竞争的新优势。

对于自由贸易港，《中华人民共和国国民经济和社会发展第十四个五年规划和 2035 年远景目标纲要》提出要"稳步推进海南自由贸易港建设"，在促进贸易自由便利化方面，提出要"以货物贸易'零关税'、服务贸易'既准入又准营'为方向"。在提升投资自由便利化方面，提出要"大幅放宽市场准入，全面推行'极简审批'投资制度"。在资金自由和数据信息安全有序流动方面，提出要"开展跨境证券投融资改革试点和数据跨境传输安全管理试点"。在人员流动自由、运输自由等方面，提出要"实施更加开放的人才、出入境、运输等政策"。此外，《中华人民共和国国民经济和社会发展第十四个五年规划和 2035 年远景目标纲要》还为自由贸易港的发展提供了法治供给，遵循国外"先立法，后实践"的原则，决定"制定出台海南自由贸易港法"，以明确海南自由贸易港的法律地位、性质、监管机构的职权乃至自由贸易港的建设框架（朱福林，2020）。《中华人民共和国国民经济和社会发展第十四个五年规划和 2035 年远景目标纲要》明确提出"初步建立中国特色自由贸易港政策和制度体系"，这涉及开放和制度两方面的问题，研究建设中国特色自由贸易港的时代价值，有利于对建立中国特色自由贸易港政策和制度体系的必要性有进一步的认识。

三、建设中国特色自由贸易港是构建新时代中国全面对外开放新格局的要求

2021 年 4 月 20 日，习近平在博鳌亚洲论坛 2021 年年会开幕式上发表主旨演讲时说，"推进海南自由贸易港建设，推动建设更高水平开放型经济新体制"[①]，指明建设中国特色自由贸易港承担着推动形成全面开放新格局的历史使命。2018

---

① 《习近平在博鳌亚洲论坛 2021 年年会开幕式上的视频主旨演讲（全文）》，http://hi.people.cn/n2/2021/0420/c231187-34684666.html[2021-04-20]。

年，《中共中央　国务院关于支持海南全面深化改革开放的指导意见》确定了中国特色自由贸易港的发展目标：到 2025 年，自由贸易港制度初步建立；到 2035 年，自由贸易港的制度体系和运作模式更加成熟。

自由贸易港是当今世界最高水平的开放形态，国际上有诸多优秀经验可供借鉴，如新加坡、迪拜等。但是，中国特色自由贸易港将在借鉴国际经验的基础上，结合中国国情和制度需要，探索自由贸易港发展的"中国模式"，打造与国内联合、与国际接轨的对外开放平台。海南自由贸易港是新时代中国对外开放的鲜明旗帜和重要开放门户，未来将在系统性、集成性制度创新上重点突破，打破体制机制束缚和障碍，在"自由便利"上探索新道路，为建设开放型经济体制、推动形成全面开放新格局贡献重要力量(陈诚等，2018)，为我国在新时代高水平全面深化改革开放提供"海南样本"和"海南方案"(张华伟，2020)，在后疫情时代的全球合作中扮演重要角色。具体而言，海南自由贸易港将以服务贸易为核心，在负面清单外都将对标世界最高水平开放形态，探索设立高自由便利化的贸易投资制度、资金流动制度、税收制度和数据跨境流动制度，探索设立新的社会治理制度和风险管控体系，涉及各个领域的综合改革(沈玉良和彭羽，2020)，代表着我国未来改革开放的方向，必将对我国转变经济发展方式、优化经济结构形成巨大的支撑和保障作用。

中国特色自由贸易港是中国进一步建立与国际接轨的经贸制度体系的重要探索(赵晋平和孙鹏，2020)。目前，贸易保护主义抬头和逆全球化浪潮涌动，在此背景下提出建设高水平的单向对外开放的海南自由贸易港，是我国向更高层次、更广范围对外开放的重大跃升(张华伟，2020)。海南自由贸易港不仅是区域经济发展振兴战略，更是我国高质量构建全面开放新格局、积极参与全球经济治理、促进世界经济增长以及推进经济全球化的重大举措，凭借海南的区位优势，再借助西部陆海通道、东盟-中国("10+1")和"一带一路"等平台参与国际区域的经济循环，进一步加强与东南亚国家的交流合作，打造和国际接轨的对外开放平台，对于新时期我国发展开放型经济具有重要战略意义。

从自由贸易试验区发展来看，自 2013 年 9 月我国首个自由贸易试验区(上海)设立至今，基本上形成了东中西协调、陆海统筹的自由贸易试验区"雁阵"格局；而海南自由贸易港的设立，意味着将以它为桥头堡，形成以粤港澳大湾区、长三角、京津冀为一翼，以西部陆海新通道串联起来的广西、贵州、重庆、四川等为另一翼的新"人字形雁阵"，将与"一带一路"形成呼应支撑之势，构筑中国面向太平洋和印度洋的重要对外开放门户。建设中国特色自由贸易港，是对我国对外开放需要的回应，也是助推我国进行对外开放进程的动力。

四、建设中国特色自由贸易港政策和制度体系是体现"制度自信"的内在诉求

建设中国特色自由贸易港，最重要的是建立中国特色自由贸易港制度体系。2020 年，习近平对海南自由贸易港建设作出重要指示，"要坚持党的领导，坚持中国特色社会主义制度，对接国际高水平经贸规则，促进生产要素自由便利流动，高质量高标准建设自由贸易港"，"要把制度集成创新摆在突出位置"①，这鲜明指出了政策创新和制度体系在建设自由贸易港过程中的重要性和必要性。

制度是安邦定国之本，制度体系的改革创新能力与制度自信密切相关，体现着制度体系的生命力。制度创新是建设中国特色自由贸易港的核心，也是其建设过程中的最大诉求。海南自由贸易港建设过程中的制度安排，不应简单对标国际最高开放形态，应当结合中国实际情况(史本叶和王晓娟，2019)，为未来推进开放包容共享的自由贸易制度变革做一次路径探索(迟福林，2020)。建设中国特色的自由贸易港政策和制度体系，是开放型经济体制的重要组成部分，是中国特色社会主义经济制度体系对外开放方面的内生性演化，是树立制度自信的重要路径。

习近平新时代中国特色社会主义经济思想，强调党对经济工作的集中统一领导，强调以人民为中心的发展思想，坚持着眼大局、把握规律、稳中求进，坚持市场在资源配置中起决定性作用的同时要求扫除经济发展的体制机制障碍。海南自由贸易港建设是利国利民的发展大计，于上是国内国际双循环的重要枢纽，于下则关乎人民的日常生活需要，其逐步发展过程充分贯彻习近平新时代中国特色社会主义经济思想，是该思想的最新实践。从中可见，中国特色自由贸易港的建设处处体现习近平新时代中国特色社会主义经济思想。

新时代对外开放思想是不断演进和成熟的，与之同时逐步形成的是从自由贸易试验区到中国特色自由贸易港的战略部署。回顾我国自由贸易试验区的发展历程可知，中国特色自由贸易港建设是新时代对外开放思想不断发展实践的结晶，具有坚实的理论基础和丰富的实践经验，是新时代对外开放思想的伟大践行(李善民和史欣向，2020)。中国特色自由贸易港是我国制度创新的高地，它致力于构建全方位的开放新体系，是探索建立更高水平开放型经济新体制的必然选择(韩剑，2020)。

中国特色自由贸易港的建设，必须始终坚持以习近平新时代中国特色社会主义思想为指导，始终站在党和国家事业发展全局的高度办事，牢牢把握正确政治方向，坚决守住安全发展底线，不断发挥和提升我国制度优势。中国特色社会主义制度是党和人民在长期实践探索中形成的科学制度体系，"集中力量办大

---

① 《习近平对海南自由贸易港建设作出重要指示》，https://www.gov.cn/xinwen/2020-06/01/content_5516550.htm[2020-06-01]。

事""一张蓝图绘到底"等天然优势为"制度自信"提供了重要依据，而在脱贫攻坚、教育、医疗等领域已取得的伟大成就正是坚持"制度自信"的重要基础。在建设海南自由贸易港、推进海南全面深化改革和对外开放的过程中，不断发挥和提升我国制度优势，探索建立中国特色自由贸易港政策和制度体系，是实现国家治理体系与治理能力现代化的重要尝试，也是出于"制度自信"的现实需要。

第二节　中国特色自由贸易港建设的相关理论及文献

一、相关理论

自由贸易港的建设背后有着坚实的理论支撑。自由贸易理论认为，市场开放和自由贸易会给所有贸易参与方带来好处。根据比较优势理论，如果贸易参与方能够分别生产自己具有相对优势的产品并进行交换，则双方都可以获利。也就是说，自由开放的市场有利于优化资源配置，形成共赢的国际分工，扩大国民真实收入，减少国民开支，提高经济效益，促进资本积累。自由贸易港之所以能够实现显著的经济效益，重点在于生产要素的流动。经典经济学理论认为，经济增长有两个来源，一是内生的，即全要素生产率的提高，比如技术的进步等；二是外生的，即生产要素投入量的扩大，包括要素的流动与集聚等（陈培雄，2022）。自由贸易港正是承担着汇聚全球高端生产要素，促进生产要素流动的重要使命（Song et al., 2019）。也就是说，自由贸易港承担的特殊经济功能是，全面实现要素的自由流动，并以完善的市场机制和尽可能少的市场干预实现经济要素的高效配置（史本叶等，2019）。正因为如此，《海南自由贸易港建设总体方案》也指出了，要"集聚全球优质生产要素""破除阻碍生产要素流动的体制机制障碍""深入推进商品和要素流动型开放"。先前我国的自由贸易试验区为了推进要素流动，作出了不少探索，从早期简易的贸易便利化改革，到金融国际化、投资便利化改革，再到当前创新要素跨境配置改革，都取得了显著的成效。但是，当前我国自由贸易试验区的要素流动仍存在约束，从我国自由贸易试验区的具体实践来看，目前仅货物流动层面基本实现了自由，资金、人员及信息等高端要素的流动仍有诸多限制（任春杨等，2019；陆燕，2020）。自由贸易港的建设要在这些问题上实现进一步的突破，其核心任务是制度集成创新，也就是逐步从商品和要素流动型开放向规则等制度型开放过渡（佟家栋，2018）。

实现自由贸易港高水平开放，资金、人才、技术和数据等高端生产要素的集聚和流动是重要前提，而完善的制度框架则是实现生产要素潜在生产能力转化的重要保障。随着自由贸易港（区）实践不断深化，越来越多的学者认识到，自由贸易港（区）不仅在于贸易便利化、自由化，更重要的是围绕技术、资本、数据等新兴要素便利流动开展的一系列制度创新(符正平，2020)。制度创新的核心是通过优化制度供给，提升制度效率。目前，学界已肯定了制度创新对经济绩效、技术创新的作用(王涛生，2013；张咏华，2017)，认为制度创新是竞争优势和创新优势的重要来源。我国在自由贸易试验区的实践中已经取得了丰硕的制度创新成果，但随着制度创新的"低处的桃子"逐渐被摘完，自由贸易试验区制度创新和区块分割所呈现出的"双碎片化"问题日益凸显，存在集成创新少、各部门协同性不足等问题(刘允明，2020)，制度集成创新成为逐渐显现的最大诉求。

制度集成创新有利于优化创新资源要素配置、推动各要素有效快速流动，形成制度创新杠杆效应(田原，2020)。进而，自由贸易港将不再被视为一种简单的特殊经济功能区域，而是一个高度开放的经贸制度框架(符正平，2018)，一个通过系统性的集成创新打造高水平开放经济形态的重要平台，从而有助于中国企业进入全球市场，并利用国内经济在国际贸易中获取竞争优势(Song et al., 2019)。从宏观的角度看，制度集成创新能够有效加速人才、资金、技术等高端要素聚集，激发市场经济活力(刘允明，2020)。而从微观的角度看，制度集成创新有利于降低企业准入门槛，减少企业交易成本，促进营商环境优化改善。

构建具有中国特色和国际竞争力的政策与制度体系是探索建设中国特色自由贸易港的关键(李锋，2019)。党的十九大提出了"赋予自由贸易试验区更大改革自主权，探索建设自由贸易港"[①]的目标。习近平2020年在海南考察时强调"高质量高标准建设自由贸易港""要把制度集成创新摆在突出位置"[②]。站在崭新的历史高度起点上，如何通过一体化设计，将相关制度创新有机融合，形成新的集成效应而非简单叠加，推动各类要素跨境自由有序安全便捷流动，打造包括资本、知识、技术、管理、人才在内的全球优质生产要素集聚区(刘允明，2020)，如何通过制度集成创新建设与高水平自由贸易港相匹配的制度政策体系，是中国特色自由贸易港建设必须思考的重大问题。《海南自由贸易港建设总体方案》提出"五个自由便利和一个有序流动"(贸易自由便利、投资自由便利、跨境资金流动自由便利、人员进出自由便利、运输来往自由便利和数据安全有序流动)，实践目标在于建立高度自由化的贸易制度、高度便利化的投资制度、便利要素自由流动的政策体系、具有国际竞争力的财税政策，同时也要建立安全高效的监管体制(李锋，2019)。

市场的开放也意味着市场风险的产生，中国特色自由贸易港的开放可能面临严峻的市场风险考验。自由贸易港因其与国际市场高度关联的特点，易受到国际

---

① 《习近平：决胜全面建成小康社会 夺取新时代中国特色社会主义伟大胜利——在中国共产党第十九次全国代表大会上的报告》，https://www.gov.cn/zhuanti/2017-10/27/content_5234876.htm[2017-10-27]。

② 《习近平对海南自由贸易港建设作出重要指示》，https://www.gov.cn/xinwen/2020-06/01/content_5516550.htm[2020-06-01]。

市场波动的影响，因此不能仅强调开放与自由，风险防控也是十分重要的。《海南自由贸易港建设总体方案》强调要"制定实施有效措施，有针对性防范化解贸易、投资、金融、数据流动、生态和公共卫生等领域重大风险"。目前学界对自由贸易港风险防控方面的研究较有限，集中在离岸金融市场风险。自由贸易港的金融开放为跨境资本的自由频繁流动创造了条件，但同时也可能会带来风险，从而增加经济金融领域的不稳定性。尤其是在港内还未建立起完善的离岸金融制度的情况下，发展离岸金融业务将存在较大市场风险（李猛，2018）。比如，由短期资本流动带来的金融风险。管涛（2021）指出，短期资本流动具有较强的顺周期性和超调属性，在国内经济看好时，会吸引跨境资本大规模流入造成经济过热，推动资产泡沫不断扩大；而当经济下行时，资本流动易发生逆转、泡沫破灭、资本集中流出会对经济造成进一步的冲击，从而加速金融风险的传递。离岸金融风险还包括利率与汇率风险和金融机构信用风险（李猛，2018）。自由贸易区开放资本账户，这其实是一个逐渐放松资本管制，允许居民与非居民持有跨境资产以及从事跨境资产交易，实现货币自由兑换的过程（中国人民银行调查统计司课题组和盛松成，2012）。但如果无法对国际市场利率和价格波动作出准确判断，则容易引发利率和汇率风险（李猛，2018），尤其是当汇率缺乏弹性时，资本投机者可能会利用离岸和在岸差价套利，减弱我国货币政策的有效性，而无风险套利资本的伺机大规模流入和流出可能形成对外汇储备的挤兑，造成汇率贬值叠加债务违约的国际收支危机（管涛，2021）。因此，资本账户自由化进程应与国内金融市场体系发展相协调，自由贸易港内应建立完善的金融体系，以防经济体遭受资本开放的冲击从而导致资产价格下跌、国内外信贷收缩、全要素生产率下降，甚至造成经济衰退。

　　防范系统性金融风险、维护金融稳定，就要调整优化宏观审慎管理。Brouwer（2009）将宏观审慎管理框架的内容详细阐述为三个方面：一是识别系统性风险并进行监测、对系统性风险进行预警并采取政策，二是有效评估金融稳定状况，三是构建宏观审慎监测体系。国内学者认为宏观审慎政策框架是体现逆周期性的政策体系（周小川，2011），旨在减缓由金融体系顺周期波动和跨市场风险传播对宏观经济与金融稳定造成的冲击（李波，2016）。总的来说，越是开放的外部环境，就越是需要精准的风险防控。自由贸易港的政策开放程度越大，越是需要建立健全相应的制度体系和监管体制，从风险识别和监测、风险隔离、风险预警、风险处置等各个环节做好系统性的风险防控。进一步而言，自由贸易港的建设不仅要放松市场边界，更要加强高效市场所必需的制度环境、基础设施、公共服务等内涵建设，完善市场秩序和加强市场管理。

　　除了经典经济学的理论支撑外，习近平新时代中国特色社会主义经济思想也是中国特色自由贸易港建设的科学理论根基。党的十九大报告指出："发展必须是科学发展，必须坚定不移贯彻创新、协调、绿色、开放、共享的发展理念。"①
其中，创新发展强调的是发展动力的问题，即创新是引领发展的第一动力。协调
发展主要是通过解决发展不平衡的问题来做好国内市场。不平衡的发展，会导致
"木桶效应"，进而不利于经济的整体发展。绿色发展则注重解决人与自然的和
谐问题，是经济永续发展的条件。开放发展主要是解决发展内外联动问题，是实
现我国经济国内国际双循环的前提。共享发展则主要是解决社会公平正义的问题，
是国家发展最深厚的伟力。从这个角度来看，中国特色自由贸易港建设就是新时
代新思想的伟大践行，承担着推动形成全面开放新格局的重大历史使命。海南自
由贸易港的四个战略定位——全面深化改革开放试验区、国家生态文明试验区、
国际旅游消费中心和国家重大战略服务保障区四个战略定位深入贯彻了新发展理
念，将制度集成创新摆在重要位置，探索开放型经济新体制；坚守生态保护的红
线，推动形成人与自然和谐发展的现代化建设格局，全岛由海南人民共建，建设
成果由全海南、全国人民共享。

　　总而言之，在习近平新时代中国特色社会主义思想的指导下，结合经典经济
学理论，中国特色自由贸易港建设的一个核心目标就是，通过制度集成创新破除
阻碍生产要素流动的体制机制障碍，进而成为全球生产要素自由有序安全便捷流
动的重要节点。但在自由、开放的同时，需要坚持底线思维，加强重大风险识别
和系统性风险防范，建立健全风险防范配套措施，确保自由贸易港健康发展。

二、研究进展

　　制度是一种稀缺资源，在经济发展过程中具有内生性。传统经济学分析并不
重视制度的作用，将制度视作外在的既定变量并假定交易成本为零。以 North（诺
斯）、Williamson（威廉姆森）等为代表的"新制度经济学派"对此作出了巨大的修
正，将交易成本等概念引入制度分析中，从信息的不对称、克服道德风险等角度
来研究制度的作用（Coase，1960；Schultz，1968；Williamson，2000；North，1990，
1991）。制度被视为一种节省交易成本，使资源配置达到"科斯最优"的工具。譬
如 North 和 Thomas（1973）通过对西欧经济史长达八个世纪的分析，提出产权制度
的创新是西方经济腾飞的关键——产权作为一种富有效率的制度，能够鼓励社会
生产和创新，并抑制寻租、盗窃、任意没收和过度征税等降低社会生产。制度是
一个规则体系，制度创新的核心是通过优化制度供给，提升制度效率。目前，学
界已有不少文献研究了制度创新对经济绩效、技术创新的作用及其影响（王涛生，
2013；张咏华，2017），认为制度创新是竞争优势和创新优势的重要来源。2013

年以来，我国自由贸易港(区)，以制度创新为核心，先行先试，取得了丰硕的制度创新成果(李善民，2020；陆燕，2020)。然而，改革过程中各自由贸易港(区)制度创新呈现碎片化、各个部门协同性不够等问题亦十分突出。刘允明(2020)用"三多三少"来概括这一阶段的创新：单项创新多、集成创新少，一般性创新多、突破性创新少，部门零碎创新多，跨部门协同创新少。与此同时，以往文献往往讨论的是单项制度创新，如金融创新(季卫东，2014；罗素梅和周光友，2015；武剑，2015)、法治创新(沈国明，2013；季卫东，2014)等，而较少从制度集成创新的角度，考虑制度创新的系统性、整体性、协同性，对制度的联动创新探讨不足。

制度集成创新具有整体性、系统性、协同性的特点，而不只是各项制度的简单累加。制度创新是一个社会过程，涵盖社会体系的方方面面和制度链条的各个环节，如何通过顶层设计和系统思维，推动规则、规制、管理、标准等制度型开放领域先行一步，有机整合不同创新主体、不同制度环境下的各种高端要素，推动各类要素跨境自由有序安全便捷流动，打造包括资本、知识、技术、管理、人才在内的全球优质生产要素集聚区，对于海南自由贸易港而言，无疑是一场全方位的系统变革(田原，2020；董涛，2020；刘允明，2020)。制度集成创新有利于优化创新资源要素配置、推动各要素有效快速流动，形成制度创新杠杆效应(田原，2020)。从微观的角度而言，制度集成创新有利于降低企业准入门槛，减少企业交易成本，从而促进营商环境优化改善。从宏观的角度，制度集成创新能够有效加速人才、资金、技术等高端要素聚集，激发市场经济活力(刘允明，2020)。自由贸易港是当前世界最高水平的开放形态，党的十九大提出了"赋予自由贸易试验区更大改革自主权，探索建设自由贸易港"[①]的目标，站在崭新的历史高度起点上，如何通过制度集成创新，建设与高水平自由贸易港相匹配的制度政策体系，是海南自由贸易港建设必须思考的重大问题。

(一)自由贸易港(区)生产要素流动与集聚研究

生产要素与区域经济的关系一直是经济学研究的重点。经典经济学理论认为，经济增长有两个来源，一是内生的，即全要素生产率的提高，如技术的进步等；二是外生的，即生产要素投入量的扩大，包括要素的流动与集聚等(陈培雄，2022)。自由贸易港(区)作为"国家试验田"，承担着汇聚全球高端生产要素，促进生产要素流动的重要使命(Song et al.，2019)。《海南自由贸易港建设总体方案》指出，要"集聚全球优质生产要素""破除阻碍生产要素流动的体制机制障碍""深入推进商品和要素流动型开放"。推动生产要素的流动与集聚是海南自由贸易港的

---

① 《习近平：决胜全面建成小康社会 夺取新时代中国特色社会主义伟大胜利——在中国共产党第十九次全国代表大会上的报告》，https://www.gov.cn/zhuanti/2017-10/27/content_5234876.htm[2017-10-27]。

重要制度创新方向。

自由贸易港(区)已成为全球生产要素自由便捷流动的重要节点。从宏观角度看，自由贸易港(区)的建立能够引进技术、管理技能和资本，并与国内生产要素结合，打破市场划分带来的生产要素流动障碍，从而扩大市场范围，降低生产成本，实现要素配置和生产效率的优化(Venables，2003；Chauffour and Maur，2011；殷华和高维和，2017)。从微观的角度看，资源流动可以吸引企业集聚，获得经济效益。自由贸易港(区)的制度利好为企业提供了国际化、离岸外包以及知识和技术扩散的机会(Singh，2009；Mukherjee et al.，2019)。与此同时，企业的集聚有利于促进企业结构和组织关系的变化(如企业并入企业集团和战略联盟)，为企业之间的技术和知识共享以及组织绩效改进奠定基础，从而提升地区生产率(Powell，1998；Gaur et al.，2018；Mukherjee et al.，2013；Lee et al.，2017)。可以说，自由贸易港(区)已成为全球供应链中货物流、信息流、资金流、技术流汇集中转的一个重要节点。

资金、人才、技术和数据等高端生产要素的集聚与流动是自由贸易港(区)实现高水平开放的重要前提，但生产要素潜在生产能力的转化需要完善的制度框架作为保障。自由贸易港(区)的发展与自由贸易理论的演进密切相关，学界的研究大致经历了从古典区位学到资源禀赋说，再到新经济地理学，最后到制度理论的演化过程(胡凤乔，2016)。目前主流的解释以新经济地理学和制度理论为主。前者主要关注经济要素的空间集聚现象具有的溢出效应，并将报酬递增和空间集聚作为解释经济增长的关键要素(顾朝林等，2002)。该理论认为，自由贸易港(区)可以通过政策优惠，吸引高端生产要素集聚，从而获得经济效益。但也有研究指出，集聚水平的提高并不必然导致生产率水平的提高。这为制度理论的研究提供了一个切入点。制度理论将制度视角纳入对经济绩效的分析中。其中，制度既包括正式的制度(如政策、法律等)，又包括非正式的制度(如社会规范、地区产业网络等)(Akbari et al.，2019)。该学派认为制度资本是存在于地区经济环境中的重要资源，并将制度视作影响区域经济分化的重要因素。Auh 和 Menguc(2009)指出，资源禀赋只是制度因素与绩效关系的中介因素，制度才是关键的自变量。随着自由贸易港(区)实践的不断深化，越来越多的学者认识到，自由贸易港(区)不仅在于贸易便利化、自由化，更应该围绕技术、资本、数据等新兴要素便利流动开展一系列的制度创新(符正平，2020)。自由贸易港(区)不再被视为一种简单特殊经济功能区域，而是一个高度开放的经贸制度框架(符正平，2018)，自由贸易港(区)通过系统性的集成创新打造高水平的开放经济形态，成为进入全球市场和利用国内经济在国际贸易中获取竞争优势的重要平台(Song et al.，2019)。

建立以贸易投资自由便利为重点的自由贸易港政策制度体系，是海南自由贸易港高质量高标准推进的重要支撑。当前，我国自由贸易港(区)正逐步从商品和要素流动型开放向规则等制度型开放过渡(佟家栋, 2018), 并逐步推动自由贸易试验区建设向自由贸易港建设转变(孟广文等, 2018)。2013年以来, 我国自由贸易试验区建设从早期简易的贸易便利化改革, 到金融国际化、投资便利化改革, 再到当前创新要素跨境配置改革, 取得了显著的成效, 尤其是以上海为代表, 以制度创新为核心, 以开放倒逼改革, 围绕货物、资金和人员三大要素的自由流动展开一系列制度创新, 成为新时期我国构建开放型经济新体制的制度高地(李善民, 2020)。但是, 目前自由贸易试验区建设亦有不少短板, 其中一个重要问题就是要素流通尚不畅通。从我国自由贸易试验区的具体实践来看, 目前仅仅在货物流动的层面基本实现了流动自由, 资金、人员及信息等高端要素的流动仍有诸多限制(任春杨等, 2019; 陆燕, 2020)。如果说自由贸易试验区的核心任务是制度创新, 那么自由贸易港的核心任务就是制度集成创新(李善民和史欣向, 2020)。《海南自由贸易港建设总体方案》着重突出了"五个自由便利和一个有序流动"的目标, 并强调要"加强改革系统集成, 注重协调推进, 使各方面创新举措相互配合、相得益彰, 提高改革创新的整体效益", 促进海南自由贸易港高质量发展。制度集成创新具有整体性、系统性的特点, 能够显著提升创新动能, 实现生产要素优化配置, 放大集聚效应(田原, 2020)。但是, 制度集成创新涉及面广, 牵涉部门复杂, 如何通过一体化设计, 将相关制度创新有机融合, 形成新的集成效应而非简单叠加, 推动各类要素跨境自由有序安全便捷流动, 打造包括资本、知识、技术、管理、人才在内的全球优质生产要素集聚区(刘允明, 2020), 这是需要重点思考的问题。

(二)自由贸易港(区)行政制度改革研究

对于行政改革, 新制度经济学奠基人科斯认为合理的制度设计能够有效降低交易成本, 进而提升经济效率。为了加深对自由贸易港(区)"制度"的理解和设计, 学术界对自由贸易港(区)的概念、本质、功能和特征等进行了深入分析与探讨。史本叶和王晓娟(2019)从经济学角度分析了自由贸易港的本质、功能与特征, 并指出高水平的政府治理能力和港区运营能力对创造自由贸易港制度空间的重要作用。对此, 学术界主要有三种回应。符正平等(2018)从自由贸易港的本质出发, 认为中国自由贸易港绝不只是基于港口贸易便利化、自由化的建设, 还是围绕投资、金融、法治和新兴要素便利流动开展的一系列制度创新, 需要自上而下进行顶层设计解决若干重大障碍。王晓玲(2019)在对新加坡、迪拜和鹿特丹进行纵向对比后, 从行政改革角度提出营造自由开放的自由贸易港经济环境的建议。胡方(2019)指出政府和自贸区管理局要明确划分权力边界, 建立权责一致、分工明确、协同高效的管理体制。也有不少文献从具体的制度设计出发进行讨论。裴长洪等(2019)、李锋(2019)等对自贸区内的贸易制度、投资制度、政策体系、财税政策、监管机制和跨区域协同发展等方面进行了具体的阐述，并提出了相应的建议。

行政改革是推动上层建筑适应经济基础的必然要求，对于促进我国社会转型、提高行政效率、推动社会经济发展具有相当重要的现实意义。建设自由贸易港是一个庞大而复杂的系统性工程，要求对现有的行政体制进行持续且深入的改革。国内虽然积累了一定的经验，但是自由贸易港（区）更高的目标要求、更重大的发展定位使得其建设面临更严峻的挑战和风险。比如，面对政策与体制不协调的问题，需要自由贸易港（区）尽快形成与当地相适应的发展环境，并加快行政体制改革和公务员管理制度改革，形成行政效率明显提升的制度保障（迟福林，2020）。具体而言，现行体制机制与自贸区实际运行中存在的各种冲突问题，如特殊监管区外海关管理权限、海关与地方政府综合管理权限、管理机构设置冲突、自贸区内自由的综合监管与跨境管理的多部门交叉监管冲突等问题，需要前置性的行政体制机制改革（艾德洲，2018）。此外，政府和自贸区管理局应当建设适应开放型市场的政府管理制度，明确划分权力边界，建立权责一致、分工明确、协同高效的管理体制。例如，建立以先照后证、证照分离为重点的商事登记制度，以及将政府的主要职能由事先审批转向事中和事后监管等（胡方，2019；郭永泉，2018；佟家栋，2018）。

针对现有体制机制与地方实践之间出现的矛盾和冲突，海南自由贸易港采取相应措施推进区内的行政改革。坚持先立后破，加强货物进出境管理制度、跨境服务贸易负面清单制度、产权保护制度、政府机构改革和政府职能转变等多个方面的制度性变革，为自由贸易港的发展提供有效的制度保障（何立峰，2020）。"把制度集成创新摆在突出位置，解放思想、大胆创新"，海南自由贸易港要摆正政府和企业的位置，坚决推进"多规合一""极简审批"等多项更深层次的行政审批制度改革（沈晓明，2020）。海南自由贸易港从政府行政效能提升、降低制度性交易成本与保护产权三个方面出发，积极建立高效的行政管理体制，争取打造中国最高水平的开放平台。现阶段，海南迫切需要有相对独立的行政地位，享受较高的行政权力以及简单明了的政策法规（孟广文等，2018）。

自由贸易试验区要求国家权力的重新分配，而非着眼于地方权力。然而，自由贸易试验区改革创新自主权还不够高，自由贸易试验区"自下而上"推动改革的方式与我国政府"自上而下"授权管理体制之间存在一定程度的矛盾，导致部分改革措施无法及时落地，这在一定程度上延缓了创新步伐（陆燕，2020）。从历史的角度来看，自由贸易港的管理者需要根据区域内的商业竞争态势来进行政策制定和行政改革，以推动区内经济发展（Kirk，2001）。Tazzara（2014）以意大利早期港口 Livorno 为例，探讨了自由贸易港中那些建立在旧决策机制基础上的非正式传统对创新和经济发展起到的重要作用。Lavissière 等（2015）从供应链附加值角度出发，明确指出自由贸易港不是单一国家的港口，而是服务全球经济的港口。相较于外国学者对自由贸易港(区)历史与普世性意义的研究，中国学者更加重视对"中国特色"的研究。王孝松(2020)通过对迪拜、新加坡和鹿特丹等自由贸易港的优势的分析，明确自由贸易港需要具有协调市场和政府的良好机制，而政府需要具备权威性、高效率的特征。王素云和沈桂龙(2019)结合国际贸易投资发展新动向，建议海南自由贸易港利用现有优势，转变政府职能，设立高标准的信息披露制度，深化竞争中立制度以加强公平的市场环境建设。张尔升等(2019)希望政府进行适应全球化自由贸易港要求的基础设施建设和政府管理体制改革，以全球化视野进行产业创新，吸引全球高端人才。

(三)自由贸易港(区)财税金融改革研究

财政部门作为出台政策的综合保障部门，承担着组织收入、保障支出、规范管理和提高绩效的重要职能，在自由贸易港(区)建设中起到至关重要的作用。当前海南自由贸易港的建设中存在着财政精细化不足、科学化管理不足等问题，具体表现为绩效指标泛化、绩效结果难以落实、项目定额标准化程度不高等(张欣杰，2020)。国内学者对财政预算的研究主要是针对我国国情探讨构建科学合理的绩效评价体系的路径，而西方学者对财政绩效预算进行的系统研究包括对绩效预算评估制度的研究和对绩效预算实施成效的考察。张梅艳(2015)认为将绩效评价结果作为下年度预算安排的重要依据可以有效硬化预算约束。张欣杰(2020)总结了上海自由贸易试验区的一系列财政改革成果。例如，当年支出进度与下年度预算规模相挂钩、专项资金弹性安排、预算指标动态收回等措施使得财政预算更加弹性灵活，而利用银行"云监管"系统进行资金的事中、事后监控则减少了资金拨付过程中的自由裁量空间。据此可以为海南财政改革提出建立支出定额标准体系、建立财政扶持绩效管理机制、运用信息化手段形成可实时共享的监督机制等思路。

在货物贸易便利化不存在太多障碍的前提下，自由贸易港(区)的发展重点是通过设立特殊经济区来吸引全球科技资源和高端人才、资本、信息与技术集聚发展(符正平等，2018)。通过消除或减让关税吸引外资的理论基础有亚当·斯密的自由主义理论和李嘉图的国际贸易比较优势理论等。但国外学术界曾对特殊经济区的经济效应有过争论。部分学者认为免税区的设立会减少社会福利，持此观点的有 Hamada(1974)、Rodriguez(1976)、Hamilton 和 Svensson(1982)等。而 Bolle 和 Williams(2012)则利用美国对外贸易区的发展经验数据肯定了自由贸易园区的正向作用。从实践经验来看，世界上大多数自由贸易区是通过关税、税收等政策优惠降低企业交易成本，从而使企业有利可图，达到吸引外资的目的(孟广文等，2018)。然而，当前我国总体税费负担偏高，挤压了企业利润空间，一定程度上阻碍了要素和资本流入中国市场(王晓玲，2019)。国内不少学者提倡借鉴国际先进经验进行制度改革。黄庆平和李猛(2019)通过对新加坡、迪拜等自由贸易港的税制进行分析和比较，得出世界著名自由贸易港税制普遍具有低税率和简税制的共性特征，并以此为基础，探讨国际税制经验对海南探索建设自由贸易港税制安排的启示，提出包括授权地方立法和税收自主权、下调企业所得税率、实施个税优惠政策、简化税制体系、探索发展离岸税制等在内的政策措施。崔凡(2019)、胡方(2019)同样建议海南的税制从长期来看应该对标香港。尽管其他自由贸易港的经验具有借鉴价值，但不可盲目照搬，而应根据海南的实际情况进行稳步调整(王立勇,2019)。冯俏彬(2020)提出了自由贸易港建设税收制度的短期和中长期之分。中国(海南)改革发展研究院课题组和迟福林(2019)关于税制改革的整体思路也基本与此一致，即实行零关税、降低企业所得税和个人所得税、免除增值税等，但另外强调了实施鼓励企业投融资和鼓励高新企业发展的税收优惠政策。

金融改革的重点是在风险防控的前提下推动金融开放，实现跨境资本的自由流动。在自由贸易港的金融创新改革中，有不少学者肯定了发展离岸金融业务的重要性。刘恩专(1994)对天津建立自由贸易港的探讨中提出培育离岸金融市场。李猛(2018)认为离岸金融可以为离岸贸易的发展提供支持，而离岸业务的成熟程度可以代表一国自由贸易港的国际市场竞争力和分享全球市场资源的能力。学术界将离岸金融业务划分为离岸资金池业务、离岸金融中介服务业务和离岸金融管理业务三种，香港在这三种业务上均有可借鉴之处，海南可考虑借鉴香港离岸资本市场业务(曹晓路和王崇敏,2019)。关于离岸金融具体的发展路径，张尔升等(2019)认为，根据海南的实际情况，目前难以采用一体化的离岸金融模式，应该先将在岸业务和离岸业务分开。当前，海南金融业发展程度与上海、北京等城市相比仍有较大差距。曹晓路和王崇敏(2019)指出了当前海南发展离岸金融面临着金融业规模难以支撑离岸金融创新、金融市场化程度和创新程度低、缺乏配套政策支持以及缺乏足够的金融人才储备等困境。此前，自由贸易试验区在金融开放创新方面已经进行了一系列探索。上海率先创设了本外币一体化的"分类别、有管理"的自由贸易账户体系，出台了跨境投融资汇兑便利、人民币跨境使用、外汇管理改革等制度安排(李善民,2020)。这些成功的探索为海南自由贸易港的建设提供了可复制的经验。

(四)自由贸易港(区)其他配套制度创新研究

自由贸易港(区)是一个用以避免由过境产生的物质和财政、海关、行政、文化发生摩擦的国际物流接口(Lavissière et al.，2015)，港内社会治理制度的制定需要结合社会治理普遍性和自由贸易港运营环境特殊性。根据《海南自由贸易港建设总体方案》，海南自由贸易港社会治理体系应从深化政府机构改革、推动政府职能转变、打造共建共治共享社会治理格局和创新生态文明体制机制四个方面展开。具体而言，可从部门整合优化改革、监管立法执法体制建设、基层社会治理和生态环境保护与资源利用等角度开展精细化政策设计。这些政策设计涵盖公共设施、社会公共服务、医疗健康、教育和环保等多个指标，构成了自由贸易港持续发展的舒适物系统，决定了城市的宜居性、舒适性和享乐性(王宁，2014)。

社会治理是制度集成创新的重要支点，自由贸易港的基层治理、社会保障、公共服务、医疗卫生和教育等多个领域皆需制度创新。社会治理包含"新治理"理论(Salamon，2002)和多中心治理理论。结合中国自身实践的、社会本位的多元主体共治模式是目前主导的社会治理模式(王名等，2014；郑钧蔚，2015；周红云，2016；陈天祥，2019)。自由贸易港的制度集成创新效能与社会基层治理环境息息相关。良好高效的社会基层治理利于激发城市创新发展的内生动力(唐亚林和钱坤，2020)。但是，由于政策制度概括性高、涵盖地区范围广，不同基层社会又有其特殊性，政策难以直接落地(贺雪峰，2007)。因此，为打通政策的"最后一公里"，选择合适高效的基层治理方案势在必行。综合国内外城市基层治理模式，新加坡的政府主导模式(董宇，2016)、美国的社区自治模式(刘见君，2003)和日本的混合模式(孙其昂等，2013)最为典型。自由贸易港作为市场经济高度发达和政府职能优化转型的地区(蔡小慎和牟春雪，2016)，具有发展混合模式与社区自治模式的优势。自由贸易港可从人民切身需求入手推行基层治理改革，香港的经验是将行业协会制度纳入社会基层治理中，发挥其监管功能(商务部国际贸易经济合作研究院课题组和邢厚媛，2014)。海南三亚将快递小哥等职业纳入"路长制"进行"警保联控"等举措均是值得借鉴的基层治理经验。另外，在社会保障、医疗卫生和教育制度上，《2019全球竞争力报告》显示，中国香港、新加坡的医疗卫生条件较好且高等院校众多，是综合发展的样本城市；仁川自由经济区也采取了设立外国教育机构和外国人专用医疗机构等措施(陈仁芳，2017)。

公共产品的供给关系到城市经济发展可持续性，其中公共设施的数量、分布与完善情况影响城市空间布局演化，优质社会公共服务的供给则能促进社区的发展并提升居民主观幸福感。自由贸易港承担着产业转型升级的重要任务，其发展路径离不开内部配套公共设施的建设(史本叶和王晓娟，2019；胡方，2019；李善民和史欣向，2020；迟福林，2020)。自由贸易港引入社会组织提供的公共服务能促使该事业的竞争化发展(郑恒峰，2015)，激发港内公共服务活力，更好地对标国际公共服务标准。历史上，在17世纪利沃诺和热那亚的港口之争中，两座城市的居住条件政策不断趋同，弗朗切斯科一世等为自由贸易港发展而进行城市扩容，还修建了航道、仓储库等基础设施(Kirk，2001；Tazzara，2014)。海南自由贸易港目前已在"五网"(光网、电网、路网、气网、水网)基础设施建设和公共文化服务活动上取得了一定成绩(葛红兵和冯汝常，2019；黄晓慧，2020)。总体而言，学界受经济发展导向和国内社会组织发育不完全、本土社会工作实务仍处于探索阶段等因素的影响，对自由贸易港公共基础设施的理论、制度和差异化实践研究较为丰富全面（戴继锋等，2013；马倩，2014），在社会组织提供公共服务上的理论、制度规范与行动研究则有所欠缺。

生态文明保护可以营造良好舒适的环境，提升自由贸易港人才吸引力，促进生态可持续发展。人员、货物、资本等生产要素的流动是自由贸易港的特征，但自由贸易港要想持续发展，必须重视生态文明和生态自然资源的保护、利用与监测评价等相关制度建设。一方面，自由贸易港生态环境质量与自由贸易港用地状态、城市化程度间存在良性正相关的互动耦合机制。这要求自由贸易港重视生态文明体系建设，合理规划使用自然生态空间以达成自由贸易港的生态可持续健康发展。另一方面，高素质人才和高新技术产业偏好向气候宜人、生态宜居的地域流动（陈胜和马凌，2014），对自由贸易港的生态环境保护要求产生正向拉动作用。由此可知，生态环境保护和资源管理是自由贸易港配套制度创新中不可或缺的重要组成部分。在国际知名的自由贸易港中，新加坡在环保和自然资源管理领域的创新经验值得借鉴。其中，注重旅游产业规划、土地管理和法令监管等举措，可供海南自由贸易港学习和借鉴（荣冬梅和卜倩，2018）。

第三节　海南自由贸易港制度和政策体系的总体框架

一、总体制度框架设计：一线放开、二线管住、区内自由

自由贸易港本质上是一种制度供给，政策创新的核心在于"自由便利"，高度自由便利化的营商环境是自由贸易港竞争力的优势所在。自《海南自由贸易港建设总体方案》发布以来，学术界对建设中国特色自由贸易港政策和制度体系进行了大量的讨论与研究，从目标、内涵、意义、整体设计和标准等方面进行了诸多探讨。从内容上看，中国特色自由贸易港政策和制度体系的核心内容涵盖投资贸易自由与便利、服务业开放、金融政策改革创新、人员自由流动、管理体制和法治建设等方面（刘恩专，2018），涉及各方面多领域的制度创新。从建设目标上看，中国特色自由贸易港致力于促进贸易自由便利、投资自由便利、跨境资金流动自由便利、人员进出自由便利、运输来往自由便利和数据安全有序流动（夏锋，2020）。有学者提出，自由贸易港政策和制度体系的建设与创新应基于"汲取传统自由贸易港的理念精华、服务国家重大战略实践需求、着眼未来创新构架政策制度"的基本框架（吴蓉和何万篷，2020）。

《海南自由贸易港建设总体方案》提出，要建立"以贸易投资自由化便利化为重点，以各类生产要素跨境自由有序安全便捷流动和现代产业体系为支撑，以特殊的税收制度安排、高效的社会治理体系和完备的法治体系为保障"的自由贸易

港政策和制度体系。这是在综合考量了国际经验和我国现实基础后得出的结论。事实上，中国特色自由贸易港建设采取了"1+N"模式，即依托海南设立的自由贸易港，对标国际最高开放水平，首先实行"一线放开、二线管住、区内自由"的总体制度安排，同时设立 N 个功能延伸区，实行"负面清单+红线管理"的管理模式，将港口物流开放和产业开放发展结合起来，最大限度地发挥自由贸易港的内外联动功能和辐射腹地经济功能（符正平，2018）。

具体而言，"一线"是指国境线，"二线"指自由贸易港与内地的连接线。"一线放开"意味着对进出自由贸易港的货物实行负面清单管理，而在非负面清单上的其他要素都能够不受调控地便捷流动，最大程度简化了进出口货物的贸易管制措施，货物在港内的装卸、转船和储存不受海关限制（李锋，2019），这样有利于提升海关监管的效率与便利化程度，营造良好的自由贸易港营商环境。"二线管住"是指对自由贸易港与国内其他地区之间进行货物进出口的常规监管，货物从海南自由贸易港进入内地需按进口规定办理相关手续，而货物从内地进入海南自由贸易港则按国内流通规定处理，以避免从境外流入的、享受关税优惠的要素进入内地市场可能导致的市场混乱风险。"区内自由"又称"港内自由"，是指要素在海南自由贸易港内能够自由流动，对于港内的企业机构，海关实行低干预、高效能的精准监管；货物在港内可以自由中转、存放、加工和交易，可以自由地改变状态。

二、五个自由便利：贸易自由便利、投资自由便利、跨境资金流动自由便利、人员进出自由便利和运输来往自由便利

自由贸易港的核心功能是国际贸易和投资自由化便利化，《海南自由贸易港建设总体方案》在强调该核心功能的同时，要求自由贸易港的建设要实现贸易自由便利、投资自由便利、跨境资金流动自由便利、人员进出自由便利和运输来往自由便利等五个自由便利。发展自由贸易港，需要建立便于资金、人员、信息、数据和商品等要素自由流动和优化配置的政策体系（李锋，2019）；而实现各类生产要素跨境自由有序安全便捷流动的目标，需要在"五个自由便利"领域针对性地部署自由化和便利化制度。

贸易自由便利分为货物贸易与服务贸易两方面，二者都只能适用于港内而不能突破二线（李猛，2018），其最终目的是形成一线无条件准入、区内免征免审的新型贸易制度。对于货物贸易，实行"零关税"的便利化制度安排；服务贸易则是对外开放的重要支撑，关系到我国对外开放经济新格局的变化，政策支持应从实施跨境服务贸易负面清单、破除跨境服务贸易壁垒、统一规范服务贸易国内规制等方面展开探索。

投资自由便利政策的核心是制定更加精简的负面清单。应借鉴国际经验，参考国际优秀自由贸易港的建设经验，对外商投资全面实施"准入前国民待遇+负面清单"管理制度，放宽港内市场准入，保护外商投资的权益，同时创新完善投资自由便利制度、建立健全市场的公平竞争制度、重点完善产权保护制度并加快出台相关的产权保护法律法规。

跨境资金流动自由便利是达成贸易投资自由化和便利化的重要手段。自由贸易港要扩大金融开放，就要破除现有体制的弊端来发展离岸金融市场。目前有账户管理制度、准备金管理制度、低税制的金融税收制度等制度可助力离岸金融市场的发展。以账户管理制度为例，由于我国建设离岸金融市场经验较少，可以仿效新加坡建立分离型离岸金融市场，分离人民币账户和非人民币账户(刘恩专，2018)，在此基础上结合实际情况，对达到一定要求的企业或机构尽可能减少审批流程。

人员是自由贸易港发展的关键要素，人员进出自由便利不仅要着眼于为高端产业人才提供出入境便利，还要放宽年龄、学历等的限制，扩大人才引进范围，逐步延长免签停留时间，实行较为宽松的商务人员临时出入境政策。在停居留政策上，对可赴自由贸易港工作的人员专业许可实施负面清单管理，尽可能留住人才。

运输来往自由便利，是在充分发挥海南自由贸易港作为西部陆海新通道国际航运枢纽和航空枢纽的区位优势的基础上建立更开放自由的航运制度，在服务水平和运输货物便利化上重点突破。

三、一个有序流动：推进数据安全有序流动，扩大数据领域的开放

数据是数字时代国家的重要战略资源，数据安全是国家安全的重要组成部分。数据安全有序流动机制的引入是《海南自由贸易港建设总体方案》中的一大亮点，强调要在确保数据流动安全可控的前提下，扩大数据领域开放，创新安全制度设计，实现数据充分汇聚，培育发展数字经济，在2035年前的重点任务中提到实现数据安全有序流动。未来几年，海南自由贸易港将持续探索构建安全有序的数据流动规则体系的路径，其探索成果将在全国范围内为推进数据安全有序流动提供试点经验。

海南自由贸易港建设要"集聚全球优质生产要素"，在数字经济时代，数据要素的重要性不容忽视，由此数据的安全有序流动就成了自由贸易港政策建设方向中的重要对象。为确保跨境数据流动的"安全有序"，《海南自由贸易港建设总体方案》在制度设计上提出要在确保数据流动安全可控的前提下扩大数据领域开放，培育发展数字经济，允许港内企业开展在线数据处理与交易处理等业务。

数据的安全有序流动也为风险管控体系提出了新的要求，数据要素将带来新

技术、新产业、新业态乃至新经济模式，也会带来新的风险，因此在包容其发展的同时自由贸易港也要进行审慎监管，对数据流动领域可能存在的风险提前进行评估并准备相应对策。健全网络安全保障体系，健全数据出入境安全管理制度体系，提升相关的网络安全保障能力。从国际趋势来看，各国之间意识形态的纷争仍然存在，数据在跨境流动过程中可能被境外反动势力利用，进而威胁我国网络安全，因此要对数据流动进行监管控制。比如，开展国际互联网数据交互试点，在港内划出重点园区设立特定的国际互联网数据专用通道，通过专用的互联网接口进行数据的跨境流动，使得整个流动过程安全可控；设计国际通信出入口局，在机构层面以专人负责的形式管理数据的跨境流动等。

总而言之，海南自由贸易港在跨境数据安全有序流动方面的尝试，将培育具有海南特色的合作竞争新优势，也将打开我国跨境数据流通新局面，补充完善建设中国特色自由贸易港政策和制度体系，为释放全球数据要素价值贡献"中国力量"。

四、社会治理创新：创新政府治理体系，打造共建共治共享的社会治理格局，创新生态文明体制机制

社会治理是制度集成落地的重要领域支点，是自由贸易港的底部支撑，是国家治理体系和治理能力现代化的基本要求。自由贸易港的社会治理包括政府环境治理、基层社区治理和生态环境治理，涉及个人和机构组织两个层面。社会治理包含"新治理"理论(Salamon，2002)和多中心治理理论(McGinnis and Ostrom，2012)，就主流趋势来看，结合中国自身实践的、社会本位的多元主体共治模式是目前的主导社会治理模式(王名等，2014；陈天祥，2019)。自由贸易港的制度创新和集成能否顺利落地、落地实施的成效高低与社会基层治理环境息息相关，良好高效的社会基层治理利于激发城市创新发展的内生动力(唐亚林和钱坤，2020)。

首先，高效灵活统一的政府治理能力和精简的政务审批流程是创造自由贸易港制度空间的重要保证(汪洋和王志飞，2017)，应深化"放管服"改革，借鉴国际经验提升政府治理效能和行政管理效率，充分发挥"互联网+"、大数据和区块链等现代信息技术作用，促进治理体系和治理能力现代化，为港内处理行政事务效率提升提供可能。

其次，《2019全球竞争力报告》指出，经济政策与社会政策相辅相成是提升经济竞争力和打造国际化营商环境的核心要素。自由贸易港作为一个高水平开放的平台，是多元经济主体和多元文明交流融合的中心，包容性显得尤为重要。《中共中央　国务院关于支持海南全面深化改革开放的指导意见》中就明确要求海南"在经济体制改革和社会治理创新等方面先行先试"，在社会治理体系中赋予了

海南更大的权力。从新加坡等国际先进经验来看，应该在基层构建一个由政府、企业、社会组织和个人参与配合的共建共治共享的社会治理格局(夏锋，2020)，充分发挥各个主体的优势，激发多元主体共治的活力，最重要的是赋予行业组织更大的自主权；同时也要注重强化本民族教育和基层治理的作用，赋予社区更大的基层治理权限。

最后，创新生态文明体制机制，重视生态文明建设。生态环境建设是社会治理体系的重要组成部分，土地的规划、利用与管制和其他各种自然资源经营权的监管十分重要。海南具有丰富的自然资源，生态环境宜人，是建设自由贸易港的重要优势之一，牢牢把握生态红线，将生态文明环境治理纳入社会治理体系设计中，是新时代高质量发展的要求之一。

五、构建风险防控体系：系统性地防范贸易、投资、金融、数据流动、生态和公共卫生六个领域的风险

风险防控的水平决定了自由贸易港的开放水平，风险防控体系能够体现国家在非常态时期的应对能力(谭波，2020)。建立高效完备的风险防控体系，是自由贸易港实施高水平开放的有力保障；海南自由贸易港在风险防控领域有贸易、投资、金融、数据流动、生态和公共卫生等六个抓手，应牢牢把握这六个风险防控抓手，建设系统完善的中国特色自由贸易港风险防控体系，提升自由贸易港的对外开放水平和风险应对能力。

随着我国对外开放的力度不断加大，出现各种外来风险的可能性也明显增加。一是可能出现国家安全风险，如外来政治势力的干扰和破坏，可能会危害中国国家安全。二是贸易等经济活动中可能出现的走私、偷逃漏税、市场垄断等风险，会危害市场公平，对我国社会公序良俗造成不良影响。三是金融风险，如利用金融开放政策进行洗钱、投机等金融活动，这可能对我国社会和金融秩序造成极其恶劣的影响。四是网络安全和数据安全风险，对外开放可能会导致一些违背国家意识形态和舆情安全的信息流入，进而可能危害我国社会的和谐稳定。五是公共卫生安全风险，对外开放可能引入非本土的危险病菌或对人民身体健康不利的产品等，进而提高出现传染病和疫情的风险。六是生态环境风险，可能在进出口货物中引入外来物种、污染空气、固体废弃物（如洋垃圾）等，对我国生态环境安全具有巨大的潜在威胁(赵晋平和孙鹏，2020)。

从中可见，持续健康的对外开放离不开完善的风险防控体系，后者是进一步对外开放的基础保障。《海南自由贸易港建设总体方案》中除了从六个风险防控领域提出具体的防控理念之外还特别强调，应加强重大风险识别和系统性风险防范，建立健全风险防控配套措施。因此，在制度设计层面，风险防控体系应与自

由贸易港的定位相符，对标国际最高标准设立安全高效的监管机制，探索形成高水平系统性的、完善的风险防控体系。一是要增强风险意识，在事前就对可能发生的风险有较精准的预估与准备。二是充分利用社会治理体系和法治体系，以柔性的社会治理和制度性的法律来降低风险发生的可能性。三是充分利用大数据、人工智能和区块链等信息技术手段，在建立"物理围网"的同时针对信息流动建立"电子围网"，对港内商品的流动做到"联网监管""流动有痕"，实行"一线放开、二线管住"的监管模式。中国特色自由贸易港的风险防控体系需要分阶段的探索，但通过不断的压力测试和调整，必将形成开放自由、监管便捷精准的中国特色自由贸易港风险防控体系，助力形成开放度最高、国际竞争力最强、风险防控有效的中国特色自由贸易港(李锋，2019)。

第四节　推动海南自由贸易港制度集成创新的若干思路

一、封关之后海南自由贸易港与国内其他地区的要素流动

自由贸易港是当今世界最高水平的开放形态，生产要素便捷高效流动是其本质要求。但这并非意味着生产要素可以不受约束地流动，生产要素自由流动的边界问题是自由贸易港制度设计必须考虑的核心问题之一。根据《海南自由贸易港建设总体方案》的安排，生产要素跨境流动要实现"岛内自由"。根据这个制度设计，物理边界就是海南岛的地理边界。因此，《海南自由贸易港建设总体方案》指出"适时启动全岛封关运作"，这是解决生产要素自由流动边界问题的必然选择，一方面可以解决自由贸易港与母体经济之间的"制度利差"问题，另一方面有利于生产要素在有限的空间内实现更高效率的自由流动。封关之后，海南将成为一个特殊的海关监管区域，海南与国内其他地区的要素流动如何管控，这是在进行制度设计和政策设计时需要考虑的重要问题。

管控的核心在于对货物流、资金流、人流、数据流四股流的管控。考虑到资本流动、数据流动的特征，仅有地理边界这一物理边界是不够的，"电子围网"和"数据围网"等更隐性的边界是必需的，甚至是更重要的。也就是说，要形成一个依靠大数据等技术手段的信息化网络，实现对各种商品、人员和资金流动的监管。

对于货物而言，货物从海南进入内地时，应按进口规定办理相关手续，照章征收关税和进口环节税；要在二线设置海关卡口，对海南输往内陆的货物进行查验，确保只有符合标准的货物才能继续免关税，防止零关税产品通过走私渠道流向内陆；要建立电子围网，全面应用物联网技术实现区域智能化管理，通过视频监控系统实现远程无人查验。对于资金而言，目前海南自由贸易港自由贸易账户

的监管制度还不够规范，也还未实现数字化，在一定程度上存在资金跨境转移、资金套利和洗钱等风险。因此，在目前的阶段，有必要建立在岸账户和离岸账户之间的电子围网，海南可以探索设立统一的金融监管机构，具体负责港内金融市场、在岸及离岸账户的监管，既要防止国际市场的资金直接通过在岸账户进入内地，也要防止内地的一些资金通过在岸和离岸账户之间的活动进入国际市场。随着自由贸易港的不断深化和推进，可以逐步降低两个账户之间的围网。根据此前上海自由贸易试验区的实践经验，资金汇兑的事前审批手续过于烦琐将会降低企业自由贸易账户的活跃度，这就不利于自由账户的可持续发展(陈利强和葛梦军，2021)。因此，对自由贸易账户的监管要求，应注意以"放松事前审批，加强事中事后监管"为原则，要知道每笔资金最终流向何处。同时，应探索实现数字化监管。比如，上海自由贸易试验区的自由贸易账户分账核算系统，可以实现对跨境资金流动的逐笔实时监测；荷兰鹿特丹港也是借助先进的信息网络服务系统对港口进行高效且全方位的监管。除了货物和资金之外，还应做好对人员流动和数据流动的二线管控，防范人员流动引发的社会稳定风险和数据自由流动引发的政治安全风险。

二、五个自由便利的下限和上限

对于《海南自由贸易港建设总体方案》提出的"五个自由便利"，即贸易自由便利、投资自由便利、跨境资金流动自由便利、人员进出自由便利和运输来往自由便利五个方面，至少要做到以下几点：第一，对货物贸易实行以"零关税"为基本特征的自由化便利化制度安排，采取"境外关内"的做法，即货物存放在港区内不需要缴纳关税(特殊商品除外)，可以在港区内进行改装、加工、储存、展览和再出口等，只有当货物离开自由贸易港并进入本国关境时才需要按相关规定缴纳关税。第二，对服务贸易实行以"既准入又准营"为基本特征的自由化便利化政策举措，重点在金融服务、电信服务、旅游服务和专业服务四个领域落实开放便利举措。第三，放宽自由贸易港市场准入，如实施市场准入承诺即入制，严格落实"非禁即入"，对外商投资实施准入前国民待遇加负面清单管理制度，大幅减少禁止和限制条款；同时确保各类所有制的市场主体享受平等的待遇。第四，提高人员通关的便利程度，优化免签入境政策，为高层次人才、人才家属、人才家政人员入境停居留提供便利；设立"单一窗口"，为外籍人才办理居留许可、工作许可和健康许可提供一站式便利服务。

在此基础上，可以从以下方面展开进一步探索。一是税收制度的设计。税收制度是自由贸易港吸引市场主体集聚的主要优势所在。除了"零关税"之外，还可以从低税率和简税制两个方面入手，尽可能地降低税率以及简化税种，以香港为例，只设置以直接税（即所得税）为主，以行为税和财产税为辅的制度，而不设流转税,或者税率很低。二是放宽外资准入限制。放宽外资准入是全面实现"投资自由"的重要前提。未来海南自由贸易港可以在取消对外资准入行业的限制以及取消对外资控股比例的限制等方面进行探索。三是深化行政审批制度改革,强力推动"放管服"改革,推进极简审批制度改革,尽可能缩短负面清单,提高办事效率,实现高效审批。

五个自由便利并不意味着无上限的自由便利,除了二线货物流、资金流、人流要实现有效管控之外,对一线的放开也要完善事中事后的监管体系,使得这三股流在能够管控的范围之内,防范系统性风险的发生。比如,在税制方面,既要建立以零关税、低税率、简税制为主要特征的有利于吸引市场主体集聚的税收制度,又要强化对偷税漏税的风险识别,防止自由贸易港成为"避税天堂";在贸易方面,负面清单应实施动态调整机制,同时海关监管方式需要优化,要对走私活动进行高效精准的打击;在金融方面,需要建立健全金融防控体系,实现金融风险的识别、监控,并设计好风险对冲体系,在金融监管上严厉打击金融犯罪活动。此外,还需推进法治化营商环境建设,构建多元化国际商事纠纷解决机制和国际化的法律服务机构,完善外商投资企业投诉机制,加强对产权的司法保护,探索建立完善的市场退出机制,保证港区内市场主体既是多元的,同时也是高质量的。

三、互联网开放与数字经济发展

随着全球经济日益呈现数字化特征,数字经济已经成为引领经济增长的先导力量。其中,数字贸易服务已经逐渐发展为附加值最高的贸易形态之一(曹晓路和王崇敏,2020)。作为全球生产要素集聚和流动的重要节点,实现数据充分汇聚和跨境有序流动是海南自由贸易港稳步发展的战略需要,因此,海南自由贸易港要以重点发展数字服务贸易为目标,在确保数据流动安全可控的前提下,加大数据领域开放力度,大力培育发展数字经济,建设数字化自由贸易港。随着阿里巴巴、腾讯等国内互联网巨头入驻海南,海南有足够的优势成为互联网经济的后起之秀,因此,要充分利用海南作为自由贸易港的制度创新空间,推动海南数字经济蓬勃发展,参与制定国际数字服务贸易新规则。

另外,作为对外贸易的需求,开放互联网,消除数据流动壁垒是必要的。未来海南需要探索加入区域性国际数据跨境流动制度安排,提升数据传输便利性,积极参与跨境数据流动的国际规则制定,建立跨境数据流动自由便利的自由贸易港。一是需要加强信息基础设施建设,为数字经济发展提供支撑,进一步推进国际互联网数据专用通道的建设,为园区营造优质的国际通信营商环境,助力互联网、港口物流、跨境电商等产业的集聚发展。二是推动海南互联网产业国际化发展,加快建设国际海底光缆,实现国际数据共享共通。三是创新数据出境安全的制度设计，探索形成既能便利数据流动又能保障数据跨境传输安全的有效机制。

四、海南治理体系和治理架构的改革

当前海南采取的是"省直管县"的治理体系，从实践效果来看，还存在着人员冗杂的问题。借鉴全球自由贸易港的先进经验，未来海南自由贸易港的行政管理体制改革需要往高度集约化的方向发展，以"放管服"改革为核心，以简政放权为重点，进一步精简机构和人员。基于自由贸易港这一特殊的功能定位，海南可在治理体系和治理架构方面进行大胆探索，结合海南已有的产业园实践，提出未来仅设海口、三亚两个中心城市，取消其他市县的划定，转为按照产业园划定，从当前的"省管理县"的治理体系转变为"省直管下的产业园模式"。在该模式下，产业园可以集中力量发展经济建设，财政税收等职能由省政府直管。省政府应继续推行大部门制，进一步整合政府职能机构，避免政府部门设置过多、职能交叉等问题，简化行政事务手续，实现降本增效。此外，还需深化推进权力下放，对于产业园区，适当给予产业发展方面的权力；如财政等行政部门负责宏观规划及招商，产业园区负责具体开发职能。对于海口、三亚两市，可以给予更多的权力，进一步激发其发展活力。

五、基于大数据和社会信用体系建设的风险防控

围绕着货物、资金、人员和数据四个方面，中国特色自由贸易港制度和政策体系的建设需要重点防控货物走私风险、金融风险、社会稳定风险和政治安全风险等，因此需要建立一套完善的风险防控体系。随着我国大数据、人脸识别、天眼系统等智能监控技术的发展，未来中国特色自由贸易港的风险防控体系可以有基于大数据和信息化手段以及基于社会信用体系建设两个方面的考虑。

利用大数据和信息化手段进行风险防控。利用大数据和信息化手段可以有效实现对货物、资金、人员的一体化数据管理，通过风险识别和风险预警有效实现风险防控。在货物和人员流动方面，海南自由贸易港可以探索以网格作为社会治理的基本单元，从而将包括人、地、事物、组织等在内的所有管理对象按照地理坐标定位到单位网格地图上，建立数据库，通过信息平台实现定格、定位、定性与定量管理。在金融风险防控方面，利用大数据等科技手段可以从风险识别、风险隔离和跨境金融风险处置三个阶段实现跨境金融风险的精准防控。比如，跨境金融风险算法可以实现非现场分析和金融风险预测，但需要有自由贸易港的跨境金融统计标准化制度设计作为制度保障，自由贸易港需要完善跨行业、跨区域、跨市场的金融风险监测、评估、预警机制，同时要有权威机构发布金融数据。

依托社会信用体系进行风险防控。风险防控的核心在于健全守信激励和失信惩戒机制。只有让好人处处便利，让坏人寸步难行，才能从源头上防控风险。因

此，制度设计应着力于完善信用体系的建设，引导金融机构完善企业信用风险管理机制，引导信贷资金流向信用良好的主体，并把信用等级作为企业享受优惠政策和制度便利的重要依据。具体而言，推动社会信用监测体系建设，可以从事前、事中、事后三个环节考虑。一是创新事前环节信用监管，建立健全信用承诺制度，探索开展经营者准入前诚信教育，积极拓展信用报告应用。二是加强事中环节信用监管，全面建立市场主体信用记录，建立健全信用信息自愿注册机制，深入开展公共信用综合评价，大力推进信用分级分类监管。三是完善事后环节信用监管，健全失信联合惩戒对象认定机制，督促失信市场主体限期整改，坚决依法依规实施市场和行业禁入措施，依法追究违法失信责任，探索建立信用修复机制。此外，还应发挥政府在社会信用体系建设中的主导作用。比如，通过设立领导小组等方式打破政府部门间的信息壁垒，推动部门间的数据交换和共享；加强政府对第三方评估机构开展企业登记评价工作的引导和监督检查，规范开放征信服务，为公民、企业、社会组织、司法部门、政府机构提供信用查询等服务。政府还应建立健全统一的公共信用信息公示机制，实现各监管部门之间的信息共享，以便对失信主体实施联合惩戒。

参 考 文 献

艾德洲. 2018. 中国特色自由贸易港下行政边界冲突和机构改革问题研究. 经济学家, (5): 12-16.

蔡小慎, 牟春雪. 2016. 治理现代化背景下我国城市基层治理模式的比较与选择. 学习与实践, (2): 65-72.

曹晓路, 王崇敏. 2019. 中国特色自由贸易港离岸金融的创新路径与立法保障: 以海南自由贸易港离岸金融创新为视角. 暨南学报(哲学社会科学版), (4): 65-75.

曹晓路, 王崇敏. 2020. 中国特色自由贸易港建设路径研究: 以应对全球数字服务贸易规则变化趋势为视角. 经济体制改革, (4): 58-64.

陈诚, 林志刚, 任春杨. 2018. 探索建设自由贸易港的政策安排与路径分析. 国际贸易, (5): 21-27.

陈利强, 葛梦军. 2021. 海南自贸港自由贸易账户制度构建法治化路径研究. 国际商务研究, 42(2): 28-37.

陈林, 袁莎. 2019. 全球比较视角下自由贸易港的多维度政策红利: 国家治理与经济社会效应. 产经评论, (6): 134-147.

陈培雄. 2022. 新经济学替代西方经济学的理论证明(2)//中国国际科技促进会国际院士联合体工作委员会. 财经与管理国际学术论坛论文集(三). 北京: 101-105.

陈仁芳. 2017. 福建自贸区社会治理创新及风险防控研究. 福建论坛(人文社会科学版), (11): 114-120.

陈胜, 马凌. 2014. 高素质人才的城市舒适物偏好及其就业城市选择: 以信息产业中的科技人才为例. 人文杂志, (9): 114-121.

陈天祥. 2019. "社会治理"的又一次理论飞跃. 国家治理, (41): 50-53.

迟福林. 2020-08-07. 推进海南自由贸易港建设的十大思考. 中国经济时报, (4).

崔凡. 2019. 全球三大自由贸易港的发展经验及其启示. 人民论坛·学术前沿, (22): 48-53, 158.

戴继锋, 杜恒, 张国华. 2013. 专业旅游城市综合交通规划技术方法研究: 以三亚市为例. 城市
　　交通, 11(1): 25-32.

董宇. 2016. 政府城市基层治理研究综述. 云南行政学院学报, 18(4): 150-154.

冯俏彬. 2020. 建设海南自由贸易港的相关税收制度解析. 税务研究, (9): 5-9.

符正平. 2018. 论中国特色自由贸易港的建设模式. 区域经济评论, (2): 1-4.

符正平. 2020. 探索自贸区差异化发展路径. 人民论坛, (27): 23-25.

符正平, 王海平, 史欣向, 等. 2018. 探索建设中国特色自由贸易港. 中国港口, (5): 1-3.

葛红兵, 冯汝常. 2019. 海南自贸试验区(港)公共文化服务创新研究. 科学发展, (11): 55-64.

顾朝林, 石爱华, 王恩儒. 2002. "新经济地理学"与"地理经济学": 兼论西方经济学与地理
　　学融合的新趋向. 地理科学, (2): 129-135.

管涛. 2021. "十四五"时期我国金融双向开放的机遇与挑战. 中国银行业, (11): 45-47, 50.

郭永泉. 2018. 中国自由贸易港建设和自由贸易试验区深化改革的策略研究. 国际贸易, (3):
　　21-26.

韩剑. 2020. 构建中国特色自由贸易港的关税制度体系. 中国发展观察, (Z3): 45-49.

何立峰. 2020. 在海南建设中国特色自由贸易港 引领更高层次更高水平开放型经济发展. 宏观
　　经济管理, (7): 1-3.

贺雪峰. 2007. 农民行动逻辑与乡村治理的区域差异. 开放时代, (1): 105-121.

胡方. 2019. 国际典型自由贸易港的建设与发展经验梳理: 以香港、新加坡、迪拜为例. 学术前
　　沿, (22): 30-37.

胡凤乔. 2016. 世界自由港演化与制度研究. 浙江大学博士学位论文.

黄庆平, 李猛. 2019. 国际竞争性税制经验对中国探索建设自由贸易港的启示. 国际贸易, (9):
　　25-32, 89.

季卫东. 2014. 金融改革与"法律特区": 关于上海自贸区研究的一点刍议. 东方法学, (1):
　　86-91.

李波. 2016. 以完善宏观审慎政策框架为核心 推进新一轮金融监管体制改革. 新金融评论, (1):
　　130-145.

李锋. 2019. 中国特色自由贸易港的政策和制度体系研究. 中国国情国力, (2): 52-55.

李光辉, 高丹. 2019. 自贸试验区: 新时代中国改革开放的新高地. 东北亚经济研究, 3(1):
　　62-68.

李善民. 2020. 中国自贸区的发展历程及改革成就. 人民论坛, (27): 12-15.

李善民, 史欣向. 2020. 高质量高标准建设自由贸易港的现实路径. 人民论坛, (19): 58-61.

刘恩专. 1994. 论天津建立自由港的方案与政策. 南开经济研究, (6): 31-36.

刘恩专. 2018. 构建中国特色自由贸易港政策体系. 南海学刊, 4(3): 38-45.

刘见君. 2003. 国内外城市社区管理的模式、经验与启示. 江淮论坛, (5): 64-67.

刘允明. 2020-06-25. 制度集成创新: 内涵、特征及动力来源. 海南日报, (A5).

陆燕. 2020. 自贸区建设成效、问题及发展方向. 人民论坛, (27): 16-19.

罗素梅, 周光友. 2015. 上海自贸区金融开放、资本流动与利率市场化. 上海经济研究, (1): 29-36.

马倩. 2014. 不断提升城市社区管理水平: 以河北省××区为例. 时代金融, (2): 317, 321.

孟广文, 杨开忠, 朱福林, 等. 2018. 中国海南: 从经济特区到综合复合型自由贸易港的嬗变. 地理研究, 37(12): 2363-2382.

裴长洪, 刘斌, 李越. 2019. 中国特色自由贸易港发展模式探索. 国际商务(对外经济贸易大学学报), (1): 1-10.

任春杨, 张佳睿, 毛艳华. 2019. 推动自贸试验区升级为自由贸易港的对策研究. 经济纵横, (3): 114-121.

荣冬梅, 卜倩. 2018. 新加坡自然资源管理经验对海南自贸区和国际旅游岛建设的启示. 国土资源情报, (12): 9, 10-15.

商务部国际贸易经济合作研究院课题组, 邢厚媛. 2014. 中国(上海)自由贸易试验区与中国香港、新加坡自由港政策比较及借鉴研究. 科学发展, (9): 5-17.

沈国明. 2013. 法治创新: 建设上海自贸区的基础要求. 东方法学, (6): 124-129.

沈晓明. 2020-08-12. 以自由贸易港建设推动海南高质量发展. 学习日报, (1).

沈玉良, 彭羽. 2020. 海南自由贸易港建设思路. 中国口岸科学技术, (4): 4-11.

史本叶, 王晓娟. 2019. 探索建设中国特色自由贸易港: 理论解析、经验借鉴与制度体系构建. 北京大学学报(哲学社会科学版), 56(4): 149-158.

孙其昂, 叶方兴, 孙旭友. 2013. 发达国家城市社区管理模式及其对我国的启示. 南京工业大学学报(社会科学版), 12(1): 104-110.

谭波. 2020. 海南自贸港社会治理、法治制度、风险防控体系的一体化设计. 今日海南, (10): 24-26.

唐亚林, 钱坤. 2020. "找回居民": 专家介入与城市基层治理模式创新的内生动力再造. 学术月刊, 52(1): 84-96.

田原. 2020-06-18. 把握好制度集成创新的关键点. 经济日报, (11).

佟家栋. 2018. 中国自由贸易试验区的改革深化与自由贸易港的建立. 国际商务研究, (1): 13-18, 85.

汪洋, 王志飞. 2017. 地方政府治理的现代化分析: 基于三个理论视角. 法制博览, (27): 29-30.

王立勇. 2019. 自由贸易港建设与发展的欧洲经验. 人民论坛·学术前沿, (22): 16-22.

王名, 蔡志鸿, 王春婷. 2014. 社会共治: 多元主体共同治理的实践探索与制度创新. 中国行政管理, (12): 16-19.

王宁. 2014. 加强"丝绸之路经济带"的开放与合作. 决策咨询, (2): 32-34, 89.

王素云, 沈桂龙. 2019. 论国际贸易投资发展新动向下的海南自贸港建设. 南海学刊, 5(2): 20-27.

王涛生. 2013. 制度创新影响国际贸易竞争优势的机理、模型与实证研究. 湖南大学博士学位论文.

王晓玲. 2019. 国际经验视角下的中国特色自由贸易港建设路径研究. 经济学家, (3): 60-70.

王孝松. 2020. 世界主要自贸港的发展经验与中国自贸港未来发展策略. 人民论坛, (27): 42-45.

翁启伟, 杨方方. 2020. 自贸港建设背景下海南: 广东两省港口协同发展研究. 中国商论, (3): 6-9, 13.

吴蓉, 何万篷. 2020. 中国特色自由贸易港政策制度体系创新的基点与内涵探讨. 海关与经贸研究, 41(1): 98-107.

武剑. 2015. 论道金融控股集团的全面风险管控. 中国银行业, (11): 87-90.

夏锋. 2020. 中国特色自由贸易港治理体系框架建构和制度创新. 经济体制改革, (4): 5-11.

殷华, 高维和. 2017. 自由贸易试验区产生了"制度红利"效应吗?——来自上海自贸区的证据. 财经研究, 43(2): 48-59.

张尔升, 林泽宇, 李卓琳. 2019. 中国特色自由贸易港建设的区域经济一体化效应: 以海南自由贸易港为例. 山东财经大学学报, 31(1): 5-13.

张华伟. 2020. 自由贸易港: 中国改革开放的 4.0 版. 中国发展观察, (Z3): 40-44.

张梅艳. 2015. 深化我国部门财政预算管理改革: 问题与思路. 西北工业大学学报(社会科学版), 35(3): 13-20.

张欣杰. 2020. 海南自贸区(港)建设财政职能作用: 基于上海自贸区的经验借鉴. 地方财政研究, (1): 24-33.

张咏华. 2017. 中国自贸区制度创新的实践与理论基础: 以上海自由贸易试验区为例. 行政科学论坛, (10): 8-11.

张幼文. 2015. 生产要素的国际流动与全球化经济的运行机制: 世界经济学的分析起点与理论主线. 世界经济研究, (12): 3-11, 124.

赵丹阳, 佟连军, 仇方道, 等. 2017. 松花江流域城市用地扩张的生态环境效应. 地理研究, 36(1): 74-84.

赵晋平. 2019-08-19. 把自由贸易试验区建设成新时代对外开放新高地. 中国经济时报, (5).

赵晋平, 孙鹏. 2020. 打造中国特色自由贸易港更高水平的开放形态. 南海学刊, 6(1): 13-19.

郑恒峰. 2015. 自贸区建设中社会组织参与政府购买公共服务研究. 中共福建省委党校学报, (12): 30-35.

郑钧蔚. 2015. 社会治理理论的基本内涵及主要内容. 才智, (5): 262.

中国(海南)改革发展研究院课题组, 迟福林. 2019. 海南探索建设中国特色自由贸易港的初步设想. 改革, (4): 27-38.

中国人民银行调查统计司课题组, 盛松成. 2012. 我国加快资本账户开放的条件基本成熟. 中国金融, (5): 14-17.

周红云. 2016. 全民共建共享的社会治理格局: 理论基础与概念框架. 经济社会体制比较, (2): 123-132.

周小川. 2011. 金融政策对金融危机的响应: 宏观审慎政策框架的形成背景、内在逻辑和主要内容. 金融研究, (1): 1-14.

朱福林. 2020. "十四五"期间中国特色自由贸易港建设思路与路径. 国际贸易, (4): 14-22.

朱奕名. 2019. 推进中国特色自由贸易港政策体系建设研究. 价格月刊, (11): 63-68.

Akbari M, Azbari M E, Chaijani M H. 2019. Performance of the firms in a free-trade zone: the role of institutional factors and resources. European Management Review, 16(2): 363-378.

Auh S, Menguc B. 2009. Broadening the scope of the resource-based view in marketing: the contingency role of institutional factors. Industrial Marketing Management, 38: 757-768.

Bolle M J, Williams B R. 2012. U. S. Foreign-Trade Zones: Background and Issues for Congress. Washington DC: Congressional Research Service Press.

Brouwer H. 2009. Macroprudential supervision: from concept to practice. 28th SUERF Colloquium, The Quest for Stability Jointly Organized and Hosted by Utrecht University School of Economics.

Chauffour J P, Maur J C. 2011. Preferential Trade Agreement Policies for Development: A Handbook. Washington DC: World Bank Publications.

Clark T N, Lloyd R, Wong K K, et al. 2002. Amenities drive urban growth. Journal of Urban Affairs, 24(5): 493-515.

Coase R H. 1960. The problem of social cost. The Journal of Law and Economics, 3: 1-44.

Florida R. 2002. The Rise of the Creative Class: And How It's Transforming Work, Leisure, Community, and Everyday Life. New York: Basic Books.

Gaur A S, Ma X F, Ding Z J. 2018. Home country supportiveness/unfavorableness and outward foreign direct investment from China. Journal of International Business Studies, 49(3): 324-345.

Hamada K. 1974. An economic analysis of the duty-free zone. Journal of International Economics, 4(3): 225-241.

Hamilton C, Svensson L E O. 1982. On the welfare effects of a duty-free zone. Journal of International Economics, 13(1/2): 45-64.

Jordaan H, Wilson V. 2014. The eighteenth-century Danish, Dutch and Swedish free ports in the northeastern Caribbean: continuity and change//Oostindie G, Roitman J V. Dutch Atlantic Connections, 1680-1800: Linking Empires, Bridging Borders. Leiden: BRILL: 273-308.

Kirk T. 2001. Genoa and Livorno: sixteenth and seventeenth-century commercial rivalry as a stimulus to policy development. History, 86(281): 3-17.

Lavissière A, Fedi L, Cheaitou A. 2015. A modern concept of free ports in the 21st century: a definition towards a supply chain added value. Supply Chain Forum: An International Journal, 15(3): 22-28.

Lee C Y, Lee J H, Gaur A S. 2017. Are large business groups conducive to industry innovation? The moderating role of technological appropriability. Asia Pacific Journal of Management, 34(2): 313-337.

Lund L. 1986. Locating Corporate R&D Facilities. New York: Conference Board.

McGinnis M D, Ostrom E. 2012. Reflections on Vincent Ostrom, public administration, and polycentricity. Public Administration Review, 72(1): 15-25.

Mukherjee D, Gaur A S, Gaur S S, et al. 2013. External and internal influences on R&D alliance formation: evidence from German SMEs. Journal of Business Research, 66(11): 2178-2185.

Mukherjee D, Lahiri S, Ash S R, et al. 2019. Search motives, local embeddedness and knowledge outcomes in offshoring. Journal of Business Research, 103: 365-375.

North D C. 1990. Institutions, Institutional Change and Economic Performance. Cambridge: Cambridge University Press.

North D C. 1991. Institutions. Journal of Economic Perspectives, 5(1): 97-112.

North D C, Thomas R P. 1973. The Rise of the Western World: A New Economic History. Cambridge: Cambridge University Press.

Powell W W. 1998. Learning from collaboration: knowledge and networks in the biotechnology and pharmaceutical industries. California Management Review, 40(3): 228-240.

Rodriguez C A. 1976. A note on the economics of the duty free zone. Journal of International Economics, 6(4): 385-388.

Salamon L M. 2002. The Tools of Government: A Guide to the New Governance. New York: Oxford University Press.

Schultz T W. 1968. Institutions and the rising economic value of man. American Journal of Agricultural Economics, 50: 1113-1122.

Singh D A. 2009. Export performance of emerging market firms. International Business Review, 18(4): 321-330.

Song M L, Wang J, Wang S H, et al. 2019. Knowledge accumulation, development potential and efficiency evaluation: an example using the Hainan free trade zone. Journal of Knowledge Management, 23(9): 1673-1690.

Tazzara C. 2014. Managing free trade in early modern europe: institutions, information, and the free port of livorno. The Journal of Modern History, 86(3): 493-529.

Venables A J. 2003. Winners and losers from regional integration agreements. The Economic Journal, 113(490): 747-761.

Williamson O E. 2000. The new institutional economics: taking stock, looking ahead. Journal of Economic Literature, 38(3): 595-613.

本章系子课题一"海南自由贸易港制度集成创新"的研究成果，课题主持人是中山大学史欣向副教授，课题组成员有李善民、刘恩专、彭曦、王珏、韦嘉嘉、陈子菁、刘淑慧、王杰、覃涵之。

本章执笔人：史欣向。

第四章　海南自由贸易港现代化产业体系发展模式

现代化产业体系是现代化经济体系的核心，其发展水平是区域经济发展和综合实力的重要体现。在海南建设自由贸易港，是党中央着眼于国内国际两个大局、为推动中国特色社会主义创新发展作出的一个重大战略决策，是我国新时代改革开放进程中的一件大事。加快推动海南自由贸易港现代化产业体系构建与高质量发展是其中的重要一环，也是海南推动高质量发展、实现"建成具有较强国际影响力的高水平自由贸易港"这一目标的重要支撑和关键所在。可以说，构建以"3+1"（旅游业、现代服务业、高新技术产业+热带特色高效农业）为主导的现代化产业体系，是当前海南自由贸易港建设的首要任务。然而从现实看，当前海南现代化产业体系的发展，与自由贸易港未来发展需要之间存在很大的差距，海南自由贸易港现代化产业体系的发展需要梳理目前存在的问题、理清发展路径等。

第一节　海南自由贸易港现代化产业体系构建与发展总体思考

一、海南自由贸易港现代化产业体系发展需要解决"三个问题"

（一）如何处理好创新与传统产业发展之间的关系

截至 2021 年上半年，海南主营收入达 10 亿元以上的高新技术企业仅有 18 家。由此可见，海南自由贸易港发展现代化产业体系面临的首要问题就是高新技术企业规模小，缺乏竞争力，尤其是需要促进以企业为主体的产业创新来破解难题。理论和实践都证明，唯有创新驱动发展战略才能为经济发展提供持续的原动力，而海南自由贸易港的开放政策为创新驱动发展创造了有利条件，企业可以在大力引进国外先进技术的基础上消化吸收和再创新，进一步推动产业升级，催生出以通信技术、云计算、人工智能、区块链等为代表的新兴产业。但在积极推动海南自由贸易港科技创新的过程中，需要注意到当前海南省的产业基础薄弱，实体经济发展落后，以劳动密集型产业为代表的传统产业在海南经济发展中仍然占据着重要的地位。当前海南自由贸易港的产业体系处在传统产业主导但增长不断下滑以及新兴产业虽然在成长但缺乏核心技术、缺乏人才、发展阻力巨大的状态中，面临"结构性陷阱"的问题。因此必须要首先处理好科技创新与传统产业发展之间的关系，以破解新兴产业发展过程中的难题，成功跨越"结构性陷阱"。

（二）如何发挥数字经济对现代化产业体系发展的引领作用

海南自由贸易港作为我国开放新高地，在我国现代化建设大局和全方位开放格局中具有重要的战略地位。在全面深化改革、社会治理能力和治理体系现代化水平不断提升的过程中，产业建设将迎来巨大变革，发展数字经济具有得天独厚的条件。当前海南自由贸易港的数字经济发展滞后，一方面，数字基础设施有待完善，信息通信产业还有提升空间，特别是 5G 基站建设、特高压、城市轨道交通、大数据中心、人工智能和工业互联网等新基建领域亟须加快建设速度；另一方面，经济发展环境和数字化人才吸引能力有待优化。海南由于地域因素和独特的经济发展历史，营商环境总体欠佳，投资和人才外流问题突出，金融资本流动性和稳定性较差。

（三）如何兼顾发展新兴产业与保障产业安全问题

构建现代化产业体系是支持海南深度嵌入全球产业链和更好地融入全球产业分工体系的有效途径。战略性新兴产业是以重大技术突破和重大发展需求为基础，对经济社会全局和长远发展具有重大引领带动作用，且知识技术密集、物质资源消耗少、成长潜力大、综合效益好的产业。当前海南区域发展不平衡，同时产业结构以"资源依赖型"为主且实体经济相对薄弱，在新兴产业与传统产业承接过程中容易造成阶段性空心化，导致一定的产业安全问题。海南自由贸易港作为我国最高水平的开放新高地，理应在兼顾新兴产业发展与产业安全问题方面先试先行，为我国更好地嵌入全球价值链提供实践思路。

二、海南自由贸易港现代化产业体系构建、发展的"两条路径"

（一）市场内生性现代化产业体系演化机制

现代化产业体系的形成首先离不开市场的自我演进。作为岛屿经济体，海南具有市场空间小、物流成本高、自我循环能力弱等先天短板，产业发展最为突出的问题就是基础薄弱、产业链条短、产业竞争力弱。2020 年，海南外贸依存度为16.9%，与全国 31.6%、新加坡 207.4%的水平差距较大；实际使用的外商直接投资占地区生产总值的比重为 3.8%，与香港 18.5%（2019 年）的水平有较大差距。市场流量小导致产业发展动力不足，同时物流成本也制约着海南产业链供应链的构建。基于此，海南自由贸易港发展现代化产业体系的第一条路径就是做大市场流量，通过产业间的相互影响和机会的创造，带动全部现代化产业体系中的各部门细化分工与规模扩大，形成企业创新发展和产业集群发展的内生动力源泉。

（二）政策外生性现代化产业体系推进机制

有别于传统产业发展路径，海南自由贸易港的现代化产业体系发展除了考虑内生性的现代产业自我演化机制，还需要考虑制度创新、国内外要素聚集、国际经贸规则对接等多重因素对于自由贸易港产业发展的指数级促进作用。制度体系是各种要素流动的重要基础。在海南自由贸易港推进现代产业发展的过程中，应适时发挥政府的作用，制定一系列产业政策，引导企业进行产业创新、保障企业公平竞争，以实现新兴产业的快速成长与发展，进一步推进海南自由贸易港现代化产业体系的构建。例如，在创新驱动政策方面，政府可以用公共手段降低创新成本。这是因为公共手段是面向所有企业的，可以形成分担创新成本的效果。政府通过建立公共性创新基础设施，以集约方式提供创新服务，以此降低创新成本进而推进企业创新行为。发挥政府政策对现代化产业体系的外生性推进机制，可以加快突破产业发展的瓶颈，以实现产业"从0到1、优化升级、迭代转型"。

三、海南自由贸易港现代化产业体系发展需要处理好五个关系

海南正以旅游业、现代服务业、高新技术产业和热带特色高效农业为重点，加快构建以"3+1"主导产业为基础的现代化产业体系，以夯实海南实体经济基础，支撑海南自由贸易港建设。但相对发达地区而言，海南产业发展存在工业化程度不高、产业基础薄弱、传统产业比重大、产业链条不完整等诸多问题，导致海南产业现代化起点低、动力弱、阻碍大。构建海南自由贸易港现代化产业体系需主动应对这些问题，理顺与此相关的几个重要关系，以免走弯路、做无用功，促进现代化产业体系构建良好开端。

（一）要准确理解现代化产业体系构建与海南自由贸易港建设的关系

海南自由贸易港建设是国内国际双循环的重要交汇点，是我国构建新发展格局的重要支撑和纽带，海南现代化产业体系构建对于全国现代化产业体系也具有重要意义。海南现代化产业体系构建不能仅着眼于产业发展本身，其更多承载全方位开放框架下探索产业发展新路径和经济发展新方式，因而要在开放包容、破解体制性、制度性障碍等方面大胆探索，为全国现代化产业体系构建先行先试，为全国产业发展参与国际产业分工提供通道、输送能量，在对接国际最高开放水平过程中发挥引领和先导作用。显然，海南现代化产业体系构建不能仅在"产业"上发力，而要聚焦产业发展的约束条件，在开放和制度集成创新上发力，通过要素流动、破除制度障碍等市场化手段催生和激发产业发展。同时，应当把现代化产业体系作为海南自由贸易港扩大开放、推动制度集成创新、探索开放型经济新体制的方向路径和重大成果，放在自由贸易港制度架构下，用自由贸易港创新政

策工具驱动现代化产业体系发展，而不是"就产业论产业"简单借鉴先进地区发展经验。

（二）要处理好现代化产业体系构建过程中的"四位一体"协同关系

党的十九大报告指出，"着力加快建设实体经济、科技创新、现代金融、人力资源协同发展的产业体系"[①]。构建现代化产业体系客观上需要通过促进实体经济、科技创新、现代金融、人力资源四个方面相互作用、协同发展。

一是确立以实体经济发展为核心目标。海南自由贸易港现代化产业体系构建应该以发展实体经济为导向，推动科技创新、现代金融、人力资源等与实体经济发展相适应、相匹配。科技创新与实体经济融合发展就是要通过 5G、新能源、新材料、高端装备、绿色环保等"重科技型"新兴战略性产业，提升产业链创新能力，围绕产业链部署创新链。现代金融要围绕实体经济进行服务，拓宽实体经济融资空间。要不断优化人力资源支撑实体经济的发展作用，围绕深海深空、新能源、新材料、装备制造、生物医药等重要产业集群，通过更加优惠的人才政策，提高实体经济的待遇，调节不同行业存在的收入分配差距，提高海南实体经济对人才的吸引力。

二是促进科技创新与现代金融的协同发展。建立与现代金融发展相适应的专业化经营组织机构，开展投贷联动等业务，推动金融与科技深度融合、跨界合作，更好地服务科技行业和企业。充分运用大数据、人工智能、云计算等数字技术发展普惠金融、智能金融，创新金融产品和服务，为更多小微企业、农民、低收入人群等提供便捷安全的金融服务。

三是促进科技创新与人力资源的协同发展。就是要把人才资源开发放在科技创新的最优先位置，完善人才培养、引进、使用等机制，注重在创新实践中发现人才、在创新活动中培育人才、在创新事业中凝聚人才。要加强创新型人才队伍梯队建设，注重培养一线创新人才和青年科技人才。

四是促进现代金融与人力资源的协同发展。这不仅是要求大力引进高层次金融人才，促进现代金融业发展，更是要围绕重点产业人才的创新创业、人才集聚，创新"人力资源+金融"服务模式，推动"人力资源+金融"项目建设，促进金融机构和人力资源服务机构展开全方位合作，推动金融机构持续为海南人才事业和人力资源企业发展壮大提供更多、更优、更好的金融服务。

---

① 《习近平：决胜全面建成小康社会 夺取新时代中国特色社会主义伟大胜利——在中国共产党第十九次全国代表大会上的报告》，https://www.gov.cn/zhuanti/2017-10/27/content_5234876.htm[2017-10-27]。

(三)要处理好海南产业发展中"现代"与"体系"的关系

构建现代化产业体系,需要紧盯"现代",但也不能忽视"体系"。构建以旅游业、现代服务业、高新技术产业和热带特色高效农业为主导的现代化产业体系并非单纯地发展四个主导产业。现代化产业体系构建应当秉持开放、包容的总体思路。海南目前还是经济欠发达地区,拥有较高比例的传统产业。现代化产业体系构建必须立足经济和产业发展实际,循序渐进地推动产业结构调整和产业升级,不能一味追求高级化、高端化,忽略甚至放弃大量的传统产业。例如,建筑、批发与零售、住宿和餐饮等的传统产业属性较强,但却是海南本土经济发展的重要支撑和吸纳劳动力就业的重要载体,不能因构建现代化产业体系而偏废。海南现代化产业体系构建要做"增量",更要盘活、优化"存量",充分利用现代产业手段改造和提升传统产业,促进其增值增效,使之逐步融入现代化产业体系。着眼于此,海南现代化产业体系构建及其实现,也可以为全国其他欠发达地区产业发展提供经验借鉴。

现代化产业体系构建是一个系统工程。如果把"3+1"四大主导产业视为现代化产业体系的骨架,那么其他传统产业则是血和肉,也应当是现代产业"体系"的组成部分。在产业招商和导入过程中,不能只瞄准龙头企业、产业链高端环节,追求一步到位跨到产业前沿。大企业、龙头企业对产业链配套要求较高,引进难度较大;在产业链配套不完备的情况下,即使勉强引进来,其发展也会面临产业配套窘境。因而,在现代化产业体系构建过程中,除了要重视引进高端产业、头部企业,更要抱着开放包容的态度,在设定生态环境、经济安全等约束以及准入负面清单条件下,尽可能放宽市场准入,吸引更多市场主体进入,做大市场规模,完善产业配套,再配合自由贸易港优惠政策引进行业龙头企业。

(四)要处理好自由贸易港产业政策与竞争政策的关系

海南自由贸易港对标世界最高水平开放形态、打造中国"制度型、规则性"开放的试验田;包括产业政策在内的公共政策供给应当符合国际先进经贸规则,各类政策工具要经得起 WTO、《区域全面经济伙伴关系协定》及《全面与进步跨太平洋伙伴关系协定》等经贸规则体系的检验。因此,现代化产业体系构建过程中的各类政府支持性政策要细致对标、认真评估、慎重实施;坚持以竞争政策为基础,统筹协调产业政策和其他经济政策。加快推动产业政策从选择性、差异化向普惠化、功能性转型,加强产业政策和竞争政策协同;尽量避免扶持性政策对国有企业的"过度关爱",从而强化其在国际竞争中相对于竞争对手的有利市场地位。

当然,并非所有的产业政策都必须从属于竞争政策。海南自由贸易港被赋予全面深化改革开放试验区、国家生态文明试验区、国际旅游消费中心和国家重大战略服务保障区的战略定位，现代化产业体系众多细分领域需要服从生态约束、意识形态和国家战略大局，对其支持政策可适用竞争政策的例外规定，豁免公平竞争审查。《海南自由贸易港公平竞争条例》已经出台并于 2022 年实施，为海南自由贸易港强化竞争政策提供了重要法治保障。接下来，还需要在进一步研究和细化海南现代化产业体系具体领域的基础上，结合产业属性分析各产业在海南自由贸易港建设中的作用，制定海南自由贸易港竞争政策的例外规定清单和实施细则，促进竞争政策与产业政策的有机协同。

（五）要处理好海南现代化产业体系与自由贸易港鼓励类产业的关系

在构建现代化产业体系过程中也要处理好与鼓励类产业的关系。如果说自由贸易港鼓励类产业是连通"国内与国际"宽口径的产业发展全景图，那么现代化产业体系就是衔接"基础与未来"高起点的产业路径图。《海南自由贸易港鼓励类产业目录（2020 年本）》在国家现有产业目录中鼓励类产业的基础上新增了 14 个大类、143 个细分行业，这些产业中有些不属于"3+1"现代化产业体系范畴，但也是海南自由贸易港要大力发展的产业内容。鼓励类产业目录是宽口径的，主要是作为扩大对外开放的配套措施，拓展本地产业发展需求，对接国内国际市场，广纳投资者，丰富和完善海南自由贸易港产业门类，扩大和夯实国民经济产业基础。现代化产业体系是衔接当前产业基础和海南未来高质量发展的路径，着眼于经济发展方式的转型和经济发展质量的提升。鼓励类产业与现代化产业体系既不是等同的，也不是分割的，它们之间是相互融合的，主要是产业发展的功能有所不同。

四、对海南现代化产业体系构建与高质量发展的若干建议

（一）以要素协同为桥梁打造产业创新生态体系

在科技创新领域，整合各类优势科教资源，建立研发机构、领军企业、行业协会等多方力量共同搭建的创新生态体系，建立健全以市场为导向的科研成果激励机制，进一步提升科技成果转化率。在现代金融领域，推进金融业改革创新步伐，大力拓展金融业务领域，实现现代金融与实体经济协调发展，加快发展民营银行以及普惠金融和多业态中小微金融组织，并通过制度设计、政策调节、监管规范等手段构建差异化竞争、特色化经营的中小企业融资体系。在人力资源领域，实施进一步开放政策，引进现代产业发展急需的领军人才及其团队，建立高端专业人才、职业技术教育等多层次的培训体系。

(二)以数字化为牵引助推现代化产业体系建设

数字化是全球经济转型的大势所趋。应重点深化新一代信息技术在高端装备、新能源汽车等制造业领域的应用和创新，加快推进新一代信息技术与制造业和服务业深度融合，助推产业数字化发展。积极推进以数字经济为引领的产业智能化、绿色化、高端化发展，积极培育并支持新经济、新业态、新模式等健康发展，大力发展战略性新兴产业，加快推进大数据、5G、人工智能等新一代信息技术产业，围绕创新链布局产业链，围绕产业链部署创新链，努力推进数字产业化进程。

(三)以安全协同为抓手构建产业开放体系

支持优势企业及相关机构参与战略性新兴产业的国际技术标准制定以及国际研发合作等活动，提高国际规则制定话语权，以此提升产业全球控制力。以海南自由贸易港为纽带，打造基于中国制造、中国创造为核心的国际生产体系，在沿线国家积极引入国内制造业价值链上的本土龙头企业的标准和品牌，顺应经济全球化横向分工的区域化集聚趋势，加快布局"以我为主"的区域产业链供应链体系，提升产业全球影响力。积极建立健全产业安全的预测预警系统，构建具有辅助决策、数据共享、通信指挥等功能的应急响应综合应对平台，在提升产业发展韧性的同时，提高产业安全保障能力。

第二节　贸易开放、产业结构升级与海南经济增长

一、问题的提出

现代化产业体系是现代化经济体系的核心(刘伟，2017)，而经济增长和产业结构升级是现代化产业体系发展的重要落脚点(王海兵和杨惠馨，2016)，其发展水平是区域经济发展和综合实力的重要体现(朱孟晓和杨惠馨，2016)。随着国际不确定性日益凸显，逆全球化冲击的多重叠加影响给我国现代化产业体系建设带来了巨大的挑战。我国的现代化产业体系发展进入产业变革和转型的关键时期，面对诸多不确定因素，我们需进一步加强现代化产业体系的建设，提升产业要素抗风险能力，助力实现经济高质量发展(刘如和陈志，2020)。

在海南建设自由贸易港，是党中央着眼于国内国际两个大局、为推动中国特色社会主义创新发展作出的一个重大战略决策，是我国新时代改革开放进程中的一件大事。加快推动海南构建现代化产业体系是其中的重要一环，也是海南推动高质量发展、实现"建成具有较强国际影响力的高水平自由贸易港"这一目标的重要支撑和关键所在。自2018年明确自由贸易试验区定位以来，海南以旅游业、

现代服务业和高新技术产业为主导，围绕的十二大重点产业的发展已取得一定成效。官方数据显示，2019 年上半年，十二个重点产业投资占固定资产投资的比重为 77.1%，现代服务业对全省经济增长贡献率超七成。然而，值得注意的是，产业基础薄弱是海南自由贸易港建设的突出掣肘，加之区域发展不平衡，"三农"问题明显，产业结构以"资源依赖型"为主且实体经济相对薄弱，产业服务化、智能化发展迟滞、现代服务业和高新技术产业有待发力等方面的问题亦较为突出。

因此，面向海南自由贸易港建设现代化产业体系的目标和实践需求，本节将贸易开放和现代化产业体系发展纳入同一个逻辑分析框架中，探究贸易开放、产业结构升级与经济增长之间的动态关系，进一步探究海南自由贸易港现代化产业体系的发展路径，并为促进海南自由贸易港建设提供理论依据和实践参考。

二、相关研究回顾

(一)现代化产业体系

学界对现代化产业体系的研究目前还处于理论摸索阶段，这主要是由于该概念是我国所特有的，是在改革开放多年实践经验基础上总结形成并在党的十七大报告中明确提出的。张耀辉(2010)以竞争为主线、以创新为基础、以协作为特征、以内生和外生共同推进为框架，讨论了产业体系的蜕变与形成，指出发展中国家建立现代化产业体系的国际环境并不乐观，因为开放会通过抑制创新行为而失去现代化产业体系发展的机会。刘钊(2011)认为现代化产业体系中的组织形式主要向着网络化演进，向着集群化延伸，向着融合化发展，其本质是一种联动的协同网络系统。张伟和胡剑波(2014)基于产品内分工发展，分析了产业体系的内在规律，揭示了不同分工形式下产业体系的特征及构成。在实证文献中，王海兵和杨蕙馨(2016)首次提出经济增长和产业结构升级纳入是现代化产业体系发展的主要表现形式，并指出中国产业体系本身具有以经济增长和产业结构升级的协同互动为主题的自我演化特征。

经济增长在一定程度上取决于产业结构的状态，且依赖于产业结构的转换。经济增长总是先由某一产业部门率先采用先进技术开始的，而产业结构的高级化一定会带动经济的增长。库兹涅茨的人均收入决定论认为，产业结构的变动受人均国民收入变动的影响，人均国民收入是产业结构变动的原因，该理论还认为经济增长是一个总量过程，总量增长引起部门结构变化；而以罗斯托为代表的观点，认为经济增长本质上是部门的增长过程，部门结构变动推动总量增长。对于我国产业结构与经济增长的关系，国内学者做了大量的实证研究。郑若谷等(2010)通过测度产业结构高级化指标和引入随机前沿函数，构建了产业结构与经济增长模型，研究了转型期中国经济增长的结构效应，得出了产业结构调整对经济增长的直接影响在短期和长期均有明显作用，并且认为有效推进产业结构高级化，能够对经济增长起到持续有效的推动作用。刘伟和李绍荣（2002）通过测算产业结构对经济增长的贡献度来论证产业结构的高级化能够促进经济增长。纪玉山和吴勇民（2006）与付凌晖（2010）利用协整模型实证分析了产业结构高级化程度与经济增长的长期均衡关系。

（二）贸易开放和现代化产业体系

在全球化背景下，贸易开放给予了发展中国家融入全球产业分工链条的机会，这不仅使其通过发挥资源禀赋的比较优势实现了产业结构升级，而且通过贸易和外商直接投资引进的先进技术和管理经验也在很大程度上促进了各国的经济增长（唐东波，2013）。

贸易开放与产业结构：产业升级和产业结构调整本质上涉及有限资源如何更有效地在产业间实现再配置。经典文献 Melitz（2003）认为贸易自由化带来的竞争可以促使资源由低效率企业向高效率企业转移，通过企业的优胜劣汰实现整体企业生产率的提升，从而实现资源更有效的配置。此外，Hsieh 和 Klenow（2009）认为如果资源充分自由流动，不存在任何扭曲与非完全市场环境，高生产率企业将兼并或挤出低生产率的企业，均衡条件下所有企业的生产率水平将是相等的，从而达到资源的最优配置。Lu 和 Yu（2015）则认为，价格成本加成的分散度越小，表示资源配置越合理。周茂等（2016）研究发现贸易自由化可以依托进口竞争效应对产业结构优化产生显著的正向促进效应，进而实现中国产业整体升级。蔡海亚和徐盈之（2017）研究发现贸易开放在加快产业结构整体优化的同时还有助于服务业与工业内部行业的变革。同时，贸易开放可以借助增加物质资本积累、刺激消费需求、提升技术进步、促进制度变革等方式间接加速产业结构整体升级和产业结构高级化发展。付德申和孔令乾（2016）研究发现，产业结构升级与贸易开放具有相互促进的互动关系，且相互促进的程度在我国东、中和西部地区具有显著差异。石峰等（2018）研究发现贸易开放对产业结构升级的动态响应具有区域异质效应，同时产业结构升级对贸易开放的动态响应具有区域异质效应。

贸易开放与经济增长：有学者发现对外开放在中国经济增长中具有积极作用，也有学者指出，贸易开放可能会给国内各省份的经济增长带来不确定性影响。在对外贸易与经济增长关系的研究中，新古典增长理论认为，对外贸易主要是通过两个方面促进经济增长，一方面是对外贸易带来了资本积累，形成规模经济效益；另一方面是对外贸易能够促进国内资源与国外资源直接的交换进而实现资源的有效配置。新古典增长理论认为，贸易开放促进经济增长的渠道主要来源于贸易带来的规模经济效应、促进资本形成以及资源配置效率的提高。新增长理论则认为，贸易开放主要通过加快本国技术进步、提高要素生产率来促进经济增长，以及通过促进国内资源在物质生产部门和知识产品生产部门之间的要素优化配置，从而加快了经济增长（Grossman and Helpman，1991）。有学者检验证明我国贸易开放与经济增长具有长期均衡关系（张立光和郭妍，2004），而且它们之间存在高度正相关关系和因果关系（梁莉，2006）。许和连等（2006）进一步基于中国的经验数据发现，贸易开放可通过促进资本的流入、技术的进步和全要素生产率的提高来促进经济的增长。马颖等（2012）的研究表明经济增长不利于劳动密集型产业的发展，同时劳动密集型产业的发展也不利于经济增长，但贸易开放在促进经济增长的同时阻碍了劳动密集型产业的发展。傅强和黎秀秀（2014）的研究表明，贸易开放的扩大能促进国内的产业结构升级，从而拉动我国经济增长，而产业结构高级化在促进经济增长的同时对贸易开放度并无明显影响。

综上可见，贸易开放与现代化产业体系发展有着密切联系，而该密切联系在很多文献中并未得到直接验证，尤其是在海南建立自由贸易港的背景下未得到直接验证，这也是本节研究与现有研究的主要区别之一。除此之外，本节研究的创新之处还在于对现代化产业体系发展的两方面处理，一方面是从指标构建方面完善产业结构变量的构建，另一方面是将产业结构升级和经济增长同时引入计量模型。利用协整检验和向量自回归（vector auto regression，VAR）考察贸易开放、产业结构升级和经济增长在长短期中可能存在的差异化特征。通过测算产业结构升级及贸易开放，对海南省贸易开放与现代化产业体系发展之间长短期的均衡关系进行实证分析，并在得出研究结论的基础上探讨海南省应该如何充分利用好产业结构高级化、合理化与扩大贸易开放这一双轮驱动力，紧紧把握海南自由贸易港建设这一重大机遇，大力促进新常态下海南省经济的健康稳健增长。

三、计量方法与数据说明

（一）计量方法

在进行传统回归分析过程中，需事先确定外生变量与内生变量，而在变量之间存在相互影响的系统中，明确区分内生变量与外生变量是十分困难的，识别错误会导致错误的结论。因此，在研究此类复杂系统时，需要将这些变量放在一起，作为整体来进行预测以得到合理的预测结果，这便是 Sims（1980）提出的 VAR 模型。由于本节的变量主要有贸易开放、经济增长和产业结构升级，所以 VAR 模型可设定如下：

$$
\begin{cases}
x_{1t} = \beta_{1,0} + \sum_{k=1}^{q} \beta_{2,k} x_{2,t-k} + \sum_{k=1}^{q} \beta_{3,k} x_{3,t-k} + \varepsilon_{1,t} \\[3mm]
x_{2t} = \beta_{2,0} + \sum_{k=1}^{q} \beta_{1,k} x_{1,t-k} + \sum_{k=1}^{q} \beta_{3,k} x_{3,t-k} + \varepsilon_{2,t} \\[3mm]
x_{3t} = \beta_{3,0} + \sum_{k=1}^{q} \beta_{1,k} x_{1,t-k} + \sum_{k=1}^{q} \beta_{2,k} x_{2,t-k} + \varepsilon_{3,t}
\end{cases}
$$

其中，x_1、x_2、x_3分别表示相应的分析变量；q表示最佳滞后阶数；t表示时期；ε_1、ε_2、ε_3分别表示相应方程的残差。需要对其原始假设及逆行进行检验，即验证是否皆为白噪声过程。

（二）指标构建及数据说明

1. 贸易开放指标

世界银行对贸易开放度的定义是一国或地区出口贸易额和进口贸易额之和占其地区生产总值的比例。因此本节的贸易开放指标选择贸易开放度，其计算采用如下公式：

$$
\text{open}_t = \frac{E_t + I_t}{Y_t}
$$

其中，E_t表示海南省t年的出口贸易额；I_t表示海南省t年的进口贸易额；Y_t表示海南省t年的地区生产总值。

2. 产业结构升级指标

从动态的角度看，一个经济体的产业结构升级具有两个维度，即产业结构合理化和产业结构高级化。本节拟从两个维度对产业结构升级进行衡量。

产业结构合理化指的是产业间的聚合质量，它一方面是产业之间协调程度的反映，另一方面还应当是资源有效利用程度的反映，也就是说，它是对要素投入结构和产出结构耦合程度的一种衡量。就这种耦合而言，研究者一般采用结构偏离度对产业结构合理化进行衡量，其公式为

$$
E = \sum_{i=1}^{n} \left| \frac{Y_i / L_i}{Y / L} - 1 \right| = \sum_{i=1}^{n} \left| \frac{Y_i / Y}{L_i / L} - 1 \right|
$$

其中，E表示结构偏离度；Y表示产值；L表示就业；i表示产业；n表示产业部门数。根据古典经济学假设，经济最终处于均衡状态，各产业部门生产率水平相同。Y/L表示生产率，因此当经济均衡时，$Y_i/L_i = Y/L$，从而$E = 0$。同时，Y_i/Y表示产出结构，L_i/L表示就业结构，因此E同时也是对产出结构和就业结构耦合性

的反映。E 值越大，表示经济越偏离均衡状态，产业结构越不合理。由于经济非均衡现象是一种常态，在发展中国家这种情形更为突出(Chenery et al.,1986)，从而 E 值是不可能为 0 的。但是，结构偏离度指标将各产业"一视同仁"，忽视了各产业在经济体中的重要程度，同时绝对值的计算也给研究带来不便。为此，我们引入了泰尔指数：

$$tl = \sum_{i=1}^{n} \left(\frac{Y_i}{Y} \right) \ln \left(\frac{Y_i}{L_i} \bigg/ \frac{Y}{L} \right)$$

同样地，如果经济处于均衡状态，也有 tl = 0，而且该指数考虑了产业的相对重要性并避免了绝对值的计算，同时它还保留了结构偏离度的理论基础和经济含义，因此是一个对产业结构合理化的更好度量。泰尔指数不为 0，表明产业结构偏离了均衡状态，产业结构不合理。

产业结构高级化实际上是对产业结构升级的一种衡量，一般文献根据克拉克定律采用非农业产值比重作为对产业结构升级的度量。虽然说经济非农产值比重的增加是一个很重要的规律，但是 20 世纪 70 年代之后信息技术革命对主要工业化国家的产业结构产生了极大的冲击，出现了"经济服务化"的趋势，而这种传统的度量方式没有办法反映出经济结构的这种动向。在信息化推动下的经济结构的服务化是产业结构升级的一种重要特征，鉴于在"经济服务化"过程中的一个典型事实是第三产业的增长率要快于第二产业的增长率(吴敬琏，2008)，本节采用第三产业产值与第二产业产值之比(记为 ts)作为产业结构高级化的度量。这一度量能够清楚地反映出经济结构的服务化倾向，明确地昭示产业结构是否朝着"服务化"的方向发展，因此它是一个更好的度量。如果 ts 值处于上升状态，就意味着经济在向服务化的方向推进，产业结构在升级。

3. 经济增长指标

经济增长指标采用实际地区生产总值增长率(gy)。为了消除通货膨胀对数据造成的影响，在使用之前以 1978 年为基年对名义地区生产总值进行了平减处理。

4. 数据来源

本节研究中所用的数据均来源于海南建省以来历年统计年鉴。选取的时间跨度为 1988 年至 2019 年。

四、实证结果及分析

(一)变量序列平稳性检验

为了避免伪回归，需要对变量的时间序列进行平稳性检验。本节选用 Dickey

和 Fuller 提出的增广迪基-富勒(augmented Dickey-Fuller,ADF)单位根检验,对变量 open、tl、ts、gy 分别进行了平稳性检验,检验结果如表 4-1 所示。

表 4-1 各变量单位根检验

变量	检验形式(c,t,k)	ADF 值	5%临界值	P	结论
gy	($c,t,0$)	−3.523 829	−3.562 882	0.054 2	不平稳
open	($0,0,0$)	0.057 367	−1.952 066	0.693 6	不平稳
tl	($c,t,0$)	−2.751 251	−3562 882	0.224 6	不平稳
ts	($0,0,0$)	0.779 085	−1.952 066	0.876 5	不平稳
Δ gy	($c,t,0$)	−6.526 422	−3.568 379	0.000 0	平稳
Δ open	($c,t,0$)	−6.866 259	−3.568 379	0.000 0	平稳
Δ tl	($c,t,0$)	−4.978 343	−3.568 379	0.001 9	平稳
Δ ts	($c,t,0$)	−6.243 999	−3.568 379	0.000 1	平稳

注:(c,t,k)表示带有常数项、趋势项和滞后期

表 4-1 单位根检验的结果显示变量 gy、open、tl、ts 原时间序列是不平稳的,但是通过一阶差分后,都通过了 5%显著性水平检验,即为一阶单整 I(1),因此符合协整检验的要求,可以进行后续的协整检验、格兰杰因果检验、构建 VECM(向量误差修正模型,vector error correction model)。

(二)滞后阶数确定

在进行协整检验和构建 VECM 之前,首先要确定最大滞后阶数。本节通过建立 VAR 模型,利用 LR(likelihood ratio,似然比)检验、FPE(Final Prediction Error,最终预测误差)准则、AIC(Akaike information criterion,赤池信息量准则)、SC(Schwarz criterion,施瓦茨准则)、HQ(Hannan Quinzyin,汉南-奎因)准则,共同确定最大滞后阶数,选择结果如表 4-2 所示。

表 4-2 滞后阶数选择

滞后阶数	LR	FPE	AIC	HQ	SC
0	—	5.84×10^{-5}	1.603 061	1.660 145	1.795 037
1	94.092 39[*]	2.70×10^{-6}[*]	−1.488 681	−1.203 258	−0.528 802[*]
2	15.866 39	3.99×10^{-6}	−1.184 961	−0.671 201	0.542 821
3	8.133 815	9.13×10^{-6}	−0.580 763	0.161 335	1.914 923
4	13.660 73[*]	1.34×10^{-5}	−0.761 651	0.208 786	2.501 939
5	22.636 24	3.35×10^{-6}	−3.349 172[*]	−2.150 398[*]	0.682 320

*表示在 5%的显著性水平显著

若滞后阶数太小，会造成残差项出现严重的自相关性，从而使得参数估计不能满足一致性估计，因此可以增加最大滞后阶数来解决自相关性和非一致性；而如果滞后阶数过大，则会造成统计量自由度偏小，进而影响参数估计的有效性。根据 FPE 准则和 SC，最终确定滞后阶数为一，而根据 AIC 和 HQ 准则，需滞后五阶。若根据 FPE 准则和 SC 选择滞后一阶，模型估计太过简洁；而根据 AIC 和 HQ 准则选择滞后五阶，将损失较多样本容量。根据 Lütkepohl（2005），HQ 准则和 AIC 可能高估滞后阶数；作为折中，Stock 和 Watson（2001）以及 Becketti（2013）均选择滞后四阶。因此本节根据表 4-2 结果，选择滞后四阶。

（三）特征根迹检验

根据前面 ADF 检验结果，水平序列不平稳，而一阶差分后的变量是平稳的，即存在一阶单整，因此需要通过协整检验来考察各个变量之间是否存在稳定的、长期的均衡关系。协整分析的要点在于，在存在多个（两个或两个以上）非平稳时间序列的情况下，只要它们的某种线性组合是平稳的，时间序列变量之间就存在长期稳定的均衡关系，亦即协整关系。本节选用 Johansen（约翰森）协整检验来进行检验，检验结果如表 4-3 所示。

表 4-3　Johansen 特征根迹检验

协整向量数量/个	特征值	迹统计量	5%临界值	P
0	0.957 671	153.241 5	47.856 13	0.000 0
至多 1	0.870 083	67.859 80	29.797 07	0.000 0
至多 2	0.366 519	12.756 57	15.494 71	0.124 0
至多 3	0.015 814	0.430 389	3.841 465	0.511 8

协整检验表明，在 1%的显著性水平上，经济增长、贸易开放与产业结构高级化和产业结构合理化之间存在两个协整关系。进一步取标准化协整向量，得到以下协整方程：

$$gy=0.281\ 447open+0.020\ 52ts-0.006\ 089tl+ECM_t$$
$$(0.032\ 71)\ (0.013\ 76)\ (0.001\ 73)$$

其中，ECM_t 表示误差修正项。

由协整方程可以发现，海南省经济增长、贸易开放与产业结构高级化和产业结构合理化之间存在长期稳定的均衡关系。贸易开放和产业结构高级化均会对海南省经济增长起到拉动作用。贸易开放每增加一个单位，可以拉动海南省经济增长 0.281 447 个单位；同时，产业结构高级化每增加一个单位，可以拉动海南经济增长 0.020 52 个单位；而产业结构合理化在一定程度上抑制了海南经济的增长。

(四)格兰杰因果检验

协整检验已经验证了各变量之间存在长期均衡关系,而通过格兰杰因果检验方法可以进一步确定各变量之间长期是否存在因果关系。通过四阶 VAR,估计结果通过了显著性检验,残差服从正态分布且不存在自相关,同时,其单位根均在判别图圆内。格兰杰因果检验识别结果如表 4-4 所示。

表 4-4 格兰杰因果检验

假设检验	卡方值	自由度	P	结论
open 不是 gy 的格兰杰原因	0.386	4	0.984	接受
ts 不是 gy 的格兰杰原因	11.626	4	0.020	拒绝
tl 不是 gy 的格兰杰原因	10.405	4	0.034	拒绝
gy 不是 open 的格兰杰原因	10.875	4	0.028	拒绝
ts 不是 open 的格兰杰原因	28.247	4	0.000	拒绝
tl 不是 open 的格兰杰原因	13.626	4	0.009	拒绝
gy 不是 tl 的格兰杰原因	11.639	4	0.020	拒绝
open 不是 tl 的格兰杰原因	1.582	4	0.812	接受
ts 不是 tl 的格兰杰原因	8.134	4	0.087	拒绝
gy 不是 ts 的格兰杰原因	12.748	4	0.013	拒绝
open 不是 ts 的格兰杰原因	8.065	4	0.089	拒绝
tl 不是 ts 的格兰杰原因	3.185	4	0.527	接受

根据表 4-4,在四期滞后阶数情况下,各个变量之间的格兰杰因果关系十分显著,本节根据以上结果整理了变量之间的格兰杰因果关系,产业结构合理化是经济增长的格兰杰原因,经济增长同时也是产业结构合理化的格兰杰原因,两者互为格兰杰因果;同时,产业结构高级化与经济增长也互为格兰杰因果;且产业结构高级化是产业结构合理化的格兰杰原因。因此,海南省的产业体系发展存在自我演化特征。贸易开放与产业结构高级化互为格兰杰因果。值得注意的是,经济增长是贸易开放的格兰杰原因,反之却不成立。

五、结论与建议

本节首先构建了海南省现代化产业体系发展指标,采用 VAR 模型对海南省贸易开放与现代化产业体系发展之间的相关关系进行了实证检验,得到了以下基本结论:海南省现代化产业体系发展具有自我演化特征。贸易开放与海南省现代化产业体系发展之间存在长期均衡关系。无论长期还是短期,贸易开放对海南省经济增长和产业结构升级均具有促进作用。扩大贸易开放,短期内会对海南省的现代化产业体系发展产生一定的冲击，但通过贸易开放带来的各类要素集聚和资源重新配置；长期来看，会对海南省的现代化产业体系发展产生促进作用。贸易开放对海南省的产业结构高级化、产业结构合理化以及经济增长都有着重要的促进作用，恰逢海南建设自由贸易港这一重大战略机遇，进一步扩大贸易开放同时也是推进高水平开放、建立开放型经济新体制的要求。

（一）扩大贸易开放，促进海南自由贸易港贸易自由化

尽管从实证结果来看，扩大贸易开放短期内会对海南自由贸易港的经济增长和产业结构升级产生一定的负面冲击效果，然而随着贸易开放带来的资源在全球范围内的重新有效配置，长期内会实现资源配置的合理化，从而促进海南自由贸易港的现代化产业体系发展。因此，海南自由贸易港应尽快落实货物贸易"零关税"、服务贸易"既准入又准营"的贸易自由化便利化举措，扩大海南自由贸易港的贸易开放水平，进一步提高海南自由贸易港现代化产业体系的发展水平。

（二）优化自由贸易港营商环境，集聚全球优质资源

贸易投资自由便利使得全球资源在海南自由贸易港区域内快速集聚，因此应持续优化营商环境，为企业落户集聚沃土培根。在优化营商环境、吸引国际一流企业集团总部落户海南的同时，还应采取有力措施支持和鼓励国内大中型企业总部扎根海南，助推海南自由贸易港建设。积极引导本土企业以海南自由贸易港为开放窗口和有利平台，勇敢地"走出去"开拓海外新市场，在境外设立分公司，成为大型跨国企业，以此增强海南自由贸易港总部经济的区域辐射效应，促进优质资源要素在国内外市场中的畅通与循环。

（三）对标国际最高水平经贸规则，建立有效的政策制度保障

海南将在东南亚交流乃至全球发展格局中发挥独一无二的作用，这需要实现全方位的集成创新，实现制度上和体制上的创新突破。因此，海南自由贸易港应在系统性、集成性制度创新上实现全面突破，打破体制机制束缚和障碍，为国家新一轮高水平全面对外开放提供"海南样本"和"海南方案"，在国际自由贸易港发展实践中贡献"中国模式""中国经验"。

参 考 文 献

蔡海亚，徐盈之. 2017. 贸易开放是否影响了中国产业结构升级?. 数量经济技术经济研究，
　　34(10): 3-22.
邓国营，宋跃刚，吴耀国. 2018. 中间品进口、制度环境与出口产品质量升级. 南方经济，(8):
　　84-106.

邓慧慧, 赵家羚, 赵晓坤. 2020. 自由贸易试验区助推产业升级的效果评估: 基于产业技术复杂度视角. 国际商务(对外经济贸易大学学报), (5): 35-48.

樊纲, 王小鲁, 朱恒鹏. 2011. 中国市场化指数: 各地区市场化相对进程 2011 年报告. 北京: 经济科学出版社.

方云龙. 2020. 自由贸易试验区建设促进了区域产业结构升级吗?——来自沪津闽粤四大自贸区的经验证据. 经济体制改革, (5): 178-185.

冯锐, 陈蕾, 刘传明. 2020. 自贸区建设对产业结构高度化的影响效应研究. 经济问题探索, (9): 26-42.

付德申, 孔令乾. 2016. 贸易开放、产业结构升级与经济增长. 商业研究, (8): 25-32.

付凌晖. 2010. 我国产业结构高级化与经济增长关系的实证研究. 统计研究, 27(8): 79-81.

傅强, 黎秀秀. 2014. 贸易开放度、产业结构升级与经济增长. 工业技术经济, 33(3): 115-120.

干春晖, 郑若谷, 余典范. 2011. 中国产业结构变迁对经济增长和波动的影响. 经济研究, 46(5): 4-16, 31.

高远东, 张卫国, 阳琴. 2015. 中国产业结构高级化的影响因素研究. 经济地理(6): 96-101, 108.

广东财经大学课题组. 2016. 中国自由贸易试验区建设对航运企业国际化的影响//陈万灵, 何传添, 刘胜. 广东对外经济贸易发展研究报告(2015~2016). 北京: 社会科学文献出版社.

韩瑞栋, 薄凡. 2019. 自由贸易试验区对资本流动的影响效应研究: 基于准自然实验的视角. 国际金融研究, (7): 36-45.

黄亮雄, 安苑, 刘淑琳. 2013. 中国的产业结构调整: 基于三个维度的测算. 中国工业经济, (10): 70-82.

纪玉山, 吴勇民. 2006. 我国产业结构与经济增长关系之协整模型的建立与实现. 当代经济研究, (6): 47-51, 73.

姜南. 2014. 浅析上海自贸区的金融自由化模式. 中国经贸, (24): 36-37.

黎绍凯, 李露一. 2019. 自贸区对产业结构升级的政策效应研究: 基于上海自由贸易试验区的准自然实验. 经济经纬, (5): 79-86.

李博, 胡进. 2008. 中国产业结构优化升级的测度和比较分析. 管理科学, (2): 86-93.

李逢春. 2012. 对外直接投资的母国产业升级效应: 来自中国省际面板的实证研究. 国际贸易问题, (6): 124-134.

李静, 楠玉. 2019. 人力资本错配下的决策: 优先创新驱动还是优先产业升级?. 经济研究, 54(8): 152-166.

李世杰, 赵婷茹. 2019. 自贸试验区促进产业结构升级了吗?——基于中国(上海)自贸试验区的实证分析. 中央财经大学学报, (8): 118-128.

李雅雯, 孙彦冰, 罗宗培, 等. 2020. 自由贸易试验区区域创新效应分析. 合作经济与科技, (13): 76-78.

梁莉. 2006. 区域贸易开放度与经济增长的实证检验研究. 现代财经(天津财经大学学报), (2): 51-55.

刘凤朝, 马荣康. 2013. 区域间技术转移的网络结构及空间分布特征研究: 基于我国 2006—2010 省际技术市场成交合同的分析. 科学学研究, 31(4): 529-536.

刘庆林, 廉凯. 2009. 服务业国际转移经济效应分析: 中国数据的验证. 产业经济评论, 8(1): 94-110.

刘如, 陈志. 2020. 大国竞争时代现代产业体系的三重螺旋战略框架研究. 中国科技论坛, (8): 33-42.

刘瑞明, 赵仁杰. 2015. 国家高新区推动了地区经济发展吗? ——基于双重差分方法的验证. 管理世界, (8): 30-38.

刘淑茹. 2011. 产业结构合理化评价指标体系构建研究. 科技管理研究, (5): 66-69.

刘伟. 2017. 坚持新发展理念, 推动现代化经济体系建设: 学习习近平新时代中国特色社会主义思想关于新发展理念的体会. 管理世界, (12): 1-7.

刘伟, 李绍荣. 2002. 产业结构与经济增长. 中国工业经济, (5): 14-21.

刘伟, 张辉, 黄泽华. 2008. 中国产业结构高度与工业化进程和地区差异的考察. 经济学动态, (11): 4-8.

刘悦, 郑玉航, 廖高可. 2016. 金融资源配置方式对产业结构影响的实证研究. 中国软科学, (8): 149-158.

刘钊. 2011. 现代产业体系的内涵与特征. 山东社会科学, (5): 160-162.

马颖, 李静, 余官胜. 2012. 贸易开放度、经济增长与劳动密集型产业结构调整. 国际贸易问题, (9): 96-107.

蒙英华, 黄建忠. 2019. 中国自由贸易试验区(港)服务贸易开放风险研究. 上海对外经贸大学学报, 26(1): 49-59.

聂飞. 2019. 自贸区建设促进了制造业结构升级吗?. 中南财经政法大学学报, (5): 145-156.

屈韬, 罗曼, 屈焰. 2018. 中国自由贸易试验区的外资引致效应及其影响路径研究. 国际经贸探索, 34(9): 17-30.

石峰, 吴振顺, 余博. 2018. 产业结构升级与贸易开放动态响应的区域异质性: 基于 2000—2013 年省级面板数据的 PVAR 分析. 软科学, 32(1): 16-20.

唐东波. 2013. 贸易开放、垂直专业化分工与产业升级. 世界经济, 36(4): 47-68.

王娣, 蒋涛. 2017. 基于熵值法的江苏省经济增长质量分析. 时代金融, (21): 38-39, 44.

王海兵, 杨蕙馨. 2016. 创新驱动与现代产业发展体系: 基于我国省际面板数据的实证分析. 经济学(季刊), 15(4): 1351-1386.

王丽丽. 2019. 中国(上海)自由贸易试验区的贸易效应. 新视野, (6): 72-79, 85.

王良虎, 王钊. 2021. 中国自由贸易试验区设立能否降低资源错配?. 西南大学学报(社会科学版), 47(5): 91-101.

王鹏, 郑靖宇. 2017. 自由贸易试验区的设立如何影响贸易方式转型: 基于广东自由贸易试验区的实证研究. 国际贸易问题, (6): 71-82.

吴敬琏. 2008. 中国增长模式抉择(增订版). 上海: 上海远东出版社.

项后军, 何康. 2016. 自贸区的影响与资本流动: 以上海为例的自然实验研究. 国际贸易问题, (8): 3-15.

许和连, 元朋, 祝树金. 2006. 贸易开放度、人力资本与全要素生产率: 基于中国省际面板数据的经验分析. 世界经济, (12): 3-10, 96.

原毅军, 谢荣辉. 2015. 产业集聚、技术创新与环境污染的内在联系. 科学学研究, (9): 1340-1347.

张建华. 2012. 基于新型工业化道路的工业结构优化升级研究. 北京: 中国社会科学出版社.

张立光, 郭妍. 2004. 我国贸易开放度与经济增长关系的实证研究. 财经研究, (3): 113-121.

张伟, 胡剑波. 2014. 产品内分工、产业体系演变与现代产业体系形成. 产经评论, 5(4): 5-17.

张耀辉. 2010. 传统产业体系蜕变与现代产业体系形成机制. 产经评论, (1): 12-20.

张幼文. 2016. 自贸区试验的战略内涵与理论意义. 世界经济研究, (7): 3-12, 50, 135.

郑若谷, 干春晖, 余典范. 2010. 转型期中国经济增长的产业结构和制度效应: 基于一个随机前沿模型的研究. 中国工业经济, (2): 58-67.

周茂, 陆毅, 符大海. 2016. 贸易自由化与中国产业升级: 事实与机制. 世界经济, 39(10): 78-102.

朱孟晓, 杨蕙馨. 2016. 构建现代产业发展新体系的内涵与实现. 东岳论丛, 37(9): 166-171.

Becketti S. 2013. Introduction to time series using Stata. College Station: Stata Press.

Carmignani F, Muscatelli A, Tirelli P. 2013. Who's afraid of the big bad central bank? union-firm-central bank interactions and inflation in a model where firms can fail//Franzese R, Mooslechner P, Schürz M. Institutional Conflicts and Complementarities: Monetary Policy and Wage Bargaining Institutions in EMU. New York: Springer: 231-253.

Chenery H, Robinson S, Syrquin M. 1986. Industrialization and Growth: A Comparative Study, Qxford: Qxford University Press.

Grossman G M, Helpman E. 1991. Quality ladders in the theory of growth. The Review of Economic Studies. 58(1): 43-61.

Hsieh C T, Klenow P J. 2009. Misallocation and manufacturing TFP in China and India. The Quarterly Journal of Economics, 124(4): 1403-1448.

Jenkins G P, Kuo C Y. 2013. Taxing mobile capital in free trade zones to the detriment of workers. Working Papers, (412/413): 88-96.

Lu Y, Yu L H. 2015. Trade liberalization and markup dispersion: evidence from China's WTO accession. American Economic Journal: Applied Economics, 7(4): 221-253.

Lütkepohl H. 2005. New Introduction to Multiple Time SeriesAnalysis. New York: Springer.

Melitz M J. 2003. The impact of trade on intra-industry reallocations and aggregate industry productivity. Econometrica, 71(6): 1695-1725.

Polaski S. 2006. The employment consequences of NAFTA. Carnegie Endowment for International Peace, 9(11): 1-24.

Sims C A. 1980. Macroeconomics and reality. Econometrica, 48: 1-48.

Stock J, Watson M. 2001. Vector autoregressions. The Journal of Economic Perspectives, 15(4): 101-115.

　　本章系子课题三"海南自由贸易港现代产业体系发展模式"的研究成果，课题主持人是海南大学李世杰教授，课题组成员有孙鹏、余升国、张晖、陈思樾、曾维君、姚丹、程雪琳、卢鑫然。

　　本章执笔人： 张晖、卢鑫然。

第五章 海南自由贸易港生态环境与经济协调发展

本章从理论、实证、路径构建三个层面对海南自由贸易港生态环境与经济协调发展的内在逻辑、影响机制和实现路径进行分析，在归纳总结国内外环境治理和经济协调发展经验、建立环境治理多主体共治理论分析框架的基础上构建海南自由贸易港生态环境与经济协调发展任务的实现路径。为丰富环境治理的理论体系、坚持可持续发展、正确引导海南自由贸易港在建设过程中如何协调生态环境和经济发展的关系提出有价值的政策建议。

本章针对海南自然资源产权和有偿使用制度、生态产品价值实现机制、热带雨林国家森林公园管理体制的完善提出以下建议：①要推动海南当前自然资源产权的发证工作，就必须加快国家层面的自然资源产权相关制度的建立和完善，建立健全两类委托代理关系，落实全民和集体所有者权益。②政府相关部门在工作中必须扭转过度强调自然资源资产保护、忽视生态价值实现的观念。③以自然资源产权委托代理机制为依托，构建完善动态的自然资源资产负债表制度，深度挖掘自然资源资产负债表的社会经济应用需求。④在人力物力保障方面，为应对改革导致的机构人员需求扩大和资金保障需求扩大，国家应为海南自由贸易港提供更多的行政事业单位编制，使相关人员能够在稳定的行政事业单位编制下服务于长期的改革需求。⑤拓宽资金来源，提高生态产品保护补偿能力，多元化资金来源，建立受益者支付制度，吸引国内外公益组织捐助，发挥绿色金融作用，并积极开拓与粤港澳大湾区联动发展的机制。⑥打造生态产品特色品牌，提高生态产品价值，以品牌化、标识化、体系化为目标，将海南农产品打造成为中国生态产品领域的标杆性产品。⑦合理调整海南旅游业发展的预期目标和进度，采用"优先保护、逐步开发"的方式推进热带雨林国家公园的旅游开发，在不影响生态保护的前提下规划建设园区道路等基础设施，逐步优化国家公园范围内的旅游开发条件。

第一节 引 言

《海南自由贸易港建设总体方案》是一份具有高度系统性的、通过制度建设统筹海南生态环境与经济协调发展的纲领性指导文件。《海南自由贸易港建设总体方案》指出，必须"紧紧围绕国家赋予海南建设全面深化改革开放试验区、国家生态文明试验区、国际旅游消费中心和国家重大战略服务保障区的战略定位，充分发挥海南自然资源丰富、地理区位独特以及背靠超大规模国内市场和腹地经济等优势，抢抓全球新一轮科技革命和产业变革重要机遇，聚焦发展旅游业、现代服务业和高新技术产业，加快培育具有海南特色的合作竞争新优势"。同时《海南自由贸易港建设总体方案》再次强调了《国家生态文明试验区(海南)实施方案》中的部分重点任务，将其中与市场制度改革相关的"自然资源产权制度和有偿使用制度""差别化的自然生态空间用途管制""自然保护地内自然资源资产特许经营权等制度""生态产品价值实现机制""以国家公园为主体的自然保护地体系"等制度，纳入自由贸易港建设统筹实施的制度创新领域。

近年来，环境资源保护与经济社会协调发展成为我国经济社会发展重点关注的议题。2015 年，《中共中央 国务院关于加快推进生态文明建设的意见》首次提出"绿色化"概念，并将其与新型工业化、信息化、城镇化、农业现代化并列，赋予了生态文明建设新的内涵。国务院印发的《"十三五"生态环境保护规划》也提出了推进生态文明建设的基本原则，强调要"处理好发展和保护的关系"。党的十九大报告全面阐述了"加快生态文明体制改革""推进绿色发展""建设美丽中国"的战略部署。党的十九大报告明确指出，"我们要建设的现代化是人与自然和谐共生的现代化，既要创造更多物质财富和精神财富以满足人民日益增长的美好生活需要，也要提供更多优质生态产品以满足人民日益增长的优美生态环境需要"[①]。党的二十大报告进一步指出，"尊重自然、顺应自然、保护自然，是全面建设社会主义现代化国家的内在要求。必须牢固树立和践行绿水青山就是金山银山的理念，站在人与自然和谐共生的高度谋划发展"[②]。

2022 年，海南省三次产业结构比例为 20.8：19.2：60.0[③]，反映出当前海南省产业结构单一、工业基础薄弱的现状，同年海南地方财政自给率为 39.72%，反映出海南地方政府财政依赖中央转移支付，造血功能不足等问题。与此同时，海南省生态环境保持稳定，单位生产总值能耗持续下降，全年空气优良天数比例达到 98.7%[④]。由此可见，虽然海南目前具有良好的生态环境基础，但第二产业基础薄弱，经济转型升级缺乏动力，如何在建设自由贸易港语境下解决生态环境与经济协调发展，既要保持"绿水青山"，也要提升将自由贸易港制度红利和生态环境资源转变为"金山银山"的能力，是当前海南自由贸易港建设面临的一个重大

---

① 《习近平：决胜全面建成小康社会 夺取新时代中国特色社会主义伟大胜利——在中国共产党第十九次全国代表大会上的报告》，https://www.gov.cn/zhuanti/2017-10/27/content_5234876.htm[2017-10-27]。

② 《习近平：高举中国特色社会主义伟大旗帜 为全面建设社会主义现代化国家而团结奋斗——在中国共产党第二十次全国代表大会上的报告》，https://www.gov.cn/xinwen/2022-10/25/content_5721685.htm[2022-10-25]。

③ 资料来源：《2022 年海南省国民经济和社会发展统计公报》。

④ 资料来源：《海南日报》，2023 年 2 月 15 日。

现实问题。

　　本章综合运用法学、经济学、环境学、管理学等学科研究方法，从自然资源产权制度及有偿使用制度建设、生态产品价值实现机制建设和热带雨林国家公园管理体制建设三个重点工作切入，研究海南自由贸易港生态文明建设的现状及问题，并探讨如何以三者为抓手，进一步推动海南自由贸易港生态环境与经济协调发展。本章研究为《海南自由贸易港建设总体方案》有效实施、优化海南环境治理工具选择、促进生态文明建设领域的政府职能转变提供政策建议。本章研究分为三步。

　　第一步，综述相关研究文献和梳理研究理论基础。

　　通过查阅图书馆和各大中外文文献数据库，综述相关的经典理论；同时跟踪了解国内外关于环境规制的最新研究成果，梳理近期提出的"污染天堂假说""波特假说""要素禀赋假说"等理论和一系列实证文献，力求在全面认识前人研究的基础上开展本章创新性工作。

　　第二步，全面梳理海南自由贸易港经济与环境协调发展三项主要工作现状，并分析其中存在的问题及原因。

　　针对自然资源的有偿使用制度、生态产品价值实现、海南热带雨林国家公园管理等重要工作内容的现状进行全面梳理，分析存在的问题以及其存在的原因。

　　第三步，提出政策建议。

　　本章研究最终目标是对海南自由贸易港生态环境与经济协调发展提出建设路径和具体措施建议。因此在前述研究步骤的基础上，本章研究最后将做系统性总结，并在此基础上对海南生态环境与经济协调发展的整体布局与总路径提出落实方案。

第二节　相关理论和文献综述

一、环境与自然资源经济学的经典理论

　　(一)公共物品、准公共物品概念及理论

1. 公共物品的内涵

　　Samuelson(1954)首次正式提出公共物品理论，将具有"消费的非竞争性"与"受益的非排他性"的物品称为公共物品，私人物品与之对应，具有消费的竞争性与受益的排他性。其中消费中的竞争性指一种产品或服务被一个人消费从而减少了其他人消费的特性，而受益的排他性指一个人使用或消费一种产品或服务时可以阻止其他人使用或消费该种产品和服务的特性。

2. 准公共物品的内涵

准公共物品是指同时具有公共物品和私人物品特征的产品。它介于公共物品和私人物品之间，具有不完全的非竞争性和非排他性。对准公共物品的分类，一般沿用 Samuelson 的两个标准，采用二维标准进行区分，如英国的 Brown 和 Jackson(1978)，将其分为公共资源与俱乐部物品(表 5-1)，Mankiw(2011)则将非竞争与排他的组合称为自然垄断物品，而不是俱乐部物品。准公共物品一般具有"拥挤性"的特点，即当消费者的数目增加到某一个值后，就会出现边际成本为正的情况，准公共物品到达"拥挤点"后，每增加一个人，原有消费者的效用将减少。

表 5-1　Brown 和 Jackson(1978)的分类方法

类别	竞争	非竞争
排他	纯私人物品	准公共物品(俱乐部物品)
非排他	准公共物品(公共资源)	纯公共产品

其中公共资源类的准公共物品是公共的或是可以共用的，一个人的使用不能够排斥其他人的使用。然而，出于私益，它在消费上却可能存在着竞争。俱乐部物品类的准公共物品具有明显的排他性，由于消费"拥挤点"的存在，往往必须通过付费，才能消费，它包括有线电视频道和高速公路等。

本节沿袭此分类方法，物品类型的二维标准区分如表 5-2 所示。

表 5-2　物品类型的二维标准区分

类别	竞争	非竞争
排他	纯私人物品 私人财产及企业的生产资料等	准公共物品(俱乐部物品) 收费的道路、有线电视频道等
非排他	准公共物品(公共资源) 资源、森林、拥挤的街道等	纯公共产品 国防、公共卫生等

(二)外部性理论

1. 马歇尔外部性

马歇尔并没有明确提出外部性的概念，而是从企业在同一区位的集中现象进行分析，提出了外部经济的概念，认为工业组织的结构也可以影响生产(Marshall，1920)。其中外部经济包括其他相关企业发展对本企业的生产率提升，而内部经济包含内部分工协作的完善，这些形成了正外部性的雏形，与之相反的则称为负外部性。

2. 庇古外部性

庇古在《福利经济学》中继承并发扬了马歇尔的观点，使用福利分析的方法研究了外部性问题，引入了边际社会收益和边际社会成本的概念，以分析生产者的生产活动给社会带来的有利和不利影响（Pigou，1920）。结合之前已经存在的边际私人成本和边际私人收益，按照庇古的观点，市场资源配置失效的原因正是经济活动主体的边际私人成本与对社会造成的边际社会成本的不一致，当边际私人成本小于边际社会成本时，便出现了外部性，因此庇古纠正负外部性的方法是对私人征收庇古税，使得边际私人成本加庇古税等于边际社会成本，这样便可以让资源配置达到帕累托最优状态。

3. 科斯外部性

科斯在《社会成本问题》中提出了利用产权与交易成本分析的合约行为，对庇古的外部性理论提出了质疑（Coase，1960）。他对庇古使用政府干预的庇古税提出了质疑，以交易成本为零的情况，得出了只要产权明确，那么市场交易会自动将社会成本与私人成本对齐，自动达到帕累托最优状态。这也被称为科斯（第一）定理：如果交易费用为零，那么无论产权如何界定，都可以通过市场交易和自愿协商达到资源的最优配置。这一理论进一步强化了市场的作用，目前的排污权交易制度的实践也进一步验证了科斯定理纠正外部性的有效性。

（三）产权理论

1. 产权的内涵

产权是指财产权利在不同利益主体间实际配置状态的抽象描述，其本质是人们围绕财产而结成的经济权利关系（黄少安，1994）。在经济学中界定的产权要反映所有者实际控制资产属性的能力，并最终决定所有者通过资产能够获得的预期净价值的大小，因此可以说经济学界定的产权最终是注重实现特定利益，而不只是资产的归属，或者简单地说，产权是社会强制实施的选择一种经济品的使用权利（Coase，1959）。

2. 产权理论的内涵

现代西方产权理论，是以科斯经典论文——《企业的性质》和《社会成本问题》为起源，经过德姆塞茨、阿尔钦、威廉姆森等的继承和发展而逐渐形成的，也是新制度经济学的重要内容(Coase，1937，1960)。科斯首先提出产权的概念，是为了解决庇古在《福利经济学》中提到的外部性问题，即甲方的行为对乙方产生了负的外部性，那么甲方必须为此对乙方进行补偿，因为甲方的部分成本以外部性的形式无偿转移给了乙方。庇古解决外部性的对策是庇古税，即对造成负外部性的一方征收相应的税。但科斯的观点与之不同，他进一步提出了交易成本的概念，并在此基础上得出了"科斯定理"，其基本思想是，无论资源的原始产权如何界定，当市场交易不存在费用时，资源均可自然达到优化状态，这被称为科斯第一定理；反之，若市场运行过程中存在交易成本，即交易费用大于零，则不同的初始产权界定将产生差异化资源配置效率，这被称为科斯第二定理。

在强调产权重要性的基础上，研究产权理论的学者进一步分析了产权的性质。阿尔钦与德姆塞茨认为产权是对稀缺资源的使用权，资源稀缺的本质是其背后的权利稀缺，因此产权的本质是对权利的使用(Alchian and Demsetz，1973)。他将私有产权定义为对使用权进行的排他性分配，且认为私有产权是产权研究的基础，并明确了产权具有可转移性和可分割性的特点，产权的可转移性是指私有产权下的各类资源能够自由流动，从而实现资源的优先配置。产权的可分割性则是指同一财产的不同权利可以被不同的人占有。对于具有不同性质的产权，德姆塞茨也给出了其分类，即私有产权、国有产权和共有产权三种：私有产权属于个人，其他人无权干涉；国有产权可按照政治标准使用财产且可忽略个人影响；共有产权则是不能排除任何人，大家共同享有此项权利(Demsetz，1967)。私有产权可以通过明确界定资源的排他性使用权、收益权和自由转让权使经济活动行为人承担其行为的成本和收益，进而消除外部性的影响。共有产权则由于无法精确衡量资源的使用成本而导致资源的使用者以个人利益为目标而不顾行为后果使用资源，因此德姆塞茨也提出将共有产权转化为利益相同的人所占有的私人产权以解决共有产权的低效率问题。

二、自由贸易港生态环境与经济协调发展相关研究

自由贸易港作为一种古老的贸易促进政策工具，发源于欧洲，随着殖民进程的发展，这一模式被扩展到世界各地。第二次世界大战以后，发展中国家借鉴了自由贸易港部分做法。目前，全世界各类自由贸易区有 2000 多个。其中，中国香港、新加坡和迪拜是国际上公认成功的自由贸易港。从历史上看，这三个地方的经济腾飞都是通过建设自由贸易港实现的。本章将梳理有关于这三大自由贸易港生态环境与经济协调发展的相关研究。

(一)中国香港生态环境与经济协调发展的相关研究

胡方(2019)介绍了香港建设自由贸易港的历史，并总结了其作为自由贸易港

在贸易、企业经营、金融、人口流动等各方面的制度。1841年，英国侵占香港后，宣布香港为自由贸易港。迄今为止，香港自由港已有180多年的历史，经过百年的发展，从一个单一的转口贸易港发展成为综合性、多样化的自由贸易港。香港能成为国际贸易和国际金融中心之一，得益于其优越的地理环境。香港北与深圳相邻，面向太平洋，毗邻东南亚，地处亚太地区的要冲，是欧洲、非洲通往东南亚的要道，也是中国通往世界的重要桥梁。

　　自由贸易港的建设带来了经济的腾飞，但也带来了沉重的生态环境负担。从20世纪50年代开始，香港的经济和社会迅猛发展，它不仅跻身亚洲"四小龙"之列，还成为全球第三大金融中心，是全球最具有竞争力的城市之一，然而，经济高速发展的代价是日益突出的环境问题。严重的环境问题不仅与香港国际大都市的美誉相悖，而且也不能满足香港人对美好城市环境的需求，香港开始采取各种手段来治理环境问题，其环境法规政策与治理模式也为了适应经济发展变化而逐步调整和完善（陈林等，2021；邓嘉咏，2020；刘毅，2005）。

　　陈林等（2021）将香港环境政策的演化分为了环境规制的开端（1959～1977年）、环保法律体系的形成（1978～1998年）、可持续发展与跨境合作（1999年至今）三个阶段，并且按照命令控制型环境规制、以市场为基础的激励型环境规制和自愿型环境规制对香港的环境规制手段进行了分类。陈林等（2021）认为香港地区的环境政策发展包含可持续发展及环境联合治理的先进治理理念。通过以多种环境规制手段应对各种环境问题，香港目前已形成较为完善的环境政策框架体系。香港的环境政策特点鲜明，体系建设具有强操作性与可实用性。

　　邓嘉咏（2020）对香港环境污染管制立法的变迁进行了总结，将香港环境污染管制立法分为萌芽期与发展期两个时期，并对两个时期的理念定位、模式选择与内容的变化以及背后的动因进行了介绍。他认为19世纪40年代至20世纪60年代是香港环境污染管制立法的萌芽期，此时期香港特区政府采取放任主义，对环境保护缺乏热情；20世纪70年代到香港回归前是发展期第一个阶段，政府采取干预主义，此阶段的立法对环境保护起到实质性作用，但缺少前卫的绿色思维，侧重于事后救济；1997年香港回归后为发展期第二个阶段，此阶段的环境保护从事后的救济向事前预防发展。

　　作为与内地和世界其他地区在经济上紧密相连的纽带，同时在国际上拥有举足轻重地位的自由贸易港，也由于其狭小的面积，香港要想实现生态保护等目标必须要进行跨区域合作，香港制造业向内地转移，也让香港出现了更广泛的跨境治理污染合作需求。因此，香港的环境政策体现了可持续发展及环境联合治理理念（陈林等，2021；邓嘉咏，2020）。1999年，香港特区行政长官董建华提出要组建可持续发展委员会和可持续发展科，对香港来说，可持续发展的内容包括减少对邻近区域造成环保负担、协力保护共同拥有的资源，其在施政报告中也明确提到，彻底解决香港环保问题，不能单靠香港自身，必须与内地有关当局紧密合作。2016 年香港特区政府与广东省政府签订了《2016—2020 年粤港环保合作协议》，这是推进跨境合作力度的又一重要行动。此外香港环境法规的内容也及时更新以切合本土及国际的现实需求，以《废物处置条例》为例，2006 年，该条例把《巴塞尔禁令》中对有害废物越境转运的管制纳入条例，2018 年，其更是将进出口许可证的范围扩展至受管制电器废物的进出口。

公众参与是香港生态环境保护的重要组成部分（曾宝强和曾丽璇，2005；邓嘉咏，2020；杜景浩，2016）。由于香港自由贸易港的地位，全球对环境教育的重视迅速影响到了香港，民众环保意识极高，环保压力团体和非政府组织（non-governmental organization，NGO）数量众多，它们不仅在民众中普及保护环境的观念，提供渠道反映民意，还积极地监督环境政策、法律的实施，1997 年香港回归后，香港居民的民主权利得到保障，居民对环境管理的参与变得更加积极，贯穿于政策制定、立法、环境法规的执行和监督的全过程。曾宝强和曾丽璇（2005）介绍了香港环境 NGO 在开展公众环保教育，推广环保产品，筹集环保基金等方面的工作。杜景浩（2016）介绍了香港环境影响评估制度中的公众参与流程。

因为有了如此完善的生态环境保护制度，作为自由贸易港的香港才能够在超高的人口密度与自然资源匮乏的条件下，实现生态环境与经济的协调发展，在全球最宜居城市排名中名列前茅（邓嘉咏，2020；杜景浩，2016）。

（二）新加坡生态环境与经济协调发展的相关研究

新加坡地理位置优越，扼守马六甲海峡的咽喉地带，被誉为"世界十字路口"，1819 年，英国的到来使新加坡开始成为转口贸易的中转站。1969 年，新加坡在裕廊工业区裕廊码头建立了第一个自由贸易区。今天，新加坡逐渐发展成为一个高度开放的自由贸易港口，是亚洲地区重要的金融、贸易和航运中心。当前，新加坡有 8 个自由贸易区。除了新加坡机场物流园是空港外，其他均为海港。凭借其稳定的政治环境，优越的地理位置，完善的基础设施和完整的英语环境，新加坡的商业环境极其优越。在世界银行发布的"2018 年营商报告"中，新加坡的营商环境在全球 189 个经济体中排名第一（胡方，2019）。

从自然资源禀赋来看，新加坡并不具备生态优势（吴真和高慧霞，2016）。2016 年，新加坡国土面积 719.2 平方千米，人口 560.73 万，人口密度高达 7697 人/千米^2。作为赤道热带城市岛国，新加坡淡水、土地及各种自然资源匮乏，国家发展具有天然的局限。在新加坡建国初期，为了快速发展工业、进行城市建设，新加坡在一定程度上忽视了对自然环境的保护，当地自然环境和卫生状况曾一度堪忧。但是新加坡政府一方面推动经济结构转型升级，从根本上改变经济发展与环境保护二者竞争性目标的关系，减轻人口和经济增长对自然生态的压力，20 世纪 60

年代新加坡走工业化道路，发展劳动密集型经济；70 年代末出现劳动力短缺，新加坡向技能密集型经济转变；80 年代中期新加坡开始发展资本密集型产业；90 年代新加坡开始发展科技密集型产业；进入 21 世纪，新加坡经济升级为知识密集型经济，着力发展现代服务业；近年来新加坡提出把科技创新与提高劳动生产率相结合来提升经济发展的质量。另一方面，新加坡积极有效地推行城市绿化、美化计划，将城市环境绿化和维护上升到国家发展战略高度，并使其成为国家治理的有机组成部分，实现了环境保护和经济发展的双重可持续性（王君和刘宏，2015）。新加坡以可持续发展和绿色宜居吸引全球人才、企业、商旅和投资，为其自由贸易港的发展奠定了基础，也为国民提供了优良的生活品质和美好的生活工作环境（刘宏和王辉耀，2015）。

关于新加坡的生态环境发展，其从"花园城市"向"花园中的城市"的转变是现有文献研究的重点内容（王君和刘宏，2015；陈嘉龙，2019；李欣和叶果，2020）。王君和刘宏（2015）介绍了"花园城市"与"花园中的城市"概念的由来，以及"花园城市"与"花园中的城市"的理念和建设机制。陈嘉龙（2019）对比总结了新加坡 20 世纪 60～90 年代打造"花园城市"与 21 世纪以来迈向"花园中的城市"的背景、举措与特点。李欣和叶果（2020）介绍了新加坡花园城市建设历程、绿化控制体系、高品质公共空间营造中的规划与标准。

新加坡之所以能够实现生态环境与经济的协调发展，其完善的生态环境保护制度体系是重要基础。曹智勇（2011）梳理了新加坡环境保护的历程，并总结了新加坡主要的生态环境保护制度。杨克慧（2018）系统梳理了新加坡的环境公共卫生管理制度以及相关的机构设置与权责范围。

新加坡只是一个身处东盟这一复杂生态系统内的岛国，那些影响邻国的环境问题自然也不可避免地对其造成影响。一方面，新加坡本身的自然资源较为匮乏，其中不少基本的自然资源都不得不依赖于进口；另一方面，由于本身领土面积的狭小，周边国家的生产活动对其环境质量的好坏有着直接的影响。因此，跨境合作与公众参与是新加坡实现生态环境与经济协调发展的重要组成部分（陈嘉龙，2019；王君和刘宏，2015）。

新加坡积极加强区域和双边合作，参与国际环境问题合作，在区域层面，新加坡积极参与东盟环境论坛，与邻国携手努力，解决共同关心的环境问题。在全球层面，新加坡积极履行全球公民责任，认真履行"多边环境协议"成员的义务，与国际机构合作，解决共同关心的跨界环境问题，为全球环保作出贡献（陈嘉龙，2019）。

新加坡政府在城市绿化中重视公众、政府和私人部门三者的伙伴关系，注重政府主导，企业和社会共同参与（王君和刘宏，2015）。在建设"花园中的城市"过程中重视国民参与的作用，支持环保 NGO 的活动，不断提高生态环境建设中的信息透明度，弥补政府角色的不足(陈嘉龙，2019；李欣和叶果，2020)。

新加坡的生态环境建设成果显著，新加坡连续多年在美世生活质量调查中位居亚洲城市榜首，是极少数在高密度条件下，能够达到高宜居标准并实现可持续发展的城市(薛菲和刘少瑜，2017)。

(三)迪拜生态环境与经济协调发展的相关研究

迪拜是阿联酋的贸易、航运、金融、物流和科技中心，地处交通要道，位置优越。20世纪70年代起，港口开发和机场建设被政府列为重要的基建项目，目前迪拜已拥有30多个自由贸易区，世界第三大港口——杰贝阿里港，30分钟的车程内有迪拜机场和马克图姆机场，空港一体化优势明显(胡方，2019)。

现代迪拜经济的崛起离不开石油产业的发展。迪拜在1966年发现了石油，并在三年后产出了第一桶石油。1975年，迪拜的石油产业占当地GDP的54%。然而迪拜石油资源并不丰富，据当前探明数据，迪拜拥有石油储量40亿桶，天然气169亿立方米，分别只占整个阿联酋储量的4.1%和1.9%。与迪拜相邻的阿布扎比的石油储量约占到全世界石油储量的十分之一，石油出口量占整个阿联酋出口量的90%以上，按人均贮藏量算，阿布扎比的人均石油贮藏量折合约1700万美元，是迪拜人均贮藏量的近12倍。与阿布扎比相比，迪拜的石油储量显然无法支撑其在阿联酋中长期保持的经济地位，其石油已经进入枯竭期，完全不足以支撑其经济的可持续发展，因此迪拜走上了经济的多样化发展道路(张明生，2015)。

而这些多元化的产业也离不开生态环境与经济的协调发展，如旅游业就属于绿色产业，且它与其他产业的关联性较强，其自身的积极快速发展可以带动相关产业的发展，是替代石油产业的最佳产业之一。为了发展实现产业多样化发展的先导行业旅游业，迪拜采取积极推广旅游可持续发展的战略，重视可持续发展、强化质量管理。此外生态环境与经济的协调发展是吸引人才与游客、打造"智能城市"的重要先决条件，为此迪拜政府提出了包括"2016～2021年健康战略""2017～2021年空气质量战略""绿色天堂计划"等在内的一系列规划，以此提供智能化管理服务与健康的生活方式，提升城市生态系统环境，提高地区空气质量，为居民和游客提供更健康舒适的生活环境，保障迪拜自由贸易港的吸引力与经济活力(冯惠尧，2018)。人与地球计划和可持续发展也是2020年迪拜世界博览会的重要主题，体现出迪拜在生态环境方面的远见。

迪拜水电局(Dubai Electricity and Water Authority，DEWA)是迪拜追求生态环境与经济协调，实现可持续发展的重要部门，作为一家享有盛誉的政府机构，其愿景是成为一家可持续创新的世界级公用事业公司，并通过以世界级的可靠性、效率和安全性提供可持续的电力和供水服务来推广迪拜，它致力于支持并积极推动迪拜成为世界上最智能的城市，帮助迪拜实施清洁能源战略以及2050年前实现清洁能源满足 75%的能源需求的目标，并将迪拜打造为全球清洁能源和绿色经济中心。目前 DEWA 正在实施三项举措，包括太阳能装置、智能应用(包括智能电网和仪表)和电动汽车基础设施(Abuhamdah and Al Mehairi，2015)。此外自 2013年以来，DEWA 一直根据全球报告倡议组织标准发布可持续发展报告，《DEWA可持续发展报告》(DEWA's Sustainability Reports 2020)显示，通过电厂优化设计、燃气轮机创新升级、优化停运计划、增电和优化运行，从 2006 年到 2020 年，DEWA实现了 33.41%的累计效率提高，相当于减少了 6470 万吨二氧化碳的排放。

由于迪拜所处环境和政治经济条件的特殊性，有关于迪拜生态环境与经济协调发展的研究不多，只有少量的案例研究。Abu-Hijleh 和 Jaheen(2019)评估了迪拜不同建筑法规的有效性，来探究《绿色建筑法规与规范》应该如何修订才能使占迪拜总能源消费 29%的住宅部门向绿色经济可持续发展转变，来实现《2030 年迪拜综合能源战略》的目标——到 2030 年将建筑行业的电力需求减少 30%，他们发现，要想达到迪拜的能源目标，实现生态环境与经济的协调发展，就需要鼓励住宅建筑增加光伏系统，提高对供暖通风与空气调节效能的标准，并升级住宅达到被动式节能建筑标准。Al Naqbi 等(2019)分析了迪拜现在的能源市场设计状况，并提出了完善的政策和机制，他们指出要想实施清洁能源战略，实现迪拜从化石燃料经济到清洁能源与化石燃料多种能源混合使用经济的过渡，需要改革能源市场设计，促使 DEWA 进行商业模式转型，并且政府机构、私营部门、研究机构、NGO 以及消费者等利益相关者需要保持密切协作。Obaideen 等(2021)对迪拜的穆罕默德·本·拉希德·阿勒马克图姆太阳能园区(Mohammed bin Rashid Al Maktoum Solar Park)进行了案例分析，发现该园区通过部署可负担的清洁能源，取代了该地区大量使用的传统化石燃料发电，其运行已经减少了 650 万吨二氧化碳排放量，而且实现了可持续发展的多个目标，包括提供体面的工作、实现经济增长、促进创新、促进产业发展、促进基础设施建设、促进可持续社区与可持续城市的建设、实现生态的多样性，这说明在迪拜太阳能显然可以为实现可持续发展目标以及生态环境和经济的协调发展提供支持。

三、海南生态环境治理相关研究

由于海南生态环境并未遭受非常严峻考验等原因，关于海南生态环境的相关研究并不多。

海南从早期开始就很注重对生态环境的保护，相关工作走在了全国的前列，也受到了中央的重视，从 1999 年《海南省人民代表大会关于建设海南生态省的决定》通过，到国家批准海南全国生态文明建设示范区，海南省高度重视生态环境的重要作用。《中共中央 国务院关于支持海南全面深化改革开放的指导意见》中，加快生态文明体制改革被单独提出，海南的青山绿水、碧海蓝天是一笔既买不来也借不到的宝贵财富,必须坚持绿水青山就是生产力,形成人与自然和谐发展的新格局(张海东等,2021)。

李娟(2021)梳理了生态文明指标体系的研究状况,以海南省为例,从量化分析的视角对海南省生态文明建设情况进行了研究,分析并指出了海南省生态文明建设中存在的短板,提出了具体的改进路径,她认为对于海南省生态环境和社会经济发展之间不够协调的问题,需要从生态、环境、资源、生活方式、生产方式、社会发展及增长质量等多方面入手,着力于转变生活方式、生产方式及社会发展方式,最终实现海南岛全域生态环境与社会经济的协调发展;在海南省建设生态文明的过程中,应将社会建设、文化建设、政治建设及经济建设等多层面的目标融合起来,并在建设中国特色自由贸易港的过程中,突出生态文明建设的重要地位。

邬乐雅等(2021)认为海南作为国家生态文明试验区,始终把应对气候变化作为实现高质量发展、建设生态文明的重要抓手。在碳达峰目标与碳中和愿景下,海南应充分发挥自由贸易港政策优势与生态环境优势,争取率先实现碳中和,努力在应对全球气候变化方面走在前列,推动应对气候变化与高质量发展深度融合。丛晓利和王天明(2021)认为在海南自由贸易港建设下要通过提升政府能力、加强制度管控、制定管理目标等手段促进营商环境与生态环境协同发展。

张可(2017)用动态随机一般均衡(dynamic stochastic general equilibrium,DSGE)模型和计量的方法研究海南省在资源、环境约束下的产业结构优化问题,引入能源资源要素和环境规制政策规则,分析了资源环境约束与实际产出之间的关系,进而探索资源环境约束对产业结构优化升级的影响,综合海南省的资源、环境条件等因素给出了海南省产业结构优化发展路径建议,认为海南省应该重点发展以旅游业为主,金融、会展、购物、物流等共同发展的第三产业;继续深入发展海南特色的绿色现代化农业;同时均衡发展新能源、新通信、高智能和高清洁类的第二产业。

四、文献评述

总的来说,目前关于世界上主要自由贸易港生态环境与经济协调发展的文献还较少,且都是以介绍性研究或案例研究为主,同时大多数研究没有考虑到自由贸易港的身份会对其生态环境与经济协调发展产生的影响。本章从自然资源产权制度及有偿使用制度建设、生态产品价值实现机制建设和热带雨林国家公园管理体制建设三个重点工作切入,运用跨学科方法对其生态环境与经济协调发展进行研究,既可以为海南在建设自由贸易港过程中实现生态与经济双赢的途径提供科学依据,也可以为世界其他自由贸易港的生态环境与经济协调发展提供参考。

第三节　构建自由贸易港自然资源产权制度及有偿使用制度

海南作为中国的自然资源大省，各类丰富的自然资源是支撑海南社会经济高质量发展的重要物质基础，也是海南自由贸易港建设特别是旅游业及现代服务业体系构建的重要支撑。要发挥自然资源在建设海南自由贸易港中的作用，构建具有海南特色的生态文明体制机制，自然资源的产权界定和定价机制是关键所在。因此，本章分析当前海南自然资源产权制度和有偿使用制度面临的主要问题及原因，并提出对策方案。2020年，中共中央和国务院在《海南自由贸易港建设总体方案》指出，海南要大力构建现代产业体系，"大力发展旅游业、现代服务业和高新技术产业"，以及"创新生态文明体制机制"，确保发展现代产业体系与区域生态价值实现之间的相互协调与共同发展；而自然资源产权制度和有偿使用制度的构建与完善，则是海南实现这一战略目标的重要前提。因此，分析海南自由贸易港自然资源产权制度与有偿使用制度的现状及问题，在此基础上提出相应的完善对策，不仅对海南自由贸易港构建现代产业体系和创新生态文明体制机制具有重要的现实意义，而且对形成和推广海南经验、推动国家"双碳"目标的实现，具有重要的实践价值。

总体上看，海南自然资源产权制度目前处于初步构建阶段，所有权登记进展顺利；在自然资源有偿使用制度方面，弹性用地制度、税费制度以及各类资源的基准价格制度也不断建立完善。但在确权发证过程中，海南存在所有权证发证困难、公众参与程度低、市场机制缺失、部门职能重叠、特许经营权制度难以确立以及财力人事保障不足等问题。这些问题涉及制度从构建到执行的每个关键环节，是当前制度难以落地的主要障碍，迫切需要得到解决。针对这些问题，本章提出：在海南省层面，应尽快扭转"以禁代管"、过度强调行政干预的观念，加强引导公众参与，构建自然资源市场交易机制，明确各类自然资源从开发、定价到使用整个过程中的部门职能分工，分类弹性处理历史遗留问题等；在国家层面，则应尽快明确央地之间的委托代理关系，颁布自然资源资产所有权委托代理清单，以及通过扩大转移支付和人事编制给予海南足够的财力和人力保障。

一、海南自由贸易港的自然资源状况

在土地资源方面，海南省以林地、园地和耕地为主，耕地主要分布在岛四周平缓地带，重点保护的林地和园地主要集中在中部及西南部山区。海南省的行政区域包括海南岛、西沙群岛、中沙群岛、南沙群岛的岛礁及其海域，是全国面积最大的省。从国土类型来看，海南国土面积主要由海洋面积构成。根据2021年《海南统计年鉴》的数据，海南区域面积为203.52万平方公里，其中海洋面积约为200

万平方公里，占比 98.27%；陆地面积仅占区域面积的 1.73%。在 351.91 万公顷的土地面积中，耕地面积为 72.3 万公顷，占比 20.5%；园地、林地和草地面积分别为 91.6 万公顷、119.8 万公顷和 4.6 万公顷，相应占比分别为 26.0%、34.1%和 1.3%；森林覆盖率在 2012～2020 年始终稳定在约 62%的水平，城市建成区绿化覆盖率达 39.95%。林地的重点保护主要集中在中部和西南部山区。当前，海南已开发利用的土地约为 331.36 万公顷，未被开发利用的土地为 20.51 万公顷，土地后备资源较丰富，开发潜力较大。各类土地资源状况如表 5-3 所示。

表 5-3 2020 年海南省土地资源状况

土地资源类型	面积/万公顷	占总面积比例
土地面积	351.91	100.0%
林地	119.8	34.1%
园地	91.6	26.0%
耕地	72.3	20.5%
草地	4.6	1.3%
城镇村及工矿用地	26.4	7.5%
交通运输用地	6.6	1.9%
水域及水利设施用地	28.3	8.0%
其他土地	2.2	0.6%

资料来源：2021 年《海南统计年鉴》

综上可见，海南的土地资源主要由耕地、园地和林地构成，这三类土地资源占了土地总资源的 80.6%。这意味着海南土地资源产权制度的构建应围绕耕地资源、园地资源和林地资源的保护与开发进行。

在水资源方面，海南省水资源总量相对稀缺，主要由地表水构成，农业用水占比较高，水资源利用效率也相对不足。根据 2013～2021 年《海南统计年鉴》的数据，海南水力资源理论蕴藏量 103.88 万千瓦，水力资源可开发量 89.77 万千瓦，可开发量占总量的比例约 86.42%。根据水利部发布的《2019 年中国水资源公报》，与东部主要沿海省份相比，海南由于其特殊的海洋岛屿地理环境，水资源总量相对稀缺，而水资源利用效率也相对不足。

首先，从水资源量来看（表 5-4），海南的降水量低于浙江、福建。但考虑到 2020 年气候状况的特殊性，从多年的平均值来看，海南的降水量仍然低于浙江、福建和广东三个重要沿海省份。海南的水资源主要来自地表水，且水资源总量在沿海省份中处于较低水平（图 5-1）。

表 5-4　2020 年主要沿海省份水资源状况

主要沿海省份	降水量/毫米	地表水资源量/亿米³	地下水资源量/亿米³	地下与地表水资源不重复量/亿米³	水资源总量/亿米³
辽宁	748.0	357.7	115.2	39.4	397.1
山东	838.1	259.8	201.8	115.5	375.3
江苏	1236.0	486.6	137.8	56.8	543.4
浙江	1701.0	1008.8	224.4	17.8	1026.6
福建	1730.7	759.0	243.5	1.3	760.3
广东	1574.1	1616.3	399.1	9.7	1626.0
海南	1641.1	260.6	74.6	3.0	263.6

资料来源：《2020 年中国水资源公报》

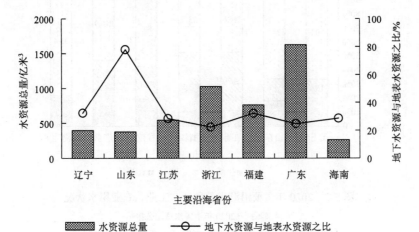

图 5-1　2020 年主要沿海省份水资源量状况对比

资料来源：《2020 年中国水资源公报》

　　其次，从供水和用水状况来看（表 5-5），海南的供水量主要来源于地表水，供水总量远低于其他六个沿海省份。相应地，海南的用水总量也是七个沿海省份中最低的，农业用水比例高达 75.9%（图 5-2），远高于其他六个沿海省份。

表 5-5　2020 年主要沿海省份供水和用水状况（单位：亿米³）

主要沿海省份	供水量				用水量				
	地表水	地下水	其他	供水总量	生活	工业	农业	人工生态环境补水	用水总量
辽宁	72.9	50.8	5.7	129.3	25.4	16.9	79.6	7.4	129.3
山东	135.7	75.0	11.9	222.5	37.5	31.9	134.0	19.1	222.5
江苏	556.0	4.3	11.7	572.0	63.7	236.9	266.6	4.8	572.0

续表

主要沿海省份	供水量				用水量				
	地表水	地下水	其他	供水总量	生活	工业	农业	人工生态环境补水	用水总量
浙江	159.7	0.3	4.0	163.9	47.4	35.7	73.9	7.0	163.9
福建	177.8	3.4	1.8	183.0	33.0	41.1	99.7	9.3	183.0
广东	390.4	11.1	3.6	405.1	107.9	80.4	210.9	6.0	405.1
海南	42.6	1.1	0.3	44.0	8.0	1.5	33.4	1.1	44.0

资料来源：《2020 年中国水资源公报》

注：供水总量数据和用水总量数据根据各分类数据的原始数据相加得到

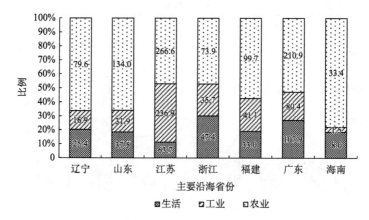

图 5-2　2020 年主要沿海省份生活、工业、农业用水状况

资料来源：《2020 年中国水资源公报》

图中数据为相应类型水资源用途的实际总量(单位：亿米³)

最后，从用水效率指标来看(表 5-6)，海南的水资源利用效率仍有较大的提升空间。尽管海南水资源总量较为稀缺，但人均综合用水量却在沿海七个省份中处于较高水平，仅次于江苏和福建。每万元地区生产总值用水量在沿海七个省份中处于最高水平，远高于排名第二的江苏。农业用水效率方面，海南耕地实际灌溉亩[①]均用水量在七个沿海省份中也处于最高水平，高于排名第二的广东，但农业灌溉水有效利用系数却在七个省份中位排倒数第三，略高于福建和广东。由此可见，海南农业用水占比之所以如此之高，一方面与海南第一产业比重较高有关，另一方面与海南农业用水效率相对较低有紧密联系。工业用水效率方面，海南每万元工业增加值用水量在七个沿海省份中相对较高，处第二位，仅低于江苏。

---

① 1 亩= 666.67 平方米。

表 5-6　2020 年主要沿海省份水资源利用效率

主要沿海省份	人均综合用水量/米³	每万元地区生产总值用水量/米³	耕地实际灌溉亩均用水量/米³	农业灌溉水有效利用系数	每万元工业增加值用水量/米³
辽宁	303	51.5	401	0.592	21.3
山东	220	30.4	160	0.646	13.8
江苏	675	55.7	423	0.616	62.8
浙江	256	25.4	329	0.602	15.8
福建	441	41.7	637	0.557	26.1
广东	323	36.6	730	0.514	20.7
海南	440	79.6	749	0.572	28.6

资料来源：《2020 年中国水资源公报》

　　在矿产资源方面，海南省矿产资源蕴藏量较大，矿产类型也相对较多。根据海南省人民政府网站主页的省情概况，海南矿产资源种类较多，全省共发现矿产 88 种，经评价有工业储量的矿种 70 种，其中已探明列入矿产资源储量统计的 59 种。海南的矿产资源主要包括石油、天然气、黑色金属、有色金属、贵金属、稀有金属、冶金辅助原料、化工原料、建筑材料、其他非金属矿等；探明储量位于全国前列的优势矿产资源有石油、天然气、玻璃用砂、钛铁矿等。表 5-7 显示了 2012～2019 年海南主要矿产资源状况。

表 5-7　2012～2019 年海南主要矿产资源（单位：万吨）

年份	煤矿	铁矿	钛铁矿	玻璃硅质原料	高岭土
2019	11 872.7	10 326.55	304.12	85 288.53	2 769.36
2018	11 872.7	7 749.36	309.29	86 219.70	2 769.36
2017	11 872.7	8 000.51	319.04	87 261.75	2 771.24
2016	11 872.7	8 441.69	319.08	87 542.73	2 814.74
2015	11 872.7	8 529.52	319.64	87 891.85	1 907.04
2014	11 872.7	9 489.80	321.63	88 225.40	1 917.60
2013	11 872.7	9 489.80	321.63	88 225.40	1 917.60
2012	11 933.7	8 117.20	334.03	88 535.70	1 923.20

资料来源：2013～2020 年《海南统计年鉴》

　　在海域海岛资源方面，海南省既具有丰富的海域资源（包括水生资源、旅游资源和海洋矿藏资源等），也有大量具有重要战略价值的南海海岛资源，海洋经济在全省经济中具有重要地位。根据 2021 年《海南统计年鉴》的数据，海南的海洋面积约为 200 万平方公里，占全省总面积的 98.27%；海南本岛海岸线 1944 公里；

管辖海域占南海海域面积的 57%，全省海域海水水质质量良好，符合一类海水水质标准的海域面积约占全省海域面积的 99.9%。海南是中国当之无愧的海洋资源大省。

在海域资源方面，根据海南省人民政府网站主页的省情概况，首先，海南具有丰富的水产资源，具有海洋渔场广、品种多、生长快和渔汛期长等特点，是热带海洋渔业发展的理想地方；海南本岛近海有记录的鱼类达 800 多种，南海北部大陆架海有记录的鱼类达 1000 多种，南海诸岛海域有记录的鱼类达 500 多种，海洋水产资源极为丰富。其次，海南拥有发展旅游产业的巨大潜力。在海南本岛 1944公里的海岸线上，沙岸约占 50%～60%，沙滩宽数百米至一千多米不等，向海面坡度一般为 5°，海水温度一般为 18～30℃，阳光充足，天然海滨浴场 60 多处，还有众多的热带海岛和丰富的珊瑚礁、红树林、海草床等热带海洋生态景观，十分适宜发展现代旅游服务业。最后，海南省辖下的南海海域还蕴藏着大量的矿产资源，具有重要的战略意义。西南中沙群岛海底蕴藏着大量的铁、锰、铜、镍、钴、铅、锌等数十种金属矿产和沸石、珊瑚贝壳灰岩等非金属矿产，以及热液矿床；南海各大岛屿海域石油地质储量约为 230 亿～300 亿吨，总探明可采石油储量为 200 亿吨，天然气储量约为 4 万亿立方米，是世界四大海底储油区之一；南海海底还蕴藏有大量的可燃冰，资源量约达 194 亿吨油当量。

在海岛资源方面，根据 2021 年《海南统计年鉴》的数据，海南当前拥有岛屿627 个，岛屿面积达 42 平方千米。其中，西沙群岛有岛屿 22 座，陆地面积 8 平方千米，其中最大的是永兴岛。海岛具有重要旅游开发价值，目前已开展旅游项目的岛屿有蜈支洲岛、西岛、分界洲岛、西沙群岛等。此外，海岛及其附近海域也是各类水生资源的重要蕴藏地。

从海洋资源的开发现状看，海南的海洋经济不仅在全省经济中占有重要地位，而且发展迅猛。根据海南省自然资源和规划厅发布的《2019 年海南省海洋经济统计公报》，2019 年海南省海洋生产总值 1717 亿元，比上年增长 8.46%，占地区生产总值的比重为 32.34%；海洋第一产业、第二产业、第三产业的比重分别为16.1%、14.6%和 69.3%；三大主要优势产业分别是滨海旅游业、海洋渔业、海洋交通运输业，占主要海洋产业的比重分别为 47.65%、43.37%和 8.13%。

二、海南自由贸易港自然资源产权制度及有偿使用制度的状况和存在问题

(一)海南自然资源产权制度状况

在国家层面，2013 年党的十八届三中全会首次提出"要健全自然资源资产产权制度和用途管制制度"，该会议通过的《中共中央关于全面深化改革若干重大问题的决定》提出"对水流、森林、山岭、草原、荒地、滩涂等自然生态空间进

行统一确权登记,形成归属清晰、权责明确、监管有效的自然资源资产产权制度"。随后 2015 年中共中央、国务院印发《生态文明体制改革总体方案》进一步提出了要"探索建立分级行使所有权的体制""按照不同资源种类和在生态、经济、国防等方面的重要程度,研究实行中央和地方政府分级代理行使所有权职责的体制,实现效率和公平相统一"。其中,"中央政府主要对石油天然气、贵重稀有矿产资源、重点国有林区、大江大河大湖和跨境河流、生态功能重要的湿地草原、海域滩涂、珍稀野生动植物种和部分国家公园等直接行使所有权"。对自然资源进行产权界定的目的是通过"逐步划清全民所有和集体所有之间的边界,划清全民所有、不同层级政府行使所有权的边界,划清不同集体所有者的边界",确定自然资源保护、开发和用益的权责主体。

　　为推进自然资源产权登记和管理制度的落实,国务院办公厅在 2020 年印发了《自然资源领域中央与地方财政事权和支出责任划分改革方案》(国办发〔2020〕19 号),对中央与地方的相关事权和支出责任进行了划分。在自然资源产权登记方面,将国家不动产登记信息系统的建设与运行维护,中央政府直接行使所有权的全民所有自然资源确权登记和权籍调查,国务院部门直接负责的不动产登记和权籍调查,国务院部门直接负责的权属争议调查处理等事项,确认为中央财政事权,由中央承担支出责任;将地方不动产登记信息系统的建设与运行维护,中央政府委托地方政府代理行使所有权的全民所有自然资源确权登记和权籍调查,地方政府部门负责的不动产登记和权籍调查,地方政府部门负责的权属争议调查处理等事项,确认为地方财政事权,由地方承担支出责任。在自然资源管理方面,将中央政府直接行使所有权的全民所有自然资源资产的统筹管理,确认为中央财政事权,由中央承担支出责任;将中央政府委托地方政府代理行使所有权的全民所有自然资源资产的统筹管理,确认为中央与地方共同财政事权,由中央与地方共同承担支出责任;法律授权省级、市(地)级或县级政府代理行使所有权的特定全民所有自然资源资产管理,确认为地方财政事权,由地方承担支出责任。2019年,《关于统筹推进自然资源资产产权制度改革的指导意见》,从自然资源产权的事前确权和定价到事中事后监管和利用方面提出了全面的改革指导意见。而在此之前,《中华人民共和国宪法》《中华人民共和国物权法》等对自然资源所有权登记都不做强制性要求,相关制度也没有建立。具体到海南层面的情况如下。

　　第一,自然资源所有权登记持续推进。根据《海南省自然资源和规划厅关于开展自然资源所有权首次登记的通告》,海南自 2020 年 11 月 18 日起至同年 12月 30 日为止,以不动产登记为基础,按照资源公有、物权法定和统一确权登记的原则,对省内 11 个自然保护区和南渡江干流自然资源所有权开展首次登记(表5-8),涉及单元内的水流、森林、山岭、草原、荒地、滩涂、海域、无居民海岛以及探明储量的矿产资源等自然资源的国家所有权和自然生态空间。

表 5-8　海南首次自然资源所有权登记的相关单元

序号	保护地名称	所属市县
1	海南甘什岭省级自然保护区	三亚市、保亭县
2	海南会山省级自然保护区	万宁市、琼海市、琼中县
3	海南番加省级自然保护区	儋州市
4	海南三亚珊瑚礁国家自然保护区	三亚市
5	海南尖岭省级自然保护区	万宁市、琼海市
6	海南青皮林省级自然保护区	万宁市、陵水县
7	海南六连岭省级自然保护区	万宁市、琼海市
8	海南南林省级自然保护区	万宁市、陵水县、琼中县
9	海南加新省级自然保护区	万宁市、陵水县
10	海南上溪省级自然保护区	万宁市、琼海市、琼中县
11	海南东方黑脸琵鹭省级自然保护区	东方市
12	南渡江	海口市、儋州市、澄迈县、定安县、屯昌县、琼中县、白沙县

资料来源：海南省自然资源和规划厅

据统计，海南全省自然资源总面积约为 16 100 平方公里，截至 2021 年 7 月 31 日，海南已完成 9810 平方公里（61%）的重要生态空间的地籍调查、数据建库、成果审核等工作（包括海南热带雨林公园 4400 平方公里，由生态环境部主导直接开展登记；省级自然保护区、南渡江 1000 平方公里；海口、三亚、文昌、昌江和保亭 5 个市县 4410 平方公里）。此外，在登记的基础上编制形成了省级国土空间规划成果并向社会公示；海口、三亚、洋浦等 8 个市县（区）已形成市县国土空间规划初步成果。

第二，制定"三线一单"管控方案。2021 年，中共海南省委办公厅和海南省人民政府办公厅《关于海南省"三线一单"生态环境分区管控的实施意见》，在海南全省划定环境管控单元 871 个（包括东部、北部、西部、南部和中部五大片区），对省内陆域和海域资源实施"优先，重点和一般"三级管理，在自然资源资产确权基础上进一步明晰了环境管控的具体措施与责任清单。从文件来看，该政策一方面依据管控等级制定了差异化的执行标准，另一方面针对不同片区的特点制定了不同的管控方向。方案由海南省生态环境厅负责统筹组织"三线一单"实施、评估、更新调整和宣传；落实"三线一单"工作所需经费纳入全省各级财政年度预算。

第三，编制自然资源资产负债表。2017 年，海南省人民政府办公厅印发《海南省编制自然资源资产负债表试编实施方案》以来，海南省自然资源和规划厅配合海南省统计局探索开展自然资源资产负债表的编制工作，由海南省自然资源和规划厅提供相关数据,海南省统计局具体负责编制。按照分工要求,海南于2017～2020年编制了全省2016～2019年土地、耕地、固体矿自然资源资产存量及变动表(实物量)。2020年,根据《海南省贯彻落实〈国家生态文明试验区(海南)实施方案〉任务清单和责任分工》要求,将海洋自然资源纳入自然资源资产账户核算范围,开展了2019年海洋自然资源实物量表编制工作。此外,在市县层面,海口、三亚、儋州等三个地级市于2018～2020年编制了2017～2019年本地区的自然资源资产负债表(实物量)。2019年试编工作已向所有县市铺开,目前各市县已完成了本地区2018年、2019年自然资源资产负债表(实物量)编制工作。

(二)海南自然资源有偿使用制度状况

在国家层面,2015年中共中央、国务院在《生态文明体制改革总体方案》中提出要健全资源有偿使用和生态补偿制度,"按照成本、收益相统一的原则,充分考虑社会可承受能力,建立自然资源开发使用成本评估机制,将资源所有者权益和生态环境损害等纳入自然资源及其产品价格形成机制",并具体对土地、矿产、水、森林草原、海域海岛等自然资源提出了有偿使用和生态补偿的制度设计。

具体到海南层面,根据海南省人民政府办公厅2020年1月印发的《海南省全民所有自然资源资产有偿使用制度改革实施方案》有关要求,海南将深入推进国有土地、水、矿产、森林、海域海岛等全民所有自然资源资产有偿使用制度改革,促进自然资源保护和合理开发利用。2021年6月,海南省《自然资源分等定级通则》和《自然资源价格评估通则》两项推荐性行业标准正式实施。其中,《自然资源分等定级通则》规范了自然资源分等定级的基本原则、技术路径、工作组织和成果要求,是自然资源资产产权制度的重要内容,是促进自然资源管理向数量、质量与生态管护并重转变的基础性工作,有助于科学评价和管理自然资源,全面掌握我国自然资源质量分布状况,促进自然资源保护与合理开发利用;《自然资源价格评估通则》则是首部针对包括土地、矿产、海域海岛等各类自然资源价格评估进行整体性规范的技术标准,对完善自然资源评价评估技术体系,显化自然资源资产质量与价值,奠定了自然资源有偿使用制度的基础。

根据本书研究团队的调研了解,当前海南省在土地、水、矿产、森林、海域海岛五大类自然资源有偿使用制度建设方面做了以下工作。

第一,在国有土地有偿使用制度方面,由海南省自然资源和规划厅牵头,当前海南省已全面实施土地出让控制标准、"对赌协议"、节地评价制度,落实落细"只转不征、只征不转、不征不转"、先租后让、弹性年期、混合用地、点状用地、标准地等创新用地政策制度。截至2021年初,全省有1400多宗项目采取创新用地政策落地,节约用地成本9.17亿元;全省签订用地"对赌协议"557宗、面积 1899.2 公顷；加快城乡一体基准地价建立和更新工作，截至 2021 年 6 月，19 个市县及海南博鳌乐城国际医疗旅游先行区城乡一体建设用地土地定级及基准地价成果全部公布执行。

第二，在水资源有偿使用制度方面，由海南省水务厅和海南省财政厅牵头，除了严格水资源费征收管理和开展最严格的水资源管理制度考核之外，还配合财税部门开展了水资源费改税调研，包括提供水资源费征收标准、征收方式、计量标准等调研材料；制定南渡江、万泉河、昌化江等三大江河的生态流量方案和地下水管控指标核定方案；通过公开招投标，分别确定技术单位编制三大江河生态流量管控方案和地下水管控指标方案，为维持江河生态流量，维持地下水体的合理水位提供技术依据，在水利部的指导下，技术单位目前已形成了初步的技术成果。

第三，在矿产资源有偿使用制度方面，由海南省自然资源和规划厅牵头，全省已全面落实矿业权招拍挂出让制度，建立健全采矿权出让收益市场基准价制度，推进海砂采矿权和海域使用权"两权合一"出让试点工作。据课题组了解，海南省是全国最早在法上明确所有的矿产资源都要实施招拍挂制度的省份；海南省当前的矿产资源除了砂石土建筑用石以外，其他矿产资源基本上都已停止出让。此外，海南省很早就在全省实施探矿权和采矿权的招拍挂出让，海南矿业权改革及矿产资源有偿使用制度建设是走在全国前列的。

第四，在森林资源有偿使用制度方面，由省林业局牵头，相关制度仍在制定过程中，目前在该领域尚未有明确的制度标准。

第五，在海域海岛资源有偿使用制度方面，2020 年 5 月，由海南省自然资源和规划厅牵头，委托海南省海洋与渔业科学院作为技术承担单位开展了海南省海域使用金地方标准制定、海域基准价制定和评估技术规范编制工作。

为了减少近海滩涂养殖导致的海域污染以及实现水产养殖工厂化、规模化，海南在海域海岛自然资源有偿使用制度方面的另一项重要工作是水产养殖清退和渔民转产转业，颁布了《关于进一步做好渔业用海审批等有关工作的补充通知》和《关于进一步做好全省水产养殖清退整改工作中渔民转产转业养殖用海审批和海域使用金征收工作的意见》等文件，进一步指导渔业用海的审批，明确渔业产业用海用地等要素保障，同时也为海南沿海市县政府做好渔民转产转业养殖用海海域使用权取得方式和海域使用金征收工作给出了具体指导意见。以前，海南海域使用权都是通过"招拍挂"出让。2021 年，为了保障渔民的深海养殖捕捞权益，海南在部分海域实施了协议出让给渔民，即限定一定的海域面积，然后该面积以下的海域使用权可协议出让给渔民，以保障渔民转产转业工作的顺利推行。这是考虑到，如果渔民想进行一些与水产养殖相关的经济活动，都要到市场上去跟企业进行招拍挂，但是这样的话，渔民是很难获得海域使用权的。

第六，在自然资源政府公示价格体系制定及更新方面，截至 2021 年 7 月 31 日，城乡一体建设用地基准地价已公布执行；农用地基准地价和城镇标定地价已按要求全面启动并加快推进；按照自然资源部的部署，海南省正在开展建立省级主要自然资源政府公示价格体系试点任务，主要的试点任务为建立省林地、草地、湿地的价格评估体系，制定林地、草地、湿地的分等定级及价格评估技术指引，完成全省 18 个市县的林地、草地、湿地分等定级及基准价成果；汇总整合国有农用地、建设用地、矿业权收益基准价、海域使用权分等定级及基准价成果。

(三)海南自由贸易港自然资源产权制度存在的主要问题

第一，在自然资源所有权实施方面，当前的政策过度强调"保护"，导致自然资源难以定价和实现其生态价值。然而，不管是自然资源产权制度还是有偿使用制度，它的根本目的都在于有效实现生态产品的价值。

民众享受自然资源生态价值的行为，并不能粗暴地理解为对自然资源造成一次性的、不可逆转的损耗。实际上，民众享受自然资源生态价值的过程，也是一个认识环境保护价值的过程、一个转变生态产品消费观念的过程；当民众体会到保护良好的自然资源能给自身和社会带来切身利益、自然资源保护也成为一个值得追求的公共目标时，人们就不仅会转变消费行为，而且会积极支持政府的工作，民众消费自然资源的过程同时实质上也变成了保护自然资源的过程。这一切不会自然而然地发生，需要政府部门做大量的工作。政府部门不能关起门来搞自然资源保护，而是要积极地建设和营造自然资源和生态环境；即便是进行旅游开发，也应该把旅游看作是教育、宣传和动员民众参与自然资源保护的一个良好契机，把旅客对自然资源的享受视为民众积极参与自然资源保护的一个过程。

第二，在自然资源资产交易市场方面，市场交易的机制尚未构建成熟。在自然资源管理方面，政府长期占据主导地位，市场机制实际起到的作用几乎为零。该问题的根源在于在现行法律制度下，绝大多数的自然资源尚未有效地使国家或者集体的所有权与代理人的使用权相分离，在自然资源利用方面过多地依赖政府管制和审批。这导致了自然资源在利用时过于依赖政府，无法通过市场机制灵活地进行配置。具体来说，这又体现在三个方面：①部分自然资源有偿使用的定价机制缺位，如信息公开、中介服务、市场监测监管和调控等机制尚未有效建立，导致资源使用权市场化配置程度低，国家或集体的所有者权益未能有效实现；②市场交易机制不健全，阻碍了资源的转让权实现和资源的优化配置，使得资源配置仍较大地依赖于行政措施；③目前的增值收益分配机制仍有不合理的地方，导致利益主体间的分配不公平，弱势主体权益的保护机制匮乏，其用益物权等得不到有效保障和实现。

第三，在配套环境管控措施方面，"三线一单"管控方案还有待细化。目前每个管控单元准入的企业类型等标准尚不够细致明确，导致管控方案落实存在一定的困难。

第四，在配套财政资金的保障方面，当前多处改革面临财政资金困难的问题，人力物力都缺乏充足的保障。人工林和矿产企业退出、小水电站清理整顿等，都需要大量的补偿金，单靠海南自身的财政资金难以支持。海南本岛作为中国的自由贸易港，其自然资源的生态价值实现对中国完成"双碳"目标具有全局性的重要战略意义，因此应从国家财政的层面来统筹考虑海南自由贸易港自然资源产权制度改革的财力保障。

(四)海南自由贸易港自然资源有偿使用制度存在的主要问题

第一，在国有土地资源有偿使用方面，土地使用权的有偿使用不仅涉及土地空间本身，还涉及附着在土地空间上的各类自然资源，而当前政府各相关部门之间存在职能交叉、多头审批的现象，协同合作机制仍有较大的完善空间。如果单纯允许土地空间的有偿使用而没有授予土地表面附着物的有偿使用，土地使用权也会形同虚设。包括土地在内的各类自然资源的有偿使用涉及多个政府部门，如国土资源局、水务局、林业局等。这意味着自然资源有偿使用制度需要政府多部门的协同合作、共同落实，而在当前各部门之间的协同机制仍未能有效建立。

第二，在海域海岛资源有偿使用方面，部分类别的用海交易样点匮乏，导致海域和无居民海岛的使用权定级与基准价制定困难。由于部分类别的用海出让较少，缺乏交易样点，海域使用权定级和基准价测算只能通过模拟类似用海的投入产出模型来解决，需要消耗较大的市场调研人力物力和时间，无居民海岛使用权的有偿使用样点更是几乎空白，基准价和相关的修正体系制定难度更大。

第三，在自然资源特许经营权制度方面，相关的特许经营权制度仍未有效建立。以国家森林公园为例，海南目前正在清理森林公园内的小水电站等各类经营生产活动，但由于自然资源所有权实施主体和委托代理机制长期不明确，大量自然资源被私人主体长期占有经营，并在此基础上产生了复杂的转租关系，导致清理工作推进缓慢，自然资源特许经营权制度也难以建立。

第四，在自然资源税费方面，自然资源税、费和租金等名目错杂，收支责任主体不明确，存在重复收费的问题，导致自然资源价值无法得到充分补偿，相关主体的自然资源保护责任也无法有效落实。当前自然资源管理上出现的问题主要有两类：一类是使用权出让方面的问题，包括地方政府的出让权限、使用权交易舞弊、收益流失等；另一类是资源保护与利用监管方面的问题，包括生态环境破坏、资源利用粗放低效、监管不到位等。这些问题的出现有体制上的原因，如政出多门，同一资源各管理部门间存在争议等，另一些则是机制不完善、法律不健全的原因。这些问题，归根结底还是自然资源价值的收入和支出责任主体界定不清：享受自然资源收益的政府和部门，往往行政责任忽略了对自然资源的维护；而承担自然资源维护责任的政府和部门，却又往往无法直接享受自然资源带来的收益。

三、对海南自由贸易港完善自然资源产权制度及有偿使用制度的对策建议

（一）对海南自由贸易港完善自然资源产权制度的对策建议

第一，要推动海南当前自然资源产权的发证工作，就必须加快国家层面的自然资源产权相关制度的建立和完善，建立健全两类委托代理关系，落实全民和集体所有者权益。

首先，根据前面的现状分析可知，国家层面的自然资源所有权委托代理清单及具体实施方案的缺失，是当前海南落实自然资源产权发证工作的一个主要困难，因此当务之急是在国家层面加快自然资源产权相关制度的建立和完善，使地方政府在相关制度建设上有章可循。

其次，国家层面的相关制度需要解决两方面的问题：①对于央地之间的委托代理关系，需要解决如何编制国有自然资源资产所有权委托代理清单，对中央需要委托的事项，权限和责任在不同地方政府之间应予以明确。同时，还要能够为委托代理关系下的政府间纵向关系提供各类政策工具，形成长期的、稳定的自然资源资产委托代理治理结构。②对于集体与各类主体之间的委托代理关系，需要进一步落实集体经济组织特别法人资格，鼓励集体土地股份制改革，成立集体土地农业经合组织、股份合作社或股份公司等，从而使农民对集体资产享有充分的股权，体现农民作为成员的财产权益和话语权，做到在农村集体资源资产所有权不变的前提下，通过完善和强化各类用益物权，使农村集体资源资产所有者权益实现最大化。

2022 年 3 月，中共中央办公厅、国务院办公厅印发了《全民所有自然资源资产所有权委托代理机制试点方案》，这是国家层面建立和完善自然资源产权相关制度的一个重要的里程碑。该方案明确指出，针对全民所有的土地、矿产、海洋、森林、草原、湿地、水、国家公园等八类自然资源资产（含自然生态空间）开展所有权委托代理试点。主要内容包括以下五个方面。一是明确所有权行使模式，国务院代表国家行使全民所有自然资源所有权，授权自然资源部统一履行全民所有自然资源资产所有者职责，部分职责由自然资源部直接履行，部分职责由自然资源部委托省级、市地级政府代理履行，法律另有规定的依照其规定。二是编制自然资源清单并明确委托人和代理人权责，自然资源部会同有关部门编制中央政府直接行使所有权的自然资源清单，试点地区编制省级和市地级政府代理履行所有

者职责的自然资源清单。三是依据委托代理权责依法行权履职，有关部门、省级和市地级政府按照所有者职责，建立健全所有权管理体系。四是研究探索不同资源种类的委托管理目标和工作重点。五是完善委托代理配套制度，探索建立履行所有者职责的考核机制，建立代理人向委托人报告受托资产管理及职责履行情况的工作机制。该方案还提出了以下目标：到 2023 年，基本建立统一行使、分类实施、分级代理、权责对等的所有权委托代理机制，产权主体全面落实，管理权责更加明晰，资产家底基本摸清，资源保护更加有力，资产配置更加高效，收益管理制度更加完善，考核评价标准初步建立，所有者权益得到有效维护，形成一批可复制可推广的改革成果，为全面落实统一行使所有者职责、修改完善相关法律法规积累实践经验。这一试点方案将有力推动各省市区自然资源产权的确权和发证工作。

第二，政府相关部门在工作中必须扭转过度强调自然资源资产保护、忽视生态价值实现的观念。"绿水青山就是金山银山"意味着自然资源保护的目的在于其生态价值的实现；生态价值无法实现、自然资源无法满足人与社会的价值需求，自然资源的保护也就失去了意义及合理性。因此，政府相关部门应更加细致地对传统的旅游开发、资源开采等自然资源价值实现方式作出审视和评估，不能把所有的自然资源开发手段都放在自然资源保护的对立面。因此在现有的技术条件下，政府及相关部门应努力寻找和开发能够促进自然资源"生态价值"实现的技术手段，避免"以禁代管""一刀切"式的自然资源保护方式。根据发达国家的经验，积极引导公众参与也是自然资源生态价值实现的关键因素。以德国为例，德国有一个由政府机构、民间组织和学校组成的环保教育网络，它们向公众定期做环保知识介绍，向企业推广环保技术，向社会宣传环保立法。此外，德国民间环保组织在参与环保政策实施上十分活跃，有"德国自然保护协会""德国自然保护青年联盟"等 800 多个全国和地方性环保组织，向民众免费提供讲座和环保知识手册。

第三，建立健全自然资源资产产权交易市场。当前主要需要健全经营性自然资源资产在市场定价、准入和分配三个方面的机制。具体要以充分实现经营性自然资源经济收益并保障其公平公正分配为目标，建构和评价各类经营性自然资源资产的产权内容、有偿使用定价机制、交易的市场准入机制、收益分配机制等制度体系，还要关注地方政府在现有行政、财政和人事体制下的行为激励结构，关注其对经济权益和市场机制的影响。具体来说，这需要做到以下五个方面：①提高有偿使用定价机制的市场化程度，提升经营性自然资源资产使用权的配置效率。②健全转让权的市场交易机制，节约经营性自然资源资产转让权的交易成本，降低资源优化配置过程中的损耗。③改进收益权的分配机制，实现经营性自然资源资产增值收益的公平合理分配。④完善经营性自然资源资产的弱势权利主体的权益保护机制，有效保障弱势群体的使用权、转让权和收益权。⑤调整政府管制的刚性与市场交易弹性之间的平衡，对于市场能有效发挥作用的地方，应积极通过赋权和利用市场机制形成对自然资源的多方共治格局。

第四，以自然资源产权委托代理机制为依托，构建完善动态的自然资源资产负债表制度，深度挖掘自然资源资产负债表的社会经济应用需求。根据前面的现状分析可知，当前海南自由贸易港自然资源资产负债表编制的相关制度仍处于初步建成的阶段，许多方面仍在探索过程中。海南可参考芬兰、挪威、美国、日本、澳大利亚和加拿大等发达国家的经验，对自然资源资产负债表体系进行完善。可以借鉴发达国家以下两方面的先进经验：①制度层面上明确自然资源资产权属，解决各级政府、各单位权责划分问题。美国、日本以及加拿大等发达国家建立的自然资源资产产权制度，不仅在国家层面清楚确定了自然资源资产所有权、管理权与收益权的范围，而且还指定职能部门对主要自然资源资产进行集中管理，预防监管漏洞的出现。②应用层面上拓宽自然资源资产负债表运用范围。挖掘自然资源资产负债表的应用需求，对于拓宽编制工作视野、完善编制工作有着重要意义。欧盟、美国、英国等发达国家和地区当前做到了依据自然资源资产负债表量化对自然资源资产进行保护与开发利用，并指导社会经济发展(表 5-9)。海南自由贸易港自然资源资产负债表的编制和运用也同样应当服务于不断加快的自由贸易港建设过程，甚至服务于中国的"双碳"目标。

表 5-9　主要发达国家和地区应用自然资源资产负债表的经验

国家和地区	部分可借鉴的经验
美国	1. 建立隶属于立法部门的环境审计机构，对自然资源资产负债表从编制、管理到运用整个过程进行专项调查和审计，着重关注绩效和长期性战略目标的实现
	2. 根据不同的环境治理主题(如污染防治、资源的登记和管理)等开展专题化的审计和听证工作
英国	1. 将"自然资源资产"的价值纳入政府资产负债表框架的"环境账户"科目下，以法治化的方式进行管理，使其与政府的职能和战略目标紧密联系
	2. 充分考虑大气排放、环境保护税、环境保护支出等自然资源资产价值的抵减因素，从社会经济效益和国家战略目标角度充分计量自然资源的收益和成本
欧盟、加拿大、荷兰	1. 成立专门的自然资源环境数据中心或隶属于统计部门的专门机构，定期发布环境经济核算数据的制度
	2. 根据本国环境资产的计量目标、重要程度及核算所依赖的基础数据获取的难易程度等，对环境经济核算数据进行个性化选择和动态调整

资料来源：王泽霞和江乾坤(2014)；王乐锦等(2016)；耿建新和胡天雨(2020)

第五，构建适应多元化目标的自然资源产权登记制度。海南省应根据自身的社会经济发展目标，构建包含多种权利的、适应多元化发展目标的自然资源产权登记制度。①自然资源登记的内容应不断动态调整和拓展，从最基本的地址、面积、边界等信息，逐步将数量、质量、价值、空间属性，以及规划用途、限制条件等多种信息包括在内；不仅登记所有权和使用权，还要对地役权、抵押权、管理权等多重权利进行登记。②除物权公示外，自然资源登记也应服务于规划、公共管制等需要。例如，德国的林地档案不仅对每一块森林、林地的所有权、经营权和管理权都有清楚的记载，而且防护林、游憩林公益义务负担等内容也被纳入了登记范围。又例如，俄罗斯的不动产登记办法设置了专门的限制性登记，即对具体的不动产客体行使所有权或者其他物权时采取限制性条件或禁令，包括保护动物界和植物界，保护自然遗迹、历史和文化遗迹、考古客体，保护肥沃的土壤层、野生动物的天然栖息环境和迁徙通道等。此外，美国、英国还包括对湿地保护地役权的登记，其中"保护地役权"是指为了有效防止自然资源的破坏活动，通过出售或捐赠土地开发权，在土地所有人和合格的特定机构之间达成的一种自愿的、可法律强制执行的，且通常为永久性的土地保护协议。

(二)对海南自由贸易港完善自然资源有偿使用制度的对策建议

第一，明确部门职责分工，建立联席会议机制，解决政府各部门在自然资源所有权制度及有偿使用制度改革方面的职能交叉、多头审批、多方领导的问题。自然资源所有权登记及有偿使用制度的运作，有赖于多个政府职能部门的分工合作。在这方面，可参考内蒙古的先进经验。为了确保改革顺利推进，内蒙古专门成立了自然资源资产产权制度改革领导小组，负责协调自治区相关部门产权制度改革工作，并统筹与自然资源部等国家相关部门的对接。同时，建立了自然资源产权制度改革联席会议机制，由自然资源厅牵头，水利厅、司法厅、发展和改革委员会、财政厅等12个省直部门副厅级干部作为领导小组成员，按照职责分工，具体负责制定课题总体目标、落实经费、解决研究中面临的各类问题等。此轮机构改革后，内蒙古自治区自然资源厅专门单独设立了综合处，并将自然资源资产产权制度改革办公室设在综合处，专职负责课题人员、经费管理以及与部综合司对接等工作，并负责统筹解决课题研究遇到的问题、资料收集整理、成果编制、汇报和总结等工作。

第二，构建动态的自然资源有偿使用制度。依托于自然资源资产负债状况建立灵活的自然资源基准价制度以及动态调整特许经营权结构，既是海南自由贸易港积极应对社会发展进步动态需求的有效方式，也是在机制上保障自然资源产权和有偿使用制度与国家改革方向维持高度一致的重要保证。这包括以下两个方面：①对于缺乏交易样点、使用权定级和基准价测算困难的自然资源，可考虑参照国际上相近类型自然资源的使用状况进行定级和测算价格，或进一步引进诸如拍卖、期权等更加复杂的价格发现机制。②对于已经存在的复杂转租合同，不妨考虑先加快建立特许经营权机制，然后对已存在的、对自然资源不会造成损害甚至有利于自然资源生态价值实现的那些经营活动授予特许经营权，或者在引导转产转业后授予特许经营权，重点将清退工作放在那些既损害自然资源又难以转产转业的经营主体上。"一刀切"式的清退工作容易激化政府与民众的矛盾，而且把已持存多年的经营活动全部推倒再通过特许经营权授予重新引入经营主体的做法，也不利于自然资源生态价值的有效实现。

第三，重新梳理自然资源有偿使用的税、费和租金制度，明确自然资源利益的收支权责主体。应建立一套明确的政府行政管理者身份和资源所有者身份的"税、费、金"制度，这里"税"仅指企业一般税，与资源无关；"费"仅指依规收取的相关行政成本费，如地方政府各类名目繁多的行政收费、基金等；"金"是国家所有者的必然收入，是资源的使用租金。重新梳理自然资源有偿使用的税、费和租金制度，使自然资源的有偿使用价值性质明确、收支责任清晰，既能确保自然资源的价值得到充分补偿，又能激励相关主体落实维护自然资源的责任，避免税费租金等名目错杂、收支责任主体不明确、重复收费的问题，最终形成完整的资源有偿使用制度。

（三）其他对策建议

其他方面的对策建议还包括：①在"三线一单"管控方案方面，可进一步考虑在每个单元上细化"三线一单"管控方案，有针对性、差异化地明确每个管控单元内准入的企业类型和许可的经营活动。②在人力物力保障方面，为应对改革导致的机构人员需求扩大和资金保障需求扩大。一方面，国家对海南自由贸易港应提供更多的行政事业单位编制，使相关人员能够在稳定的行政事业单位编制下服务于长期的改革需求，避免短期劳动雇佣合同带来的"短视效应"；另一方面，国家可考虑在中央财政中追加针对海南自由贸易港生态环境建设的专项转移支付，由专业对口的部门和机构对专项资金的分配与使用进行管理和考核，对海南自由贸易港提供更多的财力支持。海南本岛作为中国的自由贸易港，其自然资源的生态价值实现对中国完成"双碳"目标具有全局性的重要战略意义，因此应从国家财政的层面来统筹考虑海南自由贸易港自然资源产权制度改革的财力保障。

第四节　自由贸易港生态产品价值实现机制

生态产品价值实现是指通过一定的机制设计，生态产品价值在市场上得到显现和认可。生态产品价值实现就是将绿水青山转化为金山银山的现实经济价值。海南拥有良好的生态环境和丰富的自然资源，将生态资源优势转化为经济优势是推动海南省高质量发展的内在需求。2022年1月，《海南省建立健全生态产品价值实现机制实施方案》印发，确立了海南生态产品价值实现在 2023 年、2025 年和 2035 年三个阶段的主要目标：到 2023 年，全省自然资源统一确权登记全面完成，生态产品价值核算体系基本建立，三亚、文昌、白沙、琼海等试点市县依托各自独特禀赋，探索形成一定的生态产品价值实现模式和可视化成；到 2025 年，生态产品价值实现的制度框架基本形成，生态产品的调查监测、价值评价、经营开发、保护补偿机制持续完善，海南生态产品价值实现特色机制和模式基本形成，生态产品价值转化走在全国前列；到 2035 年，全面建立一套行之有效的生态产品价值实现制度体系，建立面向国际的生态产品交易平台、认证体系和生态品牌，完善政府主导、企业和社会各界参与、市场化运作、可持续的生态产品价值实现路径，形成一批可复制、可推广的"海南模式""海南经验"。

本节分析了当前海南自由贸易港生态产品价值实现机制的主要问题和对策。总体来看，海南在生态产品价值实现机制的工作中取得了初步的成果，但还存在生态产品保护补偿资金来源单一、国家公园保护理念与原住居民获得感冲突、生态产品特色不足、林业碳汇和蓝碳碳汇潜力没有挖掘等问题。本节综合运用实地调研、数据对比和案例对比等方法，挖掘了海南生态产品价值实现机制的落实现状和问题，分析了问题存在的背景和原因，进而有针对性地提出了完善生态产品价值实现机制的路径。

一、海南自由贸易港生态资源价值实现状况和问题

(一)海南生态产品价值实现机制落实状况

海南在生态产品价值实现机制的工作中取得了初步的成果。根据《关于建立健全生态产品价值实现机制的意见》，生态产品价值实现的制度框架包括生态产品价值评价、经营开发、保护补偿、价值实现保障、价值实现推进等多层次的制度设计。

一是在生态产品价值评价方面，海南全省已基本完成自然资源统一确权核查工作，海口、三亚、洋浦等 8 个市县(区)已形成市县国土空间规划初步成果。在矿产资源、水资源、海岛资源的有偿使用方面已建立起标准制定、基准价制定和评估技术规范等制度。海南省生态环境厅于 2021 年 12 月印发实施《海南省生态系统生产总值(GEP)核算技术指南——陆域生态系统》，确定了陆域生态系统 GEP (gross ecosystem product，生态系统生产总值) 核算指标和方法模型及核算流程，即将在重点区域、重点资源类型开展生态产品价值核算试点。

二是在生态产品保护补偿方面，以财政转移支付为主要补偿方式，对森林、湿地、海洋、渔业、耕地等重点领域和国家公园等重点生态区域内承担生态保护责任的有关单位和个人按照《海南省生态保护补偿条例》以及其他相关规定给予补偿，在生态移民过程中，通过直接补偿、土地置换租赁等形式对居民进行补偿。

2018 年起每年按省年初地方一般公共预算收入预期增量的 15%增加生态补偿资金规模，逐步建立资金增长长效机制。

三是在生态产品经营开发方面，北部的省会海口和南部的三亚已成为著名的旅游休闲城市，优美的生态环境吸引了全世界的游客。东部博鳌乐城国际医疗旅游先行区集康复养生、节能环保、休闲度假和绿色国际组织基地于一体，将以低碳生态环境为基础、以发展高端医疗养生产业为方向形成全球领先的低碳低排放生态社区。中部地区海南热带雨林国家公园整合了 19 个自然保护地，"创建管理体制扁平化、土地置换规范化、科研合作国际化的国家公园新模式"成功入选海南自由贸易港第十批制度创新案例。

(二)海南生态产品价值实现机制存在的问题及其原因

1. "供血"不足——生态产品保护补偿资金渠道单一

海南省在生态建设方面以财政投入为主要形式，单一来源使财政支出多、资金压力大。2020 年海南省节能环保一般财政支出 57.8 亿元，占当年地区生产总值的 1.04%，远超同为生态省的浙江的 4 亿元，福建的 9 亿元，广西的 7.4 亿元；相比经济总量第一的广东省该项支出的 24.4 亿元，仅占当年地区生产总值的 0.02%。资金压力大的原因在于以下几点：①尽管从中央到省政府再到各地市都高度重视生态建设，但是生态环境保护工作量大、工作内容复杂，在生态价值核算、核心保护区生态补偿、提升生态产品产业链等方面都存在人力和资金不足的问题；②热带雨林国家公园所在的中部地区由于经济规模小，对生态旅游等生态产品的财政支持力度弱，也较少获得企业投资；③与其他世界知名旅游岛相比，海南岛单位面积创造的旅游收入还有很大差距(图 5-3 和表 5-10)，因此存在"供血不足"的资金保障机制问题。

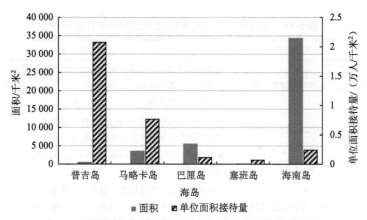

图 5-3 世界知名旅游海岛面积与单位面积接待量对比

表 5-10　世界知名旅游海岛对比

指标	普吉岛	马略卡岛	巴厘岛	塞班岛	海南岛
面积/千米^2	576	3 640	5 620	185	34 400
常住人口/万人(2019 年)	8.9	90	315	5	1 008
接待游客人数/万人(2019 年)	1 195	2 790	630	12.67	8 311
单位面积接待量/(万人/千米^2)	2.074 65	0.766 48	0.1121	0.068 49	0.241 6

数据来源：根据公开资料整理

2. "输血"路径受阻——保护补偿机制中的社区冲突

旅游开发的生态敏感度高，在资源整合过程中，开发者与当地社区居民的矛盾凸显。作为生态产品价值开发工作重点的海南热带雨林国家公园，其在建设过程中存在的主要冲突问题如下：一是原住居民搬迁意愿不强，缺乏对国家公园建设的参与感和责任感，造成搬迁工作及建设工作推进困难；二是在资源清查过程中发现，生态保护区域范围内存在多个小水电站、人工林等项目，这些项目在试点前均为手续完备的合法项目，而关于这些项目如何合法退出、如何以资金进行补偿，目前尚缺乏有效的行动方案；三是保护为主的理念使居民缺乏获得感，缺乏对参与国家公园未来建设与经营的积极性。

上述冲突的根本原因在于生态保护区的开发建设改变了当地居民的生活模式，居民会感到利益受损、补偿不足。生态保护地区在建设过程中的社区冲突在世界各地都会出现(表 5-11)，这是在协调生态保护目标与当地居民生存诉求之间必然要面对的问题。参考其他地区建设国家公园过程中的冲突点，未来还可能遇到游客拥挤导致周边区域生态退化、侵扰原住居民生活、旅游收入利益分配矛盾等问题。

表 5-11　部分地区生态保护区建设过程中的社区冲突

地区	生态保护区	社区冲突表现
马达加斯加	马苏阿拉国家公园	虽然50%的游客门票收入被分配给当地社区管委会，但是承受生态保护压力的周边地区没有得到资助，引发周边社区居民与国家公园管理局的矛盾
美国	大提顿国家公园	居民维护放牧权、林务局对森林面积的保护、当地政府对税收减少的担忧都与国家公园的扩张产生矛盾
西班牙	佩纳拉拉国家公园	建设机场、航线增多，损坏了当地生物多样性，噪声污染影响当地居民健康
尼泊尔	安纳布尔纳自然保护区	狩猎控制和商业经营限制，原有林业缩减，加上野生动物破坏居民的作物和牲畜，后来通过改善基础设施、加强公共服务、分享门票收入等一系列措施缓和了矛盾

3. "造血"能力弱——生态产品特色不足、收入低

海口和三亚已成为知名旅游城市，游客接待量在全省遥遥领先（图 5-4），但是热带雨林国家公园所在的中部市县的竞争力还处于中等偏下的水平，旅游对经济发展的贡献仍不足，生态旅游仍有很大的发展空间。生态产品对经济贡献低的原因包括：①生态旅游做不出特色，品牌形象不突出，五指山、霸王岭等个别国家森林公园游客已熟知，但热带雨林国家公园的品牌形象还未深入人心，对游客吸引力不足；②所在地社区参与度不高，环境保护意识不足，文化融入度低，配套服务建设不足；③中部组团四市县旅游收入仅占全省的 1.45%，无法支持生态旅游的持续发展；④课题组在调研中发现，除了生态旅游之外，海南还缺乏多层次的"造血"机制设计，没有形成大量特色鲜明的生态产品区域品牌，没有高端的生态产品产业链和价值链，碳汇资源利用不足，旅游与康养休闲产业的经营开发机制仍有待进一步探索和发展。

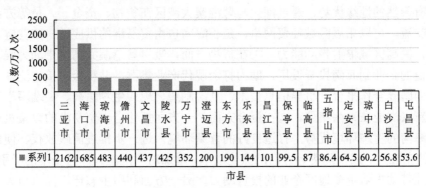

图 5-4　2021 年海南各市县接待过夜游客累计人数

数据来源：海南省旅游和文化广电体育厅

二、海南自由贸易港生态产品价值实现机制完善路径

（一）拓宽资金来源，提高生态产品保护补偿能力

第一，多元化资金来源，建立受益者支付制度，吸引国内外公益组织捐助，发挥绿色金融作用。《"十四五"林业草原保护发展规划纲要》提出，"十四五"期间要"建立国家公园资源保护利用制度体系，结合中央与地方财政事权和支出责任划分，建立财政投入为主的多元化资金保障机制"。目前国内自然保护区生态补偿资金来源主要有三个方面，即政府转移支付和补贴、受益者支付和生态保护组织援助。财政投入在世界各地都是生态保护与补偿的主要资金来源，在保证

财政投入的基础上，海南应积极探索多元化的资金来源：①对生态资源价值展开全方位核算，制定生态资源开发与经营的特许制度，向受益主体征收环境补偿费用，如《玉溪市抚仙湖资源保护费征收管理办法》规定对直接使用抚仙湖资源或抚仙湖旅游度假示范区范围内的生产企业，抚仙湖旅游度假示范区范围内的宾馆、酒店、旅馆和个体餐饮经营户，抚仙湖非机动船(包括铁皮船、水上自行车、脚踏船等，渔船除外)经营户等主体收取资源保护费，所收取费用均用于抚仙湖的保护治理；②对外寻求国内外公益援助，建设和引进生态保护公益基金组织，争取公益基金的捐助和生态保护志愿服务的支持；③除了直接获取外部资金之外，运用绿色金融的市场手段，发挥金融的资金流通与风险管理功能。人民银行可指引金融机构提供定制化的绿色贷款、绿色保险、风险管理等服务，为新进驻企业提高风险预警、控制、防范和化解水平，为现有企业节能减排、电能替代、绿色技术创新等提供支持。

第二，促进自由贸易港与粤港澳大湾区联动发展。粤港澳大湾区与海南省之间具有天然的地缘优势，通过深化与粤港澳大湾区在货物、资金、人员等方面的合作交流，可以拓展区域经贸网络，延长海南自由贸易港的供应链、产业链与价值链，提高区域辐射带动能力。①在货物方面，吸引粤港澳大湾区带动力强、高附加值的企业到海南投资设厂，助力打造现代产业集群，并积极对接"泛珠"区域内的国际合作平台，引导信息技术、高端制造、现代生物医药、尖端医学等战略性新兴产业在海南集聚。②在资金方面，一方面抓住自由贸易港的政策机遇，利用海南的生态环境优势，打造良好的营商环境，进一步推进简政放权、便民利企、放宽准入、减税降费等方面的深化改革，增加对粤港澳大湾区资本的吸引力，并以此带动内陆更多地区企业的投资动力；另一方面利用生态环境优势与大湾区进行碳资源交易，借助广东碳交易市场优势，联动发展碳交易，变现海南的生态资源价值。③在人员方面，一是高端人才的引进，二是普通居民的交流。便利的往来交通和相近的文化传统是海南吸引大湾区人才的优势，对高端人才从大湾区和海南两端进行双向补贴，尝试打破职称评审条框限制，在激发人才到海南发展意愿的同时，也有利于粤港澳大湾区的进一步开放和扩展。粤港澳地区的普通居民是海南生态旅游、高端医疗和康养等产业最重要的游客来源，粤港澳大湾区居民的收入和消费水平较高，且他们对休闲康养的需求也在逐渐增加。印度尼西亚的民丹岛、巴淡岛就是利用其一岸之隔的地理优势和未经过度开发的生态环境成为新加坡的"后花园"，而海南的生态旅游基础、服务业设施远超这些小型岛屿，应在高端休闲与康养产业中形成绝对优势，吸引大湾区、东南亚以及全世界的游客。

（二）疏通生态补偿机制堵点，打造参与型补偿机制

海南热带雨林国家公园应与原住居民建立利益共享的互动机制，在直接补偿的基础上打造参与型补偿机制。国家公园建设与当地社区居民的收益不是对立的，现有矛盾主要来自生态补偿的标准和方式。以财政补助为主要补偿方式的做法可以视作一种"输血式"救助补偿，而要真正疏通居民的参与感和获得感这个堵点，要将原住社区视作旅游环境的参与型利益主体。

打造参与型补偿机制，首先应对居民生活进行全面的支持，包括交通、水电、医疗等基础设施，以及生产和服务技能培训、就学、社会文化事业等地区公共事业，帮助核心保护区居民迁移。其次应引导和扶持原住居民参与旅游经营与管理，包括居民在一般保护区范围内适宜地域开展导游、餐饮、住宿、交通、民俗文化展演、土特产品经营等特许经营的旅游项目，对不参与经营的居民，以股份的形式给予补偿。最后是通过职业培训、专家引导，挖掘原住居民在经营、管理、决策等多方面潜能，并通过旅游发展利益的合理分享，增强社区居民与生态旅游经营者、游客等主体的互利共赢意识以及与保护区资源环境的和谐共生意识，催生其实施旅游生态保护的内在动力。

居民参与生态保护地的经营在全世界有许多成功案例。享誉世界的美国羚羊峡谷即是由当地土著印第安居民自主经营的，峡谷附近的当地居民以门票和提供向导等旅游服务为主要收入来源，由于其独特的景色吸引了大量游客，当地居民设置了每日限额进入景区的管理规定，自发地对峡谷生态进行保护，以维持长远的发展。西班牙马略卡岛开发海岛悬崖酒店，岛上原住居民搬迁到岛外生活，以通勤的方式返回岛上提供旅游配套服务，既改善了自身生活条件，也避免了过多人口居住对岛上环境的破坏。

（三）打造生态产品特色品牌，提高生态产品价值

第一，构建海南农产品生态品牌体系，以品牌化、标识化、体系化为目标，将海南农产品打造成为中国生态产品领域的标杆性产品。在欧美发达国家，超市内会设置生态有机产品专区，也已形成专门的生态产品超市（如美国的WholeFoods 超市），其销售的所有产品都是少有加工、不添加食品添加剂的生态产品，尽管各类商品单价都高于周边其他超市，但仍因其天然健康的品质获得消费者的喜爱。我国山东省靠农业科技创新经营机制，仅对马铃薯就培育出了 18个具有完全自主知识产权的新品种，通过高科技育苗、现代化种植、精细化加工延伸农产品产业链，培养了一批百亿元级乃至千亿元级优势特色产业集群，在全国率先实现农业总产值过万亿元。海南要打造农产品生态品牌体系，需要做到以

下方面：①打造标志性生态产品，提升在内陆和整个国际市场中的品牌竞争力。把握海南在热带水果、冬季瓜菜、文昌鸡、东山羊肉、胡椒等方面已形成的影响力，改进其生产和运输过程，打造高端的生态养殖与供应的产业链体系，形成质量过硬的品牌效应。②依托现有的中国国际消费品博览会、博鳌亚洲论坛等平台，充分利用 5G、大数据、云销售等新科技手段，通过多样化的渠道实现销售渠道扩张，提升海南生态产品的购买便利性，提炼品牌核心理念，打造品牌故事，引领海南农产品销往全国、走向世界。

第二，提高农产品生态附加值。海南的热带气候得天独厚，现有物种丰富，拥有多项国家地理标志农产品，要发挥资源优势，提高农产品附加值：①在各类产品中培养龙头企业，在产品研发、上下游供应、销售渠道等方面集聚物质资源和人力资源，在形成海南特色生态产品体系的过程中起领头作用；②树立和宣传生态有机的生活理念，通过媒体宣传、制作纪录片、生态体验游等多种形式，培养消费者绿色、生态的消费理念和生活方式，形成购买使用生态产品的必要性意识，实现生态农产品产业的可持续发展。

(四)充分挖掘蓝碳碳汇和林业碳汇价值

海洋每年可清除 30% 的排放到大气中的二氧化碳，海洋碳汇已成为全世界减缓和适应气候变化的重要战略，我国部分地区也在开展蓝碳项目的探索。肯尼亚加济湾的 Mikoko Pamoja 红树林项目是第一个 PVS 认证（Plan Vivo Standard，生存计划标准）的红树林保护项目。这个小规模碳汇项目主要开展红树林保护和退化红树林的恢复工作，项目自 2013 年正式运营后在 20 年的计入期内预计可实现 2482 吨二氧化碳减排量。2021 年 4 月，广东湛江已成功注册我国首个符合核证碳标准和气候社区生物多样性标准的红树林碳汇项目，成为我国开发的首个蓝碳交易项目，未来将吸引更多社会资金投入红树林的保护修复，利用销售碳减排量的收入推动海洋碳汇经济发展。与此同时，山东威海发布了全国首个蓝碳经济发展行动方案，目标是到 2025 年，威海市蓝碳经济体系计划在海洋经济中实现了超过 30% 的贡献度，并开展蓝碳市场交易试点。

海南是我国重要的"蓝碳库"，拥有全国三分之二以上的海域面积、广袤的热带雨林、全国面积最大的红树林湿地等十分优越的蓝碳资源禀赋。海南应在碳达峰目标下稳中求进，制定蓝碳经济发展规划，在保护现有生态的前提下充分利用碳资源禀赋，主要工作包括以下几项：①核算评价，探索建立海洋碳资源核算与评价标准，对海南域内蓝碳生态系统进行调查与统计，摸清现有蓝碳存量和未来增量空间。②改造增汇，对现有海洋产业进行节能减排改造，一方面引进和改造符合生态环保要求的蓝碳企业，另一方面提高现有资源的固碳能力，进行生态增汇建设。③开展交易，将蓝碳资源引入碳汇交易市场，设立蓝碳相关产品交易所，将海南打造成为我国乃至世界最大的蓝碳碳汇资源与交易基地，提升我国在全球海洋治理中的影响力，寻求建立国际蓝碳合作机制。

海南现有的得天独厚的自然条件，也是开展林业碳汇的首要优势。全省森林覆盖率为62.1%，森林面积为4.8万公顷。全省国家级森林公园9处，面积11.77万公顷，省级森林公园17处，面积5.09万公顷；市县级森林公园2处，面积0.17万公顷。在这片岛屿上的神秘热带雨林中，十分适合开展以登山、露营、漂流、观赏、科考、养生为特色的森林生态运动。建立林业生态产品价值实现机制，主要工作包括以下几项：①植树造林，围绕森林蓄积量2030年比2005年增加60亿立方米的目标，科学开展森林的保护和造林工作；②核算评估，科学开展林草碳汇评估工作，深入研究海南森林和热带雨林的生态系统碳汇能力；③开发交易产品，开展林草生态产品信息普查，形成林业碳汇产品目录清单，逐步开展林业碳汇交易，推动海南林业碳汇产品进入碳交易所。

第五节　完善海南热带雨林国家公园管理体制

根据2017年9月中共中央办公厅、国务院办公厅印发的《建立国家公园体制总体方案》，实施的5年国家公园体制试点工作目前已完成。试点从2015年开始，中央全面深化改革委员会办公室和国家发展和改革委员会先后批建了10个地方开展国家公园体制试点，涉及12个省，大致面积有22万平方公里，覆盖了整个陆域面积的2.3%。体制改革主要涉及三个工作：第一，要让当地社区的人参与到保护中去，所以现在普遍的做法就是设立生态管护岗位。第二，转变公园范围内的原有生产生活方式。在国家公园边界范围之内，允许原住民从事种植、养殖等环境友好型的、对生态影响小的生产生活活动，尽量减少对原住民生活的影响。第三，国家公园条件成熟时利用自然资源开展特殊经营，向当地社区的老百姓、企业倾斜，让他们优先参与。

2019年2月26日，中央机构编制委员会办公室批复同意在海南省林业局加挂海南热带雨林国家公园管理局的牌子。2019年4月1日，海南热带雨林国家公园管理局在吊罗山揭牌成立，截至2021年2月2日，管理机构的设置方面已完成了建立由国家公园管理局、管理分局组成的两级管理机构的工作，此机构主要履行海南热带雨林国家公园内的生态保护、自然资源资产、特许经营、社会参与、科学研究管理等职责，负责协调与国家公园所在地人民政府及周边社区的关系；与之相辅，协调管理方面已建立了省、市县两级社区协调管理机制，着重于协调解决海南热带雨林国家公园保护、管理和利用中的重大问题，国家公园所在地市、县、自治县人民政府行使国家公园内经济社会发展综合协调、公共服务、社会管理、市场监督等职责，配合国家公园管理机构做好生态保护和协同管理工作；执法方面建立了市县派驻国家公园管理局执法大队、森林公安双重执法机制，负责对违反《海南热带雨林国家公园条例（试行）》规定行为的对象实施处罚等。到 2021 年为止，海南已初步建立热带雨林国家公园管理体制。本节主要研究海南热带雨林公园管理体制建设存在的一些问题及其产生的原因，并提出相应的对策。

一、海南热带雨林国家公园管理体制建设情况

海南热带雨林国家公园位于海南岛中南部，跨五指山、琼中、白沙、昌江、东方、保亭、陵水、乐东、万宁 9 个市县，总面积 4269 平方千米（约占海南岛陆域面积的 1/8），其中核心保护区面积 2331 平方千米，占 54.6%，一般控制区面积 1938 平方千米，占 45.4%。公园内森林覆盖率达 95.85%，涵盖了海南岛 95% 以上的原始林和 55% 以上的天然林，拥有中国分布最集中、保存最完好、连片面积最大的热带雨林。海南热带雨林国家公园生物多样性丰富，属于全球 34 个生物多样性热点区之一，是海南长臂猿在全球的唯一分布地。记录到野生维管束植物 3653 种（国家 I 级重点保护 6 种，海南特有 419 种），记录到陆栖脊椎动物 540 种（国家 I 级重点保护 14 种，海南特有 23 种），生物多样性指数最高达 6.28，与巴西亚马孙雨林相当。五指山、鹦哥岭、猕猴岭、尖峰岭、霸王岭、黎母山、吊罗山等著名山体均在其范围内，被称为"海南屋脊"；南渡江、昌化江、万泉河等海南主要河流均发源于此，被誉为"海南水塔"。

经过数年试点建设，海南热带雨林国家公园建设取得了显著成效，管理机构、管理机制日趋完善，各项工作方案、规章陆续出台，如《海南热带雨林国家公园生态搬迁方案》《海南热带雨林国家公园条例（试行）》《海南热带雨林国家公园特许经营管理办法》等的颁布标志着海南热带雨林国家公园建设的制度保障得到不断强化。此外，海南长臂猿保护研究中心等科研平台的建立则为未来保护国家公园内的生态资源，实现生态产品价值奠定了一定的平台基础。

在财务保障方面，一是应建立财政投入为主的多元化资金保障机制、构建高效的资金使用管理制度。《海南热带雨林国家公园体制试点方案》指出，中央财政加大对基础设施、生态搬迁、生态廊道、科研监测、生态保护补偿等方面的投入，加大重点生态功能区转移支付力度。2020 年，中央财政共向海南热带雨林国家公园拨付公园建设资金 1.2 亿元，海南省财政落实国家公园专项资金 9.5 亿元，开展海南长臂猿生态廊道试点建设，加强海南长臂猿栖息地保护，目前已完成大部分工程量。国家公园实行收支两条线管理，各项支出统筹安排，对企业、社会组织、个人等社会捐赠资金，进行有效管理。二是应完善生态保护补偿机制。我

国生态补偿实践以重大生态保护项目形式开展，资金投入从 2011 年的 1102 亿元增加到 2016 年的 1800 亿元，涵盖了重点生态功能区、森林、草原等领域。2018年《海南省人民政府关于健全生态保护补偿机制的实施意见》印发，明确了应做好国家公园等领域的生态补偿工作，逐年加大省级财政生态保护补偿资金投入力度，自 2018 年起，省本级每年按年初地方一般公共预算收入预期增量的 15%增加生态补偿资金规模，逐步建立资金长效增长机制；建立多元化生态补偿机制，探索碳汇交易、水权交易、生态产品服务标志等市场化补偿模式。

二、海南国家公园建设与发展生态旅游面临的问题

2019 年 1 月 23 日，中央全面深化改革委员会第六次会议，审议通过了《海南热带雨林国家公园体制试点方案》。2020 年 8 月，海南省颁布了《海南热带雨林国家公园生态旅游专项规划(2020—2035)》。2021 年 3 月 1 日，《海南热带雨林国家公园特许经营管理办法》正式施行。海南热带雨林国家公园用较短的时间构建起了较为完善的制度框架，但在政策落地过程中仍存在阻碍和问题。

（一）国家公园建设过程中生态搬迁、小水电站清理、人工林退出等受多

方面因素制约难以落地

当前建立和建设海南热带雨林国家公园面临的一个迫切问题是解决以原住民迁出安置、小水电、人工林等固有产业退出为代表的"人地矛盾"问题。海南省委省政府印发的《海南热带雨林国家公园生态搬迁方案》中，明确了2021 年底完成全部 470 户 1885 人生态搬迁工作，生态搬迁的综合成本平均达到 30 万元/人；国家公园范围内的 48 座小水电站中仍有 41 座需要整改或退出；人工林多为试点前手续完备的合法项目，退出需要给予所有者公平合理补偿。这些工作推进困难受多方面因素制约：一是缺乏财政专项资金支持难以完成对合法电站、人工林进行补偿赎买；二是林业部门部分工作人员受经费不足、编制限制、薪酬偏低等因素影响，工作动力不足，应当尽快完善相关工作的监督和激励机制。

（二）财政支撑不足制约生态保护和旅游资源开发同步进行

海南省林业局(部门)2021 年一般公共预算当年拨款 56 208.05 万元，比上年预算数减少 19 457.43 万元，其中"生态保护与恢复"项目、三亚珊瑚礁保护区"综合科研监测巡护船"项目、"海南国家公园研究院开办"项目、"热带雨林国家公园"项目的预算资金较上年均有减少。在缺乏资金支撑的情况下难以同时推进国家公园的生态保护和旅游资源开发工作：首先，生态保护的收益在于远期，

只有完好保护热带雨林这一优质环境资源，才能在未来逐步开发中享受其提供的科学研究、游憩、环境教育等价值，而短期内要推进这一区域的旅游资源开发则需要对基础设施进行大量投入，同时也会增加相关部门的管理压力；其次，当前生态旅游开发条件并未完全成熟，表现在自然保护区内旅游产品收入转化率低、文化内涵挖掘不足、大众对生态旅游认识不足、缺乏相关的解说等专业人员等方面。以上客观条件使得短期内难以在兼顾自然保护区有效保护前提下对热带雨林国家公园进行高强度的旅游资源开发。

三、完善海南国家公园建设与生态旅游协调发展的建议

（一）合理调整海南旅游业发展的预期目标和进度

顺应当前"双循环"新发展格局内需外需动能转换的变化，海南可对旅游业整体发展的进度和结构进行合理调整。《海南省旅游发展总体规划（2017—2030）》中提出的中期（2021—2025 年）目标是：海洋旅游、康养旅游、文体旅游、会展旅游、乡村旅游、森林生态旅游、特色城镇旅游、购物旅游、产业旅游、专项旅游等十大旅游产品实现突破性发展。在目前国家公园保护工作尚未完全理顺、旅游需求结构发生重大转变的情况下，海南可以将购物旅游、康养旅游作为优先发展方向，积极引入相关的人才和资本。同时采用"优先保护、逐步开发"的方式推进热带雨林国家公园的旅游开发：一是从国际经验看，国家公园内的生态修复和环境保护具有公益性质，一般由国家财政主导进行投入，针对当前国家公园范围内小水电站和人工林退出的迫切问题，建议财政部、国家林草局等有关部门加大对海南的支持力度，对海南热带雨林国家公园内人工商品林及小水电站退出给予专项资金支持；二是坚持生态保护第一的原则，在不影响生态保护的前提下规划建设园区道路等基础设施，逐步优化国家公园范围内的旅游开发条件。

（二）强化监督和激励机制推动小水电站清理整治工作

小水电站退出是当前国家公园核心保护区面临的最迫切要求。2021 年 9 月中央第三生态环境保护督察组通报了湖北省通山县九宫山国家自然保护区小水电站清理整改中存在的"清理整改放松要求、等待观望企图以调代改、生态流量监管不力"等问题，海南应当引以为戒。同时，海南应尽快完善监督和激励机制，可以借鉴《福建省水电站清理整治行动方案》中健全考核机制的做法："省直各有关部门和各市、县（区）要将水电站清理整治工作纳入党政生态环境保护责任制、河长制工作内容和考核体系，完善全过程监督管理制度，加强督促指导，发现问题及时处置。对整改难度大、问题突出的要挂牌督办。强化正向激励，对在 2022

年底前全面完成水电站退出、整改任务的设区市，省级财政给予一次性整治工作资金奖励，由各设区市统筹安排用于辖区内整治工作，其中，漳州、三明、南平、龙岩市各奖励 2000 万元，泉州、宁德市各奖励 1500 万元，福州、莆田市各奖励 1000 万元。"

(三)加快完善生态补偿机制补充财政资金来源

首先，争取加大国家财政支持海南热带雨林国家公园建设的力度。由于热带雨林国家公园的保护具有极大的外部性，以国家财政为主导支持该项工作能更好地对相关工作人员和原住民提供激励。以美国、英国和澳大利亚国家公园的实践经验为例：美国黄石国家公园主要财政收入来源为联邦财政；英国湖区国家公园资金来源包括政府拨款、社会捐赠、私人企业投资经营、游客赠与，其中政府拨款约占资金总额的三分之二；澳大利亚环境和能源部的财政拨款占国家公园资金来源比重达到 54%。

其次，应当加快构建市场化的生态补偿机制。积极探索碳排放权交易补偿模式，逐步构建以碳排放权抵消机制为核心的交易机制；加快推动 GEP 核算项目成果的后续转化，令市场机制真正成为生态产品价值实现的有效手段。

(四)促进国家公园特许经营政策落地，提高自身"造血"能力

在国家核定热带雨林国家公园范围内生态保护红线后应尽快推动国家公园特许经营政策落地。具体包括制定实施细则，并应构建相应的特许经营收益反哺保护区生态保护工作的利益分配制度。结合《建立国家公园体制总体方案》的要求与《海南省服务业扩大开放综合试点总体方案》对鼓励外资参与商业性旅游景区景点开发建设的政策导向，在国家公园生态保护和公益属性的前提下，探索多渠道多元化的投融资模式，鼓励民间资本开展特许经营项目，鼓励开展国家公园周边入口社区和特色小镇建设，以及其他符合国家公园保护发展目标的科研、教育、游憩、社区绿色产业发展项目建设。

参考美国黄石国家公园的经验，可以建立"经营权"和"管理权"相互独立的国家公园园区经营制度，在坚持保护优先的前提下缓解财政压力：美国的《特许经营法》对国家公园的特许经营做了明确而又详细的规定，在黄石国家公园内的餐饮、住宿等经营必须经过公开招标并得到批准，这使得黄石国家公园的经营权和管理权相互独立，使黄石国家公园管理处可以将精力更好地用于对资源的保护和管理。黄石国家公园的门票收入则全部上缴到联邦财政，经联邦财政统一预算后再进行返还，返还的收入依然要用于黄石国家公园本身的基础设施建设和生态修复等内容。

参 考 文 献

曹智勇. 2011. 新加坡环境保护制度借鉴研究. 中国地质大学(北京)硕士学位论文.

陈嘉龙. 2019. 从"环境威权主义"到"环境民主": 新加坡生态环境建设经验探究. 华中师范大学硕士学位论文.

陈林, 黄家成, 周立宏. 2021. 香港环境保护政策的实施、机制与启示. 亚太经济, (4): 137-141.

丛晓利, 王天明. 2021. 促进营商环境与生态环境协同发展高质量建设海南自由贸易港. 产业创新研究, (19): 33-35.

邓嘉咏. 2020. 香港环境污染管制立法发展: 理念定位、模式选择与内容变迁. 社会科学动态, (12): 95-99.

杜景浩. 2016. 香港环境影响评估制度概览. 环境影响评价, 38(2): 14-17.

冯惠尧. 2018. 迪拜多元化经济转型模式研究. 大连外国语大学硕士学位论文.

耿建新, 胡天雨. 2020. 编制自然资源资产负债表搞好自然资源资产离任审计: 美国 GAO 水资源审计的借鉴. 财会通讯, (1): 3-12.

胡方. 2019. 国际典型自由贸易港的建设与发展经验梳理: 以香港、新加坡、迪拜为例. 人民论坛·学术前沿, (22): 30-37.

黄少安. 1994. 简论产权主体的人格结构与行为. 山东经济, (1): 20-24.

李娟. 2021. 量化分析视角下海南自贸港生态文明建设的短板及改进. 内蒙古科技与经济, (23): 3-5, 33.

李胜兰, 黎天元. 2021. 复合型环境政策工具体系的完善与改革方向: 一个理论分析框架. 中山大学学报(社会科学版), 61(2): 155-165.

李欣, 叶果. 2020. 新加坡公园绿地及环境建设经验及启示. 城市建筑, 17: 158-160.

刘宏, 王辉耀. 2015. 新加坡人才战略与实践. 北京: 党建读物出版社.

刘毅. 2005. 香港环境保护模式和经验借鉴. 世界环境, (2): 26-29.

王君, 刘宏. 2015. 从"花园城市"到"花园中的城市": 新加坡环境政策的理念与实践及其对中国的启示. 城市观察, (2): 5-16.

王乐锦, 朱炜, 王斌. 2016. 环境资产价值计量: 理论基础、国际实践与中国选择: 基于自然资源资产负债表编制视角. 会计研究, (12): 3-11, 95.

王泽霞, 江乾坤. 2014. 自然资源资产负债表编制的国际经验与区域策略研究. 商业会计, (17): 6-10.

邬乐雅, 张丽佳, 胡斐, 等. 2021. 碳中和愿景下海南自贸港高质量发展思考. 合作经济与科技, (19): 76-78.

吴真, 高慧霞. 2016. 新加坡环境公共治理的实施逻辑与创新策略: 以政府、社会组织和公众的三方合作为视角. 环境保护, 44: 72-74.

薛菲, 刘少瑜. 2017. 共享空间与宜居生活: 新加坡实践经验. 景观设计学, 5(3): 8-17.

杨克慧. 2018. 浅析新加坡环境公共卫生管理制度. 中国集体经济, (23): 167-168.

曾宝强, 曾丽璇. 2005. 香港环境 NGO 的工作对推进内地公众参与环境保护的借鉴. 环境保护, (6): 75-78.

张海东, 尹峰, 王俊峰, 等. 2021. "两山理论" 引领海南自由贸易港高质量发展. 现代农业, (6): 16-19.

张可. 2017. 资源和环境约束下海南省产业结构优化研究. 吉林大学博士学位论文.

张明生. 2015. 迪拜多样化经济发展研究. 北京外国语大学博士学位论文.

Abuhamdah I, Al Mehairi M. 2015. DEWA's smart solution to mitigate the substation fire incident in Dubai substation//Mexico G. 2015 IEEE First International Smart Cities Conference (ISC2). IEEE: 1-5.

Abu-Hijleh B, Jaheen N. 2019. Energy and economic impact of the new Dubai municipality green building regulations and potential upgrades of the regulations. Energy Strategy Reviews, 24: 51-67.

Acemoglu D, Aghion P, Bursztyn L, et al. 2012. The environment and directed technical change. The American Economic Review, 102(1): 131-166.

Al Naqbi S, Tsai I, Mezher T. 2019. Market design for successful implementation of UAE 2050 energy strategy. Renewable and Sustainable Energy Reviews, 116: 109429.

Alchian A A, Demsetz H. 1973. The property right paradigm. Journal of Economic History, 33(1): 16-27.

Brown C V, Jackson P M. 1978. Public Sector Economics. Oxford: Martin Robertson.

Coase R H. 1937. The Nature of the Firm. Economica, 4(16): 386-405.

Coase R H. 1959. The federal communications commission. The Journal of Law and Economics, 2: 1-40.

Coase R H. 1960. The Problem of Social Cost. The Journal of Law and Economics, 3: 1-44.

Demsetz H. 1967. Towards a theory of property rights. The American Economic Review, 57(2): 347-359.

Friedman D. 1991. Evolutionary games in economics. Econometrica, 59(3): 637-666.

Mankiw G. 2011. Principles of Economics. 6th ed. Boston: Cengage Learning.

Marshall A. 1920. Principles of Economics. 8th ed. London: Macmillan and Co.

Obaideen K, AlMallahi M N, Alami A H, et al. 2021. On the contribution of solar energy to sustainable developments goals: case study on Mohammed Bin Rashid Al Maktoum Solar Park. International Journal of Thermofluids, 12: 100123.

Pigou A C. 1920. The Economics of Welfare. 4th ed. London: Macmillan and Co.

Samuelson P A. 1954. The pure theory of public expenditure. The Review of Economics and Statistics, 36(4): 387-389.

Wan X L, Xiao S W, Li Q Q, et al. 2021. Evolutionary policy of trading of blue carbon produced by marine ranching with media participation and government supervision. Marine Policy, 124: 104302.

本章系子课题五"海南自由贸易港生态环境与经济协调发展"的研究成果，课题主持人是中山大学李胜兰教授，课题组成员有麦景琦、黄晓光、张一帆。

本章执笔人：李胜兰、麦景琦、黄晓光、张一帆。

第六章　海南自由贸易港国际化、法治化、便利化营商环境建设研究

　　培育和创建国际一流营商环境是高质量高标准建设中国特色(海南)自由贸易港的目标要求和关键抓手,是扩大高水平对外开放、推动高质量发展、提振经营主体信心的关键举措,集中体现了我国社会主义制度的优越性和对接国际市场经贸规则的战略稳定性。从学术研究的视角看营商环境优化问题,往往与城市治理、政务效率、企业经营绩效相关,实证研究在逻辑一致性与正向关联性方面进行了验证;从公共政策设计的视角看营商环境问题,主要涉及政府层面的制度安排与政策供给、政策效率等维度,数字化引领的政务服务机制创新成为当前评价营商环境便利化的重要标准;从社会发展的视角看营商环境,我们系统梳理了当前国内外发布的营商环境建设报告后发现,"以人为本"的改革体系日益受到重视,也就是说政府政策的出台要重点解决"最后一公里"落地的问题。

　　2021年7月9日,中共中央全面深化改革委员会第二十次会议强调,要深入推进高水平制度型开放,赋予自由贸易试验区更大改革自主权,加强改革创新系统集成,统筹开放和安全,及时总结经验并复制推广,努力建成具有国际影响力和竞争力的自由贸易园区,发挥好改革开放排头兵的示范引领作用。从自贸区到中国特色(海南)自由贸易港,我国已经形成了开放型战略与区域高地体系(全国范围的自由贸易试验区网络),营商环境的国际对标与优化问题成为自由贸易港建设的关键议题。改革开放以来的四十余年,实际上也是中国构建市场经济体制、优化营商环境的四十余年。《中华人民共和国国民经济和社会发展第十四个五年规划和2035年远景目标纲要》又一次提出要"持续优化市场化法治化国际化营商环境",对营商环境的制度创新要落脚于持续推进相关制度的改革和机制体系创新。

　　通过对比研究国内外关于营商环境建设的理论文献与改革实践可以发现:营商环境的优化与企业的全周期运行、政府的高效率治理以及居民的体系化政策获得感密切相关。海南自由贸易港根植于中国特色社会主义制度体系,事关中华民族伟大复兴的战略全局,自由贸易港营商环境的优化首先是对国家制度型开放的战略回应,其评估指标体系以及测度方案需要更具中国特色,制度创新实践要凸显党领导下的高水平开放与全面深化改革导向。本章研究在对新时代海南自由贸易港营商环境进行理论创新的基础上,坚持问题导向与实践导向,并从国际化、

法治化、便利化、市场化、机制化等维度探讨国际一流营商环境的海南实践与海南模式。

第一节　海南格局：从经济特区到中国特色
自由贸易港的演化历程

20 世纪 80 年代以来，深圳、珠海、厦门、汕头四个经济特区的建设取得显著成效，1987 年 6 月 12 日，邓小平会见南斯拉夫共产主义者联盟中央主席团委员科罗舍茨时指出，"我们正在搞一个更大的特区，这就是海南岛经济特区"（邓小平，1993）。1988 年 4 月 13 日，中央撤销广东省海南行政区，正式设立海南省和海南经济特区，同年 8 月，《加快海南经济特区开发建设的若干规定》出台，开启了海南外向型经济发展的新局面，在全国范围内独一无二，海南"比特区还特"。2009 年 12 月 31 日，《国务院关于推进海南国际旅游岛建设发展的若干意见》发布，海南省逐渐放宽免税、签证、放航权等方面的权限，财务部对海南离岛旅客免税购物政策先后进行了 7 次调整，国家又提出要把海南打造成中国的旅游特区，将国际旅游岛提升到国家战略高度。2013 年 2 月，国务院批复设立海南博鳌乐城国际医疗旅游先行区，在前沿医疗技术研究、境外医师注册、境外资本准入等方面，允许先行区实施九大政策，并允许先行区进口、使用尚未在国内获批的新药、器械与设备[1]。

2018 年 4 月 13 日，习近平在庆祝海南建省办经济特区 30 周年大会上发表重要讲话："争创新时代中国特色社会主义生动范例""党中央决定支持海南全岛建设自由贸易试验区，支持海南逐步探索、稳步推进中国特色自由贸易港建设，分步骤、分阶段建立自由贸易港政策和制度体系"[2]。2018 年 4 月 14 日，《中共中央 国务院关于支持海南全面深化改革开放的指导意见》正式对外发布，赋予海南经济特区改革开放新的重大责任和使命，为海南深化改革开放注入强大动力，推动海南成为新时代全面深化改革开放的新标杆。

支持海南逐步探索、稳步推进中国特色自由贸易港建设，分步骤、分阶段建立自由贸易港政策和制度体系，是习近平总书记亲自谋划、亲自部署、亲自推动的改革开放重大举措，是党中央着眼国内国际两个大局，深入研究、统筹考虑、

---

① 从经济特区到自贸港的 32 年回顾(https://zhuanlan.zhihu.com/p/149091158)；海南 32 年发展记：从工业主导到旅游制胜，从自贸区到自贸港（澎湃新闻：2020 年 6 月 15 日）。

② 《习近平：在庆祝海南建省办经济特区 30 周年大会上的讲话》，https://www.gov.cn/xinwen/2018-04/13/content_5282321.htm[2018-04-13]。

科学谋划作出的战略决策①，是新形势下国家外向型经济高质量发展，中国特色社会主义市场体制高质量创新的关键抓手。截止到 2024 年 1 月，海南自由贸易港已累计推出 140 项制度创新案例，其中 10 项被国务院向全国复制推广，6 项得到国务院大督查全国通报表扬，相关做法被国务院知识产权战略实施工作部际联席会议办公室评为典型案例。党的十八大以来，以习近平同志为核心的党中央高度重视优化营商环境工作。习近平就营商环境建设作出多次指示和批示，提出"营造稳定公平透明的营商环境"②、"营造有利于创新创业创造的良好发展环境"③、"积极营造宽松有序的投资环境"④和"营造一个有利的国际贸易环境"⑤等，发表"营商环境是企业生存发展的土壤"⑥和"营造稳定公平透明、可预期的营商环境"⑦等一系列重要论述，为我国优化营商环境提供了根本遵循和行动指南。

"国际化、法治化、便利化"的营商环境是现代化产业体系以及外向型市场经济体制建设的重要保障。2020 年 6 月《海南自由贸易港建设总体方案》印发，2020 年 7 月 21 日，《国务院办公厅关于进一步优化营商环境更好服务市场主体的实施意见》印发，要求围绕市场主体需求，研究推出更多务实管用的改革举措。2020 年 10 月，中共海南省委办公厅、海南省人民政府办公厅印发《海南省创一流营商环境行动计划(2020—2021 年)》，提出从开办企业、人才流动、建设服务型政府等 11 个方面继续优化营商环境。2020 年 10 月 26 日，《海南自由贸易港制度集成创新任务清单(2020—2022 年)》印发，提出优化营商环境的制度集成创新。2021 年 6 月《中华人民共和国海南自由贸易港法》强调"海南自由贸易港建设，以贸易投资自由化便利化为重点，以各类生产要素跨境自由有序安全便捷流动和现代产业体系为支撑，以特殊的税收制度安排、高效的社会治理体系和完备的法治体系为保障，持续优化法治化、国际化、便利化的营商环境和公平统一高

① 《中共中央 国务院印发〈海南自由贸易港建设总体方案〉》，https://www.gov.cn/gongbao/content/2020/content_5519942.htm[2020-06-01]。

② 《习近平：贯彻新发展理念推动高质量发展 奋力开创中部地区崛起新局面》，http://jhsjk.people.cn/article/31098722[2019-05-23]。

③ 《习近平栗战书汪洋王沪宁赵乐际分别参加全国人大会议一些代表团审议》，http://jhsjk.people.cn/article/30968112[2019-03-11]。

④ 《习近平出席世界经济论坛 2017 年年会开幕式并发表主旨演讲》，http://jhsjk.people.cn/article/29031823[2017-01-18]。

⑤ 《习近平继续出席二十国集团领导人第十三次峰会》，http://jhsjk.people.cn/article/30436535[2018-12-02]。

⑥ 《习近平在第二届中国国际进口博览会开幕式上的主旨演讲》，http://jhsjk.people.cn/article/31439012[2019-11-05]。

⑦ 《习近平：营造稳定公平透明的营商环境 加快建设开放型经济新体制》，http://jhsjk.people.cn/article/29410770[2017-07-18]。

效的市场环境"。《海南自由贸易港失信惩戒措施清单(2022 年版)》从推动全社会信用体系高质量发展的视角，明确信用信息范围，依法依规实施失信惩戒，致力于提高海南省社会信用体系建设法治化、规范化水平。2020 年 9 月，《海南省市场监督管理局关于推行包容审慎监管优化营商环境的指导意见》，提出《不予处罚清单》《应当从轻或减轻处罚清单》《可以从轻或减轻处罚清单》三张清单，为激发社会各界大胆创新，自主创新，更大力度和更具信心建设国际一流海南自由贸易港奠定了制度基石。2023 年 6 月，国务院印发《关于在有条件的自由贸易试验区和自由贸易港试点对接国际高标准推进制度型开放的若干措施》，率先在上海、广东、天津、福建、北京等具备条件的自由贸易试验区和海南自由贸易港，试点对接相关国际高标准经贸规则，稳步扩大制度型开放，围绕政府采购、知识产权、竞争政策、环境保护等领域提出了优化营商环境的具体措施。

海南自由贸易港的营商环境优化工作具有战略级价值。一是更好地服务于"双循环"新格局。海南自由贸易港承担着引领新一轮深化改革与对外开放的历史重任。构建与当前经济发展战略相适应的一流营商环境体系，有利于自由贸易港更好地发挥国家战略承载地，深化改革先行地以及国家"双循环"模式试验地的功能。国内大循环需要打通国内的商品市场、要素市场、服务市场，优质的营商环境建设能够推动自由贸易港成为全国市场一体化改革的新标杆，从而更便捷地聚集优质资源。从国外循环的视角分析，自由贸易港对标国际一流营商环境，发挥后发优势，有利于在国际化资源配置方面形成更高能级的服务平台。二是更好地推动制度型开放实践。中国特色自由贸易港营商环境体系设计的目的是助力海南更好地服务制度型开放。例如，对跨境要素流动的保护与相关产业规划，便是营商环境建设的着力点。制度型开放对于服务要素的聚集至关重要，从国际自由贸易港的发展历程来看，围绕服务要素的聚集以及服务的国际化水平提升，成为自由贸易港核心竞争力的重要组成部分。海南必须要通过一套前沿性的营商环境指标体系来不断优化服务业发展环境，强化对敏感性制度创新领域的压力测试。三是更好地形成改革示范效应。自由贸易港的改革进程呈现多维度治理效应，特别是在跨境贸易、跨境金融以及跨境专业服务领域合作方面先行先试，背后的制度改革逻辑便是围绕市场化、法治化、国际化、便利化的营商环境开展政策体系设计。例如，重点提倡的"改革容错试错"机制，由于承担改革任务的主要是政府部门，鼓励政府部门大胆实施改革创新，形成具有标杆经验的实践总结，选取自由贸易港具有普适性的指标来构成评估模型，能够更好地体现海南先行先试创新的复制推广价值。

第二节 中国特色(海南)自由贸易港营商环境建设：
理论、规律与评估架构

国际化、法治化、便利化的营商环境是现代化产业体系构建以及外向型市场经济体制建设的重要保障，也是影响海南自由贸易港成功与否的关键因素。本节对国内外营商环境建设进行理论文献的系统梳理，并在此基础上提出海南自由贸易港优化营商环境的评估架构。

一、国内外理论与文献述评

(一)国外关于营商环境规律认知以及指标体系构建的理论与实证研究

美国的伊尔·A.利特法克(Isiah A. Litvak)和彼得·M. 班廷(Peter M. Banting)在《国际商业安排的概念框架》一文中提出，一个国家的投资环境必须从七个方面进行分析，即政治环境的稳定性，市场机会，经济发展和成就，文化一元化，法规阻碍，实质阻碍，地理和文化差距，并对具有较强影响力的城市经济环境要素进行了深度挖掘。Arruñada(2007)认为世界银行《全球营商环境报告》（Doing Business Report，DB）评价指标过分强调政府监管对企业产生的负面效应(或者是微观效应)。Corcoran 和 Gillanders(2015)的研究则表明 DB 部分指标对社会经济效益并不明显(一种可能的解释是世界银行的指标体系过度关注流程优化)。Bruhn 和 McKenzie(2014)认为 DB 存在调研样本上的质疑，如在很多发展中国家所存在的经济形式并未在 DB 有所呈现，因此对报告能否体系化、生态化诠释营商环境的影响值得商榷。《深圳营商环境改革创新研究报告 2022》显示：在延续 DB 考察理念和指标体系的基础上，宜商环境评估体系(business enabling environment，BEE)将从宜商环境角度进行评估优化和创新，并更加注重最佳实践和领先水平，重视政府监管和公共服务下企业经营便利性实效，旨在推动经济改革、降低制度交易成本。

(二)国内关于营商环境影响机制以及改善对策的研究

营商环境对社会经济发展的影响可以通过机制化路径进行识别。何耀明等(2024)研究认为制度集成创新是完善营商环境制度治理形式、优化营商环境治理路径、提升营商环境治理效能的最有效方法。只要遵循开放引导的系统逻辑、正向裂变的方向逻辑、内容科学的恰适逻辑、善借巧建的创新逻辑、不畏险阻的执行逻辑，两者之间实现由"制"到"治"的"转化"是完全可能的。Zhang 等(2012)基于全球化的视角扩展了营商环境的定义，指出营商环境因素所组成的一个系统性的环境应该包括劳动力成本、运输成本等区域因素，汇率、税收和关税等因素以及产品、贸易等供应链因素。董彪和李仁玉(2016)认为营商环境是指商事主体从事商事组织或经营行为的各种境况和条件，包括影响商事主体行为的政治要素、经济要素、文化要素等，是一个国家或地区有效开展交流、合作以及参与竞争的依托，体现了该国或地区的经济软实力。娄成武和张国勇(2018)认为营商环境是一个区域的市场主体所面临的包括政务环境、市场环境、社会环境、基础设施环境等要素在内的综合发展环境。针对中国(上海)自贸区投资贸易便利化程度，彭羽和陈争辉(2014)从市场准入、商贸环境、基础设施和政府效率四个维度构建了其评价指标体系。武靖州(2017)认为东北地区经济增速下滑的因素之一是营商环境不佳导致的生产要素流入少、流出多和效率提升缓慢，并分析了东北地区营商环境存在的短板且提出了优化政策建议。宋林霖和何成祥(2018)在研究中指出：营商环境不仅包含了国家的政策环境，还涵盖了所有经济运营过程中需要的技术环境，如政治环境、经济环境、法治环境和国际环境等。刘英奎(2020)结合世界银行和中国国际贸易促进委员会的营商环境评价实践，从政府和企业两个角度对我国营商环境改善提出政策建议。冯颖等(2020)围绕经济高质量发展目标，从生态环境、政务环境、市场环境、创新环境、国际化环境及法治环境六大方面构建了系统完善的营商环境评价指标体系。俞伯阳和丛屹(2024)研究认为应探索以数字技术补齐产业链供应链短板、以数字营商环境推动产业要素流动、以数据要素助推产业链全流程发展。孔庆峰和刘恒言(2024)研究认为对于发达国家以及发展中国家来说，营商环境总水平、市场寻求动机、战略资产寻求动机对中国对外直接投资有显著的正向影响，效率寻求动机、资源寻求动机，对中国对外直接投资有抑制作用。李增福和甘月(2024)研究认为营商环境的改善有助于激励企业"脱虚向实"，在降低企业金融资产投资的同时提高企业对研发的投资，这些效应在中小企业和非国有企业中尤为显著。

(三)关于"竞争中立"原则的中国实践问题研究

"竞争中立"原则是优质营商环境建设的关键议题。李宇英(2019)构建了国际"竞争中立"衡量指标。张晨颖(2020)结合我国国情，解读了"竞争中性"的具体特征，其核心价值应当是解决政府与市场的基本矛盾。周建立(2020)从国内法和国际法层面分析"竞争中立"在我国的具体制度选择和实践。孙晋和徐则林(2019)以海南自由贸易港为视角，探讨了海南自由贸易港"竞争中立"的法律实现需要进行公平竞争审查的具体化立法和负面清单的创新性立法。张久琴(2019)认为经济全球化、贸易投资自由化的趋势要求中国必须把握未来竞争政策国际协调趋势。史际春和罗伟恒(2019)则提出了相反意见，认为"竞争中立"与中国体制相悖，因而我国不应引进"竞争中立"概念并将其作为国家政经体制、社会主义市场经济、经济法和竞争法中的一项基本规则、政策或制度。彭波等(2020)在当前贸易摩擦背景下探讨了"竞争中性"在我国的实施思路，在有关竞争中性的国际博弈当中，中国需要对美国做两手准备，最大限度地保障自己的利益。高泓(2023)研究认为营商环境作为市场经营主体在市场活动中涉及的各环境要素的总和，主要由产权保护、市场准入、公平竞争、社会信用四个维度组成。目前我国法治化营商环境建设面临立法体系和司法机制不健全、执法标准不统一、科学的营商环境评价体系欠缺等挑战。

(四)关于体制机制改革推动营商环境优化的研究

谭波(2023)研究认为通过现有制度资源并辅之以代价相对较小的改革或控制措施，是对个别地方有选择性地行使立法权行为的规制首选之策。毛寿龙(2023)研究认为为了可持续的经济发展，最优的政策选择是完善市场秩序，从秩序维度解决公共问题，从而优化营商环境。丁从明等(2024)研究认为实现南北经济均衡发展和区域高质量发展，需要持续优化地区营商环境，推进城市营商环境从"限制经济秩序"向"开放经济秩序"演进。李曙光(2023)研究认为未来有必要围绕规则体系、公共服务以及实效性等方面，审视我国现有营商环境法治体系中的薄弱环节，继而通过修法方式对标世界范围内的最优实践做法，助力规则的科学制定以及有效实施。王佐发(2023)研究指出世行营商环境评估新指标体系不仅关注立法，还关注政府为配合立法的实施给企业个体以及市场提供的公共服务，以及二者结合起来共同发挥作用的效率，"府院联动"的理念提升与制度改革日益受到关注。贺磊和王韬骅(2023)研究认为优化营商环境与"放管服"改革是一个相互促进的过程，需要政府、企业和社会三方面协同发力，不断创新"放管服"改革监管的体制机制，营造创新创业的育人环境，提供优质高效的政务服务，以实现经济发展的良性循环和社会共赢。

2022年10月，党的二十大报告两次提到营商环境建设问题：第一次是在提出构建高水平社会主义市场经济体制时，要求"完善产权保护、市场准入、公平竞争、社会信用等市场经济基础制度，优化营商环境"；第二次是在提出推进高水平对外开放时，要求"合理缩减外资准入负面清单，依法保护外商投资权益，营造市场化、法治化、国际化一流营商环境"。这两处关于营商环境的提法，一个立足国内，一个面向国际，体现了营商环境的优化对于改革和开放的双重积极意义，它是加快构建"以国内大循环为主体、国内国际双循环相互促进的新发展格局"的源头活水，是推动高质量发展的题中之义。优化营商环境对转变政府职能、激发市场活力具有重要作用，有助于激发市场活力和提高创新动力。在"双循环"新发展格局下，营商环境是助推经济高质量发展、拓展开放型经济和驱动制度改革的前置条件，优化营商环境为激发市场主体活力提供了制度保障和技术创新的土壤。

已有研究文献从理论模型层面对营商环境与区域经济发展(特别是投资、贸易行为决定)之间的关联机制进行了肯定性研究,针对世界银行的报告,不同的学者对其短板进行了论述。国内学者对于"竞争中性"原则的探索,提出要重点解决政府与市场之间的关系问题,在应对国际贸易与投资规则摩擦层面,需要更多地立足本国实际特征。体制机制层面的改革与优化是营商环境建设的重头戏,特别是法治化维度涉及多维主体共同推进,更加有利于营商环境的优化与政府政策的落地实施。

二、国内外营商环境评估实践

从国际相关实践来看,目前评估不同国家营商环境影响的主流报告有《全球竞争力报告》[①]和《营商环境报告》[②]。从国内营商环境评估实践来看,在国家层面,2018 年国家统计局根据《国务院办公厅关于印发进一步简化流程提高效率优化营商环境工作方案的通知》(国办函〔2016〕70 号)文件和国务院推进职能转变协调小组第十一次全体会议要求,构建营商环境评价指标体系,计划通过统计调查、行政记录等方式采集数据,测算全国及分地区营商环境便利度指数,客观公正评价营商环境。国家统计局《营商环境评价指标体系框架》设置了 12 个一级指标,49 个二级指标。

延伸阅读(1)

国家发展和改革委员会《中国营商环境报告》

以市场主体和社会公众满意度为导向,牵头研究建立了中国营商环境评价体系,并发布了《中国营商环境报告》。该评价体系主要是从企业全生命周期、城市投资吸引力、监管与服务三个维度进行设计,包括 18 个一级指标和 87 个二级指标。其中 18 个一级指标全部覆盖了世界银行的 12 项评价指标,另外还创设了政务服务、市场监管、知识产权创造保护和运用、招投标、获得用水用气、包容普惠创新 6 项特色指标。国家发展和改革委员会于 2018 年组织在东、中、西部和东北地区 22 个城市开展了两批次营商环境试评价;2019 年组织在直辖市、计划单列市、省会城市和部分地县级市等 41 个城市开展了营商环境评价,在东北地区 21 个城市开展了营商环境试评价;2020 年在 80 个地级以上城市和 18 个国家级新区开展了营商环境评价。

---

① 《全球竞争力报告》源自 1979 年以来世界经济论坛每年对世界各国的经济竞争力进行的综合性评估,并依据评估的结果对世界各国的经济竞争力进行排名。

② 世界银行自 2003 年以来连续发布《世界银行营商环境报告》,目的在于督促各国改善法律和监管环境,促进民营企业的发展。总体来看,世界银行营商环境报告把营商环境界定为包括开办企业、办理施工许可、获得电力、财产登记、获得信贷、保护少数投资者、纳税、跨境贸易、合同执行、破产办理等方面的指标体系。

在地区层面，广东省提出的《商务环境评价指标体系》是我国关于营商环境评价指标体系的最早实践，该评价指标体系包括区域发展市场化、国际化和城市服务功能化三个一级指标，在广东省自由贸易试验区建设后，还构建了国际经济环境指标评价体系和市场经济环境指标评价体系。2018年广东、香港和澳门联合颁布了《2018中国城市营商环境评价报告》，将城市公共设施建设质量、城市文化环境质量、城市市场经济发展质量、城市经济服务质量、城市生态环境质量纳入城市营商环境指标评价体系，并作为一级评估指标。浙江自由贸易试验区2019年委托第三方公司，建立了涵盖自由贸易试验区实际特色的35项营商环境评价指标体系，包含大宗货物进口贸易、跨境资金结算、外籍人员服务等3项特色指标，保税燃料油加注、外轮供应便利度、船舶通关便利度等3项创新指标，以及制度创新成果1项观察指标。成都自由贸易试验区委托第三方评估机构毕马威在2019年同样发布了自由贸易试验区营商环境评估报告，但该报告依然基于世界银行营商环境评估指标体系。

三、海南自由贸易港营商环境建设的架构分析

从2012年中美双边投资协定（Bilateral Investment Treaties，BITs）谈判重启到2013年上海自由贸易试验区建设方案出台，以营商环境优化为重点的国际投资贸易规则体系的对接与压力测试不断推进，截止到2023年我国已经批复设立22个自由贸易试验区，制度型开放网络加速形成。海南自由贸易港最大的特征就是要体现中国特色，凸显社会主义制度优越性，我们搞自由贸易港不能迷信和照搬西方"自由主义"经验，营商环境虽然强调"各种自由"，但海南自由贸易港营商环境更多的是要平衡好"改革与落地""开放与安全"的辩证关系，对此，课题组提出要加强对新时代、新形势下海南自由贸易港营商环境建设的理论分析，结合我国社会经济发展的具体阶段性和海南自身的目标定位，构建具有中国特色的营商环境建设架构体系[①]。

（一）营商环境规律认知与构建思路

纵观国际一流营商环境评价体系，市场化、法治化、国际化三大维度依然具有基础性的全球营商共性、改革共识和强大的区域普适性。

---

① 海南省委书记冯飞强调：要紧盯"到2025年营商环境达到国内一流水平，到2035年营商环境更加优化、跻身全球前列"这个总体目标，突出法治化、国际化、便利化这三个鲜明特点，聚焦营商环境表层修复、对标国内一流、建设服务型政府、对照国际标准这四个工作层面，统筹谋划、细化实化、并联推进各项重点工作。（资料来源：《冯飞在全省优化营商环境大会上强调　对标国际国内评价指标体系　加快打造一流营商环境》，https://db.hainan.gov.cn/xwdt/zxdt/202303/t20230328_3387960.html[2023-03-27]）。

　　构建高质量的外循环发展机制是海南自由贸易港国际化营商环境创建的重要目标，在着力点上需要围绕"金融资本跨境自由流动""外向型重大合作平台""外向型常态化交流机制设计""离岸科技创新机制"等前沿领域开展政策设计。关于高质量外资的稳定性与可持续性预期，跨境合作的便利性和自由化问题，尤其是涉及敏感性要素(资本、数据、专利等)的跨境自由流动问题是海南自由贸易港开放型市场经济营商环境建设的核心，基于全链条的制度集成式创新是缩小海南与国际自由贸易港营商规制体系距离的关键环节。

　　优化营商环境的重心主要在"吸引人、留住人、培养人"三个维度。海南建设自由贸易港首先要能够吸引国内外的各类人才，新发展阶段特别要关注国外人才的制度和政策需求，要通过建立和完善各类型的产业体系、服务体系、政策体系、平台体系，保持对国内外人才的高位势吸引力。另外要围绕留住人才做好服务，理论研究表明具有相当匹配性的人才结构优势是成功推动各类型新兴产业蓬勃发展的关键前提，要平衡解决人才留在海南所面临的长期和短期问题，要把人才是否留得住作为评价海南自由贸易港营商环境的重要指标，并以此推动指标体系的维度设计，要从制度层面确保人才到自由贸易港创新创业的长远预期。

　　如图 6-1 所示，海南自由贸易港营商环境优化的目标是要服务于"国家制度型开放+高质量市场经济体制机制建设"。一是海南自由贸易港优化营商环境建设的能力，本质上是国家开放型制度设计的重要组成部分，目前海南拥有其他区域没有的相关政策优惠，这也是海南在经济基础相对不足的情形下，通过制度创新助推本地区产业发展，布局未来产业以及提升产业可持续竞争优势的最佳时机。二是海南自由贸易港开放型营商环境的风险测试要服务于国家高水平对外经贸合作的战略安排。当前需要对标《区域全面经济伙伴关系协定》《全面与进步跨太平洋伙伴关系协定》等协议体系，补齐海南开放型制度创新短板，重点围绕面向"一带一路"跨境要素流动便利化、离岸型金融中心与科创中心建设探索高水平制度供给。三是海南自由贸易港营商环境改革要坚持目标与过程的有机统一。例如，产业政策的设计要突破单一单点服务，围绕产业全链条开展生态化服务，要能够形成更加主观能动的产业服务意识和环境配套设计能力。另外就是要围绕"人的便利做文章"，要能够形成广聚海内外高端人才回海南创新创业的便利化人才环境。海南当前的现代服务业开放水平不够，作为自由贸易港在制度势能与专业服务势能方面还与港澳存在差距，涉及金融、教育、法律、文化等敏感类行业的营商环境优化可以探索"正面清单+负面清单"协同发力的改革模式。四是海南自由贸易港营商环境优化要全面坚持党的领导。中国特色自由贸易港的核心优势便是在党领导下的开放开发伟大实践，要从塑造中国特色社会主义制度优势的战略层面开展营商环境制度体系优化和路径机制创新。

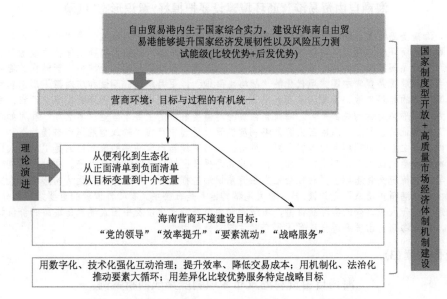

图 6-1　海南营商环境优化的"改革效应"与"中介效应"

根据前述的文献梳理、理论演进与总结可知，课题组对海南自由贸易港营商环境的建设提出如下思路：一是针对营商环境改革的"中介效应"方面，构建基于"营商环境改革—市场主体—经济发展"的传导逻辑，通过政策与制度供给来稳定和吸引海内外市场主体到海南投资兴业，依托市场信心的提升从而拉动消费和内需，能够更好地把握改革落地性与反馈机制性的理论依据；二是坚持"补短板"与"强优势"相结合，以"效率提升"和"成本降低"为主线开展机制设计，把制度创新的着力点放在切实提升海南自由贸易港的产业竞争力培育上，围绕海南地方经济发展和市场主体实际获得感开展评估着力点设计；三是对标国际最先进营商环境体系建设，开创海南自由贸易港高水平开放形态、市场体系与法治化建设新局面，构建服务国家"双循环"的战略主阵地。具体来讲就是：建立符合海南自由贸易港营商环境现状及承载的、国家开放型经济重大任务的、具有海南自由贸易港特色的"可比性""前沿性""动态性""综合性"的营商环境评估体系对海南自由贸易港营商环境的建设将有重大意义。

延伸阅读 (2)

海南自由贸易港营商环境建设要把握好"意识形态"风险

海南全岛封关在即,一个极端重要的现实问题是海南自由贸易港在打造"开放、便利、国际化营商环境的同时",如何在中西方"多维度意识形态"的正面交锋中保持"政治三力"与彰显国家制度优势,科学研判和系统性防范意识形态领域的风险冲击。新时代的海南自由贸易港既是探索中国式现代化的"战略主阵地",更是检验、测试和应对意识形态领域各类风险的前沿阵地,承载国家高水平开放战略目标,是国内国际双循环的重要交汇点,中西方意识形态对话的关键平台。海南自由贸易港需要解决的主要矛盾是"怎么放"和"如何管"的辩证关系问题。海南自由贸易港制度性开放进程中存在"输入型意识形态侵蚀"和"内部型主流价值观解释力减弱"两类风险。海南建设自由贸易港的根本目的是"服务人民对美好生活的向往",制度性开放的目标首先是提升区域社会经济发展水平。在继承性创新中华优秀传统文化基础上,在社会主义主流意识形态框架下,培育具有广泛认同感的"人民自由贸易港精神谱系"是关键,自由贸易港精神谱系是社会主义核心价值观的重要组成部分,有助于提升人民群众的实际获得感,增强对自由贸易港文化以及中国式现代化道路的价值认同,提升海南自由贸易港全球意识形态对话与交锋能力。

延伸阅读 (3)

海南自由贸易港发布 6 项制度集成创新案例

一是知识产权"五合一"综合管理体制改革。率先在全国推行专利、商标、版权、地理标志、植物新品种知识产权"五合一"综合管理体制改革,实现了"一个部门集中管理、一支队伍综合执法、一个平台统筹服务"的改革目标,有力支撑和服务知识产权强国建设、种业振兴等重大国家战略,相关做法被国务院知识产权战略实施工作部际联席会议办公室、国家知识产权局评为典型案例。

二是首创全域"禁塑"制度体系。率先通过地方立法全面禁止一次性塑料制品,实现了颁布实施地方标准、制定禁塑名录负面清单、建立全生物降解产品可追溯管理平台等多项全国首创,全域"禁塑"成效明显,已建成以海口市高新区为中心的生物降解塑料制品产业集聚地。

三是游艇产业综合管理服务新模式。聚焦游艇产业链条化、数字化、集约化发展,联动交通、海事、海关、边检等多部门,通过在全国率先出台促进游艇旅游发展的地方性法规,率先划分游艇旅游用海类型和交易服务标准,率先建立首个游艇旅游数字化服务平台,率先集成海事审批服务等便利化措施,有力促进了游艇产业高质量发展。

四是医疗药品器械一体化、无感化、智慧化监管。在全国率先制定了实施医疗药品器械一体化服务管理的地方性法规,率先搭建特许药械追溯管理系统,率先建立以信用为核心的医疗药品器械一体化管理模式,乐城已经成为全球最新药品和医疗器械进入中国的快速通道。

五是深化海事审判"三合一"改革。在全国率先建立海事刑事案件类案指定管辖制度,成立了全国首家海事刑事审判庭,延伸了海事司法的管辖范围、健全了海事审判机构设置,对保护海洋生态环境、优化营商环境具有积极意义。

六是全链条构建休闲渔业高质量发展机制。率先在全国构建了一条完备的休闲渔业发展制度链条,有力推动了休闲渔业产值逆势上扬,新型业态蓬勃发展,为加快探索产业生态化和生态产业化提供了"海南方案"。

(资料来源:海南自由贸易港官方网站)

（二）评估体系设计

构建具有"动态性、前沿性、适切性"的营商环境评估指标体系是中国特色（海南）自由贸易港建设的内在要求。按照"市场化、法治化、国际化、便利化、机制化"五大维度，系统反映营商环境建设当中政府、企业、个人三位一体的共建共享机制。

一是"法治化"指标体系。在"全面依法治国"的新时代下，法治化应该作为评价营商环境的关键视角，探讨自由贸易港营商环境，首先应该从法治化营商环境着手。海南自由贸易港要成为中国特色法治化建设的示范区和先行地。涉及与营商环境有关的立法、执法、司法以及守法环境，聚焦法治元素，把推动制度创新实践和企业创新发展作为法治化指标的优先考量要素，通过"以评促建"的思维方式衡量法治化营商环境。强调对政府的权力范围予以约束，法律之外的事情交给市场，转而为资源的合理分配，以及以法律的手段保护企业的合法权益，对市场主体合法利益予以保护。同时也要关注自由贸易试验区在立法、司法、执法等环节的制度创新实践，更要兼顾自由贸易试验区内相关市场主体的实际感受。良好的法治化营商环境能够为商业活动提供严格的产权保护外，有效的契约执行也是核心标准之一。

二是"市场化"指标体系。重点在于围绕推进"放管服"改革，加快政府职能转变，发挥市场在资源配置中的决定性作用，构建综合监管体系。营造政府与市场边界清晰，市场透明、竞争中性、平等保护的市场营商环境。应通过对法规、规章和规范性文件等政策措施开展多层次、全覆盖、高标准的公平竞争审查和"竞争体检"，对各种所有制主体一视同仁，探索民营经济、外资企业发展的公平以及长效机制，改变以行政权力直接配置市场资源和生产要素的状况，减少地方政府和有关部门对特定产业和企业的专项补贴与扶持，打造竞争中立的制度环境。（具体的指标选择：自由贸易港管理体制（法定机构）、市场透明度、公平竞争机制；要素市场建设等）。

三是"国际化"指标体系。国际化的营商环境可以为海南自由贸易港吸引高质量外资，加快对外开放进程创造基础条件，高质量的外循环发展机制是海南国际化营商环境创建的重要目标。重点在于围绕反映国家对外开放重点由"商品要素型"向"规则等制度型"转变的要求，自由贸易试验区对标国际典型自由贸易港运营管理体系，围绕"引进来"、"走出去"和国际贸易投资标准规则对接等扩大开放的核心议题，推动形成更具国际市场竞争力的营商环境，促进跨境服务贸易自由化、运输来往便利化、数据安全有序流动，服务构建"双循环"发展新格局形成更多可复制、可推广的改革成果。考虑到当前我国实际国情和发展所处阶段，国际经贸规则中有关政府采购、竞争中性和国有企业、环境和劳工标准等方面的规则内容在短期内实现对接的难度较大，因此在指标构建上主要集中于服务贸易创新和专业资格互认领域。

四是"便利化"指标体系。进入新发展阶段，便利化的营商环境要求充分利用大数据、人工智能、区块链、物联网等技术提升市场主体办事的效率与政府活动的效率。重点在于强调以市场主体为中心，围绕市场主体全生命周期的关键环节深化政府监管流程再造，最大限度地提高市场主体经营活动的便利度，降低市场主体的交易成本。从建设更高水平的开放型经济新体制的目标任务来看，自由贸易港的改革创新试点任务应回归到开放这一主题，即对标国际典型自由贸易港，聚焦投资便利、贸易便利、资金流动便利等议题，继续深化改革，营造便利化的一流的营商环境。

五是"机制化"指标体系。营商环境的机制化一方面直接呈现出政府在职能转变方面的改革表现，另一方面也决定了具体某个营商环境创新成果能否成为一项可制度化、可持续化的治理发展抓手。对"直达性"的政策效果进行分析与渠道设计，考察自由贸易港政策的实施效果。强调"互联网+政务"改革，大数据、5G、人工智能、区块链等新技术应用，政府部门要积极推动与落实"管得住、放得开"高标准要求，通过一系列制度化和机制化举措，全方位推动营商环境持续优化，相关公共机构和市场主体积极参与营商环境建设，推广营商环境建设的品牌，开展营商环境质量监测与评估，促进相关政策措施落地，不断引领开放型经济体的营商环境建设。海南自由贸易港营商环境评估的指标体系设计见表 6-1。

表 6-1　海南自由贸易港营商环境评估的指标体系设计

一级指标	二级指标	三级指标
市场化	管理体制 市场透明度 市场竞争 要素市场	具体的指标选择方向：自由贸易港管理体制(法定机构)、市场透明度、公平竞争机制；要素市场建设等
便利化	投资便利 贸易便利 金融便利	具体的指标选择方向：自由贸易港贸易便利化、进出口成本/时间、立体化的国际物流体系；投资便利化、利用外资情况、境外企业涉税事项效率；金融便利化、金融账户体系、外在管理机制、跨境金融制度创新、金融监管机制对接等
国际化	引进来 走出去 规则对接	具体的指标选择方向：自由贸易港外企外资落户、境外高端人才、国际合作平台建设；"一带一路"市场建设、专业资格互认、走出去服务平台、离岸科技创新机制等
法治化	法规体系 营商执法 营商司法	具体的指标选择方向：自由贸易港法规政策体系完备性、创新性、稳定性；办案效率、廉洁办案；知识产权保护等
机制化	制度安排 多元参与共治 监测与评估	具体的指标选择方向：自由贸易港营商环境领导小组(工作专班)、公共机构参与建设；营商环境常态化监测、动态化绩效考核机制创新等

（三）指数测量方法

通常情况下我们用指数计算来衡量和比较地方的营商环境建设情况。指数，是通过对一组固定数据指标进行模型计算，从而得出具有一般规律性、可比性及趋势性的数据规律。指数作为相对科学、严谨的评估机制，其背后的政策价值和信息价值日益得到重视。建立在对指标体系以及指数计算的相关分析基础上，本节对海南自由贸易港营商环境指数的测度方法如下。一是指标权重。克服当前普遍采用的主观权重设计法，本节采用"主观+客观"的分析方法确定指标权重。首先通过采集同行业专家通信评价的方式，邀请专家对评估指标体系的"一级、二级指标"进行权重赋值（专家赋权法）；其次，对专家赋权数据开展层次分析以及熵权分析，注重对主观赋权数据的客观信息分析；最后，确定指标权重。二是数据来源。海南自由贸易港营商环境评估的顺利实施，核心取决于对指标体系数据的采集机制。从当前全国权威研究机构的数据采集方式来看，搭建信息系统，精准实地调研，协同发挥第三方机构数据库功能。对试验区营商环境指标的数据采集涉及两大类别：定量数据（该类型数据直接反映三级指标的客观特征）和定性数据（该类型数据以创新案例以及创新政策的社会价值评价为主）。三是测算模型。根据对国内外已有文献的分析研究，营商环境指数的计算大致分为五种类型（模型方法）。①加权平均法：该方法的计算思路是建立在对各级指标体系权重的基础上，利用对三级指标客观数据的标准化，通过逐层计算，最终得出指数值。②回归分析法（主成分）：通过提取指标数据的主要因子信息来开展对方程的回归分析，实现指数计算。③距离函数法：通过设定最优目标值，利用被观测变量的标准化数据计算距离值。④大数据建模法：突破传统结构化数据要求高的局限，通过采集多维异构态数据（混沌数据），建立大数据分析模型。⑤结构方程模型：这是一种建立、估计和检验因果关系模型的方法。该模型最大的优势在于能够从整体性与系统性出发，计算指标之间的关联系数，模型中既可能包含可观测的显变量，也可能包含无法直接观测的潜变量。

第三节　中国特色（海南）自由贸易港营商环境建设的实践效果

经过五年的培育优化，海南自由贸易港营商环境建设取得了明显成效，围绕营商环境建设开展了管理体制机制层面的创新，遴选了四批示范案例供全省推广学习，出台了系列加强营商环境建设的政策文件以及形成特色鲜明的营商环境制度创新改革案例。

一、政策供给矩阵加速形成

2018~2023 年，海南自由贸易港 180 多项政策文件相继落地实施（具体包含顶层设计、税收政策、人才政策、贸易政策、投资政策、金融政策、运输政策、产业政策、园区政策、营商环境、法律法规、保障措施等维度），与之伴随的是形成了系列自由贸易港特有的政策突破，如"个人和鼓励类企业双 15%"税收优惠（还包括新增境外直接投资所得免征企业所得税）、进口只用生产设备免征进口关税/进口环节增值税和消费税、展会境外展品进口和销售免税、构建多功能自由贸易账户体系、允许境外理工农医大学及职业院校在海南独立办学、允许境外人员担任法定机构/事业单位/国有企业的法定代表人、外籍人员工作许可实施负面清单管理、支持与境外机构合作开发跨境医疗保险产品、企业发行外债备案登记制管理权下放海南、开展国际互联网数据交互试点、授权海南对耕地/永久基本农田/林地/建设用地布局调整进行审批、出台"零关税"三张清单、调高离岛免税购物额度至每人每年 10 万元、加工增加值超过 30%的部分享受关税优惠、对在"中国洋浦港"登记并从事国际运输的境内建造船舶给予出口退税等重磅政策已经产生了显著的经济社会效益。

营商环境建设首先涉及市场准入领域的改革，《海南省人民政府办公厅关于印发海南省全面推开"证照分离"改革实施方案的通知》要求，"在全省范围内对国务院公布的《第一批全国推开"证照分离"改革的具体事项表》106 项涉企（含个体工商户、农民专业合作社，下同）行政审批事项分别按照直接取消审批、审批改为备案、实行告知承诺、优化准入服务等四种方式实施"证照分离"改革"。致力于建立长效机制，对所有涉及市场准入的行政审批事项，按照"证照分离"改革模式进行分类管理，做到成熟一批复制推广一批，逐步实现全覆盖，进一步营造稳定、公平、透明、可预期的市场准入环境，充分释放市场活力，推动经济高质量发展。《中国（海南）自由贸易试验区商事登记管理条例》完善了信息共享和执法协作、证照分离改革中的"双告知"、经营场所登记与许可之间的衔接和"一址多照"等制度规定，对全岛登记管辖、自主申报登记、注册官制度、申请人身份验证等十三个方面的工作进行了重大改革。《海南省优化营商环境行动计划（2018—2019 年）》重点针对专业服务国际化水平低、企业融资问题突出、社会诚信与法治环境不完善、政府主动服务意识不足等现存营商环境问题给出了具体的解决方案。《海南省市场监督管理局加强海南自由贸易港事中事后监管工作实施方案（试行）》提出，"以公开透明促进市场公平竞争，以包容审慎激发创新创业活力，以分级分类优化行政资源配置，以重点监管严守质量安全底线，以智慧精准提升基层治理水平，加快构建统一开放、竞争有序市场体系，积极打造海南市场化、法治化、国际化和公开、透明、可预期的营商环境"。2021 年 6 月，《关于落实进一步优化营商环境 更好服务市场主体实施意见的措施》旨在通过流程性优化持续提升投资建设便利度，通过降低准入门槛、降低小微企业经营成本来简化企业生产经营审批和条件，通过进一步提高进出口通关效率、拓展国际贸易"单一窗口"功能、减少外贸外资企业投资经营限制来优化外贸外资企业经营环境，通过优化部分行业从业条件进一步降低就业创业门槛，通过企业开办、纳税服务、商标注册、担保融资的改进提升涉企服务质量和效率，通过建立健全政策评估制度等完善优化营商环境长效机制。

在投资领域海南自由贸易港也同样得到了国家大力度的政策赋能。2021年4月，《国家发展改革委 商务部关于支持海南自由贸易港建设放宽市场准入若干特别措施的意见》印发，推出了五大领域22条创新性政策举措，包括支持开展互联网处方药销售、支持国内知名高校在海南建立国际学院、优化海南商业航天领域市场准入环境、放宽海南种业市场准入、支持海南统一布局新能源汽车充换电基础设施建设和运营等。2023年3月，教育部、海南省政府印发了《境外高等教育机构在海南自由贸易港办学暂行规定》，旨在海南自由贸易港探索一种新的办学模式，设立的境外理工大学、职业大学在学校治理、学术管理、师资配备、收费制度等多方面都实行更加自主、灵活的政策。2023年3月，海南省商务厅印发了《海南省促进总部经济发展管理办法》，旨在聚焦旅游业、现代服务业、高新技术产业及热带特色高效农业等重点产业集群化发展，推动全球资本和创新等要素聚集。2023年11月，海南省台湾事务办公室、海南省发展和改委委员会等联合出台了《关于积极支持台湾同胞台资企业参与海南自由贸易港建设的若干措施》，涵盖支持台胞台企投资、支持市县搭建平台、支持开展文教交流等三个方面。旨在进一步吸引台湾同胞全面参与海南自由贸易港建设，分享海南自由贸易港发展机遇，打造更高层次、更高水平的对台交流、经贸合作新高地。

金融领域的政策供给成为海南自由贸易港可持续竞争优势的关键点。2020年12月，《国家外汇管理局海南省分局关于支持海南开展新型离岸国际贸易外汇管理的通知》出台，旨在鼓励在海南注册经营的银行依据海南自由贸易港战略定位和国际贸易发展特点，优化金融服务，为在海南注册的诚信守法企业开展真实、合法新型离岸国际贸易提供跨境资金结算便利。2021年3月，《中国人民银行 中国银行保险监督管理委员会 中国证券监督管理委员会 国家外汇管理局关于金融支持海南全面深化改革开放的意见》印发，从提升人民币可兑换水平支持跨境贸易投资自由化便利化等六方面提出33条具体措施。例如，支持在海南自由贸易港内就业的境外个人开展包括证券投资在内的各类境内投资；允许符合条件的非居民按实需原则在海南自由贸易港内购买房地产，对符合条件的非居民购房给予汇兑便利等。2021年4月，海南省地方金融监督管理局等部门印发了《海南省开展合格境内有限合伙人(QDLP)境外投资试点工作暂行办法》，业务推进的重要特色是"门槛低"(试点基金管理企业的注册资本不低于人民币 500 万元、股东近一年不受处罚即具备资格)、"投向广"(境外非上市企业的股权和债券、境外上市企业非公开发行和交易的股票和债券、境外证券市场、境外股权投资基金和证券投资基金、境外大宗商品和金融衍生品等)、"无限制"(在未超过海南省 QDLP[①] 总额度的前提下,单家试点基金管理企业的额度申请和单个项目的投资额度无限制)、"更灵活"(QDLP 试点企业对外投资额度实行余额管理,试点基金可灵活调剂单只试点基金对外投资额度)。

延伸阅读(4)

海南自由贸易港建设经济成效明显

《海南省 2023 年营商环境制度集成创新重点任务》就锚定一流营商环境目标和 2025 年前全岛封关运作要求,提出了 9 项跨领域系统集成创新举措和 13 项重点环节改革任务。从经济成效上看,2023 年海南全省规模以上工业增加值增速同比增长 19.9%,增速位居全国前列。海南进出口、出口和进口规模分别达 2312.8 亿元、742.1 亿元、1570.7 亿元,均创历史新高,同比分别增长 15.3%、2.8%和 22.4%。全省新增备案外贸主体 2.14 万家,同比增加 49.4%,有进出口记录的外贸主体 1933 家,增加 25.8%,拉动全省外贸增长 19.1 个百分点。截至 2023 年 8 月底,海南市场经营主体数量超过 320 万户;吸引和利用外资取得明显成效,2023 年 1~9 月,海南新设外商投资企业 1227 家,同比增长 19.47%,实际使用外资 163.3 亿元人民币,同比增长 8.48%(资料来源:王伟.2024-01-19. 以环境之优"营"发展之势:2023 年海南营商环境建设综述. 海南开放政策引力增强. 经济日报,(3))。

海南全力聚焦制度集成创新,先后颁布营商环境相关法规和重要政策 40 余项,其中"公平竞争条例、承诺即入制"立法等为全国首创,建立"土地超市"制度;完善营商环境问题受理平台和核查督办机制,受理问题办结率超过 88%。制定了《海南自由贸易港营商环境重要量化指标赶超国内一流实施方案(1.0 版)》《海南自由贸易港进一步优化营商环境行动方案(2022—2025 年)》《海南省政府数字化转型总体方案(2022—2025)》等系统性规划方案。

二、制度创新改革与探索成效显著[②]

(一)贸易便利化

在顶层政策设计层面,先后出台《中华人民共和国海关对洋浦保税港区监管办法》(海关总署,2020 年 6 月),《海南省服务业扩大开放综合试点总体方案》和《商务部等 20 部门关于推进海南自由贸易港贸易自由化便利化若干措施的通

---

① QDLP 表示 qualified domestic limited partner(合格境内有限合伙人)。

② 本节关于海南自由贸易港五大维度的制度创新经验与代表性案例的数据资料来源相对分散,均根据海南省人民政府网站、彭拜新闻、知乎学术、中国新闻网、海南省科技厅官方网站、《海南自由贸易港营商环境白皮书》等整理而成。

知》(商务部等,2021 年 4 月),《海南自由贸易港跨境服务贸易特别管理措施(负面清单)(2021 年版)》(商务部,2021 年 7 月),《国务院关于同意在全面深化服务贸易创新发展试点地区暂时调整实施有关行政法规和国务院文件规定的批复》(国务院,2021 年 9 月),等等,重点围绕保税产业形态、跨境贸易便利化以及高水平服务贸易开放等领域实施精准赋能。

在具体的制度创新措施方面,海南自由贸易港实施更为开放的贸易政策,海南通过动态清单管理、跨部门协调监管和风控等集成创新做法,建立"零关税"进口商品全流程监管模式,助力释放"零关税"政策红利。例如,洋浦保税港区企业问题清零平台,创新推行船舶落户"多证联办"制度,建立高效解决企业问题的长效机制,船舶落户改革时间缩减 80% 以上;外商投资企业及其产品在投资和运营条件上与境内企业处于同等地位,对于技术和设备进出口来说,技术装备门槛降低,有利于新兴产业落地海南;在封关运作前,对在海南注册登记并具有独立法人资格的企业,进口用于生产自用、以"两头在外"模式进行生产加工活动或以"两头在外"模式进行服务贸易过程中所消耗的原辅料,免征进口关税、进口环节增值税和消费税。2020 年 6 月,国务院批准在海南全岛启用 18 个对外开放一类口岸,通关模式也进行了创新,实施全口岸、"三全"(全天候、全流程、全监管)通关体系改革;利用区域合作交流,海南自由贸易港通过"一带一路"倡议加强与共建国家的海上贸易,形成贸易合作新格局。海口海关结合海南优势产业布局及产品结构特点,"一企一策"开展《区域全面经济伙伴关系协定》原产地规则和关税减让政策研究,帮助企业用好用足《区域全面经济伙伴关系协定》政策;在行业多元化方面,海南自由贸易港充分利用政策优势,积极引导商品和服务进口多元化,特别是在医疗器械、飞机及船舶零部件、教育资源等领域进行全面开放。

海南省优化营商环境示范案例(贸易便利化)

1. 海南省知识产权局等:打造跨境电商联合执法新模式,构筑知识产权保护新屏障。建立海南自由贸易港跨境电商知识产权监管联合执法机制;推行"先行禁令",打造海南自由贸易港跨境电商知识产权保护新模式。

2. 打造机场口岸"一站式"通关的跨境电商"9610"出口新模式。有效提升通关效率至全国领先水平,促进贸易自由便利;推动口岸通关提质增效,促进航空物流产业集聚发展;打通跨境电商全模式,为全岛封关运作后"一线放开""二线管住"夯实基础。

(二)投资自由化

在顶层政策设计层面,先后出台《重大区域发展战略建设(推进海南全面深化改革开放方向)中央预算内投资专项管理办法》(国家发展和改革委员会,2021 年 1 月)、《海南自由贸易港投资新政三年行动方案(2021—2023 年)》(海南省人民政府办公厅,2021 年 5 月)、《海南自由贸易港实施市场准入承诺即入制管理规定》(海南省人民政府,2022 年 11 月)、《鼓励外商投资产业目录(2022 年版)》(国家发展和改革委员会、商务部,2022 年 10 月)、《海南省促进总部经济发展管理办法》(海南省商务厅,2023 年 3 月)、《海南自由贸易港鼓励类产业目录(2024 年本)》(国家发展和改革委员会、财政部、税务总局,2024 年 2 月)等,上述投资促进类政策的着力点是直接瞄准产业发展,吸引更多的优质产业要素落户海南。

实现投资自由化,不仅需要一个全方位、多领域、深层次的开放格局,更需要创新体制机制以及人才科技等软实力支持。海南自由贸易港引导外商投资更多地向高端产业、现代服务业、先进技术研发中心等领域转向,针对稳定外资、引进外资均提出了一系列货币政策和财政激励政策。对不在负面清单内的商品原则上免征进口环节的关税、增值税和消费税,这大大降低了企业运营成本。海南自由贸易港还专门设立引导基金,吸纳国内外投资,同时拉动更多社会投资涌入自由贸易港。

在便利化投资政策方面:具体政策包括简化跨境贸易程序、放宽外汇管理规定、设置离岸免税区等;科技创新和人才政策同样在推动投资自由化的路上发挥着重要角色。海南自由贸易港通过引进吸纳全球优秀科研团队,与世界顶级学府、科研机构开展紧密合作,打造一流科研平台和创新载体,致力于培育全球最具竞争力的创新型企业。大力实施人才强省战略,对急需紧缺高端人才给予大力支持。设立"国际雇员权益保障基金",对雇用外籍雇员的企业给予支持,鼓励企业聘请国际人才;积极推进《海南自由贸易港公平竞争条例》的落实,并把国家对海南的支持政策作为审查和分析的重要依据,这一做法充分展现了其对自由贸易港发展目标的推进力度。聚焦招商引资和政企合作领域中公平竞争审查的关键与难题,以此来提示需要关注的审查点;在政企合作公平竞争审查中,尤其重视考虑政府和社会资本合作项目以及政企校合作等项目的独特性,在实践中引进国外竞争评估制度框架和工具书,参考美国、日本、韩国等国家在相关领域的有效法律法规。海南围绕本土化和国际化实现了有效融合,以期在全球范围内促进形成更高效、更公正的市场环境。2024 年 1 月印发的《海南省支持创新药械发展的若干措施》,旨在建立新批准创新药械进入市场的首发价格形成机制、优化新增医疗服务价格项目试行期医疗机构自主定价机制、鼓励医疗机构和创新药械企业在采购平台自主议价等,按照创新药械价格由市场决定的原则,发挥政府的引导作用完成创新药械价格形成机制。

海南自由贸易港吸引了大量的外商投资,实际使用外资实现连续增长,新设立的外商投资企业和一些重点投资项目快速提升。例如,COACH 三亚国际免税城店和毕马威咨询（海南）有限公司等，它们在海南实现了良好的业绩成果，再者全新的中小型和创业型企业也在海南快速发展，显示出企业在海南投资的信心不断增强。在医疗领域，消费品领域以及艺术品拍卖领域等，都有全球知名企业投资并加快布局，这对于推动海南自由贸易港高质量发展具有积极意义。

海南省优化营商环境示范案例（投资自由化）

1. 深化经营主体注销便利化改革。简易注销公告期全国最短；实现注销"一网服务"；清除失联经营主体；强制退出未履行注销义务的经营主体。

2. 创新"一照（证）通行"改革，实现"一链审批、一码服务、一照准营"。通过推进数据共享，提升企业申报服务便利度，提高市场准入准营便利度；极大提升经营主体的体验感；大幅压缩企业开办时间。

3. 深化审批制度改革，创新推出"一体集成"实现"一果多用"。工程项目审批流程"四合一"，实现前期审批工作集成化；"集成评审+结果共享"，推进审批环节互相耦合无缝衔接；"一站式+帮办代办"，从企业"少跑腿"到政府"代跑腿"；"联审联批"实现投资项目提效降本；"帮办代办"体现政府服务企业温度。

4. 数字化赋能"一建一码"改革，助力产业园区高质量发展。以"一建一码"审批模式数字化，推动审批制度改革创新转型；以"一建一码"审批要素数字化，提高审批服务便利化水平；以"一建一码"监管清单数字化，推动项目监管精准化；以"一建一码"信息共享数字化，推动项目审管衔接一体化；以"一建一码"信用管理数字化，构建以信用为基础的监管机制。数字赋能审批服务提质增效，有效提升企业获得感满意度。

5. 海南省税务机关注倡导"信用+"办税理念，持续营造良好的税收营商环境。推行鼓励信用办税理念，持续拓展信用办税广度，不断递进信用办税深度。有效激发市场主体活力，有效促进诚信体系建设。

6. 海南省工程建设项目审批制度改革工作领导小组办公室提升审批智能化水平，助推工程建设项目"跑"出加速度。率先建成实现各系统深度融合的平台；率先实现工程建设项目审批100%电子证书；首创"三级工程编码"+"单位工程编码"智能化管理；从"窗口办""网上办"升级为"掌上办""指尖办"，提升了工程建设项目审批服务效能。

7. 三亚崖州湾科技城水电气"报装联动"改革。该项改革有效提升了水电气报装服务便利化、标准化、专业化水平，实现了建设工程项目流程与水电气报装流程的高效衔接，减少了审批程序，降低了时间成本和资金成本，保障了项目建设顺利推进，助力了工程项目建设和投产提速。

8. 创新实施"信用承诺服务评价制"改革，倒逼政府投资项目建设提速增效。推行事前信用承诺，健全事中监管服务，加强事后评价奖惩。创新点在于有利于破解投资靠冲刺的被动局面，有利于构建项目管理齐抓共管新格局，有利于拓展丰富信用监管应用场景。

9. 海口国家高新区全面推行"企业秘书"制度，为企业提供全生命周期优质服务。明确了惠企服务目标，建立了服务质量标准保障体系；关注企业需求全链条，实现了服务清单化规范化；拓宽了政企沟通渠道，多措并举满足了企业实际需求。项目开工建设投产提速，规范化服务水平不断提升。

10. 海口市运用区块链+电子保函，拓宽了投标担保渠道。夯实了平台基础建设，积极探索运用区块链技术；拓宽了投标担保渠道，多举措减轻了企业投标负担；加大了推广应用力度，提高了电子保函使用替代率。大大提高了招标采购效率，提升了投标主体体验感，最大限度地规避了各类潜在风险，有效弥补了现金投标保证金及纸质保函等传统投标担保方式存在的资金滞压、退付耗时、不可跨区域办理等不足，为企业减轻了投标成本负担，助力打造阳光、高效便捷的公共资源交易平台。

(三)金融服务与开放创新

在顶层政策设计层面，国家外汇管理局海南省分局出台了《关于支持海南自由贸易港建设外汇创新业务政策的通知》(2020 年 2 月)、《关于开展贸易外汇收支便利化试点工作的通知》(2020 年 6 月)、《海南自由贸易港内公司境外上市登记试点管理办法》(2020 年 11 月)、《关于开展优质企业贸易外汇收支便利化试点的指导意见(2022 年版)》(2022 年 7 月)。海南自由贸易港金融开放具有政策优势，金融营商环境建设持续优化，金融制度型开放的压力测试持续升级，为海南自由贸易港战略性新兴产业以及全球资本的配置提供了平台和机遇。

海南自由贸易港建设以来，推行了一系列的金融改革创新措施，以提升其吸引全球资本、专业人才和企业投资的能力。积极推进金融市场对外开放，允许外资银行设立独立法人分行等。实施"债券通"，允许海南自由贸易港的企业直接在境外发行人民币债券，并将募集资金汇回国内使用。加快推进跨境人民币业务试点，包括跨境贸易、投融资、汇兑试点等。推动数字人民币试点，支持数字人民币跨境支付，提高支付便利性。创新保险业务，鼓励海南尝试创新性保险，如养老保险、健康保险新型产品等。《海南自由贸易港建设总体方案》《中国人民银行 中国银行保险监督管理委员会 中国证券监督管理委员会 国家外汇管理局关于金融支持海南全面深化改革开放的意见》和在洋浦经济开发区开展跨境贸易投资高水平开放试点等政策文件出台以来，赋予海南几十项含金量较高的金融政策。中国人民银行海口中心支行和国家外汇管理局海南省分局聚焦贸易投资自由化便利化，深入推动政策落地实施，跨境金融领域取得明显效果。数据显示：2018～2023 年海南全省跨境收支年均增长率达 32.45%；银行结售汇年均增长率达 19.28%。2022 年全省跨境收支总额达 624.1 亿美元，同比增长 63.8%。海南还积极推动合格境外有限合伙人(qualified foreign limited partner，QFLP)和 QDLP 试点，探索新形态的跨境投资路径；深入推进资本项目收入支付便利化试点，实现足不出户使用资本项目外汇收入；指导商业银行试行跨境资产管理业务试点，扩大境外投资者投资海南自由贸易港内理财产品试点场景。

扩大可跨境转出的信贷资产范围和参与机构范围，有效盘活了省内银行存量不良资产和贸易融资资产。跨国公司跨境资金集中运营的外债登记额度和境外放款登记额度分别达 37.04 亿美元和 7.45 亿美元，为跨国公司集团内部资金融通提供了快速通道。2024 年 2 月，中国银行海南省分行为某企业办理约 1500

万元人民币的外债签约登记业务，实现首笔扩大跨境贸易投资高水平开放试点业务落地。海南省财政厅积极推动海南省融资担保基金有限责任公司引入国家融资担保基金，构建"国家–省"两级政府性融资担保体系，全面实行银担"二八分险"模式，打破了我省原有担保机构百分之百承担贷款风险的格局，充分发挥了财政引导金融机构服务实体经济的杠杆作用，进一步扩大了政府性融资担保支持范围。

海南省优化营商环境示范案例（金融服务与开放创新）

1. 海口"海知贷"创新知识产权融资新模式。制定出台知识产权质押融资政策；建立知识产权质押融资协同推进机制；全面提升知识产权质押融资服务能力；完善知识产权质押融资评估管理体系。实现了知识产权与金融的深度融合，为知识产权提供了新的运用模式，有效拓宽了融资渠道；提升了信贷资金的覆盖面，有效分担了金融风险，切实帮助拥有自主知识产权的中小微企业解决了融资难、融资贵等问题。

2. 海南省财政厅等推行"见贷即保"新模式，发挥金融机构服务实体经济杠杆作用。通过"四大转变"提效能，构建便企担保新模式；进一步发挥财政引导金融服务实体经济杠杆作用；提升了金融服务实体经济、服务民生大众的能力，促进普惠金融实现了"量增""面扩""价降"，为优化金融营商环境贡献了"担保"力量。

3. 海南省智慧金融综合服务平台，有效缓解中小微企业融资难题。以政务数据为支撑（打通政银企信息壁垒），提升了企业画像精度；建章立制，提升了平台规范化服务水平；开展宣传推介，提升了平台知晓度。

4. 以共商共享共建融合服务新机制，打造住房公积金贷款不见面审批新模式。推进资源共享，构建数据支撑体系；推行联办机制，创建业务协同框架；升级智能应用，提高数字化服务效能。创新点在于：贷款申请环节实现了申办"极简"；业务流转程序实现了过程"极便"；抵押放款流转实现了全程"极速"；联网协同机制实现了服务"增效"。

5. 推行"税保银互动"合作新模式，构建"以费促信、以信换贷、以贷利民"新格局。创新点在于：多边共赢助发展、数据联动添活力、资源整合增动能。

（四）政府职能转变

在顶层政策设计层面，海南先后出台了《海南自由贸易港公职人员容错纠错办法（试行）》（2020 年 11 月）、《海南省人民政府关于委托实施部分省级用地行政审批事项的决定》（2020 年 7 月）、《海南自由贸易港深化"证照分离"改革进一步激发市场主体发展活力实施方案》（2021 年 9 月）、《海南省农垦经营性建设用地入市试点办法》（2021 年 11 月）、《海南省人民政府办公厅印发关于支持民营经济发展若干措施的通知》（2023 年 3 月）等政策支持文件，重点围绕降低经营主体市场交易成本，致力于提升自由贸易港改革的自主性与灵活性。

海南自由贸易港政府职能转变的最核心亮点在于采取一系列措施将传统的管

理型政府办理方式转变为服务型政府办理方式。这种转变不仅表现在行政效率的提升和审批程序的优化上，更体现出海南自由贸易港建设以人为本、以民生为重、以社会发展为目标的理念。总体上看"放管服"改革的深化推进，把政府自身从过度干预市场调整为尊重市场规律、为市场提供服务，通过大数据、人工智能等智能技术赋能，提升政务服务效率，让企业和公民感受到方便快捷，提升改革的获得感和幸福感。创新数据资源开发利用，海南金椰分推出多项"信用+"便民服务。

海南自由贸易港积极实践数字政务，如推广"一网通办""智能审批"等服务，以提升政务服务效率和便利性。例如，琼中推进政务服务"一站办好"改革，创新实施"视频委托书"等举措。海口龙华区推行全程网办、自助办、掌上办、上门办，实现了多种形式的"零跑动"改革。借力数字政府建设及服务转型，建成全省首家"全流程智能化制证中心"并获得国家专利。大力推行政府购买服务与社会力量合作的模式，部分公共服务由市场机构代为提供，既减轻了政府工作负担，又更好满足了市民的多元需求。

在简政放权方面，实行更大范围、更高程度的经济自由化，简化行政审批程序，放宽市场准入条款。海南自由贸易港采取了创新的手段，对原有的烦冗和复杂的行政审批程序进行了梳理与简化。以往需要通过多个部门逐级审核的事项现在可以通过"一网通办"系统实现"一站式"办理，大大减少了审批步骤和时间，提升了行政效率。例如，海口市推行"交房即交证"改革，让不动产登记不再难。针对公积金业务办理，还出台了系列"高效办成一件事"主题服务，如退休提取住房公积金的智能审批业务已与"退休一件事"主题服务集成。实施更加有效的风险预警和防控体系，提升了市场整体稳定性和公众信心。

海南省优化营商环境示范案例（政府职能转变）

1. 打造惠企政策兑现新模式，实现政策红利便捷高效直通企业。集中管理全省惠企政策，打造自由贸易港"政策超市"；全方位构建企业画像库，助力企业便捷申报；高标准建设服务系统，推动政策"一网通办"；设立惠企综合服务窗口，构建全方位服务体系；协调对接全省市县系统，推动全省标准化覆盖。创新点在于：实现惠企政策服务集中管理；主动推送，实现政府惠企政策找企业；全网通办，实现申报审批兑现全网上办；分析有据，实现惠企政策阳光又精准。

2. 创新职称评审制度，优化境外人才来琼发展环境。建立自主评审机制；拓宽职称评审范围；创设职称评价标准。创新点在于：填补了行业评价体系的空白，为科学合理评价人才提供了实践路径；消除了用人单位使用人才的顾虑，为引进人才留住人才提供了抓手；畅通了境外人才来琼工作的职业发展通道，为干事创业坚定了信心。

3. 高标准推进医保数字化转型，助力医疗保障事业高质量发展。高标准推进医保信息业务编码全流程落地应用；拓宽医保信息平台服务的深度和广度；最大程度发挥医保数据应用治理效能。创新点在于：有效破解了看病就医堵点难点、有效守护好老百姓的救命钱、有效补齐了医保服务短板、有效降低了群众的医疗负担。

4. 推进"三医联动一张网"改革，以政府数字化转型助力健康海南建设。建立"三医联动大厅"；搭建便民惠民服务平台；推动"三医"数据融合；以数字化提升标准化建设。数据惠民营造和谐宜居环境；数据联动助力健康海南建设；数据监管保障数字政府建设；数据赋能激活自由贸易港创新活力。

5. 三亚崖州湾科技城科技赋能园区规划建设管理，打造产业升级和数字化转型新样板。搭建城市信息模型(city information modeling, CIM)平台，全面呈现园区发展；发布上线云上读地系统，直观展示土地信息；上线建筑信息模型(building information modeling, BIM)智能审图平台，自动核查设计图纸；实施工地智慧监管，实时智能监测工程现场。创新点在于："云上读地"让土地信息"看"得更方便、智能审图让工程项目"批"得更快速、智慧工地让工程项目建设"管"得更有效。

6. 省税务局、人民银行海口中心支行探索建立税库联动退税新机制。创新"一体化并联"税库审核机制；构建全流程智能化退库系统；票证开具和资料传递实现电子化；打造"盒子化"退库风险监管模式。创新点在于：有效疏通减税降费堵点，大幅提升退库速度，夯实退库数据基础，提升退库风险防控能力，解决了纳税人退库办理多头跑、耗时长、资料繁杂等难题，市场主体受益明显，极大提升了市场主体的获得感和满意度。

7. 海口龙华区政务服务"零跑动"改革。线上政务服务能力显著提高；自助服务便利程度大幅提升；流程优化促进办事更加便捷；敬老孝老服务尽显人性关怀。创新点在于：极大地激发了市场主体发展活力，促进了经济增长和社会和谐稳定，打造了优化营商环境"新样板"。

(五)法治化环境

海南自由贸易港在完善法治化环境方面采取了多项措施。包括以下几项：建立与国际接轨的规章制度，依据国际商业运作的规则和规定，海南自由贸易港加速制定、修改一批法律法规和标准，以适应快速推进的高水平自由贸易港建设。设置了专门的商事法院，提升案件处理效率，对商事纠纷进行专业化处理。积极引导纠纷解决使用调解、仲裁等多种方式，进一步保障司法效率和公正性。海南法院积极对标评价指标，推进破产审判制度创新，持续推动破产审判信息化建设，发布破产审判工作典型案例，完善府院联动机制建设，破产审判效率有效提升。不断完善国际商事纠纷案件集中审判机制，建立健全国际商事纠纷诉讼、调解、仲裁"三位一体"衔接机制，采取双语诉讼服务实现平等保护、择优选任外籍调解员和港澳台籍陪审员等提升涉外审判的国际化水平。以制度创新为核心，不断完善知识产权司法保护机制和体制，全面推进知识产权审判"三合一"改革，积极探索惩罚性赔偿机制，在案件审理中平等保护中外当事人合法权益，加强知识产权纠纷调解工作，加大反垄断及反不正当竞争力度，积极开展国内外交流合作，服务和保障创新发展，不断激发市场活力和创造力。不断健全完善行政诉讼体制机制，推动建立行政争议调处中心，加大行政争议实质性化解。扎实推进行政机关负责人出庭应诉改革，实现行政机关负责人出庭应诉常态长效。

综上所述，海南自由贸易港的建设成效明显，本书研究团队在走访企业和政府部门座谈中发现海南在营商环境层面仍存在以下需要直面的问题：诸如如何处理好集成式制度创新的部门协调难题(政策供给与产业适配性)；互联网背景下的政府服务与监管技术创新问题(电子政府的宣传与获得感问题)；商事主体公平竞争的市场环境需要进一步破除制度障碍(例如准入后的准营便利)；服务业发展滞后于产业的配置和引进(如何更好地对接港澳专业服务市场)；金融开放政策体系与金融基础相对不足的现状矛盾问题(如何更好地承载国家金融开放试验)；自由贸易港建设所需要的各类高端人才引进等问题。

海南省优化营商环境示范案例(法治化环境)

1. 建立"一镇一法治服务中心"，护航自由贸易港法治营商环境。推行"一站式受理、精准分流、一揽子调处"模式。有效提升了基层治理体系和治理能力；有效提升了基层解纷能力和力量；有效提升了基层人民群众的法律水平和守法意识；有效提升了法治化营商环境建设水平。

2. 创新数据资源开发利用，海南"金椰分"平台推出多项"信用+"便民服务。建立全省统一的个人诚信积分指标体系；健全全省统一的数据共享标准规范；构建全省统一的公共基础数据库；建设全省统一的"金椰分"平台；打造金椰分"信用+"应用场景。

3. 三亚崖州湾科技城聚焦种业知识产权保护助力种业振兴战略落地见效。建立"种子身份证"信息系统，提升种业知识产权保护新能力；建设育种材料存证和惠益分享平台，构建种业知识产权保护新机制；设立司法保护联系点、审判庭和种质资源研究基地，营造种业知识产权司法服务保障新环境；打造综合性法治服务保障中心，提供种业知识产权保护新服务。创新点在于大幅提升种业知识产权保护能力；有效开辟种业知识产权保护途径；打造种业知识产权诉讼优选地；精心培育种业知识产权典型案例；不断完善种业知识产权法律服务。

4. 万宁市推行"信用+"全景应用改革，充分彰显奖励诚信惩戒失信价值取向。推行"信用+免审"改革；推行"信用+承诺"改革；推行"审管法信"联动改革；推出"信易批+"特色服务。

5. 海口市龙华区法院活用"组合拳"破解执行难，打造优化法治营商环境新样板。设立不动产处置团队，财产处置集约化；运用"预处罚"程序，惩戒预警显威力；善用"头条弹窗"功能，精准推送促履行；巧用"调查令直通车"，多方合力破难题；践行文明执行理念，为企业生存留余地。创新点在于实施创新驱动，执行指标全覆盖提升；统筹集约，执行工作全流程加速；"留水养鱼"，执行温度全方位体现；取得了良好的经济和社会效益，为持续优化法治营商环境、加快海南自由贸易港建设提供了坚强的司法保障。

第四节　精准提升中国特色(海南)自由贸易港营商环境的五大维度

基于上述对海南自由贸易港营商环境理论规律、实践现状、评估指标及相关问题的分析，本节从五大维度提出推动中国特色(海南)自由贸易港持续优化营商环境的改革方向与路径建议。

一、构建大监管服务大战略大市场的改革体系

放得开是基本功，管得好是硬道理。实现海南市场开放与安全的辩证统一，中国特色自由贸易港更要凸显"管得住"的哲学。一是进一步理顺市场监管体制机制。积极探索市场监管领域跨部门综合监管，统筹推进"大市场、大质量、大监管"市场监管体系完善和效能提升，建立全方位、多层次、立体化监管体系，实现事前、事中、事后全链条、全领域监管。推进市场监管工作社会化、网络化、大众化，鼓励和引导各类市场主体、行业组织、广大消费者和新闻媒体积极参与市场监管工作，营造良好的社会共治共管共享环境，提升人民群众对市场监管工作和改革新局面的参与度、认可度和满意度。二是强化市场监管"能力、宣传、协同"三大提升。"监管能力"层面：要系统性强化对综合执法改革的规律性认知，包括加强对基层直属大队人员的业务能力和综合能力培训，加强对新行业、新经济、新模式的前沿商业风险以及潜在违法违纪"盲点"认知。"监管宣传"层面：要贯彻"执法与普法"齐头并进的工作逻辑，构建高效、便利的行政执法反应机制，丰富和创新普法宣传载体，依托"普法讲堂、专家讲座、移动服务站、行业协会自律"等方式强化对市场监管执法的宣传力度。"监管协同"层面：要建立以市场综合监管为基础、专业监管为支撑、社会协同监管为依托的监管体系。聚焦监管事项厘清责任链条，加强部门区域融合、层级业务协同，提高综合监管效能。三是完善市场监管现代化生态建设。坚持打造数字赋能型智慧监管新格局，借助信用监管、风险监管、分类监管、大数据监管、联合惩戒等手段，统筹推进业务融合、数据融合、技术融合。更加强化市场监管法治化水平。从硬法为主向"硬软结合"转变。探索"软法"高效嵌入监管体系成为南沙市场监管改革的亮点，扩大包容性监管应用场景，集成"行政辅导、行政告诫、行政约谈"等柔性执法手段，突出行业自律与协会规范约束。四是突破外商投资服务层面的"旋转门"。市场准入与经营许可是当前影响对外开放合作的基础性制度规定(外商投资对内地经营制度设计的困惑)。"旋转门"现象是指随着自由贸易港市场准入门槛的持续降低，市场许可与行业经营壁垒的存在以及政策规定的模糊以及服务边界的不清晰等问题始终是影响改革效果的隐性壁垒。旋转门问题不是某个部门的问

题，在更多的情形下是不同部门之间的协同改革不彻底、联动改革不充分、数据标准不兼容等原因导致的，破除"旋转门"现象成为海南自由贸易港发挥改革示范效应的关键环节。五是建设营商环境常态化监测指标数据库。具有规范化、标准化的指标统计基础数据库是做好营商环境评价的前提。通过不断的丰富与拓展营商环境相关的数据指标体系，综合运用大数据技术和前言建模方法，逐步对数据指标进行测试计算，变数据库为海南自由贸易港提升改革创新成效评价的信息平台。充分发挥海南中国特色自由贸易港公共数据采集平台价值，形成政府数据、企业数据、宏观数据、第三方专业机构数据等渠道互动，确保自由贸易港营商环境指标的数据采集科学、客观和连续。六是健全管理机制和技术支撑，保障数据安全。在政府数据开发利用的全周期过程中，要加强区块链等先进技术的积极作用，加强数据主管部门、责任主体、支撑单位协作互通，建立公共数据安全运营协同机制，根据安全需求和监管要求，动态调整安全策略和技术措施，加强风险感知和监测预警能力建设，针对性挖掘和防范数据生命周期各环节安全风险，筑牢政务数据共享开放的安全屏障。

二、构建推动金融制度型开放的生态体系

海南自由贸易港离岛型金融开放迎来重大战略机遇，要发挥金融领域制度创新来持续优化金融业营商环境，构建推动金融制度型开放的生态体系。一是全力补齐跨境金融服务短板。完善海南自由贸易港跨境金融基础设施建设，探索与跨境金融便利化相适应的"自由贸易港金融账户"，针对自由贸易港企业和居民的双向投资需求和民生金融需求，在外汇资金规模、用途、业务关联等方面争取政策松绑。改革账户管理体制，提升跨境投融资服务能力，围绕国际贸易的支付便利化环节开展制度创新，简化国际贸易单证审核，聚焦国际贸易新业态发展特点，构建以关键信息匹配为核心的风险防控新机制。二是制定更加简短的"自由贸易港金融业负面清单"。在金融开放领域，试点取消外资合资、控股金融机构股权比例限制、业务经营范围限制；在保险业对外开放问题上，提高政策供给，打造自贸区国际保险业高地；在类金融机构设立问题上，坚持以鼓励为主，强化风控，引导式发展；在与资本项目开放有关的跨境金融产品创新问题上，坚持国家利益至上，金融安全为主，有步骤、有重点地探索金融开放机制，不断形成自贸区金融业创新发展的"负面清单思维"，扩大外商投资股权投资企业试点范围，围绕人民币国际化，"一带一路"建设等领域的金融产品需求，开展制度与政策设计。三是完善金融资产跨境转让生态体系。积极争取人民币金融资产跨境转让的重点支持政策，特别是围绕"交易标的、定价标准、货币选择、外债管理、资金便利、税务规划"等方面给予特定政策，增加信托与租赁等资产的跨境转让渠道，弥补中长期信贷的不足，盘活企业库存资金压力，利用绿色金融、跨境资产证券化等

形式提升企业跨境资金配置效率和专业性,培育金融资产转让市场配套服务机构,构建完善的转让配套服务体系。四是提升金融开放服务民生需求的能力。促进自由贸易港金融开放就是要使得海南居民的生活、工作和投资贸易便利化、自由化,降低时间成本和提高跨境出行与交流效率,特别是以教育、医疗、理财和社会公共与专业服务为重点领域,开展金融制度供给与产品设计,将极大地提高海南自由贸易港资金的跨境流通速度和流通深度。五是探索特色金融发展机制,推动海南自由贸易港金融改革提质增效。针对前沿产业、专题领域(城市更新)开展特色金融制度供给。创新开展绿色金融产品设计,围绕环保产业、新能源产业、绿色技术产业化等领域实现制度突破,引导金融资源向该领域转移。面对城市更新所需要的大量资金,可以发挥融资租赁模式的比较优势,将融资与融物结合起来,调整企业前期投资比例,同时降低政府前期财政投资压力。对于工业上楼、村级工业园区改造等项目,需要发挥财政资金的贴息与奖励机制,更好地引导市场资金参与城市更新与产业发展。鼓励股权众筹类基金在自由贸易试验区做大做强,强化对众筹平台的风险监管,提高资本要素配置的信息透明度与配置科学性。着力打造具有比较优势和国际竞争力的特色金融体系,做好科技金融、绿色金融、普惠金融、养老金融和数字金融"五篇大文章"。六是强化金融智库服务功能。自由贸易港要承载服务国家金融大战略的功能,必须要发挥多种类型的金融智库的智力支持作用。邀请世界顶级金融学者、国际知名金融机构负责人、著名咨询公司负责人组成海南自由贸易港金融战略顾问团队,发挥国际资源对接功能,形成具有前瞻性、引领性的政策咨询报告;引导知名金融机构的研究所落户海南,并成为"国家金融智库",组成智库联盟,定期开展会议研讨、培训、定制式教育等活动,深度助力国家金融大战略。

三、围绕企业和产业的全周期发展提供创新与法治环境

坚持目标导向的营商环境建设思路,构建面向未来可持续发展的创新驱动与法治化保障环境。一是全链条优化创新驱动发展环境。海南自由贸易港的政策创新与实施细则的制定,要突出对全链条创新驱动发展环境的保障。始终坚持围绕习近平所提出的"新质生产力"[①]发展最新要求开展高水平制度创新,谋篇布局长期性、基础性科技要素配置机制,形成与海南比较优势相适应的重大科技战略集群。具体可以围绕"科技要素跨境自由流动、科技成果便利化转化、科技知识产权便利化资产化、科技研发的跨境合作、科技金融便利化嵌入、市场化参与科技创新的体制机制建设"等重点环节开展制度设计,要能够对跨境科技创新的过

---

① 《习近平在黑龙江考察时强调 牢牢把握在国家发展大局中的战略定位 奋力开创黑龙江高质量发展新局面》,http://jhsjk.people.cn/article/40073774[2023-09-09]。

程和市场化运作进行系统认知，要把产业政策真正落地到推动科技创新与科技成果应用层面，助力自由贸易港开展高质量知识生产与技术创新。二是强化市场主体对法治化建设的服务保障。充分发挥《中华人民共和国海南自由贸易港法》的保障作用，凸显地方立法权的基础性优势。围绕消费者权益保护、科技创新知识产权保护、跨境商事案件纠纷快速了结开展制度创新。不断对接港澳诚信诉讼规则，全面完善诉前、立案、审判、执行各环节非诚信预防惩戒制度，努力构建高效便捷、有机衔接、协调联动的多元解纷机制，促进跨境纠纷化解集约化、专业化、便捷化，构建系统的域外法查明规则，拓宽查明渠道与方式，搭建多元查明模式，对诚信状况良好的企业，在执行时优先选择执行对生产影响较小的财产，保护中小企业正常经营权益。

四、解决"政策悬浮"最后一公里风险

要有营商环境优化进程中制度型改革政策体系悬浮的风险意识，要有推动系列政策落地、产生社会经济效益的责任意识。新一轮"制度型改革"受到"政策距离"〔政策试验与供给的时空差异（应处理好不同基础区域、改革先后区域的政策溢出与滞后关系）、执行差异（应处理好大门开、小门不开的制度壁垒）、绩效差异（应处理好执行标准、执行方式以及执行效果的评估工作）〕的负面冲击，导致海南自由贸易港区域试验与政策试验呈现价值减损，政策供给存在的"不系统、不精准、不落地"等现实问题，导致政府政策效率不高、市场主体实际获得感不强、政府资源配置机制扭曲等问题。

海南自由贸易港建设面临的"政策悬浮"问题是由"时空偏差、执行偏差、绩效偏差"三个向度共同作用导致的。系统阐释政策供给过程中的效率损失(政策的时滞特征、复制推广效率以及地方实践的能力差异等)、目标偏离(顶层设计与地方实际的冲突、中央事权与地方财权匹配失衡、发展阶段性与规制体系对接的前沿性等)与重复成本(政策重复申报、政策不充分传递、政策不系统落地等)的生成机理，需要从强化地方立法、扩大容错空间、营造改革创新环境、提升政策生产与知识再生产效率等维度重点切入，做好海南政策试点的压力测试与场景化仿真数据库设计，不断校正模型参数与现实改革的匹配度，依托信息化机制创新与技术创新双轮驱动，实现海南政策效率提升的模型化模拟。

针对敏感性领域的中央改革事权(国际经贸活动的支付便利化、本外币一体化账户、重大金融资产交易平台建设、跨国企业外债管理、合资金融机构高管与股权比例限制、国际金融培训项目落地)过于集中，地方自主探索性空间被压缩，改革的动能不足，且积极性受挫，自下而上与自上而下的机制衔接出现问题，应积极争取国家部委对海南自由贸易港实施综合改革授权。

五、强化对营商环境评估成果的应用

不能为创新而创新，要向营商环境的制度创新要"绩效"。海南自由贸易港作为营商环境改革的标杆区域，保持对营商环境持续、动态的评价有利于指导和帮助城市及时掌握本地营商环境总体水平、了解存在的短板弱项、找准下一步改进方向、突出可供学习借鉴的改革亮点，为海南持续优化营商环境提供决策参考。围绕优化营商环境，通过召开经验交流会、工作推进会、评价培训会，刊发典型经验做法工作简报等多种形式，分享交流改革经验和做法，在全国层面形成改革经验，更好发挥标杆引领、示范带动作用。建设营商环境常态化监测指标数据库，具有规范化、标准化的指标统计基础数据库是做好营商环境评价的前提。搭建中国特色（海南）自由贸易港公共数据采集平台，形成政府数据、企业数据、宏观数据、第三方专业机构数据等渠道互动，确保自由贸易港营商环境指标的数据采集科学、客观和连续性。

海南自由贸易港营商环境建设要凸显"中国特色社会主义文化引领"。经济基础决定上层建筑。贫穷落后不是自由贸易港，非理性对外开放与政策承诺也不是自由贸易港。海南自由贸易港要坚持将"物质富足、精神富有"作为社会主义自由贸易港的根本要求与遵循。要特别注意开放进程中的自由贸易港意识形态风险，重点围绕教育、农业与文旅引入，以科技创新开辟海南自由贸易港建设与发展新赛道，推动实现物质文明极大发展。让老百姓满意的自由贸易港是"最大的营商环境"，对此要凸显中国特色自由贸易港的制度优势，构建协调配套的自由贸易港分配制度体系，解决发展不平衡不充分难题，要探索构建中华优秀传统文化的创造性转化、创新性发展的"海南自由贸易港模式"，筑牢文化自觉自信根基，将"文化建设引领营商环境优化"贯彻到底，强化人民群众对海南自由贸易港建设的价值认同和文化认同，最终实现营商环境认同。

参 考 文 献

陈晓玲. 2020. 我国(北京、上海)营商环境现状评价及分析. 广东经济, (5): 46-55.

邓小平. 1993. 改革的步子要加快//邓小平. 邓小平文选(第三卷). 北京: 人民出版社: 236-243

丁从明, 王聪, 陈昊. 2024. 优化城市营商环境促进南北经济均衡发展: 限制经济秩序向开放经济秩序的演进. 数量经济技术经济研究, 41(1): 110-129.

丁鼎, 高强, 李宪翔. 2020. 我国城市营商环境建设历程及评价: 以 36 个省会城市、直辖市及计划单列市为例. 宏观经济管理, (1): 55-66.

董彪, 李仁玉. 2016. 我国法治化国际化营商环境建设研究: 基于《营商环境报告》的分析. 商业经济研究, (13): 141-143.

董志强, 魏下海, 汤灿晴. 2012. 制度软环境与经济发展: 基于 30 个大城市营商环境的经验研究. 管理世界, (4): 9-20.

冯颖, 陈茂直, 胡科翔, 等. 2020. 基于经济高质量发展的营商环境评价体系构建. 中国市场, (23): 14-16.

高泓. 2023. 营造法治化营商环境: 内涵与路径. 人民论坛·学术前沿, (23): 108-111.

《管理世界》经济研究院 "中国城市营商环境评价研究" 课题组, 李志军, 张世国, 等. 2019. 我国城市营商环境及其评价. 发展研究, (3): 54-58.

郭晶. 2020. 营商环境评价体系构建与运用. 现代商贸工业, 41(13): 62-64.

韩健. 2020. 天津市营商环境评价与优化途径研究. 天津经济, (8): 14-18.

何耀明, 黄景贵, 刘萍. 2024. 论海南自由贸易港制度集成创新推进营商环境治理. 海南大学学报(人文社会科学版), (1): 1-7.

贺磊, 王韬骅. 2023. "放管服" 改革驱动营商环境优化的国家治理责任. 河南师范大学学报(哲学社会科学版), 50(6): 8-13.

孔庆峰, 刘恒言. 2024. 东道国营商环境对中国 OFDI 的影响. 经济与管理评论, 40(1): 123-135.

李曙光. 2023. 世界银行营商环境新指标的法治内涵及制度价值. 中国政法大学学报, (6): 37-52.

李宇英. 2019. "竞争中立" 规制水平的国际比较研究. 复旦学报(社会科学版), 61(2): 166-176.

李增福, 甘月. 2024. 营商环境与企业 "脱实向虚". 山东大学学报(哲学社会科学版), (1): 58-72.

刘家诚, 杨乐, 樊燕. 2020. 进一步优化海南自贸港营商环境的调研与思考. 中国经贸导刊(中), (5): 64-66.

刘帷韬. 2020. 我国国家中心城市营商环境评价. 中国流通经济, 34(9): 79-88.

刘英奎, 吴文军, 李媛. 2020. 中国营商环境建设及其评价研究. 区域经济评论, (1): 70-78.

娄成武, 张国勇. 2018. 基于市场主体主观感知的营商环境评估框架构建: 兼评世界银行营商环境评估模式. 当代经济管理, 40(6): 60-68.

毛寿龙. 2023. 市场经济的秩序维度及政策选择: 关于营商环境和秩序的理论思考. 中国行政管理, 39(11): 10-16.

彭波, 韩亚品, 林志刚. 2020. 贸易摩擦背景下竞争中性的内涵、思路及博弈策略. 国际经济合作, (1): 66-77.

彭羽, 陈争辉. 2014. 中国(上海)自由贸易试验区投资贸易便利化评价指标体系研究. 国际经贸探索, 30(10): 63-75.

钱佳慧, 韩滨阳, 罗晶钰, 等. 2020. 我国区域营商环境评价指标体系研究. 中国商论, (17): 143-144.

史际春, 罗伟恒. 2019. 论 "竞争中立". 经贸法律评论, (3): 101-119.

宋林霖, 何成祥. 2018. 优化营商环境视阈下放管服改革的逻辑与推进路径: 基于世界银行营商环境指标体系的分析. 中国行政管理, (4): 67-72.

宋林霖, 黄雅卓. 2020. 俄罗斯营商环境优化: 影响因素与效果评价. 中国行政管理, (5): 146-152.

孙晋, 徐则林. 2019. 竞争中立在中国自由贸易港的法律实现: 以海南自贸港为中心展开. 法律适用, (17): 26-35.

孙璐璐. 2019. 海南自贸区(港)营商环境评价与优化分析. 区域治理, (30): 90-92.

谭波. 2023. 地方立法权选择性适用的控制: 以营商环境标准为切入点. 辽宁师范大学学报(社会科学版), 46(5): 34-41.

王鹏. 2020. 营商环境评价体系的反不正当竞争指标完善研究. 中国社会科学院研究生院硕士学位论文.

王佐发. 2023. 世界银行营商环境评估新指标下"府院联动"的理念提升与制度改革. 中国政法大学学报, (6): 90-103.

武靖州. 2017. 振兴东北应从优化营商环境做起. 经济纵横, (1): 31-35.

谢红星. 2019a. 法治化营商环境的证成、评价与进路: 从理论逻辑到制度展开. 学习与实践, (11): 36-46.

谢红星. 2019b. 营商法治环境评价的中国思路与体系: 基于法治化视角. 湖北社会科学, (3): 138-147.

许珂, 周伟. 2019. 国家级新区营商环境优化的路径探析: 以陕西省西咸新区为例. 宏观经济管理, (10): 84-90.

杨涛. 2015. 营商环境评价指标体系构建研究: 基于鲁苏浙粤四省的比较分析. 商业经济研究, (13): 28-31.

杨枝煌, 刘泽黎, 李斐. 2020. 构建有中国特色的营商环境评价体系. 国际经济合作, (5): 96-107.

俞伯阳, 丛屹. 2024. 数字经济助推产业链现代化影响研究: 兼论营商环境的中介效应. 价格理论与实践, (11): 36-41.

翟金芝. 2020. 营商环境评价指标体系研究述评与展望: 以国家治理等为视角. 北方经贸, (5): 4-7.

张晨颖. 2020. 竞争中性的内涵认知与价值实现. 比较法研究, (2): 160-173.

张久琴. 2019. 竞争政策与竞争中立规则的演变及中国对策. 国际贸易, (10): 27-34.

张任之. 2019. 竞争中性视角下重点产业政策实施效果研究. 经济管理, 41(12): 5-21.

郑方辉, 王正, 魏红征. 2019. 营商法治环境指数: 评价体系与广东实证. 广东社会科学, (5): 214-223, 256.

周建立. 2020. 竞争中立原则的理性思考和我国的因应. 人民论坛·学术前沿, (14): 86-91.

Arruñada B. 2007. Pitfalls to avoid when measuring institutions: is Doing Business damaging business?. Journal of Comparative Economics, 35(4): 729-747.

Bruhn M, McKenzie D. 2014. Entry regulation and the formalization of microenterprises in developing countries. The World Bank Research Observer, 29(2): 186-201.

Corcoran A, Gillanders R. 2015. Foreign direct investment and the ease of doing business. Review of World Economics, 151: 103-126.

Escaleras M, Chiang E P. 2017. Fiscal decentralization and institutional quality on the business environment. Economics Letters, 159: 161-163.

Merton P K. 1967. On Theoretical Sociology. New York: The Free Press, 39.

Pistor K, Raiser M, Gelfer S. 2000. Law and finance in transition economies. Economics of Transition, 8(2): 325-368.

van Ryzin G G. 2004. The measurement of overall citizen satisfaction. Public Performance & Management Review, 27(3): 9-28.

World Bank. 2018. Doing business 2018: Reforming to Create Jobs. Washington DC: World Bank. http://hdl. handle.net/10986/28608.

Zhang A, Huang G Q, Liu X. 2012. Impacts of business environment changes on global manufacturing in the Chinese Greater Pearl River Delta: a supply chain perspective. Applied Economics, 44: 4505-4514.

本章系子课题六"海南自由贸易港国际化、法治化、便利化营商环境建设"的研究成果，课题主持人是中山大学徐世长助理教授，课题组成员有周林彬、林江、程钰舒、黄抒田。

本章执笔人：徐世长。

第七章 海南自由贸易港建设的重大风险识别与防控机制

第一节 海南金融风险识别与评价

一、资本账户开放与海南金融风险关联性分析

海南在我国改革开放和社会主义现代化建设大局中具有特殊地位与重要作用。支持海南逐步探索、稳步推进中国特色自由贸易港建设，分步骤、分阶段建立自由贸易港政策和制度体系，是习近平总书记亲自谋划、亲自部署、亲自推动的改革开放重大举措[①]。1988年4月，广东省海南行政区撤销，海南省和海南经济特区正式成立，经过30多年的发展，海南省已经具备了建设自由贸易港的经济基础。《中国(海南)自由贸易试验区总体方案》明确了海南自由贸易试验区建设的总体要求、发展目标、主要任务及保障机制，全面体现了中国特色、海南特点，为海南自由贸易试验区规划建设描绘了蓝图。中央在设立"1+3+7"[②]自由贸易试验区试点的基础上，支持海南建设自由贸易区，意义十分重大。海南自由贸易区3万多平方公里，相当于国内其他11个自由贸易试验区面积总和的27倍，是新加坡的49倍，是迪拜的9倍。海南建设自由贸易区、探索中国特色自由贸易港，这是在中国改革开放40周年的关键节点，扩大对外开放、积极推进全球化的重大举措。

2021年6月出台的《中华人民共和国海南自由贸易港法》，旨在以贸易投资自由化便利化为重点，分步骤、分阶段建立自由贸易港政策和制度体系，实现贸易、投资、跨境资金流动、人员进出、运输来往自由便利和数据安全有序流动，且进一步强调了要建立风险预警和防控体系，防范和化解重大风险。

如今，海南发展正迎来新的重大历史机遇，同时也面临前所未有的巨大挑战。海南自由贸易港的发展离不开金融的支撑作用，金融是国民经济的血脉，对海南而言，金融是最大的短板，金融改革又是海南自由贸易港建设最大的难点。特别是如何建设更有效的金融风险防控体系，尽可能地规避改革过程中的可预见风险，

[①] 《中共中央 国务院印发〈海南自由贸易港建设总体方案〉》，https://www.gov.cn/gongbao/content/2020/content_5519942.htm[2020-06-01]。

[②] 1指的是第一批开放的上海自由贸易试验区，3指的是第二批开放的天津、福建、广东自由贸易试验区，7指的是第三批开放的辽宁、浙江、河南、湖北、重庆、四川、陕西自由贸易试验区。

成为影响自由贸易港建设的重要考虑因素之一。

海南作为未来自由贸易港的核心载体，发挥着全球贸易和内陆连接功能，实现了创新带动效益。但是，海南自由贸易港的金融开放、综合服务等营商软环境，不但在创新力度上落后于上海和深圳，与香港更是存在较大差距。现阶段海南自由贸易港的金融服务业开放还不是特别充分，自由贸易港建设要扩大金融领域开放、发展新型金融，金融风险防控压力也会随时间推移而增大。在推动海南省进一步提高开放水平的进程中，更需要加强给投资自由化便利化带来的潜在风险的识别与事前预警，前瞻性识别风险、预警风险和做好风险防控。

（一）资本账户开放对经济和金融波动的直接影响

1. 资本账户开放降低汇率稳定性

依据"三元悖论"，资金自由流动、固定汇率制度及货币政策独立性三大目标不能同时满足。随着资本账户开放、资金自由流动，国家为了保证货币政策的独立性，必然增加汇率变动的灵活性，进而导致汇率波动频率及幅度大大增加。我国在推进资本账户开放的一系列改革措施中，有一项便是放松对汇率的管制。然而，汇率波动会增加汇率风险，且汇率波动越频繁，越易吸引短期游资和投机者参与外汇市场投机，从而不利于外汇市场稳定。

2. 资本账户开放导致房地产价格泡沫

第一，资本账户开放拓宽了资金流入渠道，使得资金大批流入增加国内资金供给，降低利率并促进投资，最终使得房地产价格上涨。第二，投资者对房地产收益的高预期会吸引资金流入，使得房地产价格上涨并吸引更多投资。第三，过高的预期易导致非理性投资行为，导致"羊群效应"，并引发群体性投机行为，导致房地产过热。

3. 资本账户开放加剧股票价格波动

在资本账户开放条件下，跨境资金既可以通过改变银行信贷间接影响股票资产价格涨跌，也可以通过证券投资的方式直接影响我国股票市场价格。2014年4月，随着"沪港通"项目的实施，政策允许内地居民在香港交易股票，同时允许外国投资者投资中国公司，更加确立了国外资金进入我国股票市场的合法性。然而，证券投资的资金主要为国际游资，具有明显的短期逐利性特点，资金流动不稳定、投机性强，短期资金波动会加剧国内股票市场风险。

(二)资本账户开放对银行风险的间接影响

McKinnon和Pill(1998)建立的模型表明资本的大量流入会导致流入国金融机构陷入"过度借贷困境"，加剧金融系统的脆弱性。第一，资本账户开放下跨境资金借贷管制放松，银行可借入更多外币，银行作为外国货币债务人，如果存在较突出的货币错配问题，在本国货币大幅贬值时，银行国外债务实际价值增加，以本币计价的资产实际价值减少，从而负债的真实规模大于资产，银行净值减少，使得银行融资成本增加，并缩减信贷投放。因此，货币错配问题使得银行净值对汇率变动非常敏感。第二，资本账户开放导致房地产价格泡沫，房地产作为银行部门投资的一项重要金融资产，其资产价格上涨会导致银行部门资产规模扩张且更多地投资于风险资产，进而导致银行承担的风险增加。

(三)资本账户开放与企业风险承担

海南自由贸易港建设之后可能会加剧国际资本流动，国际资本流动通过影响银行信贷渠道和资产负债表渠道影响企业信贷风险。海南资本账户完全开放后极易发生极端资本流动情况，当资本流动发生突然中断时，企业的固定资产积累会下降，资本的大量流入将导致国内资产的价格上涨，企业拥有的抵押品价值增加，从而企业将加大自身的投资，承担更大的财务风险。

二、海南金融风险水平评估

为了对海南省内的金融风险进行等级划分，本节根据陶玲和朱迎(2016)的方法进行主成分分析。具体选取标准为：取累计方差贡献率不低于80%的前 k 个主成分，将成分矩阵除以初始特征值方差的平方根，得到主成分的成分系数，再将主成分的成分系数绝对值加总，根据加总值所反映的因子贡献值进行最后维度指标所需基础指标的筛选。接着，基于累积分布函数(cumulative distribution function)方法，对7个维度的数据进行标准化，通过加权平均后得到各维度的类别指标值。为了使用7个维度的类别指标生成综合指数，需要使用相关系数法，依照指标之间的相关性进行赋权并合成综合指数。若某个指标与其他所有指标的相关性都较弱，则说明该指标的独立性强，应赋予其较大的权重，反之亦然。

(一)金融风险评估指标体系及数据来源

分析影响区域金融风险主要应考虑区域宏观经济、微观金融、区域政府财政等情况，因而分析落脚于以下三个方面：一是金融机构资产负债表风险；二是资产价格剧烈波动风险，如股票市场价格下挫、房地产市场价格过高等风险；三是宏观经济下滑，政府财政债务风险等。综合借鉴国内外文献研究成果、中国经济实际情况以及数据的可获取性，为建立区域金融风险体系，本节遵循合理性、代表性、可获得性、动态性的原则对风险预警指标进行选取，最终获得海南省 2000～2019 年 20 个年度的时间序列指标(表 7-1)。

表 7-1　省内金融风险指标体系

一级指标	二级指标	测算方法
宏观经济波动	地区生产总值增长率(x_1)	当期地区生产总值增长额/上期期末地区生产总值总额
	工业增加值增长率(x_2)	当期工业增加值增长额/上期期末工业增加值总额
	CPI(x_3)	消费者价格指数
	规模以上工业企业数(x_4)	规模以上企业数量
	社会消费品零售总额(x_5)	社会消费品零售总额
财政运行状况	财政赤字(x_6)	财政支出减财政收入
	财政负担(x_7)	财政支出占地区生产总值的比重
房地产市场	房地产开发投资情况(x_8)	房地产投资完成额同比增幅
	房地产市场繁荣程度(x_9)	房地产销售总额同比增速
	房屋价格走势(x_{10})	商品房销售单价同比增幅
金融业	金融机构存贷款总额(x_{11})	金融机构存款加金融机构贷款
	企业存款(x_{12})	企业存款
	工业企业贷款(x_{13})	工业企业贷款
	上市公司市值(x_{14})	上市公司平均市值
	上市公司成交额(x_{15})	上市公司平均成交额
保险业	保险深度(x_{16})	保费收入占地区生产总值比重
	保险费用(x_{17})	保险费用
对外开放	实际利用外资(x_{18})	实际利用外资
	对外贷款(x_{19})	对外贷款
	外商直接投资占比(x_{20})	外商投资总额除以地区生产总值
	进出口总额(x_{21})	进口额加出口额
	经常账户变化(x_{22})	进口额减出口额

注：CPI 表示 consumer price index（消费价格指数）

研究数据来源于中国数据在线、海南省统计局和中经网统计数据库等，由于所选指标的衡量单位不同，先采用数值减去均值再除以标准差的方法对指标原始数据进行标准化处理，消除量纲的影响。

（二）主成分分析及风险等级划分

本节首先对经标准化处理的 22 个变量数据进行主成分分析（表 7-2），遵循特征值大于 1 且累计方差贡献率大于 80%的要求，提取出了 4 个公共因子——F_1、F_2、F_3、F_4，其方差贡献率分别为 50.73%、13.27%、9.47%、6.91%，累计方差贡献率为 80.39%。

表 7-2　总方差解释

成分	初始特征值			提取载荷平方和		
	总计	方差贡献率	累计方差贡献率	总计	方差贡献率	累计方差贡献率
成分 1	11.1611	0.5073	0.5073	11.1611	0.5073	0.5073
成分 2	2.9190	0.1327	0.6400	2.9190	0.1327	0.6400
成分 3	2.0840	0.0947	0.7347	2.0840	0.0947	0.7347
成分 4	1.5212	0.0691	0.8039	1.5212	0.0691	0.8039
成分 5	0.9732	0.0442	0.8481			
成分 6	0.8791	0.0400	0.8881			
成分 7	0.6184	0.0281	0.9162			
成分 8	0.5708	0.0259	0.9421			
成分 9	0.3725	0.0169	0.9591			
成分 10	0.3155	0.0143	0.9734			
成分 11	0.1922	0.0087	0.9821			
成分 12	0.1717	0.0078	0.9899			
成分 13	0.1034	0.0047	0.9946			
成分 14	0.0637	0.0029	0.9975			
成分 15	0.0255	0.0012	0.9987			
成分 16	0.0171	0.0008	0.9995			
成分 17	0.0081	0.0004	0.9998			
成分 18	0.0033	0.0002	1.0000			
成分 19	0.0004	0.0000	1.0000			
成分 20	0.0000	0.0000	1.0000			
成分 21	0.0000	0.0000	1.0000			
成分 22	0.0000	0.0000	1.0000			

这表明，以上 4 个公共因子基本上可以代表海南省风险的绝大部分信息，用这 4 个因子分析海南省风险情况是充分的，因子 F_1、F_2、F_3、F_4 的得分系数矩阵如表 7-3 所示。

表 7-3　成分得分系数矩阵

变量名称	F_1	F_2	F_3	F_4
地区生产总值增长率（x_1）	−0.3920	0.7499	−0.2783	−0.3079
工业增加值增长率（x_2）	−0.5839	0.0282	−0.1753	−0.1789
CPI（x_3）	0.1770	0.7109	−0.3108	−0.3862
规模以上工业企业数（x_4）	−0.9070	−0.1406	−0.0547	0.3052
社会消费品零售总额（x_5）	0.9835	0.0198	−0.1101	0.0318
财政赤字（x_6）	0.9734	0.0190	−0.2023	0.0427
财政负担（x_7）	0.9170	0.2586	−0.0589	−0.1048
房地产开发投资情况（x_8）	−0.5166	0.3524	0.3672	−0.2456
房地产市场繁荣程度（x_9）	−0.4311	0.4932	0.3711	0.3826
房屋价格走势（x_{10}）	−0.1654	0.6738	−0.1135	0.5979
金融机构存贷款总额（x_{11}）	0.2142	0.1006	−0.7397	−0.1567
企业存款（x_{12}）	−0.4611	0.5957	−0.0162	0.3812
工业企业贷款（x_{13}）	−0.8378	−0.1604	0.0334	0.2646
上市公司市值（x_{14}）	0.8761	0.1447	0.3953	−0.0137
上市公司成交额（x_{15}）	0.7151	0.1711	0.4280	0.0742
保险深度（x_{16}）	0.9332	0.0941	−0.1055	0.1983
保险费用（x_{17}）	0.9457	−0.0373	−0.1824	0.1637
实际利用外资（x_{18}）	0.4901	0.3181	0.6626	−0.3719
对外贷款（x_{19}）	−0.3723	−0.5897	0.1207	−0.1113
外商直接投资占比（x_{20}）	−0.8267	0.1690	0.2746	−0.2156
进出口总额（x_{21}）	0.9102	−0.1061	0.0066	0.2378
经常账户变化（x_{22}）	0.8256	−0.0410	0.2699	0.0928

通过表 7-2 的数据可知，因子 F_1 主要荷载了财政运行方面的因素，因子 F_2 主要荷载了房地产市场方面的因素，因子 F_3 主要荷载了对外开放方面的因素，因子 F_4 主要荷载了金融保险方面的因素。这表明海南省金融系统的风险预警确实可以从以上四个方面进行研究。接下来通过荷载因子矩阵，我们可以进一步得出各因子的得分，结合因子 F_1、F_2、F_3 和 F_4 的方差贡献率，我们构造如式（7-1）所示的体现各年份金融风险的变量 F，进而通过 F 的取值范围划分各年份海南省整体风险所属的风险状态：

$$F = \frac{1}{17.6853}(F_1 \times 11.1611 + F_2 \times 2.9190 + F_3 \times 2.0840 + F_4 \times 1.5212) \tag{7-1}$$

利用 k 均值聚类分析方法对海南省风险进行划分，将整体风险 F 划分为 4 类，根据得出的分类结果，选取每一类最小值和最大值，以及不同类别最大值和最小值的平均数为区间临界值，可以将 4 个区间划分为安全、基本安全、警惕、危险，划分的阈值如表 7-4 所示。

表 7-4　风险等级划分标准(一)

类别	安全	基本安全	警惕	危险
风险等级	1	2	3	4
区间划分	[−0.961 208, −0.359 084]	(−0.359 084, −0.230 034]	(−0.230 034, 0.730 812]	(0.730 812, 1.140 858]

根据以上划分标准,本节对海南省 2000~2019 年风险等级进行分类,详细的分类结果见表 7-5。

表 7-5　海南省整体风险等级划分

年份	F_1	F_2	F_3	F_4	F	风险等级划分
2000	−1.0278	−0.9362	0.2166	0.0758	−0.7711	1
2001	−1.0712	−1.3755	0.0358	−0.1302	−0.9101	1
2002	−0.9941	−2.0658	0.3366	−0.3786	−0.9612	1
2003	−1.0571	−0.2294	0.4094	0.6564	−0.6003	1
2004	−0.9102	0.0585	−0.2225	−0.3580	−0.6218	1
2005	−0.9673	0.1991	0.0869	1.3781	−0.4489	1
2006	−0.9011	−0.0098	−0.6351	0.4433	−0.6071	1
2007	−0.6319	0.9090	0.2678	−0.6056	−0.2693	2
2008	−0.6837	1.4835	−0.3928	0.1291	−0.2218	3
2009	−0.2170	0.1020	0.2732	1.5662	0.0467	3
2010	−0.2927	2.6105	−0.1498	0.5620	0.2768	3
2011	0.1036	0.7445	−0.8398	−2.4386	−0.1204	3
2012	0.3652	−0.2952	−0.5165	−1.8766	−0.0405	3
2013	0.5228	0.2239	−0.0457	−0.7367	0.2981	3
2014	0.6182	−0.1733	0.5399	−0.8200	0.3546	3
2015	1.4806	−0.3366	2.2455	−0.0305	1.1408	4
2016	1.4033	−0.1252	1.3615	0.1319	1.0367	4
2017	1.1696	0.5077	0.8276	0.4360	0.9569	4
2018	1.4866	−0.4554	−0.9446	1.2646	0.8604	4
2019	1.6044	−0.8361	−2.8543	0.7313	0.6011	3

根据表 7-5 的等级划分,可以看出划分结果大致符合 2000~2019 年海南省经济风险所处的状态。具体而言,2006 年之前海南省经济低速平稳运行,经济发展潜力尚未完全开发。2007 年开始,受全球金融危机的波及,海南省整体经济风险

略有上升，但受益于政府"一揽子"救助计划，其经济运行风险未触及危险水平。2010 年后，海南省经济运行风险呈现出先低后高的态势，国际旅游岛的政策出台带动房地产、金融、旅游等行业增加值快速增长，同时带来经济运行过热的风险，随着国家宏观调控政策的出台，海南省房地产市场受到影响，经济增速略有回调，但仍处于较高位。

2015 年 6 月中国股市出现异常波动，股市溢出效应使得海南省经济运行风险出现上升。2018 年，国家正式宣布海南建立自由贸易港，对外开放程度的扩大使得国际国内资本竞相涌入，加大了海南省与国际国内经贸联系，由于相关政策与监管措施在当时尚不健全，风险传染和外溢使得海南省风险等级上升到危险状态。

2019 年，随着《中国(海南)自由贸易试验区总体方案》分解任务的逐步落实，国家对投资管理制度、贸易监管制度、金融开放制度、风险预防控制制度、事中事后监管制度等方面进行了逐步完善，稳步推进了海南自由贸易港的建设。此外，2019 年海南省通过住房限购政策抑制了房价过快上涨的风险，使海南省风险等级降为警惕状态。

(三)BP 神经网络分析

神经网络(neural network)是模仿生物神经网络结构和功能的数学模型，主要用于对函数进行估计和近似。神经网络一般由输入层、隐藏层、输出层构成，包括前向传播和反向传播。前向传播指的是，从输入层到输出层计算每一层每一个神经元的激活值，最后计算出输出层神经元的激活值，得到结果；反向传播指的是，根据前向传播计算出来的激活值，来计算每一层参数的梯度，并从后往前进行参数更新。本节采用反向传播(backward propagation，BP)神经网络进行预测。

对于样本内预测，我们选取 2000～2017 年的样本作为训练数据，2018 年样本作为测试数据，使用 2018 年 4 个主成分数据预测 2019 年的总风险 F 值，最后将输出的 F 预测值与 2019 年的 F 实际值进行对比，相应的结果见表 7-6。

表 7-6　BP 神经网络样本内预测效果

F 实际值	F 预测值	预测误差	危险等级
0.658 043 3	0.711 700 89	0.053 657 59	3(警惕)

从表 7-6 的预测结果来看，2019 年的 F 实际值与预测值的结果较为一致，均处于 3 级警惕状态且相对误差较小，说明利用 BP 神经网络模型预测的结果较为准确。

综上所述，2019 年海南省经济风险处于警惕状态，从载荷因子分析来看，2019 年海南省的风险主要来自房地产市场和财政运行方面：一方面，2019 年海南省外商直接投资额中，房地产行业外资流入排名第三，仅次于商业服务业和科学研究。另一方面，海南自由贸易港建设和配套相关政策的落地都需要大量的财政投入，因此2019年的经济风险一部分来自财政压力。此外，对海南自由贸易港封关运作之后进行风险预警，将是保持海南省金融系统稳定的一项重要任务。

三、海南上市企业金融风险溢出分析

从2008年全球金融危机得到的一个重要教训是，传统的侧重于金融机构个体风险的微观审慎监管不能有效防范系统性风险，因此，有必要诉诸宏观审慎监管。传统的微观审慎监管难以抑制和防止系统性风险的形成与扩散的一个关键原因是，它没有密切关注企业通过业务交易、市场地位等因素，形成了一个复杂、庞大且看似健全的金融网络。

一方面，这种联系带来了经济快速增长并分散了金融风险。但另一方面，它可能导致金融网络中负面冲击或个别事件的快速扩散，这可能会进一步导致系统性风险呈指数级增长，最终导致金融网络崩溃，引发系统性事件。

（一）模型与数据

本节从金融风险溢出的角度出发，采用有向加权网络及传染病模型考察海南省上市企业之间金融风险传染的动态影响。首先，使用偏相关系数法计算各上市企业之间非对称的金融风险净溢出关系。其次，构建有向加权网络探讨各企业在金融风险溢出链中地位的动态演变。最后，通过传染病模型模拟金融风险在企业间的溢出，考察不同重要性的传染源对风险的传播能力及对整体金融稳定的影响。

1. 非对称溢出影响分析——偏相关系数法

依照 Kenett(2010) 的方法，我们采用迭代法来获取偏相关系数，刻画待考察变量间的非对称关系。对于变量 X_1、X_2、X_3，一阶偏相关系数 $\rho(X_1, X_2 : X_3)$ 的计算路径是基于普通的皮尔逊 (Pearson) 相关系数 $\rho(X_1, X_2)$、$\rho(X_1, X_3)$ 和 $\rho(X_2, X_3)$ 进行的：

$$\rho(X_1, X_2 : X_3) = \frac{\rho(X_1, X_2) - \rho(X_1, X_3)\rho(X_2, X_3)}{\sqrt{\left[1 - \rho^2(X_1, X_3)\right]\left[1 - \rho^2(X_2, X_3)\right]}} \tag{7-2}$$

根据式(7-2)，$\rho(X_1, X_2 : X_3)$ 的值越小，则说明变量 X_3 更多地影响 X_1 和 X_2 之间的相关关系。若公式中 $\rho(X_1, X_2)$、$\rho(X_1, X_3)$ 和 $\rho(X_2, X_3)$ 均较小，也会使得 $\rho(X_1, X_2 : X_3)$ 的值变小，但此类情况不在本节考虑当中。为了量化 X_3 对 X_1 和 X_2 的影响并区分上述两种情况，本节定义 X_3 对 X_1 和 X_2 这两个变量之间关系产生的影响为

$$d(X_1, X_2 : X_3) = \rho(X_1, X_2) - \rho(X_1, X_2 : X_3) \tag{7-3}$$

显然，当且仅当 $\rho(X_1, X_2)$ 的显著部分可以被 X_3 解释时，$d(X_1, X_2 : X_3)$ 的值才会很大。因而，下一步的分析更多关注于大的 $d(X_1, X_2 : X_3)$，定义 X_3 对 X_1 的平均偏相关影响 $d(X_1 : X_3)$ 为

$$d(X_1 : X_3) = \langle d(X_1, X_2 : X_3) \rangle_{X_2 \neq X_1, X_3} \tag{7-4}$$

不失一般性，$d(X_1 : X_3) \neq d(X_3 : X_1)$，因此它可以作为变量间存在的非对称关系的更优度量方式。

2. 有向加权网络分析

为解释不同变量间可能存在的非对称溢出效应，本节使用 Kenett 等（2010）的偏相关平面最大过滤图（partial correlation planar maximally filtered graph，PCPG）法构建海南省上市企业有向加权网络，过程如下。

（1）将 N 个节点间的 $N(N-1)$ 个平均影响关系降序排列（不考虑各节点对自身的影响）。

（2）给定包含 N 个节点的空网络，依照公式（7-4）中的排序进行加边，确保加边后的新网络仍是二维平面。例如，从排序中最大元素开始，若其为 $d(i, j)$，当且仅当加上此连接后形成的新网络是平面的，连接这条由 j 指向 i 的边，并记为 $j \to i$。此外，为保存最重要的信息以及避免交叠，若 $d(i, j) > d(j, i)$，那么只有 $j \to i$ 会被保留在网络中。

（3）对有 N 个节点的网络，重复上述操作至最终有 $3 \times (N-2)$ 条边存在于网络中。这 $3 \times (N-2)$ 条有限的边，是对网络中 $N \times (N-1) \times (N-2) / 2$ 个原始偏相关关系进行较强过滤后剩余的，它提供了一个展示节点间相互影响的主干网。本节构建的有向网络，连边代表各企业股票统计上的相互影响，也刻画了风险在企业间的溢出。

对于无向网络，与节点 i 直接相连的边的个数称为该节点的度；对于有向网络，从其他节点指向节点 i 的边的个数称作入度（in-degree），从节点 i 指向其他节点的边的个数称作出度（out-degree）。

3. 数据来源与区间划分

本节拟重点考察海南省上市企业复杂网络的结构及不同时段的差异，选择海南省内上市企业股票收盘价作为研究对象，从样本中剔除在研究期间内由长期停牌、未上市、退市等原因导致存在大量缺失数据的股票，剔除数据不完整股票样本后，保留了 22 只股票在 2005 年 6 月 1 日~2021 年 6 月 30 日的日收盘价，相关数据获取自 Wind 数据库。

为考察不同时期海南省上市企业风险溢出情况，将样本分为 7 个区间：时期
Ⅰ，次贷危机前(2005 年 6 月 1 日至 2007 年 5 月 31 日)；时期Ⅱ，次贷危机中(2007
年 6 月 1 日至 2009 年 5 月 31 日)；时期Ⅲ，次贷危机后股市异常波动前(2009 年
6 月 1 日至 2015 年 6 月 14 日)；时期Ⅳ，股市异常波动中(2015 年 6 月 15 日至
2017 年 6 月 19 日)；时期Ⅴ，股市异常波动后新冠疫情前(2017 年 6 月 20 日至
2020 年 1 月 22 日)；时期Ⅵ，新冠疫情中(2020 年 1 月 23 日至 2020 年 5 月 7 日)；
时期Ⅶ，后新冠疫情时期(2020 年 5 月 8 日至 2021 年 6 月 30 日)。

股票的收益率定义为价格时间序列的对数差分，即

$$r(t) = \ln p(t) - \ln p(t-1) \tag{7-5}$$

其中，$p(t)$ 表示股票 t 日的价格；$p(t-1)$ 表示股票 $t-1$ 日的价格。

表 7-7 给出了海南省上市企业股票收益率的描述性统计。可以看出，各企业
股票收益率平均值都接近于 0，且小于各自的标准差，表明平均收益率很低并存
在高投资风险；同时，收益率的样本偏度异于 0 且峰度异于 3，表明各企业收益
率均存在"尖峰厚尾"特征。

表 7-7　海南省上市企业股票收益率描述性统计

企业名称	平均值	标准差	方差	峰度	偏度	最小值	最大值	观测数
国新健康	7.9×10^{-5}	0.0353	0.0012	15.2920	0.6622	−0.1057	0.5342	3765
京粮控股	5.0×10^{-4}	0.0333	0.0011	2.1023	−0.0579	−0.1063	0.0973	3765
海南海药	5.0×10^{-4}	0.0298	0.0009	2.6462	−0.2629	−0.1062	0.0964	3765
海德股份	5.0×10^{-4}	0.0342	0.0012	1.5914	−0.0559	−0.1063	0.0968	3765
ST 大洲	7.5×10^{-5}	0.0298	0.0009	2.5580	−0.2433	−0.1099	0.0965	3765
海马汽车	2.0×10^{-4}	0.0312	0.0010	2.0374	−0.1558	−0.1062	0.0968	3765
*ST 东电	-1.3×10^{-5}	0.0294	0.0009	3.8755	0.0649	−0.1064	0.2516	3765
*ST 东海 A	3.0×10^{-4}	0.0344	0.0012	150.4053	5.3466	−0.1062	0.9447	3765
中钨高新	6.0×10^{-4}	0.0294	0.0009	9.0057	0.4541	−0.1057	0.3670	3765
罗牛山	5.0×10^{-4}	0.0311	0.0010	2.5899	−0.0060	−0.1060	0.2320	3765
华闻集团	-5.5×10^{-5}	0.0299	0.0009	2.7308	−0.2317	−0.1064	0.0972	3765
凯撒旅业	4.0×10^{-4}	0.0324	0.0010	2.5226	−0.0835	−0.1062	0.1092	3765
海南高速	3.0×10^{-4}	0.0286	0.0008	2.9842	−0.1407	−0.1062	0.0972	3765
欣龙控股	3.0×10^{-4}	0.0334	0.0011	2.4136	−0.0846	−0.1064	0.2228	3765
*ST 罗顿	3.0×10^{-4}	0.0329	0.0011	1.4400	0.0512	−0.1069	0.0974	3765
*ST 海航	3.0×10^{-4}	0.0281	0.0008	3.4147	−0.0687	−0.1074	0.1191	3765
海南椰岛	9.0×10^{-4}	0.0321	0.0010	1.9851	−0.0782	−0.1058	0.1074	3765

企业名称	平均值	标准差	方差	峰度	偏度	最小值	最大值	观测数
广晟有色	9.0×10^{-4}	0.0296	0.0009	2.2901	0.2094	−0.1310	0.0955	3765
*ST 基础	6.0×10^{-4}	0.0386	0.0015	766.8367	18.5559	−0.1059	1.5916	3765
*ST 海创	1.0×10^{-4}	0.0318	0.0010	2.0786	−0.0832	−0.1067	0.0978	3765
洲际油气	3.0×10^{-4}	0.0372	0.0014	467.0018	12.8319	−0.1068	1.3551	3765
*ST 海医	2.0×10^{-4}	0.0319	0.0010	2.1625	0.0553	−0.1062	0.0966	3765

图 7-1 展示了根据公式(7-4)计算出的上市企业股票间偏相关平均影响 $d(X_i : X_j)$ 的概率密度分布(probability density distribution),记为 $P(d(X_i : X_j))$。可以看出,从时期Ⅱ(次贷危机中)开始,上市企业股票之间的相互影响较次贷危机前更为紧密。在时期Ⅲ至时期Ⅵ期间,股票之间的关联性明显增强且持续保持一个高位,这期间市场经历了股票市场的异常波动与突然暴发的新冠疫情,直到时期Ⅶ(后新冠疫情时期)紧密程度才重新下降,说明在金融风险或事件冲击发生时,企业间金融风险溢出的相关性显著上升,这种紧密的关联往往会导致风险在传播链上快速扩散,甚至引发海南省重大金融风险。

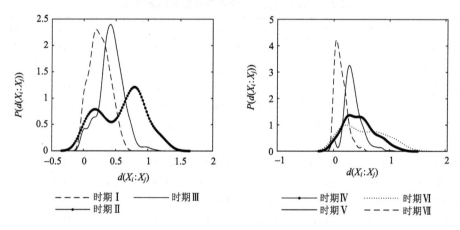

图 7-1　不同时期股票间的偏相关平均影响

(二)海南省上市企业的风险溢出分析

本节找出了不同时期海南省具有系统重要性的上市企业,并在各网络中展示了企业间金融风险溢出的大小(以连边的粗细表示)与方向(以箭头的方向表示)。如表 7-8 所示,在时期Ⅰ,海南海药、*ST 海医和 ST 大洲是网络中最重要的 3 个中心企业,可能是由于这些企业在该时期对各自所处行业具有重要影响,中心企业股价波动更容易影响其他相关企业，形成股价间的强关联关系，并在市场网络的构建过程中被保留。在时期Ⅱ，华闻集团、*ST 海医、海南高速成为最重要的三个中心企业，也就是从这个时期开始，海南高速逐渐走上了海南省内重要上市企业的历史舞台，相应的风险溢出网络如图 7-2 所示。

表 7-8 时期Ⅰ与时期Ⅱ上市企业有向网络节点度分布（前 10 名）

时期Ⅰ（2005 年 6 月 1 日～2007 年 5 月 31 日）				时期Ⅱ（2007 年 6 月 1 日～2009 年 5 月 31 日）			
企业名称	行业	出度	入度	企业名称	行业	出度	入度
海南海药	医疗保健	13	1	华闻集团	可选消费	18	0
*ST 海医	医疗保健	13	0	*ST 海医	医疗保健	14	1
ST 大洲	工业	9	3	海南高速	工业	8	2
海南高速	工业	5	2	海德股份	金融	4	3
欣龙控股	可选消费	5	2	凯撒旅业	可选消费	3	3
*ST 海航	工业	4	2	*ST 海创	房地产	3	2
海德股份	金融	2	3	海南海药	医疗保健	2	4
凯撒旅业	可选消费	2	4	海马汽车	可选消费	2	2
海南椰岛	日常消费	2	2	*ST 东电	工业	2	2
海马汽车	可选消费	1	3	罗牛山	日常消费	2	2

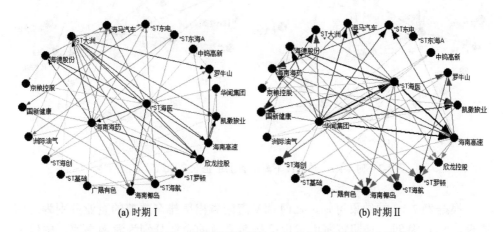

(a) 时期Ⅰ   (b) 时期Ⅱ

图 7-2 时期Ⅰ、时期Ⅱ下海南省上市企业金融风险溢出网络

在时期Ⅲ，如表 7-9 所示，最重要的节点为海南高速、海马汽车和罗牛山。海南高速、海马汽车与罗牛山分别作为基础设施建设、消费龙头和民生工程的代表，在海南省上市企业金融网络中占据了重要的地位，相应的风险溢出网络如图7-3 所示。

表 7-9　时期Ⅲ与时期Ⅳ上市企业有向网络节点度分布（前 10 名）

时期Ⅲ(2009 年 6 月 1 日～2015 年 6 月 14 日)				时期Ⅳ(2015 年 6 月 15 日～2017 年 6 月 19 日)			
企业名称	行业	出度	入度	企业名称	行业	出度	入度
海南高速	工业	18	0	海南高速	工业	20	0
海马汽车	可选消费	15	1	罗牛山	日常消费	11	1
罗牛山	日常消费	7	2	海马汽车	可选消费	9	2
ST 大洲	工业	5	2	*ST 东海 A	可选消费	4	2
国新健康	信息技术	2	2	欣龙控股	可选消费	3	3
京粮控股	日常消费	2	2	*ST 海航	工业	3	4
海德股份	金融	2	2	京粮控股	日常消费	2	3
*ST 东电	工业	2	3	*ST 海医	医疗保健	2	2
*ST 东海 A	可选消费	2	2	海南海药	医疗保健	1	3
*ST 海医	医疗保健	2	3	*ST 东电	工业	1	4

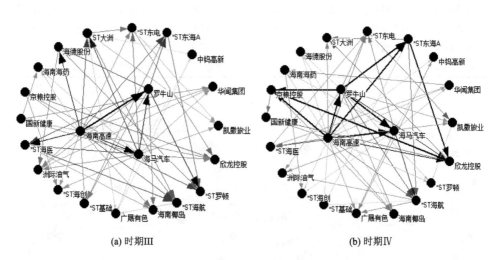

(a) 时期Ⅲ　　　　　　　　　　　　(b) 时期Ⅳ

图 7-3　时期Ⅲ、时期Ⅳ下海南省上市企业金融风险溢出网络

　　根据表 7-10 的结果可知，在时期Ⅴ海南省出度排名靠前的企业分别为海南高速、*ST 海创，时期Ⅵ海南省出度排名靠前的企业分别为海南高速、中钨高新、华闻集团、*ST 基础，说明这些企业是海南省内对外溢出效应较为明显的企业，能够对海南省内企业网络产生较大的影响，相应的风险溢出网络如图 7-4 所示。

表 7-10　时期Ⅴ与时期Ⅵ上市企业有向网络节点度分布（前 10 名）

时期Ⅴ（2017 年 6 月 20 日～2020 年 1 月 22 日）				时期Ⅵ（2020 日 1 月 23 日～2020 年 5 月 7 日）			
企业名称	行业	出度	入度	企业名称	行业	出度	入度
海南高速	工业	20	0	海南高速	工业	15	0
*ST 海创	房地产	15	1	中钨高新	材料	10	1
海马汽车	可选消费	4	2	华闻集团	可选消费	9	2
华闻集团	可选消费	4	2	*ST 基础	房地产	6	1
*ST 东海 A	可选消费	3	2	海德股份	金融	4	5
中钨高新	材料	3	3	罗牛山	日常消费	3	2
*ST 海航	工业	3	3	广晟有色	材料	3	3
海德股份	金融	2	3	*ST 东电	工业	2	2
罗牛山	日常消费	2	3	*ST 东海 A	可选消费	2	4
京粮控股	日常消费	1	3	*ST 海航	工业	2	3

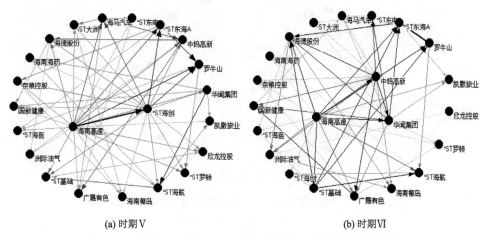

(a) 时期Ⅴ　　　　　　　　　　　　　(b) 时期Ⅵ

图 7-4　时期Ⅴ、时期Ⅵ下海南省上市企业金融风险溢出网络

根据表 7-11 的结果可知，时期Ⅶ海南省出度排名靠前的企业分别为海南高速、*ST 东海 A、罗牛山、国新健康、凯撒旅业，可以看出外溢效果较为明显的企业与上一阶段相比出现了较大的差异，相应的风险溢出网络如图 7-5 所示。

表 7-11　时期Ⅶ上市企业有向网络节点度分布（前 10 名）

时期Ⅶ（2020 年 5 月 8 日～2021 年 6 月 30 日）			
企业名称	行业	出度	入度
海南高速	工业	12	0
*ST 东海 A	可选消费	12	2

续表

时期Ⅶ(2020 年 5 月 8 日~2021 年 6 月 30 日)			
企业名称	行业	出度	入度
罗牛山	日常消费	11	1
国新健康	信息技术	7	3
凯撒旅业	可选消费	6	3
*ST 海创	房地产	2	3
*ST 基础	房地产	2	3
*ST 东电	工业	2	2
洲际油气	能源	1	3
广晟有色	材料	1	3

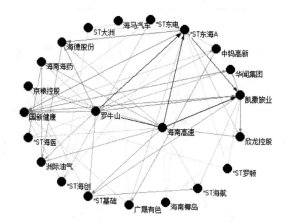

图 7-5　时期Ⅶ下海南省上市企业金融风险溢出网络

　　纵观整个样本期间，企业间金融风险溢出网络均具有较高的聚集特征，在三个事件发生时则出现了更明显的聚集性，而这种聚集性在平静时期有所减弱。此外，不同时期海南省上市企业在网络中的地位不尽相同，少数企业在金融风险的溢出过程中起到了较大的作用，且其中最具影响力的公司随时间而改变，一旦这些企业受到外部风险冲击，或陷于金融困境，其会迅速向市场溢出金融风险，进而可能造成金融风险的大规模传染，最终造成海南省内市场的不稳定；而网络中一些影响力低的企业发生金融风险时，对整个网络的影响是有限的。因此，从海南省内风险溢出的角度看，应重点关注影响力较大的企业，但同时也应关注系统整体的健康，做到早期预警，避免未来发生系统性的金融风险。

（三）基于 SIR 分析海南省上市企业间的金融风险传染

基于传播动力学能刻画待观测系统中的一些复杂传播行为，成为复杂网络相关研究中一个重要的工具和方向。为了刻画传播网络中节点的属性以及风险在整体网络中的传染情况，SIR（susceptible-infectious-recovered，易感–感染–免疫）模型被一些研究所采用。SIR 模型将个体在网络中依照状态分为易感（S）、感染（I）和免疫（R）三种类型，免疫个体被定义为感染后被治愈或者遭受感染后死亡，不会继续参与后续传播过程。因此，可以用如下微分方程表示 SIR 模型的传播动力学：

$$
\begin{cases}
\dfrac{\mathrm{d}s(t)}{\mathrm{d}t} = -\alpha i(t)s(t) \\[2mm]
\dfrac{\mathrm{d}i(t)}{\mathrm{d}t} = \alpha i(t)s(t) - \beta i(t) \\[2mm]
\dfrac{\mathrm{d}r(t)}{\mathrm{d}t} = \beta i(t)
\end{cases}
\tag{7-6}
$$

其中，$s(t)$、$i(t)$ 和 $r(t)$ 分别表示时刻 t 处于 S 状态、I 状态和 R 状态个体的密度。

事实上，市场中各个企业的状态能够天然地类比于 SIR 模型中各节点的状态。若一个主体处于正常状态时，存在被其他主体传染金融风险的可能性，即处于 S 状态；若一个主体本身存在金融风险时，则其对其他主体具备传染能力，即处于 I 状态；若一个主体经历风险事件后，丧失了其在市场中的影响能力，则其处于 R 状态。根据上述分类，本节基于海南省内上市企业相关网络，使用 SIR 模型模拟金融风险在企业间的传染情况。为对比不同企业作为风险源头对金融风险传染产生的影响，分别将传染源选定为度最大的企业和度最小的企业，然后求出模拟 500 次后的均值。

图 7-6 展示了各时期分别以度最大和度最小节点作为传染源进行的风险传染分析，结果发现最终传染规模随着时期和传染源的不同呈现出大小更替的情况。以次贷危机时期（时期Ⅲ和时期Ⅳ）为例，以度最大企业作为传染源时，当次贷危机发生时，被感染的企业数量在第 3 次迭代时达到峰值，当中国股市异常波动出现和新冠疫情暴发时，被感染企业的数量在第 5 次迭代时达到峰值。相对而言，以度最小的企业作为传染源时，感染数量峰值平均在第 8 次迭代时才达到峰值，且峰值低于前者，这说明金融风险更难从度更小的企业传出，即使传出，其扩散也更慢。

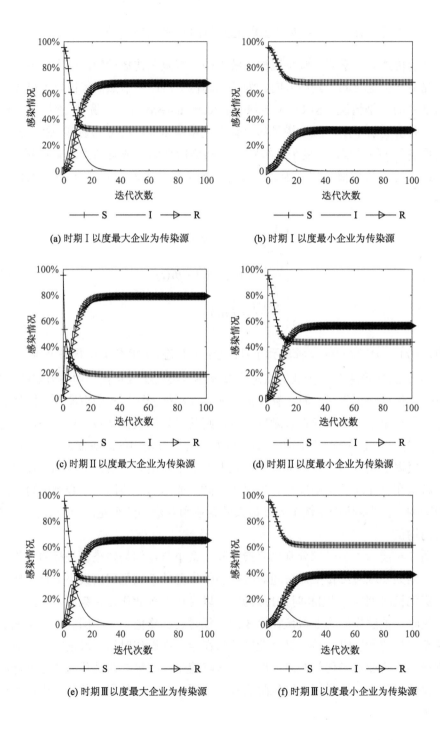

(a) 时期 I 以度最大企业为传染源　　　　(b) 时期 I 以度最小企业为传染源

(c) 时期 II 以度最大企业为传染源　　　　(d) 时期 II 以度最小企业为传染源

(e) 时期 III 以度最大企业为传染源　　　　(f) 时期 III 以度最小企业为传染源

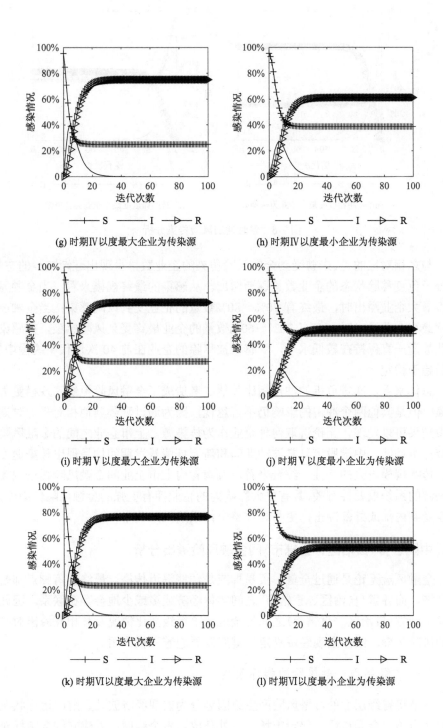

(g) 时期IV以度最大企业为传染源

(h) 时期IV以度最小企业为传染源

(i) 时期V以度最大企业为传染源

(j) 时期V以度最小企业为传染源

(k) 时期VI以度最大企业为传染源

(l) 时期VI以度最小企业为传染源

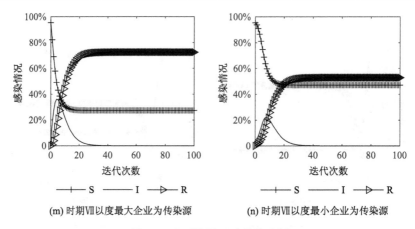

(m) 时期Ⅶ以度最大企业为传染源　　　　(n) 时期Ⅶ以度最小企业为传染源

图 7-6　各时期的风险传染分析

　　与之相对应的是,未曾受到金融风险传染的企业数量呈现出逐渐减少的态势,而处于免疫移除状态的企业数量逐渐增加。从感染的最终规模来看,当金融风险从度最大企业溢出时,最终有 70%~80% 数量的企业受到风险感染;当金融风险从度最小企业溢出时,仅有 30%~60% 数量的企业最终受到风险感染,被感染的企业数量一直保持在较低水平,受感染被移除的企业在前 40 次迭代中缓慢增加,最后趋于稳定。

　　总体来看,次贷危机的冲击相比其他二者造成了金融风险更快、规模更大的传染。但是其他两个冲击的影响仍不可忽视,因为通过观测其他相对平静时期的模拟结果可以发现,无论选取何种企业作为传染源,上市企业之间的金融风险在次贷危机期间、中国股市异常波动期间和新冠疫情暴发期间均呈现出传染速度更快、传播规模更大的特性。综合来看,海南省内上市企业间金融风险传染规模与传染源的系统重要性有关,具有更大影响力的企业拥有更强的金融风险传染能力,一旦受到内部或外部冲击,更易导致整个体系陷入风险中。

四、中国各省(自治区、直辖市)间金融风险溢出分析

　　金融风险无论是通过金融、贸易抑或是预期渠道传染,最终的落脚点都是实体经济,而各省(自治区、直辖市)之间实体经济或多或少地会存在联系。因此,研究不同省(自治区、直辖市)之间的金融风险等级演化情况及其相互溢出对防范金融风险传染,维护宏观经济稳定、健康发展起着积极作用。

　　(一)省级层面金融风险的指标架构

　　本节将省级层面的金融风险产生原因划分为宏观经济波动、财政运行状况、房地产市场、金融市场、保险市场、对外开放这六个维度,并建立综合指标对各

省(自治区、直辖市)的金融风险进行刻画,进而识别、度量不同省份之间的风险溢出影响,同时观测某一维度下不同省(自治区、直辖市)之间的风险溢出影响。为衔接宏观审慎和微观审慎,我们构建了一个既可以综合分析整体风险,又可以分解进行局部研究的金融风险监测和指标体系,如表7-12所示。

表7-12　省级金融风险指标体系

一级指标	二级指标	测算方法
宏观经济波动	地区生产总值增长率(x_1)	当期地区生产总值增长额/上期期末地区生产总值总额
	工业增加值增长率(x_2)	当期工业增加值增长额/上期期末工业增加值总额
	CPI(x_3)	消费者价格指数
	规模以上工业企业销售收入(x_4)	规模以上工业企业销售收入
	工业企业利润总额(x_5)	工业企业利润总额
财政运行状况	财政赤字(x_6)	财政支出减财政收入
	财政负担(x_7)	财政支出占地区生产总值的比重
房地产市场	房地产开发投资状况(x_8)	房地产投资完成额同比增幅
	房地产市场繁荣程度(x_9)	房地产销售总额同比增速
	价格走势(x_{10})	固定资产投资价格指数
	房地产市场价格水平(x_{11})	商品房销售单价同比增幅
金融市场	上市公司平均市净率(x_{12})	上市公司平均市净率
	上市公司平均市盈率(x_{13})	上市公司平均市盈率
	上市公司市值(加总)同比增速(x_{14})	上市公司市值(加总)同比增速
	上市公司成交额(加总)同比增速(x_{15})	上市公司成交额(加总)同比增速
保险市场	保险深度(x_{16})	保费收入占地区生产总值比重
	保险费用(x_{17})	保险费用
对外开放	外商直接投资占比(x_{18})	外商投资总额除以地区生产总值
	进出口总额(x_{19})	进口额加出口额
	经常账户变化(x_{20})	进口额减出口额

(二)各省(自治区、直辖市)金融风险等级划分

本节选取上述指标体系中20个指标2000~2019年共20年的分省数据,相关数据来自国家统计局、Wind数据库等,包括了其中数据较为完整的30个省(自治区、直辖市)。

　　通过标准化处理 20 个指标的分省数据，对其进行主成分分析，遵循特征值大于 1 且累计方差贡献率大于 80% 的要求，提取出 5 个公共因子——F_1、F_2、F_3、F_4、F_5，结合公共因子的方差贡献率，我们构造体现各年份金融风险指数的变量 F，通过 F 的取值范围划分各年份各省(自治区、直辖市)整体风险所属的风险状态，如表 7-13 所示。

　　利用 k 均值聚类分析方法对各省(自治区、直辖市)风险等级进行划分，将整体风险 F 划分为 4 类，根据得出的分类结果，选取每一类的最小值和最大值，以及不同类别最大值和最小值的平均数作为区间临界值，可以将 4 个区间划分为安全、基本安全、警惕、危险，如表 7-13 所示。

表 7-13　风险等级划分标准(二)

类别	安全	基本安全	警惕	危险
风险等级	A	B	C	D
区间划分	[−0.6637, −0.1130]	(−0.1130, 0.5014]	(0.5014, 1.4560]	(1.4560, 2.8166]

　　根据以上划分标准，对各省(自治区、直辖市)2000～2019 年的金融风险等级进行分类，形成随时间变动的风险分类结果(表 7-14)。

表 7-14　各省(自治区、直辖市)金融风险等级划分表

年份	北京	上海	天津	重庆	海南	广东	辽宁	吉林	黑龙江	江苏
2000	B	B	A	A	B	B	A	A	A	A
2001	B	B	A	A	A	B	A	A	A	A
2002	A	B	A	A	A	B	A	A	A	A
2003	B	B	B	A	A	B	A	A	A	B
2004	B	B	B	A	B	B	B	A	A	B
2005	B	B	B	A	A	B	A	A	A	B
2006	B	B	B	A	A	B	A	A	A	B
2007	D	C	B	B	C	C	B	B	B	C
2008	C	C	B	B	C	C	B	B	B	C
2009	C	B	A	A	B	B	A	A	A	B
2010	C	C	B	B	B	C	B	B	B	C
2011	D	C	B	B	B	C	B	B	B	C
2012	C	C	B	B	B	C	B	A	A	B
2013	C	C	B	B	A	C	B	A	A	C
2014	D	C	B	A	B	C	B	A	A	C
2015	D	D	B	B	B	D	B	A	A	C

续表

年份	北京	上海	天津	重庆	海南	广东	辽宁	吉林	黑龙江	江苏
2016	D	D	B	B	B	D	B	A	A	C
2017	D	D	B	B	B	D	B	A	A	C
2018	D	D	B	B	B	D	B	B	A	C
2019	D	D	B	B	B	D	B	B	A	C

年份	浙江	安徽	福建	江西	山东	河南	湖北	湖南	山西	河北
2000	A	A	A	A	A	A	A	A	A	A
2001	A	A	A	A	A	A	A	A	A	A
2002	A	A	A	A	A	A	A	A	A	A
2003	B	A	A	A	A	A	A	A	A	A
2004	B	B	B	B	B	B	B	B	B	B
2005	A	A	A	A	A	A	A	A	A	A
2006	B	A	A	A	A	A	A	A	A	A
2007	B	B	B	B	B	B	B	B	B	B
2008	B	B	B	B	B	B	B	B	B	B
2009	A	A	A	A	A	A	A	A	A	A
2010	B	B	B	B	B	B	B	B	B	B
2011	C	B	C	B	B	C	B	B	B	B
2012	B	A	B	A	B	A	A	A	A	A
2013	B	A	B	A	B	A	A	A	A	A
2014	B	A	B	A	B	A	A	B	A	A
2015	C	B	B	A	B	B	B	A	A	A
2016	C	B	B	A	B	B	B	A	A	B
2017	C	B	B	B	C	B	B	B	B	B
2018	C	B	B	B	C	B	B	B	B	B
2019	C	B	B	B	C	B	B	B	B	B

年份	四川	贵州	云南	陕西	甘肃	青海	内蒙古	广西	宁夏	新疆
2000	A	A	A	A	A	A	A	A	A	A
2001	A	A	A	A	A	A	A	A	A	A
2002	A	A	A	A	A	A	A	A	A	A
2003	A	A	A	A	A	A	A	A	A	A
2004	B	A	B	A	A	A	A	A	A	A
2005	A	A	A	A	A	A	A	A	A	A
2006	A	A	A	A	A	A	A	A	A	A
2007	B	B	B	B	A	B	B	B	A	B
2008	B	B	B	B	B	B	B	B	B	B

年份	四川	贵州	云南	陕西	甘肃	青海	内蒙古	广西	宁夏	新疆
2009	A	A	A	A	A	A	A	A	A	A
2010	B	A	A	B	A	A	B	A	A	B
2011	B	B	B	B	B	A	B	B	B	B
2012	B	A	A	A	A	A	A	A	A	A
2013	B	A	A	A	A	A	A	A	A	A
2014	B	A	A	A	A	A	A	B	A	A
2015	B	A	A	A	A	A	A	B	A	A
2016	B	A	A	A	A	A	A	B	A	A
2017	B	A	A	B	A	A	A	B	B	A
2018	B	A	B	B	A	A	A	A	A	A
2019	B	A	B	B	A	A	A	B	A	A

在金融风险等级划分方面，本节针对不同省（自治区、直辖市）的金融风险等级随时间变化进行了划分，从表 7-14 中可以看出以下几点。

（1）金融危机时期，各省（自治区、直辖市）的风险等级均有不同幅度的上升。

（2）经济较为不发达的省（自治区、直辖市）因其经济开放程度不够，风险等级处于较为安全的状态。

在自由贸易区建设中，海南省未来会面临进一步的开放，同时面临可能升高的金融风险，故应密切关注金融风险的防范工作。

同时，我们利用上述 F 值作为各省（自治区、直辖市）金融风险指数，得到了 2000~2019 年这 20 年间各省（自治区、直辖市）金融风险指数的时间序列数据（表 7-15）。可以看出，各省（自治区、直辖市）金融风险指数的均值有所差异，且有些地区的金融风险指数随年份变化较大。

表 7-15　各省（自治区、直辖市）金融风险指数描述性统计

地区	均值	标准差	方差	峰度	偏度	最小值	最大值	观测数
北京	1.1123	0.9098	0.8276	−1.3270	0.0296	−0.2113	2.4875	20
上海	0.7659	0.5820	0.3387	−1.2404	0.2406	−0.0472	1.7029	20
天津	0.1268	0.2567	0.0659	−1.1743	−0.1641	−0.3006	0.5014	20
重庆	−0.1273	0.2445	0.0598	−0.5749	−0.5544	−0.6428	0.2279	20
海南	0.1194	0.4294	0.1844	2.0740	1.4060	−0.4427	1.2243	20
广东	0.9508	0.9059	0.8206	−0.4006	0.7811	−0.0929	2.8165	20
辽宁	−0.0216	0.2205	0.0486	−1.0889	−0.1053	−0.3850	0.3191	20
吉林	−0.2585	0.1981	0.0393	−0.8794	−0.0453	−0.6234	0.0561	20

续表

地区	均值	标准差	方差	峰度	偏度	最小值	最大值	观测数
黑龙江	−0.2548	0.2030	0.0412	−0.6891	0.0202	−0.6153	0.0927	20
江苏	0.5239	0.5011	0.2511	−0.8356	0.1069	−0.2973	1.4006	20
浙江	0.3158	0.5041	0.2541	−1.0553	0.1737	−0.3989	1.2002	20
安徽	−0.1302	0.2755	0.0759	−1.2870	−0.1363	−0.5711	0.2407	20
福建	0.0799	0.3094	0.0957	−0.3138	0.0269	−0.4636	0.7514	20
江西	−0.2118	0.2314	0.0535	−0.7890	−0.1417	−0.6334	0.1915	20
山东	0.1338	0.3734	0.1394	−0.9475	0.1713	−0.4189	0.8225	20
河南	−0.0770	0.3651	0.1333	1.3896	0.8469	−0.5777	0.9147	20
湖北	−0.0957	0.2673	0.0714	−0.9224	−0.2312	−0.5478	0.3346	20
湖南	−0.1565	0.2296	0.0527	−0.6128	−0.4003	−0.5931	0.2098	20
山西	−0.2014	0.2104	0.0443	0.1386	0.4217	−0.5399	0.2947	20
河北	−0.1371	0.2795	0.0781	−1.0524	−0.1153	−0.5986	0.3103	20
四川	−0.0377	0.2753	0.0758	−0.9981	−0.3058	−0.5225	0.3641	20
贵州	−0.3136	0.2057	0.0423	−0.4764	0.3242	−0.6636	0.1064	20
云南	−0.2625	0.2113	0.0447	−0.7142	−0.3824	−0.6520	0.0352	20
陕西	−0.1601	0.2067	0.0427	−0.7293	0.3550	−0.4806	0.2640	20
甘肃	−0.3061	0.1555	0.0242	0.4751	0.8325	−0.5242	0.0758	20
青海	−0.3483	0.2038	0.0415	3.8596	1.8087	−0.5910	0.2805	20
内蒙古	−0.2584	0.1882	0.0354	−0.4147	0.5024	−0.5385	0.1253	20
广西	−0.2275	0.2309	0.0533	−1.0196	0.1073	−0.6015	0.1613	20
宁夏	−0.2741	0.1863	0.0347	0.3032	0.7652	−0.5525	0.1754	20
新疆	−0.2684	0.2074	0.0430	1.2724	0.9857	−0.5795	0.2728	20

（三）省际加权有向金融风险溢出网络分析

本节依然使用上述偏相关系数构建各省（自治区、直辖市）金融风险指数间的联系，同时基于 PCPG 的方式构建加权有向的金融风险溢出网络。

不同省（自治区、直辖市）之间的金融风险溢出网络中，连边代表着节点之间统计上的相关联系，是对抽象信息流动的具体化描述，即信息在市场中的溢出影响。对于省际金融风险溢出有向网络来说，从其他节点［省（自治区、直辖市）］指向节点［省（自治区、直辖市）］i 的边的个数称作入度，从节点［省（自治区、直辖市）］i 指向其他节点［省（自治区、直辖市）］的边的个数称为出度。一个省（自治区、直辖市）的出度越大说明其越容易受到其他省（自治区、直辖市）金融风险的溢出影响。

为考察各省（自治区、直辖市）之间可能存在的金融风险溢出关系，我们构建加权有向的金融复杂网络，分析网络节点［省（自治区、直辖市）］的出入度，考察金融风险溢出的方向与强度，如图7-7所示，并得到如下结论。

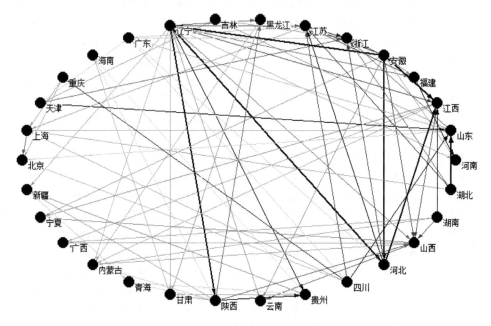

图 7-7　省际金融风险溢出网络

（1）经济金融发展自主权较大的地区（广东、江苏、浙江）更易受到其他省（自治区、直辖市）金融风险溢出的影响。

（2）经济金融发展较为缓慢的地区（安徽、湖北、陕西、辽宁）更难受到其他省（自治区、直辖市）金融风险溢出的影响。

（3）海南在一定程度上受到其他省（自治区、直辖市）金融风险溢出的影响，且建设自由贸易港的过程中一定会增加其与国内和国际的经济金融联系，因此应未雨绸缪，时刻关注本省（自治区、直辖市）金融风险的等级以及审视现行风险管理制度的有效性，减少未来发生系统性金融风险的概率。

五、结论

本节基于金融风险溢出网络考察了海南省上市企业间的金融风险溢出关系，同时采用 SIR 模型动态刻画了外部风险冲击发生时，整个上市企业金融风险溢出网络受单个企业金融风险溢出影响而遭受感染的演变过程。基于海南自由贸易港现状，本节围绕省内环境深入研究了上市企业间金融风险溢出的方向、强度，并模拟了外部风险冲击不同系统重要性企业可能导致的风险传染规模，得到如下主要结论。

根据海南省上市企业金融风险有向加权网络的分析结果，发现少数企业在网络中占据重要的地位，且风险溢出程度最大的企业随时间推移而改变。对比不同时期发现，次贷危机期间企业间的相互影响较次贷危机前更为紧密；相比其他平静时期，在中国股票市场异常波动与新冠疫情暴发的两个时期，网络呈现出更高的聚集特征，企业间金融风险溢出的相关性也有所上升，且这种较强的溢出直到后新冠疫情时期才重新下降。此外，通过 SIR 模型模拟金融风险扩散程度时发现，三次事件发生期间，金融风险溢出速度和规模均较平静时期大，且次贷危机的冲击相比股市异常波动和新冠疫情造成了速度更快、规模更大的金融风险传染，并且感染规模随传染源的系统重要性提升而扩大。

综合本节的研究，在制定相关金融风险防范措施时应重点防范系统重要性企业发生金融风险。为了减少金融风险溢出的发生，具体可以从以下几点进行风险管理。

（一）完善相关的法律法规和金融风险管理政策措施

海南省监管机构应未雨绸缪，建立区域金融监管协调机制，有效履行属地金融监管职责，规范上市企业投融资行为，强化外资准入管理，构建自由贸易试验区金融安全信息平台，建立自由贸易港跨境资本流动宏观审慎管理体系，防范企业融资杠杆断裂或跨境资金转移可能引发的金融风险，做到事前风险管理与早期预警。

（二）建立应急响应机制

明确各企业在金融风险溢出链中的地位，在实际金融风险事件发生时，从关键企业入手，最大程度降低风险传染范围，稳定区域市场，确保海南自由贸易港蓬勃发展。

（三）积极开放的同时有效防范省际风险溢出

金融风险通常立足于实体经济，通过金融、贸易或预期渠道传染，而各省（自治区、直辖市）之间实体经济或多或少地会存在联系，海南在建设自由贸易港的过程中一定会增加其与国内其他自由贸易区的联系，这会进一步使海南受到金融风险溢出的影响。因此，有效防范跨省金融风险传染是未来工作的一大着眼点。

（四）重点防范省内支柱及龙头企业发生金融风险

重点关注上市企业的整体金融健康，从微观企业出发，着眼于上市企业的宏观表现。海南省内支柱企业作为海南经济发展的重要助推剂，在上市企业金融风险网络中同样展现出了重要的地位，对金融风险的传染起到关键作用。这些企业一旦发生金融风险就极易影响到其他企业，从而关联形成系统性金融风险，导致市场的不稳定，危害海南省经济金融的平稳快速发展。

由于海南自由贸易港建设要扩大金融开放水平，势必会增加金融风险防控压力，在推动海南省进一步提高开放水平的进程中，必须守住不发生系统性金融风险的底线。

第二节　海南自由贸易港建设投资风险识别与防控对策

海南自由贸易港是中央顶层战略布局和国家开放进程中的重要环节。支持海南逐步探索、稳步推进中国特色自由贸易港建设，分步骤、分阶段建立自由贸易港政策和制度体系，是习近平总书记亲自谋划、亲自部署、亲自推动的改革开放重大举措[①]。1988 年 4 月，广东省海南行政区撤销，海南省和海南经济特区正式成立，经过 30 多年的发展，海南省已经具备了建设自由贸易港的经济基础。2019年 7 月 22 日，中共海南省委自由贸易港工作委员会办公室第 7 次会议召开，审议通过了《海南自由贸易港起步（试验）区园区方案》；同年 11 月，工业和信息化部印发《支持海南建设自由贸易试验区和中国特色自由贸易港的实施方案》。2020年 6 月，《海南自由贸易港建设总体方案》的颁布，标志着中国特色自由贸易港建设迈出关键一步。《海南自由贸易港建设总体方案》明确指出，加强重大风险识别和系统性风险防范，有针对性防范化解贸易、投资、金融、数据流动、生态和公共卫生等领域重大风险。同年，为了促进《海南自由贸易港建设总体方案》的有效实施和防控海南自由贸易港建设的风险，多项政策文件相继出台，包括《关于海南自由贸易港高端紧缺人才个人所得税政策的通知》《关于海南自由贸易港企业所得税优惠政策的通知》《关于支持海南自由贸易港人力资源和社会保障事业创新发展的实施意见》《关于海南自由贸易港原辅料"零关税"政策的通知》《海南自由贸易港外商投资准入特别管理措施（负面清单）（2020 年版）》等。2021年 6 月又出台了《中华人民共和国海南自由贸易港法》，该法以贸易投资自由化便利化为重点，旨在分步骤、分阶段建立海南自由贸易港政策和制度体系，实现贸易、投资、跨境资金流动、人员进出、运输来往自由便利和数据安全有序流动，且进一步强调了要建立风险预警和防控体系，防范和化解重大风险；同年 7 月，商务部正式发布《海南自由贸易港跨境服务贸易特别管理措施（负面清单）（2021

---

① 《中共中央 国务院印发〈海南自由贸易港建设总体方案〉》，https://www.gov.cn/gongbao/content/2020/content_5519942.htm[2020-06-01]。

年版)》；同年 11 月《最高人民检察院关于充分履行检察职能服务保障海南自由贸易港建设的意见》通过。

海南正在建立以贸易自由便利和投资自由便利为重点的自由贸易港政策制度体系，2022 年 2 月，国家发展和改革委员会召开海南自由贸易港全岛封关运作准备工作启动会，海南自由贸易港全岛封关运作准备工作正式启动，到 2035 年海南省将进一步优化完善开放政策和相关制度安排，全面实现贸易自由便利、投资自由便利、跨境资金流动自由便利、人员进出自由便利、运输来往自由便利和数据安全有序流动，争取到 21 世纪中叶全面建成高水平的自由贸易港。因此，在推动海南省进一步提高开放水平的进程中，更需要加强给投资自由化便利化带来的潜在风险的识别和事前预警，前瞻性建立风险预警体系和防控机制。

一、海南自由贸易港建设国际投资状况

(一)海南自由贸易港跨境资本流动状况

自《海南自由贸易港建设总体方案》颁布之后，海南自由贸易港在提高外资流入吸引力方面建立一系列配套措施，包括在税收政策、人才引进、跨境资本流动及平台建设方面为外商直接投资提供了优惠和便利。图 7-8 是海南省 2002～2021 年外商直接投资总额的变化情况，2002～2021 年总体呈现上涨趋势，2018 年有大幅缩减，但是从 2018 年开始提出建设海南自由贸易港以来，外商直接投资总额又实现翻倍增长，特别是在 2020 年达到了 198.41 亿美元，这主要得益于海南自由贸易港建设提高了投资的自由化、便利化，为外商直接投资流入提供了便捷，激励了外商直接投资的流入，并且上涨的趋势一直延续到 2021 年。

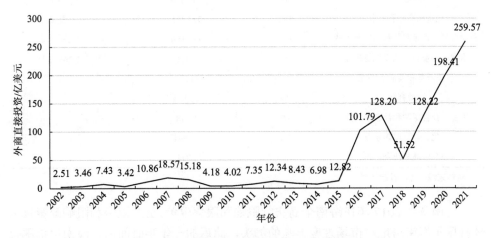

图 7-8　海南省外商直接投资 2002～2021 年变化情况

资料来源：海南省统计局

除了关注外商直接投资流入总量，还需要重点分析海南省的外商直接投资流入的结构，表 7-16 列出了 2021 年流入海南省外商直接投资的行业构成，从签订项目来看，租赁和商务服务业，批发和零售业，信息传输、计算机服务和软件业，以及科学研究、技术服务和地质勘查业等行业较多，但是从实际利用外资额来看，却是交通运输、仓储和邮政业，批发和零售业，以及租赁和商务服务业排名前三，自由贸易港的建设给海南带来了科学技术资金,有利于提高海南省科技创新水平，同时流入海南省房地产行业的外商直接投资较多，说明海南自由贸易港建设给实体经济繁荣带来了外部资金。

表 7-16　海南省 2021 年外商直接投资额（分行业）

类别	签订项目/个	合同外资额/万美元	实际利用外资额/万美元
合计	1 936	2 595 696	351 927
农、林、牧、渔业	33	60 765	
采矿业	2	1 853	
制造业	59	122 128	20 593
电力、燃气及水的生产和供应业	9	17 011	1 520
建筑业	37	65 952	429
交通运输、仓储和邮政业	43	171 566	153 858
信息传输、计算机服务和软件业	222	148 112	27 547
批发和零售业	448	174 652	68 998
住宿和餐饮业	46	3 534	15
金融业	96	349 875	11 459
房地产业	43	290 526	7 730
租赁和商务服务业	548	944 465	57 285
科学研究、技术服务和地质勘查业	182	171 160	1 228
水利、环境和公共设施管理业	5	1 431	1 265
居民服务和其他服务业	29	24 524	
教育	34	25 189	
卫生、社会保障和社会福利业	10	1 448	
文化、体育和娱乐业	88	17 694	
公共管理和社会组织	2	3 811	

资料来源：海南省统计局

海南省自 2017 年在海南全岛实行限购和限售政策,房产限售和限购政策极大地打压了海南房地产市场过度上涨的势头,此后的一年半时间内，海南房价涨幅一直处于较为平稳的区间之内，只有缓慢的增长，但是 2019 年 6 月海口房价又取得了新的突破,其房价中位水平相比5月增加了93.33%,环比增加1.49%(图7-9),自建设自由贸易港以来海口市房价剧烈波动。新冠疫情期间,由于我国防控政策的高效管控,对各城市的冲击始终保持在可控范围内,因此海口市的房价尽管有稍微下跌,但仍处于高位。虽然海南省房产限购政策抑制了资本流入推升房价过快上涨的趋势,但这仅限于没有完全封关运作之前,随着海南省逐步加大开放的力度,海南房地产投资资金涌入更多,因此要警惕外部流入资金可能助推房地产价格过快上涨的风险。

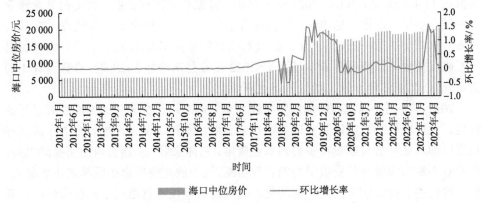

图 7-9　海南省海口市历年房价走势图(2012 年 1 月~2023 年 6 月)

资料来源:国信房地产信息网

随着海南省自由贸易港投资自由化、便利化程度的提高,外商直接投资流入激增,短期资本流入也有所增加。目前,海南自由贸易港为了扩大跨境投融资开放程度,出台了一系列政策措施。第一,支持外资金融机构进驻,支持境外证券基金期货经营机构设立独资或合资金融机构,支持设立财产险、人身险、再保险公司以及相互保险组织和自保公司。第二,允许非居民参与金融市场交易,如参与交易场所的交易和资金结算,发展场外衍生品业务,开展跨境资产管理业务和面向全球发行海南地方政府债券等。2021 年 1 月,《非居民参与海南自由贸易港交易场所特定品种交易管理试行规定》出台,在全国范围率先探索非居民参与境内交易场所特定品种交易和进行资金结算。第三,支持海南发展总部经济,一次性外债登记、境内信贷资产对外转让业务、港内公司境外上市外汇登记下放银行等试点政策落地,下调海南自由贸易港内企业开展跨国公司外汇资金集中运营管理业务门槛。2020 年全年海南省共计 29 家企业办理了一次性外债登记,登记金额达 139.87 亿美元。2021 年底,海南国际清算所挂牌运营。第四,对于外资流入风险防控方面,实行海南自由贸易港跨境服务贸易负面清单,跨境贸易和新型国际贸易银行真实性审核从事前审查转为事后核查。随着政策吸引力的持续提高,截至 2023 年上半年末，海南省共落地 QFLP 基金 98 只，QFLP 基金管理企业 23 家，已登记 QDLP 基金管理企业 11 家。此外，海南还支持符合条件的银行在风险可控的前提下先行先试跨境资产管理业务，已有 3 家银行开展试点业务，金额合计 3.6 亿元人民币。第五，外汇创新政策已成跨境资金流动的主要动力，截至 2023 年上半年，洋浦经济开发区 4 项经常项目便利化措施全面落地实施，4 家银行完成试点备案手续，优质试点企业 18 家，累计发生试点业务 4167 笔，金额合计 159.6 亿美元；取消结汇待支付账户等 6 项资本项目试点政策落地实施，涉及金额约 11.4 亿美元。其中，2023 年上半年，首家基金管理企业获批 QFLP 余额管理制试点资格，规模 2 亿美元，辖内符合条件的 7 家银行全部纳入试点，较 2022 年 6 月末增加 3 家；试点企业 62 家，较 2022 年 6 月末增加 32 家；累计办理贸易外汇收支便利化试点业务 4574 笔，较 2022 年 6 月末增加 3429 笔；金额合计 14.7 亿美元，较 2022 年 6 月末增加 11.5 亿美元。

2021 年 7 月，《海南跨境服贸负面清单》颁布，在金融开放方面扩大了开放程度，允许境外个人申请开立证券账户或者期货账户以及允许境外个人申请证券投资咨询从业资格与期货投资咨询从业资格。总体来看，从建设自由贸易港以来，海南省不断探索提升外资吸引力的有效措施，逐步放宽海南自由贸易港市场准入，极大地促进了投资的自由化、便利化，为外商直接投资营造良好的投资环境，激发了市场活力，也为海南自由贸易港建设进一步全面推进奠定了较好的基础。但是海南完全封关运作也意味着完全放开了资本管制，增加了海南省内外部资金供应量，需要警惕外部投机资金大量涌入可能带来的海南资产价格过快上涨的风险。

(二)海南自由贸易港外资企业进驻状况

为了提高投资自由化、便利化，海南自由贸易港在税收方面给予外资企业较大的优惠力度，采取零税率、低税率等政策，并且在《中华人民共和国海南自由贸易港法》中明确了国家依法保护自然人、法人和非法人组织在海南自由贸易港内的投资、收益和其他合法权益。对于来海南自由贸易港设立的外资企业，根据《产业结构调整指导目录(2019 年本)》、《鼓励外商投资产业目录(2019 年版)》和海南自由贸易港新增鼓励类产业目录，对鼓励类产业减按 15%征收企业所得税。针对海南自由贸易港设立的旅游业、现代服务业、高新技术产业企业，在境外设立分支机构获得的营业收入，或从持股比例超过 20%的境外子公司分红的股息，免征企业所得税。海南建设自由贸易港无可避免地需要采取低税率甚至零税率的优惠政策吸引外企，同时也无法避免外资银行等金融机构的设立，这些都为海南省成为"避税天堂"提供了便利。为了避免海南自由贸易港成为"避税天堂"，防范税基侵蚀和利润转移，海南自由贸易港已经制定了"实质经营地、所在地居住"判定标准，要求企业要在海南自由贸易港实地注册、实际经营、实地办公，不能虚拟办公。

  2018 年 4 月至 2023 年 6 月，海南省新设立外商投资企业累计 4798 家，年均增长 68.7%，其中，不乏一些国际知名企业落地海南，如美国晖致、德国欧绿保、新加坡普洛斯、英国阿斯利康等。从图 7-10 可以看出，2009 年之后，海南省外商独资企业进出口总额开始大幅上升，在 2014 年达到了 974.32 亿元的峰值，在 2017 年跌落到谷底 702.70 亿元之后，进出口总额稳步增加，达到了 2021 年的新高 1468.55 亿元，这主要得益于海南省自由贸易港建设极大地提供了投资的便利化和自由化，吸引了越来越多的外资企业进驻海南。截止到 2020 年，海南重点挂牌 11 个重点特色产业园区，11 个重点产业园区实行差异化发展模式，成为自由贸易港政策的主要承接地和先行先试的"孵化器"。截至 2023 年，共有来自全球 89 个国家和地区的投资者在海南省投资，新设外商投资企业数量连续快速增长，覆盖全部 G20 国家，美国、加拿大、新加坡新设外资企业数量位居前五名，海南岛内实际利用外资最多的地区主要集中在海口和儋州。

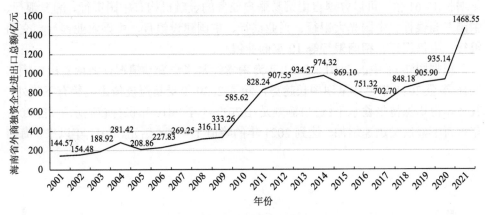

图 7-10　海南省外商独资企业进出口总额

资料来源：海南省统计局

(三)海南自由贸易港贸易和资本账户状况

  海南省建设自由贸易港的重点在于实现贸易和投资自由化、便利化，这要求探索适应海南省经常账户和资本账户完全开放下的独立核算体系，因此于 2019 年海南省设立了独立于中央账户核算体系的自由贸易账户[①]，并在 2020 年 3 月在

---

  ① 自由贸易账户指的是银行等金融机构根据客户需要在自由贸易试验区分账核算单元开立的规则统一的本外币账户，独立于现有的传统账户体系，属于央行账户体系的专用账户。自由贸易账户的特点是分账核算、本外币合一可兑换账户、一线放开、二线管住、有限渗透、跨二线(境内)只能划转人民币、适用离岸汇率等。

海南建立了首个基于自由贸易账户的全功能型跨境双向人民币资金池,这是海南省探索投融资汇兑便利、扩大金融市场开放和防范金融风险的一项重要制度安排,自由贸易账户与境外是完全打通的,为自由贸易港内企业涉足海外市场、满足实体经济所需的贸易结算和跨境投融资汇兑提供了便利。截至 2020 年底①,海南省自由贸易账户已经直接连接 10 家海南省金融机构,并提供自由贸易账户金融服务。自由贸易账户优质客户也从 2019 年末的 43 家扩大至 2020 年末的 103 家,同比增长 139%。海南省自由贸易账户开户主体数量为 19 362 个,共开立自由贸易主账户 19 375 个,子账户 59 798 个,账户余额 86.46 亿元,同比增长 82.9 倍,资金收付 313.25 亿元,同比增长 130%,办理各项本外币融资 24.05 亿元,账户余额、发生资金收支、为客户办理外汇兑换金额分别增长 8294%、126%、700%。截至 2020 年,海南自由贸易账户已经实现了 9 种不同货币的自由划转,实现了跨境结算、兑换、融资、投资、资产管理等业务一体化运行,极大地提高了企业跨境结算的便捷程度。截至 2022 年,该账户收支折合人民币 2561.97 亿元,较 2019年增长 17.61 倍,可以办理自由贸易账户业务的金融机构有中国银行、浦发银行、中国工商银行、中国光大银行、兴业银行、中国建设银行、中国农业银行、交通银行、中信银行、招商银行等 10 家商业银行。

根据图 7-11 中的 2001~2021 年海南省经常账户变动情况,海南省出口额从 2016 年至 2021 年总体呈现增长趋势,除了 2020 年受新冠疫情影响稍有下降外,其他年份均保持平稳水平;进口额则是在 2011 年至 2016 年保持较高水平,自 2017年短暂下降后又迅速增加,达到 2021 年的峰值 1141.08 亿元。2011 年以来,海南

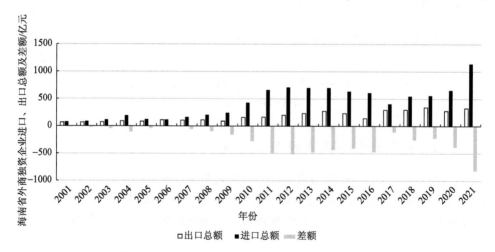

图 7-11　海南省经常账户变动情况(2001~2021 年)

---

① 资料来源:中国人民银行海口中心支行。

省一直存在较大的贸易逆差，近几年虽然出口总额有所增加，但是依然存在较高的贸易逆差，适当的贸易逆差有利于缓解短期贸易纠纷，严重的贸易逆差会使外汇储备减少，商品的国际竞争力下降，加剧资源外流的压力，增加外债，影响国民经济正常运行。

二、海南自由贸易港投资风险识别

海南自由贸易港的建设符合我国经济发展的需求，也是国家顶层开放战略的重要环节，有利于促进经济发展、提高人民生活水平、提高本国国际地位和参与全球治理能力。目前，海南对外开放水平逐步提高，在努力实现海南自由贸易港投资自由化、便利化的同时，接下来亟待解决的问题是如何识别开放可能带来的风险，其中最主要的风险是跨境资本流动风险、外资吸引力不足和本土企业竞争力下降风险、"避税天堂"和洗钱风险、金融危机传染风险，各类投资风险识别路径见图7-12。

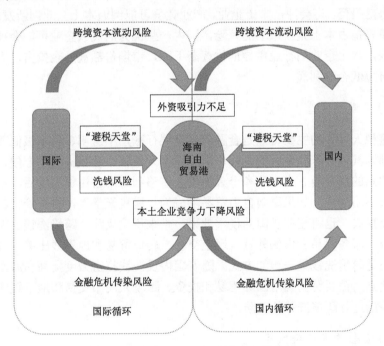

图7-12　海南自由贸易港风险识别路径

（一）跨境资本流动风险

随着海南自由贸易港的完全开放，跨境资本流动的规模和频率也将大幅波动，特别容易引发极端资本流动事件。根据海南省统计局公布的2019年外商直接投资项目投资情况，房地产投资总额为 25 678 万美元，仅次于商务租赁和科学研究，高于制造业外商直接投资总额。一方面，需要警惕外资大量涌入房地产市场，推升资产价格过快上涨的风险。另一方面，当海南省资产价格开始下跌时，国外投机资本可能会大量抛售资产变现逃离海南，由于抛售资产溢出效应，短期"热钱"纷纷外逃易造成恐慌，使海南省内资产价格进一步下跌，这样很容易造成海南省经济体系的崩溃。海南资本账户开放之后给短期投机资本的频繁进入带来了便捷，缩短了资金流动周期，如果防控不到位很容易触发系统性金融危机。

(二)外资吸引力不足和本土企业竞争力下降风险

一方面，如果海南省自由贸易港建设制度集成创新不到位，如在税收政策、贸易和投资结算、营商环境等方面，无法形成对外商直接投资的足够大的吸引力，就难以完成将海南打造成为我国对外开放的标杆和重要开放门户的战略目标。另一方面，海南自由贸易港的建设目标就是吸引国外产业进驻，如果大批国外企业纷纷来海南投资，将会冲击本土企业，产业竞争可能倒逼本土企业创新发展模式，但也隐藏着抢占本土企业市场的风险，国内一些优秀的民族企业可能会被外企兼并和收购，本土企业的行业主导地位逐渐下降，市场份额被外企抢占，大量人才流失，将拉低企业利润。

(三)"避税天堂"和洗钱风险

"避税天堂"的主要特点是金融信息及银行账户不透明、税率极低甚至不征税，这都为其他国家和地区的企业、组织和个人避税、洗钱提供了方便，损害国际金融体系的稳定等。当企业和个人把资金转移到海南自由贸易港后，不把资金转出去就不用纳税，如果海南自由贸易港成为"避税天堂"，将会给我国带来巨大的税收损失，也将扭曲我国的税收效果，带来税收风险。跨境洗钱的渠道包括直接投资、服务贸易、内保外贷、现金交易、转口贸易和地下钱庄等，设立境外投资公司是跨境洗钱最普遍的方式。随着国内反洗钱打击力度提高和海南自由贸易港的建立，需要警惕利用国际贸易和投资、跨境人民币交易和地下钱庄在海南自由贸易港进行跨境洗钱的风险。

(四)金融危机传染风险

海南自由贸易港开放无疑增加了国内外金融机构的关联性和脆弱性，产业链加深和金融创新都使得海南省与全球经济联系更加紧密和复杂，而风险传播路径最重要的是产业链和供应链渠道，目前海南省自身金融系统薄弱，尚不能抵御外部输入型金融风险。1997 年亚洲金融危机和 2008 年全球金融危机的爆发都有输入型金融风险的因素，全球经济一体化给国际投机资本带来了可乘之机，历史上严重的金融危机都是经过全球传染网络进行传播，通过跨国投资渠道传导至国家的实体经济，自由贸易港的建设使海南省金融体系嵌入全球经济网络之中，在没有有力防护的情况下存在外部输入型金融风险的隐患。

三、防控海南自由贸易港投资风险的对策

海南自由贸易港建设意味着贸易账户和资本账户的充分开放，在开放的过程中不免会出现一系列风险，如跨境资本流动风险、外资吸引力不足和本土企业竞争力下降风险、"避税天堂"和洗钱风险、金融危机传染风险等，为了使海南省自由贸易港建设能够顺利进行，需要提前识别潜在的风险因素，对风险进行分类梳理，采取针对性的措施进行积极防范。

（一）中央负责统筹规划，适当对海南省进行权力下放

首先，海南自由贸易港投资自由化、便利化政策要和国家整体战略步调一致。根据"三元悖论"，资本自由流动、货币政策独立性和浮动汇率制度三者不能同时兼得，目前海南自由贸易港要实现资本自由流动，需要研究设计配合自由贸易港建设的利率和汇率政策双轨制改革方案。其次，中央政策规划要推进人民币国际化进程，开放人民币可自由兑换和结算，海南自由贸易港才能更好地实施与跨境贸易配套的资金支付和结算的制度，规划实施离岸金融制度运行模式，隔离资本账户开放与人民币兑换的风险，对居民与非居民的存贷款业务进行区分，国内交易和海外交易进行区分，严禁资金在国内账户和海外账户间流通。最后，海南自由贸易港还需要进行赋税改革，针对海南自由贸易港建立独立的税收管辖区，厘清中央和海南的税收关系。

（二）各个金融部门加强联合，对跨境资本流动进行实时监管

海南省作为中国推进开放型经济的重要试点，加强各个金融部门之间的合作，实现对跨境资本流动的实时监管，显得尤为重要。首先，应建立一个高效的跨部门协调机制，在海南省建立直属于中国人民银行总行和国家外汇管理局的综合金融管理部门，以实现信息共享、协调行动的目标。建立和完善系统性风险预警、防范和化解体系，守住不发生系统性、区域性金融风险底线。此外，通过搭建信息系统的互联互通机制，确保各个金融部门能够实时获取跨境资本流动的信息，以便能够在需要时进行及时的监管和干预。为了确保监管的一致性和协调性，各个金融监管部门应共同制定跨境资本流动的监管政策和规则，避免监管套利和漏洞的出现。同时，定期召开跨部门会议，就跨境资本流动的情况、风险和监管措施进行信息交流与沟通，加强协作和合作，提升整体监管水平。在技术方面，可以利用人工智能、大数据分析等先进技术手段，对跨境资本流动进行实时监测和

预警，以及识别潜在风险。

(三)打造高水平营商环境，为外商投资和本土优质企业发展提供服务

针对外资吸引力不足的风险，放权给海南省，给予海南省自主制定产业准入和市场准入负面清单的权力，包括贸易管制、配额、海关税收等详尽的具体内容，尽量取消许可证的管制，如研究制定外籍人员来海南工作的许可证等。取消外资股比限制、实施无外汇管制、推行税收减免以及对企业破产管理和债务重组等提供法律支持与保障等，为外资企业进驻营造有吸引力的营商环境。针对本土企业竞争力下降的风险，海南自由贸易港需要扶持重点产业，发挥本土产业优势，提前规划布局，建立特色产业园区，在产业园区内形成完整的产业链，发挥产业集聚的优势。根据不同产业园特点给予针对性优惠政策，以点带面，推动产业结构转型升级，重点发展第三产业，走差异化的发展路线，在人才培养和吸引方面培养国际顶尖人才，吸引国际人才流入。

(四)法律制度保障与政策实施相协调，建立全方位、多层次的完备法律体系

为在政策实施中获得充分的法律保障与协调，海南省应着手建立全方位多层次的完备法律体系。海南省自由贸易港的建设要在"放得开"的基础上做到"管得住"。应在税收、海关、外汇管理等领域制定配套的法律法规，以确保贸易、投资、资本流动等方面的法律规定与政策相互协调，提高法律制度的适用性和可操作性。通过设立地方金融管理条例，如离岸金融管理条例，设立国际金融中心法院、国际仲裁中心、国际商业法庭和国际调解中心，建立与国际通行规则相互衔接的海南自由贸易港国际商事争端解决机制。此外，海南省还应提升立法的透明度和民主参与度，鼓励公众、企业和相关利益方参与法律立项、制定和修改过程，以确保法律的合理性和公正性。在培训和教育方面，提高从业人员的法律意识和业务水平，以确保法律的正确理解和有效实施。同时，积极参与国际法律合作，加强同国际组织和国际企业的沟通与合作，形成更具国际竞争力的法律环境。

(五)进口风险分类梳理，建立海关联动预警防范机制

为了有效应对进口风险，海南应建立一个高效的海关联动预警防范机制，以确保海关在进口环节对各类风险能够及时作出预警和防范。首先，应建立一个跨部门的信息共享平台，将海关、食品药品监管、质检、税务等相关部门的数据整合在一起，实现实时信息交流与共享，这有助于全面了解进口货物的情况，以及可能存在的风险因素。其次，可以借助大数据和人工智能技术进行分析，对进口货物的数据进行分析和挖掘，识别潜在的风险特征和异常情况，通过建立风险模型，能够及时预警可能涉及偷逃关税、侵权假冒、卫生检疫等风险的进口货物，

从而采取相应的防范措施。最后，可以加强与其他国家和地区的海关合作，共享国际进口风险信息，共同应对跨境风险，通过建立合作机制，海关可以及时了解来自其他国家的风险情报，从而更好地预警和防范进口风险。

(六)充分利用互联网物理载体优势，实施信息化监管

充分利用互联网物理载体优势，实施信息化监管，是海南省推动自由贸易港建设的关键举措之一。首先，建立数据跨境流动安全综合监控平台，在人员流动、资金流动和数据流动三个方面做好服务投资风险的监测，通过智能化监管系统，整合互联网技术、大数据分析和物联网等手段，实现实时数据采集、传输与分析，从而加强对进出口、贸易流通等环节的监管，这种信息化监管能够提升监管效率、降低成本，有效预防风险，促进流通便利，为海南自由贸易港的发展提供可靠的支持。其次，配套建立海南自由贸易港经济与金融监测机制，监测和评估国际资本流动状况，防止国际极端资本的大进大出，必要时提供前瞻式预警服务，积极防范银行表外业务融资风险，对于套利和套汇的行为进行实时监控与调查。最后，重点围绕国际数据服务、跨境电商、银行金融、跨境远程医疗等产业，面向产业园区各个部门的企业和相关业务提供最大限度的试点，在保证安全可控的前提下，逐步把跨境资金流动活动的区域和范围覆盖整个自由贸易港。

(七)寻求多方国际监管合作，积极参与全球危机治理

构建区域性危机救助机制，对由于外部冲击而爆发危机的成员国提供及时有效的救助，防止危机进一步升级和蔓延。积极融入国际监管体系，遵守国际反洗钱和反恐怖融资规则，按照《打击洗钱、恐怖融资与扩散融资的国际标准：FATF建议》细则严格执行国际反洗钱标准，加强与国际监管机构在围绕反恐怖、反分裂、反腐败、反逃税以及打击地下钱庄、非法传销、毒品犯罪、电信诈骗等洗钱及上游犯罪活动等方面的合作，跨境资金洗钱监管涉及中国人民银行、国家外汇管理局、公安、海关、商务部等众多部门，跨境洗钱监管是我国反洗钱的薄弱环节，也是海南省建立自由贸易港的重点突破点，需要特别关注自由贸易港建设中虚拟货币交易在自由贸易港中的合法性，因为虚拟货币交易在国际上属于重点监测的洗钱方式。

第三节　海南自由贸易港金融风险防控优化升级的
路径与政策建议

金融风险防控体系是海南高质量高标准建设自由贸易港中至关重要的一环，

是保障海南自由贸易港金融体系稳定运行的关键。自由贸易港作为一个开放的经济区域，吸引了国内外大量的金融机构和资金流入。如果金融风险得不到有效控制，可能会影响自由贸易港内甚至国内金融体系的稳定。通过对海南自由贸易港建设进程的深度调研，本节总结了海南自由贸易港金融风险防控体系建设中可能存在的不足，提出了海南自由贸易港金融风险防控体系未来的优化升级路径，并据此提出了保障完善该风险防控体系的政策建议。

一、金融风险防控体系存在的问题

(一)金融风险防控思路碎片化

金融风险防控体系的构建，首先需要有统一的思路和认识。海南各金融监管机构对金融风险防控的认识仍较为局限，缺乏对金融风险的整体把控和预判能力，防控思路碎片化、风险意识滞后。

金融监管机构对海南自由贸易港建设任务的时间轴不明确，无法判断各阶段金融风险的重点和基本特征。虽然陆续出台了很多政策和规划文件，但大都未明确时间节点，因此仍无法明确判断各阶段的重点任务，无法对各阶段金融风险进行有效识别。另外，大部分人对海南自由贸易港建设中可能面临的新型金融风险不清楚，仍然基于以往的金融监管理念行事，未形成专门部署和应对策略。

防控思路碎片化和任务时间轴不清晰将导致以下四个问题。一是风险难以控制。碎片化的监管体系可能导致监管职责分散，不同监管机构之间可能无法全面了解市场风险，从而难以及时、有效地控制潜在风险，进而导致风险的集聚和扩散。二是监管不一致。不同监管机构可能制定不一致的监管标准和政策，使得市场参与者难以预测监管环境，进而影响市场的稳定性和透明度。三是监管成本上升。金融机构在面对碎片化的监管体系时，需要同时应对多个监管机构的要求，导致监管成本的增加，降低金融机构竞争力。四是监管冲突和重叠。不同监管机构可能在职责范围上存在冲突和重叠，导致监管行动不协调，进而造成市场混乱。

(二)金融风险监测薄弱化

金融风险监测能力是金融风险防控体系的核心。海南在金融风险监测基础设施建设、人才配备、科学方案设计等方面仍有较大的提升空间。目前基础设施仍存在监测盲区、监测滞后等问题。专业人才缺乏是制约海南金融风险监测能力的核心原因。长期以来海南在吸引金融风险领域专业人才方面不具备优势，导致人才缺乏，风险监测方案的有效性、科学性有待提升。

金融风险监测基础设施不完善将影响金融市场的稳定性。具体体现在以下方面：一是难以及时发现风险。缺乏完善的金融风险监测基础设施可能导致监管机构和金融机构无法及时发现潜在风险，从而延误采取防范措施的时机。二是金融机构脆弱性增加。缺乏有效的风险监测可能导致金融机构未能充分认识到自身的风险暴露，增加其自身脆弱性，可能在风险爆发时难以承受冲击。相关智库人才保障缺失将影响金融市场可持续发展以及金融机构的风险管理能力。具体体现在以下方面：一是风险评估不准确。金融风险防控人才缺失可能导致风险评估不准确，监管机构和金融机构难以准确衡量风险的程度和影响，影响制定风险防控策略。二是金融创新风险增加。没有足够的金融风险专业人才，可能导致金融创新活动的风险评估不足，给金融创新带来更大的风险。

（三）金融创新风险防控缺失化

海南目前尚未对如何实现金融业对外开放、金融创新的范围和规则达成共识。这会导致相关人员对于金融开放各阶段风险防控的重点有不同的认识，不利于有效地开展工作。

金融创新具有风险性高的特点，因此需要对其允许范围及监管规则予以明确，但目前海南缺乏此类的参考规范。目前的金融创新监管规则已跟不上金融创新的步伐，更无法满足海南自由贸易港的特别需要。

海南自由贸易港作为中国的战略举措，金融创新在这一进程中具有重要作用。但如果金融风险防控体系的更新换代未跟上金融创新的步伐，那么将会导致金融风险监管的缺位和相关法律法规的漏洞。金融创新需要相应的法律和监管框架来规范，缺乏充分的法律监管可能导致合同纠纷、交易不透明以及非法资金的流入，进而影响海南自由贸易港和整个国家金融体系的稳定。

（四）金融风险监管协调低效化

金融监管的有效协调是金融风险防控体系的制度保障。海南自由贸易港建设过程中尤其需要各金融监管机构间实现有效的协调。海南目前金融监管缺乏统筹，未形成区域金融风险防控合力，金融风险监测信息还没有共享，金融信息仍处于"孤岛"状态，缺乏统一的综合信息共享平台和风险监测预警平台。

金融风险监管协调低效化所导致的不同部门之间信息共享不畅的问题会带来系统内风险集聚和传导的隐患，增加金融系统脆弱性。与此同时，金融机构和跨国企业也可利用岛内监管部门信息差甚至不同国别监管差异进行监管套利，从而进一步增加自由贸易港金融风险的集聚。不同级别的监管部门之间协调低效，可能导致监管政策和措施之间的矛盾。这可能会使金融机构在不同地区或不同层级之间面临不一致的监管要求，增加合规难度和成本。

二、金融风险防控优化升级路径

(一)建立健全海南自由贸易港任务时间轴

任务时间轴是进行金融风险防控的前提，也是统一海南各部门金融风险防控思路的重要手段。首先，时间轴可以将整个建设过程分解为阶段性的目标和任务，帮助各级政府和相关部门理解项目的主要目标与发展方向，有助于确保所有参与者朝着统一的目标努力。其次，时间轴为不同阶段和任务提供了时间安排，使得工作计划更加清晰和具体，有助于规划资源、人员和预算。再次，通过公开的时间轴，有助于增加透明度，提升相关各方对项目的信任感和支持力度。最后，时间轴可以促进不同部门、企业和合作伙伴之间的协调合作，确保协作顺利进行。

海南自由贸易港时间轴的建立和完善可从以下三个方面展开。一是基于长、中、短期目标的精细化、常态化管理来建立任务时间轴。海南相关部门应当在《海南自由贸易港建设总体方案》的基础上将每个阶段和任务细化的时间框架整合到一个时间轴计划中，使用可视化工具将任务和时间关系清晰呈现出来，有助于自由贸易港建设的所有参与者理解。二是明确各时间段内的主要工作内容，借此梳理出各阶段的金融风险点，并辅以相应的防控策略。具体包含四个步骤：首先，识别潜在风险，针对每个阶段和任务，识别可能涉及的金融风险点；其次，评估风险影响，确定风险的严重性和潜在损失；再次，确定风险概率，可通过历史数据、市场调研、专家意见等方式进行；最后，制定风险应对措施，针对各阶段每个潜在金融风险点，制定包括风险规避、风险转移、风险减轻、风险接受等策略。三是在明确各阶段主要金融风险点的前提下，明确风险防控权责边界。首先，根据前期的金融风险点识别确定不同种类风险涉及的相关部门和机构；其次，明确其在风险防控任务中的职责权限；最后，在协调机制和信息共享机制的配合下，形成各部门风险防控合力。

(二)建立金融风险监测信息共享平台

金融风险监测信息共享平台是对金融风险进行有效预警的基础设施，是金融风险防控体系中至关重要的一环。金融风险通常涉及多个领域和部门，建立信息共享平台可以促进这些部门之间的协作，避免信息孤岛和重复监管。信息共享平台可以实时监测金融市场和经济环境中的风险信号，及早发现潜在的金融风险，避免风险扩大化。信息共享平台可以避免不同部门重复收集相同的数据，提高监管效率。建立信息共享平台能够促进金融监管的国际合作，共同监测和防范全球性的金融风险。

首先，应建立面向多主体的金融风险监测信息共享平台，以确保平台能够为不同类型的参与者提供有价值的监测信息和工具。其次，应建立不同的风险量化模型。在对市场主体分类确定相应风险类型后，要分类型收集不同市场主体的数据，以支持模型的构建。最后，应借助大数据和金融科技等前沿技术，对海南金融风险进行实时监测。

（三）制定金融创新规章制度

在鼓励金融创新的同时，需要配备适度的监管措施。金融开放可以为金融创新提供更大的市场和机会，激发金融机构开发新产品和服务，以满足不同市场需求。金融创新则可以为金融开放提供更多的工具和方法，以适应更加开放的金融环境。然而，新的金融产品和工具可能涉及新的借贷模式、信用工具等，这些产品在市场上可能受到价格波动和市场不确定性的影响，导致投资者损失。与此同时，金融创新可能使金融体系面临新的法律和监管挑战，特别是在监管环境变化较大的情况下，可能导致合规风险增加。

海南自由贸易港应如何应对金融创新带来的金融风险的集聚呢？最重要的便是要制定相关金融创新的规章制度，确保金融创新在稳健的监管下进行。首先，监管部门需要紧密关注新的金融产品和服务，及时制定相关规则和监管政策。对于引入的新金融产品和业务，需要进行全面的风险评估。其次，监管部门要注意防范系统性风险，要做好制定相应政策的保障措施，确保系统中关键机构的健康运营。最后，可借鉴国际上采取的"监管沙盒"机制，通过开辟"监管沙盒"试验田，对金融创新产品进行测试，在实现政府弹性监管的同时，还可促进政府与监管对象之间的合作，保护金融创新产品的消费者，从而有效地防范金融风险。

（四）建立统筹金融监管协调部门

金融监管要想达到预期效果，还有赖于各监管部门之间的有效协调。建立统筹金融监管协调部门可以确保各部门在监管工作中协调一致，避免监管盲区和重叠。通过统筹协调部门，可以综合考虑不同风险的相互关系，提前识别并应对风险集聚，从而维护金融市场的稳定性。不同的金融监管部门可能需要获取和共享相同的信息，进行交叉审查和监管，如果协调不足，可能导致冗余和低效。不同金融监管部门可能拥有不同领域的专业知识和信息。通过建立统筹金融监管协调部门，可以促进信息共享，提升各部门的监管能力和水平。

在组织安排上，建议建立一个统筹部门，主要职责就是协调各监管部门之间的工作，确保各部门之间的合作和协调，避免监管盲区和重叠。该部门可以是一个独立的监管机构，也可以是由多个监管部门共同参与的委员会。应赋予该部门一定权力，以保证其综合性和权威性。与此同时，金融监管协调还需要配备有力的信息分享机制，可通过升级金融风险监测信息共享平台来实现，明确重点监管对象，实现金融风险的有效防控。

三、金融风险防控优化升级政策建议

(一)建立风险防控任务部门责任制，赋予金融风险防控自主权

在精准识别各阶段金融风险点的前提下，明晰各类型金融风险及其权责边界，建立针对不同类型金融风险的任务部门责任制。从事前角度来看，要明确责任分工。制定清晰的政策文件，确保每个部门明确自己的职责和任务，如一级市场内部风险监测与防控归属于金融监管部门，二级市场内部风险监测与防控归属于市场监管部门等。从事中的角度来看，要设立跨部门合作流程规章制度。一方面，金融风险往往涉及多个领域和主体，各部门应当通过建立定期协调会议等机制，促进信息共享和协同行动。另一方面，还应当建立健全风险监测和报告机制，各部门应当及时监测并如实报告风险发展情况。从事后的角度来看，要针对负责风险防控的各个部门建立相关的考核和奖惩机制，激励各方积极参与风险防控。

在此过程中，应授予海南更多的金融风险防控自主权。赋予海南更多的金融风险防控自主权有利于即时把握金融风险的变化趋势，守住金融风险的底线。具体可从三个方面着手。一是授予海南自由贸易港一定的政策制定权。这些政策应在国家政策框架内制定，但可以根据海南自由贸易港建设中的当地实际情况进行调整。二是给予海南自由贸易港灵活的监管批准。赋予海南自由贸易港在一定范围内自主批准金融产品、业务和创新的权力，以提高市场的灵活性。三是给予海南自由贸易港监管部门一定的风险评估和决策权。使其能够根据本地市场情况制定相应的风险防控措施，减少中间审批环节，避免错过风险防控的关键时期。

(二)完善金融风险预警基础设施，构筑金融风险防控智力保障

完善海南自由贸易港金融风险预警基础设施是确保金融市场稳定的重要举措。针对海南自由贸易港建立更强大的金融风险预警系统，我们提出如下四个方面的建议。一是加强数据整合和共享。建立一个统一的数据平台，整合来自不同金融机构和市场的数据，实现信息共享，为风险预警提供更全面的数据支持。二是构建风险指标体系。制定完善的金融风险预警指标体系，包括市场风险、信用风险、流动性风险等方面的指标，用于监测和预警风险。三是建立金融风险监测网。鼓励金融机构、投资者和其他市场参与者积极参与风险信息的报告和共享，形成更广泛的风险监测网络。四是重点防范系统性风险。针对可能的系统性风险，应单独建立相应的预警机制，一旦出现预警信号，可以采取迅速的应对措施，防止风险蔓延。

与此同时，还应当建立金融风险人才智库，高端的金融风险人才是构建金融

风险防控体系的智力保障。海南应尽快制定"金融风险高端人才引进政策"和"金融高端人才五年规划"，在所得税、落户、医疗保障、住房、子女等方面提供切实的优惠政策，力争短期内金融风险管理师、特许金融分析师等国际资格认证证书持证人要达到一定数量。海南还应该加强与国内外相关金融风险专业院校和研究机构的合作，一方面通过设立人才招聘平台，将海南自由贸易港的金融机构与国内外高校和研究机构的金融风险人才连接起来，通过提供工作机会和信息保持对高端金融风险人才的吸引力；另一方面通过设立相关研究课题和经费等形式，提供资金支持或合作机会，鼓励金融风险人才参与创新项目，吸引他们到海南自由贸易港发展。

(三)优化金融开放路径，保障金融创新风险可控

金融开放与金融创新是相辅相成、相互影响的。金融开放能够引入更多的外部竞争者，激发金融机构进行创新以保持竞争力。反过来，金融创新可以提高金融市场的竞争程度，从而推动金融开放。通过平衡二者之间的关系，国家可以在保持金融稳定的前提下，推动金融市场的进一步开放和创新发展。从金融开放的视角来看，应渐进式地推进金融开放，加快研究符合海南特色的、最优的金融开放路径，并将此列入海南自由贸易港任务时间轴中。金融开放的步骤有很多国际经验可供借鉴，如美国、英国、德国、日本等发达国家，以及新加坡、阿联酋迪拜等著名自由贸易港。但需强调的是，海南不能照搬国外经验，要考虑其自身和我国经济特征与国家安全等因素。

从金融创新的视角来看，首先要创新审慎准入，通过设立金融创新项目的审慎准入机制，确保只有经过严格审查和评估的创新项目才能进入市场，从而保证市场总体风险水平可控；其次要提高创新项目的信息披露强度，通过加强金融创新项目的信息披露要求，降低市场交易双方和监管责任方的信息不对称程度，确保投资者和监管者充分了解创新产品的风险和特点，从而使得投资者作出明智的投资决策，监管者能够及时监测风险并采取合适防范措施；再次要引进监管沙盒制度，通过设立监管沙盒，为金融创新项目提供一定的试点空间，在一定时间内允许创新项目在监管宽松环境下试行，观察其风险表现；最后要形成定期审查与调整机制，伴随着海南自由贸易港金融开放的不断深化，金融创新的产品和工具在不断变化，相应的风险也在不断演化，对于已经推出的金融创新项目，要做好定期审查和评估，根据实际情况进行必要的调整和改进。

(四)统筹金融监管，完善金融部门信息共享机制

设立一个金融监管统筹部门是确保海南自由贸易港金融市场稳定和健康发展的重要一步。首先，要明确金融监管统筹部门的职责权限，确保其在跨部门监管

中具有决策权和协调权，可参考新加坡金融管理局（Monetary Authority of Singapore，MAS）的法律权责，出台关于海南自由贸易港的相关金融监督管理法律法规。其次，要建立跨部门协作机制，确保金融监管统筹部门能够与其他相关监管部门紧密合作，协调各方力量。再次，还要做好政策协调的保障，在金融监管统筹部门的领导下，协调各个监管部门的政策，确保政策的一致性和有效性，避免由政策的重叠和冲突而导致的监管权责混乱。同时，要有一套成熟完整的风险预警和应对机制，一方面使金融监管统筹部门能够在风险发生前提前预警，并采取适当的措施进行应对；另一方面可在金融风险发生后及时协调各部门行动，避免造成更大的损失。

海南自由贸易港金融监管统筹部门作用的发挥离不开金融部门信息共享机制的完善。建立金融部门的信息共享机制对于海南自由贸易港的金融监管和风险防控至关重要。首先，要明确信息共享目标和原则。金融部门的信息涉及巨大的利益，通过事前明确共享目标和原则，避免金融部门信息的泄露和内幕交易的发生。同时，还要制定相关法律法规，明确信息共享的法律依据和界限，保障信息共享的合法性和安全性。其次，要建立统一的信息共享平台，以数字化形式存储、管理和传输金融数据，确保数据的安全和准确性。再次，要制定统一的数据标准和格式，使不同金融部门的数据能够互通有无，减少信息共享的障碍。最后，建立协同工作机制，使各金融部门能够及时分享信息、协同处理风险，并进行跨部门协调。建立金融部门信息共享机制需要跨部门合作和资源整合，但可以提升金融监管的效率和风险防控的能力，从而更好地维护金融市场的稳定和健康发展。

第四节　海南自由贸易港应急管理体系面临的突出问题及建议

一、海南自由贸易港应急管理体系存在的突出问题

（一）应急管理的基础投入仍存在一定短板与盲点，城市风险承载能力发展存在空间分布不均衡的问题

城市应急排涝能力较弱，体现为市防汛设施老化，工程建设标准滞后。部分县市区城排水管网不成体系，建设标准仍采用合流制；部分防潮堤水利设施建设于 20 世纪五六十年代，防汛安全隐患较大。

应急教育资源投入不足，尤其是在农村防汛防风方面仍需加大力度。目前农村村民，尤其是老人和小孩，在自然灾害预警信息接收和使用方面存在很大问题，目前农村灾害预警的有效方式仍是以喇叭、锣鼓为主。此外，村民依赖主观经验

判断气候的现象时有发生，导致灾前预防不足和灾后应对滞后。

危险化学品的安全处置能力亟须提升。目前海南省具备回收处置危险化学品的资质的企业较少。

各城市整体的风险承载能力有所下降。本书研究团队从城市社会韧性、经济韧性、制度韧性、基础设施韧性、社区资本和环境韧性六个方面对海南省各城市风险承载能力进行了评价。结果显示，2017～2019年海南省各城市整体的风险承载能力有所下降，这说明在海南自由贸易港的逐步开放过程中，风险因子的多元化和复杂性程度在增加，所造成的影响要大于应急投入带来的风险承载能力提升水平。在空间分布上，海南省各区域的城市风险承载能力存在空间分布不均衡的问题，以海口、文昌市为代表的北部区域得分最高，琼海和万宁市所在的东部区域次之，以三亚为首的南部区域排第三，西部和中部区域分别排第四、第五，五者之间的评价得分差异较大。

（二）跨部门、跨区域应急协作机制不完善，存在部门职责交叉、应急资源整合不足的问题

目前，在应急管理体系组织架构层面，两个委员会（安全生产委员会、减灾委员会）和三个指挥部（防汛防风防旱指挥部、抗震救灾指挥部、森林防火指挥部）在多种突发事件下存在职能交叉的严重问题。政府部门间行动准则、管理目标、应急知识、资源、能力的差异性，使得纵向层级之间和横向部门之间存在着应急协作效率不高的问题，尤其是在跨区域重大突发事件下，跨区域、跨部门应急协作仍无法实现一体化高效衔接，应急管理厅作为协调主要部门未能高效率发挥自身职能作用。目前，海南省各应急管理部门间仍未形成合力，协作边界不清晰，如在海上防台风应急响应方面，调研发现部分海上渔船（尤其是"三无"渔船）出现抢风头、赶风尾、顶风作业的现象，应急管理厅需要频繁展开与当地海事局、综合行政执法局的协调工作，由于跨区域纵向协作机制不完善，协作效率很难提高。

（三）全省应急物资储备能力建设滞后，出现物资储备模式单一化、物资调度系统缺失化的突出问题

目前，海南省正在加速推进东南西北中五个区域应急救援基地和应急物资储备仓库建设，硬件投入水平较高，依托于应急管理综合应用平台的软件实力提升相对滞后，如各市县应急物资储备信息的平台化管理、应急管理人才的引进与培训、应急物资调度方案的决策支持系统开发以及应急供应链管理的制度设计等方面。在应急物资储备模式方面，海南省仍以实物储备为主，具有很小体量的协议储备，且主要集中在医药、食物、应急物流方面，但协议储备模式仍停留在纸质

层面，未经历实践检验，执行效果未知。根据调研，海南在生产力储备模式方面仍未有所涉及。

二、加快完善海南自由贸易港应急管理体系的思路及对策

（一）以互联网+防灾减灾综合信息平台建设为抓手，构建与风险情景相匹配的柔性应急协作机制

针对跨部门、跨区域应急协作问题，建议海南省应急管理厅构建与风险情景相匹配的柔性应急协作机制，该工作难点在于如何实现对风险情景、政策效果的动态推演与精准预测。目前较好的解决思路（如北京、上海、杭州）是通过信息化、平台化的综合决策支持系统完成风险大数据的集成、分析、政策制定与评估，实现智慧型城市建设。海南省虽已成立了大数据管理局，实现了数据的集成与处理，但应用层面还集中在常规业务流程的一般风险识别，缺少来自跨部门多源异构大数据的深度挖掘与应用。因此，建议海南省应急管理厅应以互联网+防灾减灾综合信息平台建设为重心，加速引进应急管理人才，采用并行工程的产品设计理念积极组织各应急管理相关部门参与平台建设，实现尽早发现问题、尽快解决问题，以问题和需求为导向提升信息平台的实用性、科学性。此外，将信息平台作为应急管理厅与应急管理相关部门的连接枢纽，实现应急协作管理系统的无缝嵌入与业务流程再造。

（二）构建与粤港澳大湾区的广域应急联动机制，将湛江作为与海南省应急联动机制探索的先行城市

海南自由贸易港总体方案中指出构建与粤港澳大湾区的应急联动机制，但本书研究团队调研发现此项工作目前仍处于探讨交流阶段，双方对联动模式的认知尚未达成一致。针对此问题，本书研究团队以两地风险的关联性为切入点，从联动必要性进行了系列分析，结论如下：①基于百度迁徙大数据分析了全国人口空间集聚性与流动性特征，结果显示，非假日期间海南省内部人口流动性较大，而在节假日期间省外出游居多，与海南具有密切人口流动关系的省外城市中广东省名列前茅（如广州、深圳、湛江和茂名），海口和三亚作为中转城市，很大一部分人流又分流到广东省各城市；②以2021年6月广州新冠疫情为背景，进一步分析了广东省人口迁徙指数波动对海南省人口流动的溢出效应，结果显示，广东省对海南省的人口波动具有显著的风险溢出效应（其中广州、深圳对海口与三亚的影响最大）。因此，从公共卫生风险防控视角，两省的人口流动往来紧密，公共卫生风险溢出效应显著，凸显了两地构建一体化广域应急联动机制的必要性。

根据本书研究团队评价研究，目前广东省的整体风险承载能力分布呈现中间

高两边低的辐射状，距离海南省最近的城市湛江得分较低，风险类型与海南省北部区域城市类似，因此，从联动意愿与联动模式角度考虑，建议将湛江作为与海南省应急联动机制探索的先行城市。

（三）构建多元化、联动式的应急物资储备模式

目前海南省的应急物资储备模式较为单一，社会组织参与及联动机制较为缺失，尤其是社区层面的应急物资储备能力较弱，如与社区超市、商场的协议储备模式仍处于探讨阶段。建议海南省应着重构建多元化的应急物资储备模式，重点突破协议储备与生产力储备的难点问题，进一步明确协议储备物资的品种、确定协议储备物资的归属、明确协议储备企业选择的标准、确定资金补助的方式。

海南省在建与计划储备站点选择是基于空间覆盖的规划思路与视角考虑可行性与经济性，储备物资种类和规模以各站点辐射范围内的灾害特征及其物资需求而定，如海南省东部区域以防风防汛为主，西部区域以防火为主。这种规划思路与视角在当下较为普遍，但是忽视了应急物资联动储备的必要性与重要性，将导致区域应急联动储备的协作边界呈现出明显的地理划分（如京津冀、长三角与珠三角区域的应急物资储备预案），出现应急联动储备意愿不强、联动主体选择不明确、联动机制难以高效运行的现实问题。目前，海南省正在加速推进首个中部区域应急物资储备库的建设，尚处于规划实施初期，投入成本较小。因此，建议海南省能够尽快统筹规划全省应急物资网络式联动储备方案，确定不同灾害情景的联动储备参与机制。基于本书研究团队在该技术领域的调研与研究，建议该方案以不同区域受灾主体的灾害同质性为切入点，围绕应急物资需求相似性设计应急物资联动储备方案，突破现有属地原则下的物资储备限制，实现区域应急协作一体化。

针对各行政区域应急物资的差异性与共性需求，重点攻关以下两个实践问题：①各行政区域内应急资源的安全容量测算（可接受风险水平下的各类应急资源储备量与种类）；②在此基础上，考虑区域内整体物资配置条件，针对同质性灾害下的共性应急物资需求，优化配置各类应急物资的联动储备方案。

参 考 文 献

陶玲, 朱迎. 2016. 系统性金融风险的监测和度量: 基于中国金融体系的研究. 金融研究, (6): 18-36.

Kenett D Y, Tumminello M, Madi A, et al. 2010. Dominating clasp of the financial sector revealed by partial correlation analysis of the stock market. PLoS One, 5(12): e15032.

McKinnon R I, Pill H. 1998. International overborrowing: a decomposition of credit and currency risks. World Development, 26(7): 1267-1282.

　　本章系子课题七"海南自由贸易港建设的重大风险识别与防控机制"的研究成果，课题主持人是中山大学黄新飞教授，课题组成员有王飞、李腾、王升泉、李嘉杰、廉胜男、孙霄霓。

　　本章执笔人：黄新飞、王飞。